吉野作造選集 11

開国と明治文化

岩波書店

編集
松尾尊兊
三谷太一郎
飯田泰三

凡　例

一　本巻には、一九二二年二月から一九三三年二月に至る吉野作造の明治文化研究に関する論文を収録した。排列は発表年代順とし、初出の新聞・雑誌等を底本とした。

二　底本を可能な限り尊重したが、次の諸点については整理をおこなった。

1　漢字は原則として新字体を用い、異体字等はおおむね通行の字体に改めた。

2　合字は通行の字体に改めた。

3　句読点、中黒などについては基本的に底本のあり方を尊重したが、特に必要と認められる箇所に限り補正した。傍点については極端に多用されているものは省いた。

4　底本の明らかな誤字・誤植は正した。

5　振りがなについては、原文を尊重しながら、編者によって新かなで付した。

6　底本にある引用符は慣用に従って整理したが(引用文や論文名などは「　」、書名・雑誌名などは『　』)、引用符が原文にない場合はそのままとした。

三　編者による注記は次の原則によりおこなった。

誤記等によって文意が通じ難い箇所には、行間に〔　〕を用いて注記を加えた。また、脱字及び特に注記が必要な場合は、本文中に〔　〕を付して補った。印刷上のかすれなどによる判読不能の文字には□をあてた。

目　次

目　次

開国と明治文化

新井白石とヨワン・シローテ

一

九州の南端大隅国馭謨《こむ》郡の海上に屋久島といふがある。種子島のそのまた西南にあたる小さな離れ島だ。此処に阿波の国から年々漁夫が出稼に来る。併し之は今の話ではない。約二百年も前の昔の事を云はうとしてゐるのである。

時は宝永五年(西暦一七〇八年)八月二十八日、屋久島の西南岸の栗生《くりふ》村に屯せる阿波国久保《くぼ》浦の漁夫七人小舟をうかべて同き島の湯泊《ゆどまり》といふ村の沖に出たが、陸より三里許《ばか》り隔てたらんと思はるゝ海上に突如目なれぬ一隻の大きなる船を見つけた。薄気味わるく思ひつゝ、急ぎ栗生村をさして帰るに、彼の大きな船よりもまた小艇を下して此方の舟を追うて来る。此方が急げば彼方もいそぎ、やがて双方の距離十間ばかりとなつた。能く見ると、彼の舟には異様の者十人斗《ばか》り乗て居る。其中の一人頻《しき》りに水を乞ふ様をするので、此方では手を振つて応ぜられぬ旨の様子をすると、彼の舟はおとなしく其儘親船の方へ帰つて往つた。此の同じ日の夕、同島の東南にあたる尾野間《おのま》といふ村でもはるかの沖合を「帆の数多き船の小舟を引きたるが一隻東をさして走る」(白石著西洋紀聞より取る、以下皆同じ、此書のことは後に説く)のを見たといふ。其翌二十九日の朝にも湯泊村の沖合にきのふ見たやうな大きな船を見たけれども、北風強く船足早くして昼頃に至つては全く帆影も見へなくなつたといふことである。

さて此の二十九日の朝のことだ。恋泊《こいどまり》村の百姓藤兵衛といふ男、炭焼かんとて松下といふ処に木を伐りに行くと、後の方に不図《ふと》人の声するを耳にした。見ると「刀帯たるもの、手して招ぐ一人あり」。何やら物言ふが薩張《さつぱ》り分らない。水が欲しいと云ふ様だから兎《と》に角《かく》器に水汲んでさし置くと、近いて呑み、復《また》手招をしたが、刀を帯びてゐるから近づかぬ。彼も之に気がついたと見へてやがて刀を鞘ごと脱いて差し出したから安心して近寄つて見る。黄金を一つ呉れたが、能く考へて観ると、昨日見た船から上つた異国の人らしく思はれたので、後日の掛り合を恐れて金も刀も打つ放つて磯の方に逃げて来た。不思議なるは船も見へねば外に人の居る様子もない事だ。怪みつゝ村に帰つて人々に此事を告げ知らしたのであつた。

丁度《ちようど》そこへ平田《ひらだ》村の五次右衛門と喜兵衛といふ二人が通り掛つた。之を誘つてまた松下へ往つて見ると、異形の男はまだ居る。恋泊の方を指して其処へ往きたいと云ふ様子をするから、三人で彼を労《いた》はりつゝ藤兵衛の家に入る。食べ物をもやつた。又金を呉れたが藤兵衛は取らなかつた。「その物いひ聞きわきまふべからざれども、其形は我国の人也」。日本人らしくさかやきあり、且「身には木綿の浅黄色なるを碁盤のすじの如くに染なしたるに、四目《よつめ》結《ゆい》の紋あるに茶色のうらつけたるを着て」二尺四寸余の一刀を腰にたばさんで居る。此事やがて近村の大評判になつた。

「島を守れるもの」の指図で北岸に当る宮之浦といふ町に拘禁所が作られた。暫く彼をこゝに留めて薩摩侯の指揮を待つて居る。薩州の家人等は亦連署して九月十三日其事を長崎の奉行所に告げた。長崎からはいそぎ当方に送り越せと云つてやつたので、「かくて冬も末に至りぬれば、北風吹つゞき海の上波あらければ、彼ものを送致す船二度まで風に吹もどされぬ。之を迎うる薩州のものつとめて風波を押し凌《しの》ぎ、辛うじて大隅の国に至り、夫より又長崎に送り致す」ことになつた。彼は頻りに直に江戸に赴かんことを乞ひ、長崎は其の甚だ厭ふ所らしかつたけれども、其望に任すべきに非ず、兎に角長崎に迎へ入れて獄舎に繋いだのである。

之より先き宮之浦に留め置く間薩州の役人も一ト通り此者を調べて見た。言葉が通じないので一向要領を得ぬ。夫れでも時々日本、江戸、長崎などの語を発する。紙をのべて所々に圏《まる》を書き、ロウマ、ナンバン、ロクソンなどと指称し、特にロウマといひし時には其身を指さしたと云ふ。之等の事ども先づ以て薩州から長崎に報告して来た。之で羅馬《ローマ》の人間だといふ予想は始めからついたらしい。

さて長崎では早速阿蘭陀《オランダ》の通事（即ち通訳）どもに命じて彼の来由を調べしめたが、地名などは聞き及んで居るが其余の事は皆目分らぬと云ふ。兎に角阿蘭陀人によりて調べて貰ふの外は無いのだが、彼の男は何でも蘭人を深く憎んでゐるらしい（是れ宗教上の争の為めである）。「其人して問はんことも然るべからず」とて、障子を隔て丶聞かしむる□〔も〕結局分らないと云ふ。まして半ば日本語も混つてゐるので猶《な》ほ聞き分けにくいと云ふ訳だ。幸にして彼男何とかして自分の意思を伝へんものと焦つてゐる様子なので、阿蘭陀人に通訳を頼まうかと云へば夫れ宜からんと早速賛成したので、和蘭の甲必丹《カピタン》（即ち貿易事務官）に頼み、羅馬地方のことば学習ひし某といふを召して通訳させることになる。某は昔拉丁《ラテン》語を六年ばかりも習つたので之にて意思を通じ合はうといふのである。併し其後中絶してゐたので大方忘れたが、分らぬは色々に教へて貰ひ、随分骨折つてやつと事を解したと云ふ事だ。斯くして漸《ようや》く彼の何者たりや、又何の為に日本に来りしやのあらましが分り、之がやがてまた奉行から江戸表へ注進されたのである。

そこでまづ此の異国人の素姓を一ト通り述べて置く。彼はヨワン・シローテと云ひ、羅馬パライルモ〔パレルモ〕の人、法王の命を奉じはる〴〵布教の為に来た宣教師である。命を受けてから日本の風俗や日本の言葉を学び、千辛万苦を経て呂宋《ルソン》に渡り、茲処《ここ》にて更に日本語を学び日本の衣物や刀を買ひ整ひ、仏国の商船に便乗して屋久島に上げて貰つたのである。直に江戸に赴かんと乞うたのは、手つ取り早く中央政府にゆき、多年の誤解を釈明して布教伝道の許可を得んと欲したからである。

ヨワン・シローテは長崎の獄舎にあること約一年、宝永六年晩秋江戸に召され、例規によつて小石川切支丹《キリシタン》屋敷に幽せられた。こゝで彼は新井白石の訊問を受くることゝなるのである。

先是《これにさきだち》宝永五年の十二月六日、新井白石は西丸に伺候して此話を聞いた。西丸は云ふまでもなく将軍家の世嗣の館である。永く不遇であつた白石は師木下順庵の推挙に依つて甲府侯綱豊の侍講となつたが開運の始まり、やがて綱豊が将軍家の世継と定つたので彼もまた次代将軍の先生となりすました。十二月六日西邸に伺候して此話を承り、其時いろ〳〵意見を申上げたのが縁となつて、翌年冬遂に彼と此異国人との問答となるのである。而して白石の書き遺した采覧異言と西洋紀聞とは実に此対話から生れたもので、私の此一篇は実は西洋紀聞を読んで感じた所を後日のために書きとゞめたものに過ぎぬ。

二

新井白石が徳川時代に於て最も早く洋外の事情を研究紹介した一人であることは人の知る所である。西洋事物の攻究は八代将軍吉宗から段々盛になる。彼が青木昆陽等に蘭学の学習を命じたのが西洋文化の我国に導き入れられた始りだとは普通に解されて居る所だ。吉宗以前は鎖国排外の空気が濃厚で中々洋学の喰ひ込むべき隙は無かつたのである。而して斯の時代に於て若《も》し西洋の風に邦人が少しでも触れ得る処ありとせば、それは唯二つあるのであつた。一つは長崎の出島で、も一つは江戸小石川の切支丹屋敷である。出島は即ち和蘭《オランダ》屋敷で茲処に出入する者の自ら西洋の珍談異聞に耳目を肥した事は言ふまでもない。若し夫れ江戸の切支丹屋敷に至ては、時々拘禁さる丶異人に由て亦役人が西洋の事物を聞いたのである。役人が——否幕府が——如何に之等の人々を通して西洋の事情を知らんとするに熱心であつたかは、異人の邪教を棄てたと称する者に姓を賜ひ妻を配し扶持《ふち》を与へて此屋敷内に余生を送らしめたことに依ても分る。而して白石の西洋に関する二三の著述は実にこの切支丹屋敷より生れた傑作の一つで、此点に於て長崎の西川如見の述作に対比すべきものである。白石は実に前段に掲げた異人を切支丹屋敷に訊問して夫《か》の采覧異言や西洋紀聞やを作つたのである。

西川如見の西洋に関する著作には増釈華夷通商考五巻がある。其外長崎夜話草とか其他の随筆類にもちよい〳〵見聞が書きとめられてあるが、併し彼の主たる貢献は天文暦象の方面に在るので、地理風俗の方は左程優れては居ない様だ。此点に於ては白石の方が遥に彼を凌いで居る。正徳三年(西暦一七一三年)三月将軍に上《たてまつ》つた采覧異言は、あの当時の地理書としては先づ申分なきものと謂つてもよからう。併し私は別の意味に於て采覧異言よりも西洋紀聞の方に寧《むし》ろ多大の興味を感ずるものである。何となれば此本の中に実に白石の為人《ひととなり》が最も鮮かに現されて居るからである。

白石は将軍の命により切支丹屋敷に異人を訊ね、其聴き得たる所を録《しる》して采覧異言五巻を作つたのだが、其外なほ他日の備忘として其訊問の顚末を事細かに認《したた》めて置いた。之が即ち西洋紀聞である。奥書に正徳五年二月の日附があるから、采覧異言よりも二年遅れてゐる訳だが、併し孰《いず》れを早く書いたのかよくは分らない。只西洋紀聞の方は久しく秘本として世間に知られなかつた。其中に天主教の事を詳細に述べてあるといふが浮世の耳目から厳に秘められてあつた重大原因であらう。幕府時代には、讃めたのにしろ譏《そし》つたのにしろ、耶蘇《ヤソ》教の事を書くのはすべて八釜《やかま》しい国禁であつたのである。之を大槻文彦先生が発見して、白石自筆の一本により箕作秋坪先生と共校で上木したのが明治十五年である。即ち著作後百六十余年にして始めて世の中に出た訳である。

白石自筆の原本は上中下の三巻より成つて居る。大槻先生の緒言を其まゝ引用するに、上巻は「奉行所にて羅馬人召対訊問の事を記す。その記事の体明晰詳悉《しょうしつ》にして曲写自在なる筆鋒はその場のありさまを今眼のあたりに見するが如し。誠に和文叙事体の絶妙なるもの」である。中巻は「羅馬人の言ひし海外諸国の地理歴史などを記せるものにして全く采覧異言等の原稿なり」。下巻は「羅馬人と問答せる雑話をしるし、末にその述べし天主教の大意をあげ、之につきて逐次に其妄を弁駁す」。而して其間に対手《あいて》の羅馬人の異常に明哲なりしことや、流石《さすが》白石だけに相当に之を認め、時に又大に其意気徳行に感激せし有様やなどが見へて、我々に限りなき興味と教訓とを与ふるものがある。かくして私はこの一部の西洋紀聞を以て徳川時代に於ける西洋関係の文献中最も卓越せるものと断定するに躊躇《ちゅうちょ》しないものである。

猶大槻先生の校訂出版に係る西洋紀聞は二冊となつて居り、第一冊は原書の上中二巻を収め、第二冊には下巻に続いて、附録として別に白石の上れる羅馬人処置献議と天主教大意との二編の外、長崎奉行より江戸に注進せる羅馬人款状、異国人致所持候大袋之内諸色之覚、其他掛り合諸人取調報告書等を添へて居る。皆西洋紀聞を理解する上に非常に助けとなる珍資料である。

三

「かくて彼人は法にまかせて刑せらるべしなど聞えしほどに其年も暮て」、明くれば六年、一月には将軍綱吉薨去《こうきょ》の事あり、四月家宣に将軍宣下の沙汰ありて異国人の噂はしばらく打絶へて居たのに、十一月の初に至て彼人「近き程にこゝに来るべし。其事の由を尋問ふべきもの也と仰下さる」。長崎奉行所注進の状の写も賜つた。長崎では能く判らなかつたからお前一つ調べて見よといふ訳なのである。

一体白石の特に命を受くるに至つたのは、去年十二月西邸伺候の際いろ〳〵長崎に於ける調査の模様を聞き、能く判らぬとは心得ぬと評したことに因むのである。白石の考では(一)西洋の人は元来よく万国の言葉に通じ、昔南蛮人の我国に来るや数日にして我が国語を解し、といふ話も聞く、(二)加之《しかのみならず》、法禁以来邦人の信徒にして難を西洋に避けし者も不尠《すくなからず》、而して(三)我国に求むる所ありて非常の難儀を事ともせずわざ〳〵渡来する程ののいかでか我が言葉に通じ居らぬ道理あるべき、(四)但し日本語と云つても地方の訛《なま》りもあれば又昔と今と云ひ方の違ひと云ふこともある、彼人の習ひしは如何なる日本語なりや、之等の事を明にせる者を以て応対せしめなば、いかむぞ其事のわきまへぬ事あらんと云ふのである。斯《こ》んな事を申し上げたのが縁となつてさてこそ彼が今度あらためて調査の大命を蒙つたのである。

召命を受けて異人の長崎を発足したのは宝永六年の九月二十五日である。彼の言葉に慣れた通事三人(内一名大通事、二名は稽古通事)が奉行の命によつて随行した。途中乗物の外を見ることの出来ぬ様警護の厳しかつたことは勿論である。而して十一月の中ば漸く江戸に着き、直に切支丹屋敷に入つたのである。

切支丹屋敷正式に云へば切支丹御用屋敷俗に山屋敷といつたなど云ふ事は先刻御承知の事であらう。宗門奉行を兼ねた井上筑後守政重の下屋敷であつたのを其儘宗門特別の獄舎としたのが正保三年(一六四六年)である。主として外国宣教師の禁を犯して来る者や、邦人にして信仰の疑ある者を拘禁する所なのだ。信者ときまれば殺して仕舞ふ。外国人と雖《いえど》も所刑するに遠慮はせぬが、中には心を改め宗門を棄てたといふ者がある。そんなのは殺すも不愍《ふびん》だといふので此屋敷内に幽閉して置くのである。此種の異人は、信心の疑ある邦人と共に、万一を恐れてみな外部とは絶対に交渉させぬ。丸で伝染病のバチルスの様な取扱を受けて居つた。

猶之もくど〳〵しく云ふの必要もない事だが、島原の戦後も外国宣教師の渡来は久しく絶へなかつた。当時の西洋の宗教界の事を少しでも知つて居る者に取つては、禁ずれば禁ずる程伝道の熱を昂めたことは容易に肯《うなずか》れる事だ。而して幕府では、法禁を犯して潜つて来る者中々熄《や》まぬのに益々業を煮やし、取締の手段は愈々《いよいよ》辛辣を極める。白石自身の記す所に拠れば、外国の教師にして布教の素志を棄てざる者「凡そ百余人まで誅せられたり。彼国の師たすけおかれしもの某《それがし》が聞及し所わづかに五人歟《か》」とある。而して今問題となつて居るヨワン・シローテは此種の冒険的宣教師の最後の渡来者である。

記録によると、外国の教師に対しても随分残酷な方法で一旦は改宗を迫つたと云ふ。神の名のために窘《くるし》めらるゝは福《さいわい》なりと云つた風に、殉教的精神に富んで居た此の時代のことゝて、多くは甘じて此迫害に堪へた。此点は邦人信徒も同様であつた。この命をも惜まぬといふところに政府は非常な駭《おどろ》きと疑とを深めたことも序《ついで》ながら記しておく。併し偶《まれ》には苦痛に堪へずして我を折つた者もある。之れが所謂《いわゆる》ヽヽヽ正ニ帰シテ宗門を棄てたといふ者であるが、之がマカオやルスン辺に聞へると彼地の信徒教師間に又非常な憤激を喚起したのである。為にまた事情探検の目的で一隊の人数を派遣するといふ様なことも屢々《しばしば》あつた。而して此種の正帰の人として永く切支丹屋敷内に存《なが》へた者の中有名なのは岡本三右エ門黒川寿庵の両名である。前者はヨセフ・キアラ、後者はフランシスコ・ジユアンといふ、共に伊太利《イタリア》の人、寛永の末年漂流し江戸に幽せられたが、所謂正に帰し邦俗に改めて姓名を賜れるのみならず、若干の俸給をさへ貰つて宗門に関する幕府の顧問となつたのである。殊に前者は耶蘇宗門の内情を詳細に白状せしとて大に感賞に与《あずか》つたといふ。妻も与へられて八十四歳まで存らへた。即ち四十余年間切支丹屋敷に閉ぢこもつて居たのである。

白石の往つた頃には此種の外人はもう外には居なかつたが、邦人で斯ういふのが居た。曽《かつ》て宗徒として罪せられた者の子、自らは信徒でないが幼時より教法に接して居たからといふので獄門の外へ出されず、丁度また同じ様な境遇の女も居つたので、年頃になり之を夫婦となし雑役に使つて居た老年の夫婦者長助おはるといふが居たといふ。親が信者であつたといふので終生世の中へ出されぬとは随分迷惑の話だが、亦以て幕府時代の対耶蘇教政策の一斑が想像されよう。

ヨワン・シローテは即ち十一月の中ばからこの切支丹屋敷の獄舎の主人公となつたのである。

因《ちなみ》に云ふ、切支丹屋敷は其後宗徒跡を絶ち入獄する者なしといふので、寛政四年(一七九二年)九月十七日を以て廃された。

四

之より白石の訊問の模様を見やう。主として西洋紀聞の上巻の記事による。白石は奉行所から教法に関する参考書三部を借りて先づ準備的研究を遂げた。どんな本か名を書いて居ぬが、岡本黒川等の手引で奉行所の作つた契利斯督《キリスト》記や□妖余録の類であつたらう。かくて愈々初度の対面をしたのは十一月の二十二日である。

彼は前日奉行の人々と打合を遂げ、二十二日朝十時頃山屋敷へ出向いたのである。先づ第一着に携帯品を点検した。中に我国新鋳の銭貨や我が南都織出の朱印ある白布を以て作れる法衣が特に目についた。夫から通事を呼んで中渡すやう。法禁年久しい事だから教師の言葉に通ぜぬは尤もながら、阿蘭陀羅馬「同じく欧羅巴《ヨーロッパ》の地にありて相さる事の近きは長崎陸奥相さるの遠きがごとくにはあらず」、さらば蘭語を以て推測して其七八は通ずるだらう、但し普通に公けの事は、確《しか》と分らぬことを推測して述ぶるは宜しからざるの例なれど、今日の事は予一個の用と心得て、能く分らぬ所ありとも十分推測してかうもあらんかと思ふ所を腹蔵なく申せ、自分も其積りで聞くから、通訳に誤ありたりとて咎むる事はないと、懇《ねんご》ろに告げた。斯くて正午過ぎにいよ〳〵彼の異国人を呼び出すことになつた。

時に白石は五十を過ぐる三歳年に申分はない。シローテは四十一歳と云ふから丁度いゝ取組みだ。シローテは今まで随分苛《ひど》い生活を忍んで来たと見へて疲労甚しく歩行に堪へず、二人の歩卒の助をかりて漸く庭上に至りしつらえた椅子につく。人々に向つて一々拝礼するので、其行儀のいゝのが先づ白石の注目をひいたらしい。奉行先づ通事をして、寒さうだから衣をやらうと申したのに取らぬ。一つには異教の人より濫《みだり》に施を受く可《べか》らずとの教戒にもよるが、食べ物まで頂いて国恩を荷ふこと既に重いのに此上衣服の物まで頂戴しては冥加に尽くるといふたのである。夫から白石自身訊問することゝなるが、彼は万国地図を携へ行き、之に依つて西洋の事情を尋ねたのである。案外に意思が通じたが、只彼の発する日本語の聴け分けにくきは勿論、彼の土言の発音はまた通事にもよく解し兼ねたこともありて、相応に骨が折れたといふて居る。而して白石携帯の地図は日本製にて甚だ不完全だといふので、奉行所に別に古き地図ありときゝ、其図を出す様頼みおき、他日を期して一応引き取ることにした。夫れでも彼れ是れ二時間ばかり問答したのである。

此時彼の異人、通事を通して一つの御願があると申し出した。曰く「某こゝに来りし事は、我教を伝へまいらせていかにも此土の人をも利し世をも済《すく》はむといふにあり。それに某が来りしより、人々をはじめて多くの人をわづらはし候事誠に本意にあらず。こゝに来りしのち、年すでに暮むとし天また寒く雪もほどなく来らむとす。これにありあふ御侍を初て、人々日夜のさかひもなく某を守り居給ふを見るに忍びず。かく守り居給ふは某もしもにげさる事もありなむがためにぞ候らむ。万里の風波を凌ぎ来りしもいかにもして此土に参りて国命を達せむがために候に、ねがひのまゝに此所には来りぬ。此所を去りて又いづれのかたにかのがれ候べき。たとひ又某こゝをにげさるとも、此国の人にも似ざらむものゝいづれのかたに身を一日もよせ候事のかなひ候べき。されど仰によりて守らせ給はむ上は其守怠り給ふべき事然るべからず。昼はいかにも候へかし。夜る〳〵は手かし足かしをも入られて獄中につなぎ置れ、人々をば夜を心やすくゐねられ候やうに、よきに申して給ふべし」と。赤誠表に現れたものと見へて奉行の人々も感激したとある。此教僧の凡庸の人に非るは推しはかるゝが、之に対する白石の処置がまた面白い。彼はいきなり「此ものはおもふにも似ぬいつはりものかな」と云ひ放つた。すると教僧真に残念なといふ面持ちして、「すべて人のまことなきほどの恥辱は候はず。まして妄語の事に至ては我法の大戒に候ものを。某、事の情をわきまへしより此かた、つゐに一言のいつはり申したる事は候はず。殿にはいかにかゝる事をば仰候ぞや」と逆襲して来た。そこで白石は、此の寒空に其方を守り居るが見るに堪へずとての申条が真ならば、公けの仰を受けて其方を守る奉行の方々が其方に事なかれかしと思やり給うて衣給らんと宣ふを有り難く御うけせざるは何故ぞ。奉行の心を安んぜんとせぬ程の者に、何条警護の侍を思ひやる誠があらうぞといふ。すると彼大に恥ぢ入つた気色にて恐入りました、いかにも衣給りて御心に添うべしとて、さて又続いて「同じき御恩に候へども、ねがはくは給らむもの絹紬の類は某が心なほやすかるべからず、たゞ木綿の類を以て製し給り候やうにたのみまいらする様」と、云ひ足したとある。白石が大官としての封建的権威を何処までも立てゝ小恩を施すところ聊《いささか》気障な気もするが、両雄の魂の期せずして早くすでに融会するものありし様、読んで行くと中々云ひ難い味ひがある。

白石が彼と応対したのは、その時を初回として前後四度ある。二十三日は夜通事を私邸に召して種々の疑問を話し合ひ、一日隔てゝ二十五日に二度目の訪問を試みた。今度は奉行所の地図によつて朝の十時過から午後の二時過まで四時間あまり熱心に訊問した。丁度此図は七十余年前西洋で出来た今は彼国でも得易からぬものだと云ふので彼も喜んで親切に問に答へた。「事明らかにして異聞ども多かりき」とある。訊問後白石は案内されて獄中の有様を見物する。此時に先きに述べた長助夫婦を見たのである。シローテの獄中生活を書いた白石の筆がまた面白い。「大きなる獄を厚板にて隔て丶二三つとなし、その西の一間に置く也。赤き紙を剪《きり》て十字を作りて西の壁にをしてその下にて法師の誦経するやうにその教の経文を暗誦して居けり」。今地を換へて彼の身になつて見るに、万里の波濤を超へて見も知らぬ異境に渡り、幾人も幾人も先輩の刑殺されたを万々承知の上で、自分も獄に繫れて明日をも知らぬ身の上ながら、人を怨まず天を呪はず、泰然として神に事《つか》へて居る様、想ひやるだに悲壮の極みである。彼は決して尋常一様の宣教師でなかつたに相違ない。

因に云ふ。シローテは斯くて獄に繫がる丶こと六年、正徳五年(一七一五年)十月二十一日の夜半、病むこと僅か数日にして死んだ。年四十七歳といふ。而して其間に於ける彼の獄中生活の有様は、「奉行の人々のいひしは、彼人日々に食ふ所の物、定れる限等あり。初め長崎に至りし日よりこ丶に来るに及びてすこしも相変ぜず」とか、「またこ丶に来りしより、つゐに浴せし事もあらず。されど垢つきけがれし事もあらず」とかの白石の筆に依つても略々《ほぼ》想像されるが、応対の時其行儀の正しきには流石の白石も大に感服せしと見へ、「其人庭上の榻《とう》につくに、先づ手を拱して一拝して榻につき、右の大指を以て額にあたりて画する事ありてのちに目を瞑して座す。座する事久しけれども、たゞ泥塑の像のご〔と〕くにして動く事なく、奉行の人々また某の座をたつ事あれば必ず起ちて拝して座す。還り来りて座につくを見ても必ず起ちて拝して座す。此儀日々にかはらず」と賞めて居る。斯の如きは決して文明人を以て野蛮人に臨むなど思ひあがれるなどの態度ではない。ある時奉行のくさめせしを見、通事をして「天寒し衣をかさねらるべき歟」と注意せしめ、「通事等ラテンの語を通じて訛れるをば、打返し〴〵をしへいひて、習得れば大に賛美す」るなど、天命に安じて居る人でなくては出来ない事だ。斯んな風であつたから、自然周囲の人にも感化が及ばずして已《や》まなかつたと見へ、夫《か》の長助夫婦は遂に彼の許に洗礼を受くるに至つた。白石の記す所に依れば、正徳四年の冬に至て彼等夫婦の者突如自首して出たといふ。昔私共の事へし主人も密《ひそ》かに私共に教法を授けしも、国の大禁なれば之に従はなかつた。今度来た異人の「我法のために身をかへり見ず、万里にしてこゝに来り、とらはれ居候を見て」始めて大に感激する所あり遂に「彼人に受戒して其徒と罷《まかり》成り候ひぬ」。而かも之をかくすは国恩に背くに似たれば、こゝにいさぎよく白状申す。法に従つて如何様にも御処分あらんことを乞ふといふのである。其態度の雄々しき、まことに懦夫をして尚起たしむるものあるではないか。之に依て観てもシローテの人物の程が想ひやらるゝであらう。翌年三月和蘭人の朝貢を待ち、其通事をして、約に違ひて密々夫婦の者に戒を授けし罪を詰《なじ》らしむるに及び、「其真情敗れ露はれて大音をあげてのゝしりよばゝり、彼夫婦のもの、名をよびて、其信を固くして死に至て志を変ずまじき由をすゝむる事日夜に絶えず」とあるが、之だけは白石の観方に多少の誤りがあるやうだ。今日我々の頭で観れば、寧しろ之は彼の最後まで教法に忠実であつたことを明かにするものである。要するに、教法のことは後にも述ぶるが如く白石には十分に理解が出来なかつた。けれども人物鑑識の一事に至ては、何等の偏見に迷はさるゝことなく、有りの儘に之を観て彼の心中私《ひそか》に畏敬の念を抱いたやうである。こゝに我々は亦白石の見識に服すべき所以《ゆえん》を認むるのである。

さて三度目に往つたのは三十日である。此時は奉行は立合はなかつた。此日は専ら前回に尋ね問ひし事の猶ほ疑しきを繰り返したに過ぎぬ。相手はしきりに「こゝに来れる由」又「其教の旨」を事にふれていひ出でんとする風であつたが、白石は之には故《ことさ》らに耳傾けなかつたといふ。

以上三回の会見で、凡そ白石の聴かんと欲せる程の事は大抵聞き弁《わきま》へ得た。此上は来由乃至教旨を訊ぬべきであるが、教法の事を談ずるは事態容易ならざるものありと見て、彼は十二月一日とくに将軍に謁を乞ひ、其の趣を言上し、又別に奉行の立合を特に命ぜられんことをも願ひ出た。斯くして十二月四日の最後の会見に於て、始めて「こゝに来れる事の由をも問ひ、又いかなる法を我国にはひろめむとはおもひて来れるにやとたづねとふた」。於是《ここにおいて》「かれ悦びに堪ずして、某、六年がさきにこゝに使たるべき事を承りて、万里の風浪をしのぎ来りてつゐに国都に至れり。しかるにけふしも本国にありては新年の初の日として人皆相賀する事に候に、初て我法の事をも聞召れん事を承り候は其幸これに過ず候」とて、教法の事ども具《つぶ》さに説いたとある。其事は別に下の巻に詳しく出てゐる。

五

以上説く所に由て、白石の主として聴きたゞした事が万国の地理や世界の形勢であつたことは明だ。而して其のあらましは西洋紀聞の中巻に纏められて居る。采覧異言は之を土台とし更に支那から渡つた幾多の地理書をも渉猟して作つたものであるから、一層詳しく書かれて居るが、此方のことは他日また稿を改めて説くことにしよう。茲には話題を専ら西洋紀聞に限つておく。

本書中の巻を仮りに分類して見ると七章になると見てい丶。第一章には五大洲の簡単なる説明がある。第二章は「エウロパ諸国」と題し、今日の伊太利、西班牙《スペイン》、葡萄牙《ポルトガル》、仏蘭西《フランス》、独逸《ドイツ》、波蘭《ポーランド》、露西亜《ロシア》、瑞典《スウエーデン》、和蘭、英吉利《イギリス》、其他の小邦約十八ケ国の事が書いてある。御話にならぬ程簡単なものであることはいふまでもない。其の中でも和蘭と英吉利の事がやゝ詳しい。尤も国名の唱ひ方などは大半今日とは違ふ。此章の終りに各国事情概説ともいふべきもの一節を添へてあるが、之れは頗《すこぶ》る簡にして要を得たものだ。通訳を通して始めて外国の事をきゝあれ丈に理解した頭は流石は白石だと感服せざるを得ぬ。大槪先生は「現時より見れば事は陳腐に属しつれども、今はたゞ始めて海外の事を談話の間に聞き得てかくまでに書き取りたる識見の跡を称して観るべし」といはれてるが、全体の評として当つて居ると思ふ。遮莫《さもあらばあれ》、本節には先づ国体の事を説いて居る。曰く「大凡《およそ》エウロパ地方の諸国、其君を立るに其嗣たるべきものすでに定れるは論ずるに及ばず。もし嗣いまだ定まらざるは、臣民各其嗣とすべきもの、名をしるして出す。其しるせし所の数多きものを以て其君とす。君其臣に官を命ずるも亦これに同じ。臣民薦むるもの多き人を挙用ふ。君敢てみづから一官を命ずる事もあたはず」と。又「此方諸国君長の位号数等あり」とて、法王(ホンテヘキス・マキスイムス)、皇帝(インペラドール)、王(レキス)、公(フレンズ)、侯(ホルスト)、伯(ドウクス)の目を挙ぐるのも大体に於て誤りがない。教法については、「此方相尚《とうと》ぶ所の教は皆これエイズスの法也。たゞヲ、ランド人のみルテイルスの徒也」といふて居り、言語については、希伯利《ヘブライ》(ヘイベレイウス)、拉丁(ラテン)、希臘《ギリシア》(キリイキス)の三をあげ、其中ラテンを以て諸国の人皆之を学ぶ、ラテンの字及びイタリヤの字といふ名称を附して居る。而して「其字母僅に二十余字、一切の音を貫けり。文省き義広くして其妙天下に遺音なし」と讃し、之を習ぶの学にガラアマテイカとレトーリカの二ありといふなど、皆通ぜざる所なしといふてをる。「諸国用ふる所の字体」にも、東洋の所謂真、草の様な二体あるを説き、之にラテンの字及びイタリヤの字といふ名称を附して居る。甚だ要領を得て居るではないか。

第三章の「アフリカ諸国」は甚だ簡略で、土耳古《トルコ》と希望峰とマダガスカル島の事を述べて居るに過ぎぬ。第四章の「アジア諸国」は稍《やや》詳しいが、之は洋人にきくまでもなく大略日本にも知られて居つた所だから不思議はない。只其中に注意に値するものは二つある。一つは印度《インド》の部に、世界の宗教にキリステヤン、マアゴメタン及びヘイデンの三種ありと説けることで、又一つは章末に、和蘭地方より東洋に来るに、地図に依て見ると「北に去りて東に転じ、北海を経過て東し、南に転じて」来れば行程僅に三四千里なるに、「アフリカの西を経てカアプ地方に至て東に折れ、アジアの南海を過てジヤガタラに至り、こゝよりまた北して」東北の方我国に来ると、行

程凡そ一万二千九百里に及ぶといふが、何を苦んで近きを顧みず遠きを取るやと和蘭人に問ふたといふことであ

る。今から見れば愚問に相違ないが当時として中々鋭い質問といはねばならぬ。

第四章「ノヲルト・アメリカ諸国」と第五章「ソイデアメリカ諸国」とは殆んど何も書いてないと云つても

い丶位だ。北米の方では新西班牙と新仏蘭西に関する簡略な説明あり、南米の方では伯刺爾《ブラジル》と巴太温《パダウン》の事がある

きりだ。伯刺爾の説明の中に「按ずるに秘府にエウロパのクラントあり。ヲ丶ランド人此国人と戦ひ勝ちし事を

しるせし見ゆ」とあつて、其註に「クラントはエウロパの俗に凡そ事ある時は其事を図註し鋳板して世に行ふも

の也」とあるのが一寸面白い。是れ言ふまでもなく新聞のことを指すのであらう。巴太温の記事に付ては、白石

の研究態度の甚だ冷静にして科学的なるに敬服すべき一事がある。巴太温は南米の南端今日のパタゴニアの地に

して土人の身丈長大なるを以て知られて居る。而して昔は之が誇長されて長人国と呼ばれ、エスキモーの小人国

と併べて面白をかしく説かる丶を常とした。殊に我国では、白石の頃は勿論、明治の初年までも西洋の事としい

へば珍談異聞に富むものと予定して居つたから長人国小人国はさて於き、手長国足長国などをも真面目に信ずる

ものがあつたのである。少くとも巴太温については、白石の采覧異言を増訂したことを以て有名な山村昌永です

ら、身の丈一丈二尺など丶書いたこともある。白石はこ丶に疑をおきしものと見へ、曾て之を蘭人に問ふた。其

答に「むかし本国の人此方の南海を過ぎしに、そのパタゴヲラスの地に至て人をして小舟に駕し水口より泝《さかのぼ》りて

其地を見せしむ。久しくして帰らず。海岸にのぼりてはるかに望むに、荒闊にして見る所なく、たゞ沙頭に大き

なる屋の内に火を焼きし跡ありて、其辺に人の足跡あるがよのつねの人の足二つを合せしほどにて、両足相去れ

る間もこれにかなへり。此故に此地の人長大なる事をば推し知れり。始つかはせし人もつゐに帰る事を得ず。又

此地の人を見しにもあらずといふ」とあるを挙げて余事をいはぬ。学者としては之れ以上の推測を逞《たくまし》うすること

は許されぬのであるが、こゝにも彼の非凡の見識が閃めいて居ると思ふ。

最後の第六章ともいふべき所に欧洲当今の形勢が手短に述べてある。当時の欧洲は所謂西班牙王位継承戦争で紛乱を極めて居る最中であつた。西班牙の王チヤーレス二世嗣なし。親族の関係で嗣位をねらうものに仏王ルイ十四世の孫アンジユウ侯フィリプと独帝レオポルト一世の孫バヴアリア王ジヨセフ・フエルヂナンドとがある。是れやがて独仏の勢力争ひの基となるのである。西国の王は始めて後者を相続人に指定したのだが、早く死んだので、後改めて前者に其全領を与ふるに決心した。其中チヤールスが死んだのでフイリプすなはち王位に即いたが、独逸側太《はなは》だ之を喜ばず、乃《すなわ》ち和、普、葡を誘うて仏西連合軍と戦端を交うるに至つたのである。之等の事ども聞いたまゝを書いたのだらうが、人名も年号も誤らず、相当に要領を得て居るのに驚くのである。又波蘭の紛乱のことや瑞典と露西亜との確執の事なども書いてあるが皆頗る肯綮《こうけい》に当つて居る。

六

白石が第四回目の会見に於て聴き得た事どもは詳《つまびらか》に下の巻に誌されて居る。之によつて先づこの異人の素姓経歴を調べて見やう。

彼は名をヨワン・バツテイスタ・シローテと云ひ、伊太利はシヽリー島のパレルモ市の人である。今日西洋の本で調べて見ると、ジョヴァンニ・バツテイスタ・シドーチ(Giovanni Battista Sidoti)と云ふべきだが、能く聴き取れなかつたものらしい。白石自身も、「すべて其語を聞くに声音うつし得べからず。其名を称ずるときも、ヨワンといひ、ヲアンといひ、ギヨアンといふが如し。其近く似たるをしるす也」と云つて居る。兄弟四人あつたが、長姉と末弟とは夭死し、父も今はあの世の人、老母と長兄とを故国に残して、三年前に東洋伝道の途に上つたのである。「幼よりして天主の法をうけ、学に従ふこと廿二年」。六年前にメッシヨナ、リウスとなつたといふ。白石メッシヨナ、リウスを註して「彼方弘法の事のために使たるもの」と釈《と》いて居る。夫からすぐ日本伝道の命を受けたものらしいが、之に付てはいろ〳〵評議があつた様だ。昔、教法の日本に伝りてより普《あま》ねく各地に弘まること七十余年、秀吉の時黜《しりぞ》け逐はれてから師徒誅殺を免るゝものなく、遂に欧洲諸国の人此国に通ずるを得ざるに至つた。先の法王インノセント十一世深く之を遺憾とせられしが、現法王クレメント十二世に至り、其志を継いで東洋伝道の事を衆議に諮《はか》る。カルデナアル連命を受け相議して曰く「昔チイナ(支那)におゐても我法を禁じしかども今は其禁開けしのみにあらず、其天子の使こゝに来る。またスイヤム(暹羅)のごときも我法を禁ずといへども、これまた其禁を除けり。今に至てはチイナ、スイヤムすでにかくのごとし。ヤアパンニヤにもまづメッシヨナ、リウスを奉りて告訴ふる所ありて、次ぐにカルデナアルをヌンシウス(公使)として其好を修めて我法をふたたび東土に行はるべきもの歟」と。衆議一決して彼れ一同の薦挙に与りて東征の命を受けたのだ。而して彼れ自ら此際受命の決心を語りて曰ふ。「初此命をうけし日より我志を決せし所三つ。其一つは、本国望請ふ所を聴されて我法ふたたび此土に行はれんには、何の幸かこれにすぐべき。其二つには、此土の法例によられていかなる極刑に処せられんにも、もとより法のため師のため身をかへり見る所なし。さりながら人の国をうかゞふ間諜のごとく御沙汰あらむには遺恨なきにあらず。それも本師の命ぜしに、国に入ては国にしたがふべし。いかにも其法に違ふ所あるべからずと候ひしかば、骨肉形骸のごときは、とにもかくにも、国法にまかせむ事いふにおよばず。其三つには、すみやかに本国に押還されん事、師命をも達し得ず我志をもなし得ず、万里の行をむなしくして一世の譏を貽《のこ》さむ事、何の恥辱かこれにすぐべき。されど我法いまだ東漸すべからざる時の不幸にあひし事、これ又誰をか咎むべき」と。其志奪うべからずして其情また憐むべきでないか。

斯くて彼は準備として三年間日本の風俗と言葉とを学んだ。白石の問ふがまゝに手引にした二小冊子を懐より取り出せるを見るに一はヒイタサントールムとて日本の事を記せるもの、他はデキシヨナアリヨムといふ即ち字引である。共に長さ五寸幅四寸厚一寸ばかりのもの。前者の中にはタイカフサメ(太閤様)といふテイランの時教法を禁じたと云ふ記事や、豊後の大名の子の羅馬にいたりて法を受くるの図などがあつたといふ。白石テイランを釈して「多く人を殺せる暴悪の人」といへるも面白い。之等の本は今でも何処かに有らうと思ふが探して見たいものだ。斯くすること三年。丁度同じく師命を受けて北京に赴くものと一所に故国を出発した。其間にジブラルタル海峡を出て英和連合艦隊に捉《つかま》つたとか、其他いろ〳〵の難儀に遭つたが、遂に呂宋に到着し、茲処でまたくさ〴〵の準備を整へた。日本の銭貨を仕入れ日本の衣物を作る。日本刀もこゝで求めたものであらう。月代《さかやき》は呂宋よりの船の中で剃つたと書いてある。呂宋で最も骨折つたのは云ふまでもなく日本語の練習である。当時日本人の此地に淹留《えんりゆう》するもの頗る多かりしことは、中の巻に「ヤアパンジスの子孫此国にあるものすでに三千余人、集り居て聚落をなす。其人本国の俗を変ぜず。士人は双刀を腰にし、出る時は槍を執らしむ、其余も皆一刀を帯ざるはなし」と書けるにても分る。併し彼は三年前漂流したといふ十四人の者について特に多く日本の事を聞いたといふて居る。

連れの教友はトーマス・テトルノンといふ。之は呂宋から支那に直行した。支那は此時すでに法禁を解いてより八十年にもなるので、南京、広東にも宣教師が往つて居る。暹羅《シャム》にも東京《トンキン》にも交趾支那《コーチシナ》にも各数名の教師が駐まつて居るといふ様な事を述べて居る。而して彼は単身仏国船に便乗を求めて日本に向つたが「海上忽《たちまち》に風逆し、浪あらく船覆らむとせし事三たびに及びしのち、はじめて此土に至る事を得た」といふことである。但し彼が屋久島に流れ着いたのは、特に予め此辺を選定したものらしい。そは「凡我方の人長崎に来れる、或は殺され或は押還され、いまだ一人の国命を達せしものあらず。これ我孤身にして西鄙の地に至りとゞまれる所也」といへるにてもわかる。

之等の事ども明となりて、白石はいよ〳〵来由の訊問に入る。「我国東に僻りて最小しき也。また我に大禁ある事をば凡そヱウロパ地方の人にありてこと〴〵くしれる所也。今はた何のもとめありて此所には来りぬらむ。心得られず」と問ふに、彼は得たり賢しと先づ「凡《およそ》其国を論ぜむに其地の大小其方の近遠を以てする事あるべからず」とて、尊ぶべきは天地万物の道に存する旨を喝破し、次いで云ふやう。「今代に至て我法を禁ぜられしは、初ヲ、ランド人我教を以て世を乱り国を奪ふの事也と告申せしによれる也。此事其深く弁ずるにもおよぶべからず。我ローマンの国ひらけしより凡一千三百八十余年、寸土尺地といふとも人の国侵し奪ひし事あるや否は、ヲ、ランド人に尋問《たずねら》れんには其事必らず明らかに候はん歟《か》。彼ヲ、ランドのルテイルスの如きは、地を侵し国を奪ひし事世々に絶ずして、今その併せ得る所は前に申せし事のごとし。さらば人の国を誤るもの、其教にはよるべからず。たゞその人によれる也……我今こゝに来れるは、此冤《えん》を雪《すす》がれて国禁を開かれん事、チイナ、スイヤムのごとくならん事を望請ひ申さむがため也」とて、自分の使命は只「恩裁の御事」を承らんとするにあり、御許しあれば重ねて正式の信使が渡来するだらうといふ旨を事詳かに述べた。其説く所の中に聊《いささ》か事をまげて他を誣《し》うるの言葉もあれど、当時の天主教僧としては已むを得まい。之と同時に彼はまた西班牙《スペイン》、仏蘭西等の海外発展の状勢を論じ、それは皆原始的未開人の地に「衣食の業ををしへ、資財の用を通して、みちびくにデウスの教を以てす」る結果、土民の悦服を得、「海外の人をしていきてその生を安くし死して其苦をまぬがれしめん」為め、其請にまかせて内属を許したので、決して「其国を侵し奪ひしなどいふ事にはあらず」と弁護して居る。又日本については「もし此国のごとくならむには、其民なにを苦しみてか其君を万里の外にはもとむべき」というて、頻りに政治的異図なき旨を明にするに努めた。

此外白石は、始めて日本に来りし教僧のこと、支那伝道の嚆矢《こうし》として知られたる利瑪竇《リマトウ》〔マテオ・リッチ〕のこと、支那のこと、幷《ならび》に西洋兵事のことなどを質《ただ》してゐるが、之等のことは左して肝要でもないから略しておく。

最後に我々のどうしても見遁《みのが》すことの出来ないのは、彼が聴きしが儘を書き綴つて作れる天主教の大意である。岡本三右衛門等の力によりて成れる書物を読んで予備智識を有つて居た為とはいへ、誠に要領を得たものである。即ち天地創造の事からアダム、エヴのこと、三魂の説(天地間には三種の魂あり。植物の如きは生魂を有するのみ。動物は覚魂をも有すれど、霊魂を有するは独り人間のみ。而して霊魂は永しへに滅びずとの説)、ノアの洪水、モゼスの十誡に及び、耶蘇の降誕、其受難幷に昇天のこと、使徒就中《なかんずく》ペテロ、ポーロのこと、羅馬のことに亘《わた》り、更に教会制度のことにまで説き進めて居る。くど〳〵しいから細に紹介することは略するが、普通の問書などにある程のことは誤りなく書き誌されてある。斯の如きは余程聡明の人ならでは能くし得ぬ所だ。只この教に対して白石は如何いふ風に考へたかと云ふに、一言にして云へば、「荒誕浅陋弁ずるにもたらず」と断じ、「蕃語こと〴〵くに通暁すべからずといへども、大約その教の由来る所西天浮図の説に出づ……其浅陋の甚しきに至りては同日の論とはなすべからず」と論じて居る。「今ヱイズスが法をきくに、造像あり、受戒あり、灌頂あり、誦経あり、念珠あり、天堂地獄輪廻報応の説ある事、仏氏の言に相似ずといふ事なく」とまではいゝが、万国地図に依て見るに、猶太《ユダヤ》の地西印度と相去る遠からねば、彼れ恐らく仏氏の説を窃《ぬす》んだものであらうといふのは、当時は勿論後世に至るまで久しく人の信ずる所であつたとはいへ、流石の白石にも宗教の本当の意味は能く分らなかつたことを語るものである。

併し白石が天主の法説を以て浅薄見るに堪へずと認めしについては、教法自身にも其責なしと云ふことは出

〔来〕ない。何となれば其説く所甚だ幼稚にして、特に儒教に養はれた頭には馬鹿気切つた事ばかりであつたからである。教法は頻りに天地の創造者としての方面から神を説くが、彼は本来天地は自らにして成るもの、之を造れる者ありといふが如きは無稽の妄説だと多年教へ込まれて居たものでもあらうか、「天地万物自ら成る事なし必ずこれを造れるものありといふ説のごとき、もし其説のごとくならむには、デウスまた何ものの造るによつて天地いまだあらざる時には生れぬらむ。デウスもしよく自ら生れたらむには、などか天地もまた自ら成らざらむ」と理窟を捏《こ》ねて居る。其他贖罪論や奇蹟論に付ても冷酷な批評を試みて居るが、皆宛《あた》かも今日浅薄なる科学者の口から神学教説の批評をきくやうな感がする。併し呉々もいふが是れ白石の責ではなくして、当時の神学の幼稚なるの結果に外ならない。当時の天主教会が神の道を伝へんとの熱心に動いて、かくまでの危険を冒して東洋伝道に力《つと》めたのは敬服に堪へないが、東洋には既に如何なる哲学があり如何なる宇宙観があるかを先づ究《きわ》めなかつたのは、慥《たしか》に教法弘通に失敗した一つの原因だと思ふ。さうでなければ、あれ程の偉大なる人格を続々送り乍ら、如何に国禁が厳しかつたとはいへ全然識者階級の間に些の痕跡を残さずして消へる筈はないと思ふからである。

孰《いず》れにしても白石は相手の人格にだけは大に敬服した。教説の愚陋なるに依て己れの感情を偽ることはしなかつた。こゝに私はまた白石の為人を奥床しく思ふものである。白石は彼を評して「其教法を説くに至ては一言道にちかき所もあらず。智愚たちまちに地を易へて二人の言を聞くに似たり」といふて居るが、又「凡そ其人博聞強記にして彼方多学の人と聞えて天文地理の事に至ては企及ぶべしとも覚えず。また謹愨《きんかく》にしてよく小善にも服する所ありき」と讃歎するを憚《はばか》らない。只最後に「こゝに知りぬ、彼方の学のごときは、たゞ其形と器とに精しき事を。所謂形而下なるものゝみを知りて形而上なるものはいまだあづかり聞かず」と断じ去るのは、未だ井底の蛙たるを免れないと思ふ。

七

白石が学者としての立場から天主教をどう観たかは前段に説いた。次に政治家としてどう観たかを述べやう。彼は教法の伝道が国を奪ふの謀略に出づるとの俗説には断乎として反対した。此点は別に短編として将軍に上つたらしい「此度渡り来候ロウマン人幷御役所書物等の説にて承知候大略条々」(西洋紀聞第二冊に附録として採録せらる)の中に最もよく明にされて居る。曰く「彼国の人我国に来り法ひろめ候事は我国をうばひとり候謀の由相聞え候事は、阿蘭《オランダ》人幷に……の申し出したる事に御座候歟《か》。其教の本意幷其地勢等をかんがへ候に謀略の一事はゆめ〳〵あるまじき事と存ぜられ候事」と。之につけ加へて彼は岡本三右衛門の作れる書にも反逆の謀に非る趣一々弁明してあるを見たがいかにも其道理分明だと云うて居る、併し此点を余りに力説し過ぐると、従来の政府の政策を非とし祖宗の遺法に悖《もと》る形になる。白石の地位としては多少は遠慮せなければならぬ。それかあらぬか、彼は羅馬人の処分に対する献議(之も西洋紀聞第二冊に附録となつてある)に於ては、「其法もと正しからずといへども、我国を謀るといふは実なるべからず。しかれ共島原の変出来たれば申ひらく事難かるべし」とも書いて居る。孰れにしても、彼は冷静に教法の説明を聴き教師の人物にも接して、可なり適確な判断をしたものといはなければならぬ。斯んな事は何でもない様だが、能く考へて見ると、普通凡庸の人間の出来ることではない。大正の昭代に於てすらフリー・メーソンは世界を顚覆せんとする猶太人の秘密結社だなどと信じ込んで動かない者がある(去年六月号本誌所載拙論文「所謂世界的秘密結社の正体」参照)。況《いわ》んや白石の頃は、少しでも切支丹に同情ある様な言葉を出せば忽ち首が飛び、只訳もなく罵倒さへして居れば無難だといふ時代だ。先入の偏見から脱するといふは容易な事ではないのである。されば当時切支丹の伴天連《バテレン》、入満《イルマン》を調べた役人の調書などを見ると、皆彼等は結局侵略の陰謀を白状したといふ風に書いてある。今日から考へて到底そんな事をいふ筈はないと思はる丶様の事も時々眼に触る丶所を見ると、以て如何に当時の宗門関係の役人が一種の僻見から脱し得ざりしかが分る。こんな事を思ひ廻《めぐら》して観ると、将軍の殊寵を集めて居つた人とはいへ、能くも大胆にあ丶まで言ひ切つたものだと敬服の外はない。外国の事物は正に此の調子で観るべきだ。殊に内面的事物に於て然りとする。此意味に於て白石の遺書は今日の吾人に取りて確に一の貴い修養書と謂つてもい丶。

国を奪ふと云ふ目的もないものなら、何で遠い我国へ無類の難儀を事ともせず来るのであるか。此点がどうしても幕府の役人には呑み込めなかつた。同じ様な疑を今日でも懐いて居るものが尠く無いのだから、昔の人の怪み思ふたのも無理はない。シローテに付ても時の政府ではいろ〳〵問題となつたらしい。遂に正徳五年来朝した阿蘭陀人にも如何思ふか聴いて見た。之に対して此事自分達にも得心が行かぬが、或は重き罪を犯して死に当るもの、「其罪贖ふべき事をおもひはかりて此国に来らむ事を望みし」には非るべきかといふのが答であつた。併し之は蘭人の出鱈目《でたらめ》たること勿論である。天主教会の伝道の精神は蘭人に於て知らぬ筈はない。只教法のことに就て幕府の気に逆ふときは忽ち貿易上の特権を奪はる丶ことあるべきを恐れて居たから、少しでも弁護がましい説明は避けやうとの窮余の遁辞と見るべきである。流石に白石はこの説明には満足しなかつた。前掲の短編「此度渡り来候ロウマン人並御役所書物等の説にて承知候大略条々」に依て見ると、彼は朦気《おぼろげ》ながら伝道の動機に付ては会得《えとく》する所あつたらしい。彼曰ふ。「彼法の師諸国に渡り候而其法をひろめ候事、これ耶蘇の教と相聞え候。其故は、天主は天地万物の父母にて、一世界の人皆これ兄弟にて候。父母の子を見候事は男女少長をゑらばず。皆々同じ心にて父母の心を以て其子の心とする時は、兄弟の間は相したしみ相愛すべき事に而《て》候。又子をやしなひ子ををしゆるは父母の心にて候。其父母の心を其子の心とする時は、兄弟の間は相やしなひ相をしゆべき事、すなはち天主の心天主の法にて候との義と相聞え候」と。而して国禁の厳しきにも拘《かかわ》らず特に此際を選んでシローテの渡来せしに付ては、彼が日本の銭貨を数多く携へ来れるより推して「国財以《もって》の外《ほか》に窮したり、国民さだめてくるしみなむ。民くるしむ時は命の行はれざる所あり。たとひ其禁なを行はるとも、金銀をもてみちびきなば其禁開く事ありぬとおもひ謀りし」ならんと断じてあるが、之れだけは少しく穿《うが》ち過ぎた判断だと思ふ。

白石は前述の通り教法弘通の陰に潜む政治的野心は信じなかつた。然らば天主教の宣伝を公に許すべきやといふに、さうではない。彼は「其法盛になり候へば、おのづから其国に反逆の臣子出来候事はまた必然之理勢にて候歟」といひ、大明三百余年の天下の亡びたる三大原因の一は此法の行れしに在りとの説を引き、我国が卒先して厳禁の制を立て通したのは「御名誉の御事と乍恐《おそれながら》奉存候事」とほめて居る。之は彼の本心から出た言葉かどうか分らない。天主教の所説を以て荒誕浅陋と断じ去つた彼が、少くとも之を無用の長物と視たことは疑ないが、更に進んで国家の安寧と相容れないと信じたかどうかはよく分らない。あれ程の理屈屋でありながら、白石は「反逆の臣子出来候事」を「必然之理勢」と独断したのみで其間何等の説明を与へて居ないからである。察する所、白石の天主教に対するは、丁度今日の我々の大本教に対する位の所ではなかつたらうか。荒誕無稽ではあるが、何も大騒ぎをして迫害をする程のものではあるまい、といふ位の考であつたらうと想はるゝ。今日は平気で之を放言して憚らないが、白石の時代に在ては、白石以上に筆端を走らすことは出来なかつたのである。

併し白石の議論の中にも、今日の頭から観て変なのが一つ二つある。例へば天地の創造者たる神を父とし事《つか》ふべしといふに反対せるが如き是である。白石曰く、「礼に天子は上帝に事ふるの礼ありて、諸侯より以下敢て天を祀る事あらず。これ尊卑の分位みだるべからざる所あるが故也」と。即ち天に事ふるは天子の特権で、臣は君を以て天とし事ふべく、子は父に妻は夫に事ふるの外、他に事ふべきものありと考ふるのは僭越の沙汰だといふ。「もし我君の外につかふべき所の大君あり、我父の外につかふべきの大父ありて、其尊きこと我君父のおよぶところにあらずとせば、家におゐての二尊国におゐての二君ありといふのみにはあらず、君をなみし父をなみす、これより大きなるものなかるべし」。たとひ直接に君父を無みせよと教ふるに非ずとするも、「其流弊の甚しき、必らず其君を弑《しい》し其父を弑するに至るとも、相かへり見る所あるべからず」と極論して居る。も一つ一夫一婦論に対する批駁も其例に洩れない。一夫一婦の教説を直接に難じてゐるのではない。「古より以来、彼方諸国戦乱の事をきくに、皆これ其嗣絶ふるが故によれりといふ。其流弊のこゝに至れるもまたあはれむべし」と側面から攻撃してゐるのが面白い。而して之等は実は何も白石独特の意見ではない。封建時代共通の思想だ。吾々は之に依て偶々《たまたま》旧時の道徳思想の大に今日に異れる趣を思ひ起させられるのである。

八

天主教及びシローテに対する白石の態度は、更によく其処分案に現れて居る。羅馬人の処分に就ての献議が西洋紀聞の附録に出て居ることは前にも述べた。今度渡来の異国人の処分に付ては、彼と共に支那にも往つた(者もある)といふ事であるから、支那の裁断と比較されても遜色なき様慎重に考ふるの必要があるとて、上中下の三策を献じて居る。従来の取扱によると、改宗するは助け、然らざるは悉く《ことごとく》誅するの例であるが、「かれ蕃夷の俗に生れそだつ。其習其性となり、其法の邪なるをしらずして、其国の主と其法の師との命をうけて、身をすて、いのちをかへりみず、六十余歳の老母並年老たる兄にいきながらわかれて、万里の外に使として六年がうち険阻艱難をへてこゝに来れる事、其志のごときは尤《もっとも》あはれむべし。臣又仰《おおせ》を蒙りかれと覿面《てきめん》する事已《すで》に二度。其人蕃夷にして其〇〇〇(欠字)蕃夷なれば道徳のごときは論ずるに及ばず。されど其志の堅きありさまをみるに、かれがために心を動かさゞる事あたはず。しかるを我国法を守りてこれを誅せられん事は、其罪に非ざるに似て、古先聖王の道に遠かるべし」とて、之を殺すのは一番の下策だと痛論して居る。封建時代に在り乍ら、道に拠つて時に法を枉《ま》ぐべしとする見識は、流石に見上げたものだ。此種の罪は、日本でこそ大罪たれ、彼方の立場からいへば丸で正反対になる。詐欺や泥棒のやうに誰が見ても曲事とするものとは事が違ふ。這《こ》の白石の見識の如きは、是非とも今時の朝鮮の役人などにも持たせたいものだと思ふ。

然らば彼を殺さずして永く切支丹屋敷に幽置すべきか。之を彼は中策と称して居る。併し志を改めてこそ助け置くべけれ。然らざるを助けるのは、自ら祖法を弄ぶものに外ならない。而かも彼の為人をみるに、「首をはねらる丶とも其志の変ずべきものとも見えず」。改めざるを助けて法に違ひ、且徒らに彼に永き獄中の苦みを与へ、又与力同志にも日夜の心労をかくるのは、何の得る所もなからうとて、是も採るべき策ではないと断じて居る。さうすると残る所は彼によく我が祖宗の法を説き聞かせ今度だけは命助けて還し遣《つかわ》す程に、国に帰りてよく其主に布教の許さるまじきを伝へしむるといふの外に途はないことになる。之が即ち上策だ。文にしるし言葉に述べて事理を喩《さと》し、「長崎に来る広東の船又は琉球より唐へゆく船にのせて呂宋へ帰」さば「彼国をして我祖宗の法は天地と改るべからずして、当代仁恩の広く聖度の大きなる事をしらしむ」ることも出来やうといふのである。之等の点は以て如何に彼がシローテの上に陰ながら多大の同情を寄せたかを語るものと思ふ。

併し幕府の執つた実際上の処置は所謂中策であつた。単純な教師なら直に誅殺すべきだが、一面に於て彼は教法の為に其冤《えん》を訴へんとの使臣だともいふ。国信を帯有せぬ所から観て聊《いささか》疑なきを得ぬけれども、兎に角使臣と称する以上は誅に処する訳に行かぬ。さればとて放ち去ることも出来ねば、暫く幽置し「後来其言の徴あらむを待ちて宜く処決すべきもの也」といふことになつた。是れ彼が其後数年間切支丹屋敷の人となつて居つた所以である。

猶彼が法王の使者だといつた事については、茲に一言附け加へて置くことがある。政府の方では、使臣なら相当の礼を以て待つ、教師なら法に遵《したが》つて殺すの外はないと、身分を別つて取扱はうとしたのだが、シローテ自身に取つては、甲に非んば乙といふ風に区別して考ふることが出来なかつたらしい。少くとも斯んな形式上の区別はどうでもよい、否、彼は実質上二つの資格を兼ね有《も》つて居つたのである。併し日本の国法の上からは、何方かに極めてかゝることが必要であつた。少くとも白石は彼に同情するの余り、時としては使臣だといふ事に強て了解せんとした様でもある。即ちシローテの言葉として、自分の使命は教法に対する誤解を釈《と》くに在る。「国禁を除かるべき事を望請ふ使」たる以上、何ぞ其国に入りて自ら禁を犯さむやといはしめて居る。かくて即ち彼は伝道はしないと云ふ約束であつたのだから、後日長助夫婦に洗礼を授けたことが露見した時、政府では違約の責《せめ》を彼に詰《なじ》つたのであつた。併しまた白石は飽くまでも彼を国使としてのみ観て居つたかといへば決してさうではない。処分案の如きは全然彼を教師と前提して居るものである。シローテも亦使臣だからといふて全く伝道を差控へて居つた訳でもない。彼は事実上使臣にして教師を兼ねたものである。否教師たることの方が寧ろ主たる使命なのである。だから屋久島に上陸した時から早く已に教門の事を説いて見たといふではないか。さすれば畢竟《ひつきよう》彼は宗門布教の師に外ならないのだ。之を強て使臣としたのは、之を殺すに忍びなかつた幕府の涙ある取扱である。而して此の幕府の涙ある処置の原《もと》はといへば、どうしても白石に出て居ると見なければならぬと思ふのである。

幕府時代に於て西洋の事を書いたものは頗る多い。ことに吉宗以後に於ては非常に盛になつた。けれども其論究する所、天文、暦象、博物、本草乃至《ないし》医術の自然科学的方面に限り、西洋文化の内面に至るものに至ては極めて寥々たるものがある。而して西洋文化の一面の内面的研究をば、最も早く西洋を紹介せる、而かも西洋の学は形而下に限り形而上の事は取るに足らずと放言せる新井白石より聞くのは、聊意外とせねばならぬ所である。白石の研究態度に就ては尚言ふべき多くの事が残つて居るのであるが、今はたゞ西洋紀聞三巻の内容を紹介するに満足し、他はまた別の機会に譲る事にしよう。

〔『中央公論』一九二二年二月〕

泊翁先生を中心として

＊

明治初年の文化発達の跡を研究するに当り看逃す可らざる人々を算へると、福沢先生を筆頭として中村敬宇、西周、津田真道、神田孝平、加藤弘之、西村茂樹等の諸氏がある。昨今僕は頻《しき》りに之等先哲の書き残したものを集めて居るが、今差し当り西村先生の往事録といふを手に取つて見る。一種の自叙伝の様なもので、初めに祖考先考の略歴を述べ、次いで自分の経歴は幼時より明治二十九年の頃に亘り、公け向きの行動を主として可なり詳しく叙して居る。夫《そ》れ丈け歴史的材料としては少らぬ価値があるものと思わるゝ。西村先生の遺著は其の後泊翁叢書といふ大部の二冊に纏められ日本弘道会から出版されて居るが、どうしたものか此の往事録だけは収められて居ない。坊間にも余り多く見掛けぬやうだ。

以下書き列ぬる所は往事録を読んで明治文化史研究上参考となると思つた点を書き抜いたものに過ぎぬ。西村先生を中心とはするが、皆当時の形勢に触るゝ所がある。事柄を明にする為に間々他の書からも若干抜萃した。

猶《なお》一言断つて置くが、此処には明治以後の分だけを紹介する。往事録は一つ書きにしてあつて章別はないが、約半分は明治以前の事に係る。こゝには後編に就てのみ述べ、前編の紹介は別の機会に譲りたい。

＊

初めに版籍奉還より廃藩置県までの頃の天下の形勢が説いてある。版籍奉還は明治二年二月の事、薩・長・

土・肥卒先して決行し、自余の列藩之に倣《なら》ふもの多かりしも、形勢を観望して遅疑決せざりしものも少くは無かつたとある。新政府に果して全国を背負つて立つ丈けの力あるかが疑はれた為であらう。全部の奉還が了《おわ》るには数ケ月かゝつた。六月に至つて漸く「府藩県三治一致の制度を立て」る事が出来た。次いで明治四年の廃藩置県となるのであるが、此時は大分諸方に不平があつたらしい。歴史の伝ふる所に依れば、廃藩置県の一事は天下の擾乱《じょうらん》を恐れて非常に秘密の裡《うち》に決行されたとあるけれども、世間の噂には余程早くから上つて居たらしい。現に西村先生も此噂を耳にし明治二年の秋すでに、郡県議一編を草して集議院に提出して居る。郡県議は先生の著建言稿の中に収められ、建言稿はまた前記泊翁叢書の第一輯の中に在る。

廃藩置県の発令は云ふまでもなく明治四年七月十四日の出来事だ。先生の記する所によると、「在京の藩知事を宮城に召し、天皇臨御ありて廃藩の旨の勅諭あり。何れも其職を罷められ、旧藩大参事以下に命して仮に事務を管理せしめ、大事は朝裁を取らしむ」とある。翌十五日には在京の各藩大参事を召して三条太政大臣より同様の勅諭を申渡された。「宮城の大広間に天皇出御《しゅつぎょ》、諸藩の大参事は皆直垂《ひたたれ》を着す」は一寸振《ふる》つて居る。

さて廃藩の当時諸方に不平のあつた事は致し方がない。西村先生の手録の中から其の二三を抜かん乎。曰く、新県の事たる、旧数藩各異なる民政を合せて一の模型に入れんとする事なるを以て、不斉を斉《ととの》へ不均を均しくする為に事務甚煩雑なりと。曰く、其間に朝廷が地方を治むる意見を伺ふに、旧藩の士民を待すること降附の国民を待するが如きの風あり。又県令は速に成功を立んと欲して急劇の変化を為さんとする者多しと。曰く、旧藩主は其薄遇を怒るもの少からず。士族の禄制も金禄公債証書と変じ、其処分は定りたれども要するに奪禄の難に逢ひたることなれば、其朝廷に対して不平を抱く者甚多しと。

今朝鮮でごたついて居る様な事が、丁度此頃の政界にも在つたものと見へる。

＊

廃藩置県後の天下の形勢をば先生は非常に危険と観られた。「其形勢を察するに、遠からざる内に国中に叛乱の起るは鏡にかけて見るが如し。廟堂の上を見るに屢々《しばしば》大官の進退ありて、国家大政の基礎確定せざるもの、如し」。其処でどうしても士族をして「不平の気を消散せしむるの法」なかるべからずと考へられた。之には立法院を設立するに若《し》くはない。況《いわ》んや「君民同治は我邦今日の急務にして又我邦に最も適当するの政体」なるに於てをや。但し君民同治の理想から云へば上下両院を設くべきだが、平民の方は「其知識未だ国事を議するに足らず」、下院の事は之を他日に期して可い、今日は先づ士族を集めて上院を作るを急とすといふ意見を定められた。当時としては一種の見識であるが、僕の特に興味を感ずるは先生の単なる学究に非ず常に国士の風貌を具《そな》ふるの点である。

先生はまづ其案を以て福沢中村の両氏に諮《はか》つた。両氏の之に対する態度がまた面白い。敬宇先生は、法律の事は不案内だけれども良い事なら大に助力しやうと云はれたが、福沢先生は、御尤もの説だが子の説の如くせば華士族の勢力を増すに至るだらうとて頭をかたげられたとある。夫より西村先生は躍起となつて大名華族の間に運動された。往いて意見を述べた人を算へると、北条氏泰、松浦詮、黒田老侯、木戸参議、毛利元徳、松平春岳、池田章政、伊達宗城、細川護久の歴々がある。其際先生は自ら起草せる大日本会議上院創立案なるものを持廻つたのであるが、之を見ると頗る珍妙なものである。即ち旧諸侯を以て議員とし、議員は世襲だといふ如き、又議員は自ら出席せず、藩の大小に依て一人乃至三人の代議員を旧臣中から出して職を執らしめ、之れの任期は五ケ年とするといふ如き、而かも之は政府の設立に係るものに非ず、私立の立法院とすべしといふが如き、啻《ただ》に理窟が通らぬばかりでない、一種の旧藩復興を目論見《もくろみ》る形になる。如何に先生の誠意を諒とする人でも、馬鹿気て賛成も出来なかつたものらしい。但だ僕等は之等の事実を通しても当時如何に新政府に対する精神的支持が国民の間に弱かつたかを察することは出来ると思ふ。

＊

西村先生は、前の上院設置論でも又後に説く条約改正論に於ても、政治法律の方面の活動では余り芳しい成績を示して居られぬが、純文化的方面、殊に教育の方面に於ては、中々大きな功績を遺された。

中にも特筆大書に値するは明六社の創設である。先生の手記に依れば、明治六年の春森有礼氏米国より帰り横山孫一郎氏を介して先生に面会を求められた。森氏曰ふ。「米国にては学者は各其学ぶ所に従ひ、学社を起して以て互に学術を研究し且講談を為して世人を益す……余は本邦の学者も彼国の学者の如く互に学社を結び集会講究せん事を望む云々」と。先生即ち其事の可なるを賛し更に都下の名家に謀り、其同意を得て出来たのが、明六社である。最初相談を受けたのが福沢諭吉、中村正直、加藤弘之、津田真道、西周、箕作秋坪の諸氏である。詰《つま》り明六社は、森有礼氏の発意に始り、西村先生が当時の新進学者を糾合して出来たものと謂ふべきである。会員相会して談話討論するの外、毎月一回精養軒の楼上で公開講演会を開き、又明六雑誌を発行して、口に筆に文化の開導に尽したのである。「其頃まで本邦の学者は、其知識皆和漢の二学に限りて西洋の事を知るものなし。明六社の説く所は多く西洋の新説なるを以て、官員学者来聴する者甚多し」。兎に角非常な影響を与へたものだ。明六雑誌は四十二号まで出して明治八年にやめた。新聞条例讒謗律《ざんぼうりつ》の発布あり、言論に対する政府の束縛甚だ厳しくなつた為だといふ。明六社は其後七八年も続いたが、学士院の創立ありて自然に消滅した。

今手近にある明六雑誌の第一号を出して見るに明治七年三月の発行だ。巻尾に次の様な抱負が書いてある。曰く、本朝ニテ学術文芸ノ会社ヲ結ビシハ今日ヲ始メトス。而シテ社中ノ諸賢ハ皆天下ノ名士ナリ。人皆謂ハン、卓犖《たくらく》奇偉ノ論千古不磨ノ説ハ必ズ此会社ヨリ起ラント。何トゾ諸先生ノ卓識高論ヲ以テ愚蒙ノ眠ヲ覚シ、天下ノ模範ヲ立テ、識者ノ望ヲ曠《むなし》フセザランコトヲ是祈ル。

猶明六雑誌所載各論文の内容については近き将来に於て評論して見たいと思つてゐる。当時の思想界の有様を知るには是非とも之を十分に研究することを必要とする。

次に教育行政の方面でも西村先生の功労は頗る大なるものがある。先生が文部省に出仕されたのは明治六年十一月である。先是《これにさきだち》明治五年太政官より学制の頒布があつた。之が新政府で出した始めての統一的教育令である。全然米国の制に倣つたもので、今から見れば珍妙なものだが、政府では頻りに其の強行を謀り、各府県を巡回監視するために翌年には大少督学をさへ置いた(但し之は十年に廃された。尤も仕事其ものを廃めたのではない、仕事は大書記官をして継続せしめたのである)。其の為めにや此の制は割合によく行はれたといふ。但し地方官中には随分強圧手段を用ゐたものもあつたとの事だ。而して急いで強行した結果、規則に拘泥し機械的に流れたといふ弊害は免れな〔か〕つたとて、先生は其一例に或る小学校で習字を為さしむるに墨を摺り筆を取り字を書き筆を置く等一々号令を以てやつて居たといふ事実を挙げて居る。夫れでも政府の威権当時盛大を極めて居つたので人民に一人の之を批議するものがなかつたさうだ。只学費の賦課に付ては、従来に例のない全く新規の徴収なりしが故にや随分苦情があつたとの事である。

此制度は明治十二年に改められた。新しい教育令は文部大輔田中不二麿氏の発意に基き、顧問米人デヴィッド・モルレーの起案に係るものである。改正の要点は従来の干渉的方針を緩和するに在つた。即ち政府の発令は大綱を示すに止め、其の細い施設は町村に委《ま》かさうといふのである。然るに其の結果は表面太《はなは》だ良くなかつた。

「是を行ふこと一年許《ばかり》、全国の学事急に衰退の状を現はし、或は既設の学校を閉鎖する者あるに至れり」。之ではならぬといふので、政府は学事視察出張中の田中氏を急に司法卿に転じ、司法大輔河野敏鎌氏を文部卿に移して教育令の改正に当らしめた。斯くして出来たのが十三年冬の発布にかゝる改正教育令である。「自由教育の精神を改めて旧時の干渉の制に復」したのであるが、先生は「是により表面は教育再興の状を現はしゝといへども、政府の専擅《せんせん》と人民の依頼心とは更に一層を増加せり」と批評して居る。

西村先生は大に田中氏に服する所ありて、河野氏とは全然ソリが合はなかつたらしく見ゆる。外の色々の所にも此点がほのめいて居る。夫は感情から来たのか、又は前者が比較的自由にして後者の動《やや》もすれば劃一専制に流るゝを観ての話かよく分らない。孰《いず》れにしても西村先生が当時既に一種の自由な教育意見を有《も》たれたことは大に注目に値すると思ふ。

先生の自由思想は、小学中学模範規則制定問題についても現はれて居る。河野文部卿は、十三年の冬改正教育令を発布して後、小中学〔校〕模範規則を作つて各府県に頒《わか》ち、以て全国の教則を統一せんと企てた。先生は断然其不可なるを説いたが、文部卿は之を聴かぬ。遂に先生は其委員長たる嘱命を辞したのであつた。

＊

教育行政部内に於ける先生の功績はまたいろ〳〵の方面に亘つて居る。

先づ第一に来るのは編輯事業である。新教育の発展には新しい書物が要る。此の点に深く意を留められたのは早い頃に時の文部卿だつた大木喬任氏である。今の司法大臣たる大木伯はどんな偉い人か知らぬが、其の先考は慥に日本国民の深き感謝に値する人に相違ない。斯くて文部省内に編書課と反訳《ほんやく》課とが置かれた。先生は明治六年十一月〔に〕入つて前者の課長となり、後者の課長には河津祐之氏が据られた。編書課では小学読本から理科算術の教科書、さては歴史や自然科学や外国語学の類に至るまで、手当り次第に手を着けたものらしい。反訳課では主としてチエムバアの百科全書を訳し、小冊子の形でドン〳〵世上に送り出した。代価は十銭二十銭といふ程度である。僕の有つてゐるのでも、論理学とか法律沿革事体とか天文学とか洋教宗派とか、北欧鬼神誌とか人口窮救及保険などいふがある。有名な加藤弘之先生の国法汎論や内田正雄氏の輿地誌略も此課にて出版したものだ。この仕事は明治十年一月の官制改革の時までに及んだのだが、此時以来は教科必要の書だけに止めることになつた。

斯く書いて来て僕は図《はか》らず子供の時読んだ小学入門といふ本を想ひ出す。僕の小学校に這入《はい》つたのは明治十七年で、その時の学校は寺小屋時代から脱し切れぬ甚だ幼稚なものであつた。這入つてすぐ「いろは」を習ひ、一ケ月ばかりで大分六《むず》かしいものを読まされた記憶がある。中に「神は天地の主宰にして人は万物の霊長なり」などいふ文句があつた。意味は無論分らない。只暗誦するのみである。之れも今考へて見ると西村先生の主裁の下に此頃編成されたものであらう。無鉄砲な教科書だが併し文章は中々簡潔にして要を得て居ると思ふ。序《ついで》に二三の句を引用して見やう。「朝は五時に起き夜は十時に臥す。働く時は労を厭はず食するときは飽くを求めず」。「急に走るときは速けれども蹟《つまず》くことあり、緩く歩むときは遅けれども疲るゝこと少し」。「庭にあまたの花を栽え、池に多くの魚を畜《たくわ》ふ。春秋の景色もあり、朝夕の眺望もよし」。実際に筆執つた人が誰だか知りたいものだ。

編輯の事に関連しても一つ特筆すべきは古事類苑のことである。学術の振興を謀るには其の基礎として学術大辞典の編なかる可らずと為し、明治十二年之を時の文部卿代理田中不二麿氏に建議した。其許可を得、編輯局の事業として那珂通高、榊原芳野、小中村清矩、佐藤誠実、小杉榲邨等の碩学を集め、更に十余名の助手を附して作つたのが古事類苑である。十八年の改革を機とし此書編纂の事業は文部省の手を離れたけれども、西村先生の着想を待たずんば此書或は永久に出来なかつたかも知れない。大槻文彦先生の言海についても西村先生に同じ様な功労を認むべきは、其の序文にも明である。

先生は大学教育に就ても頗る熱心であつたらしい。大学では始め英語を以て教授して居つたのだが、文部省顧問米人モルレーが、大学の教育に他国語を用ふるの不面目を説くに感激し、先生は初め之を田中文部大輔に説き、次で大学総理加藤弘之氏の同意を得、之から段々日本語で講義する様になつたといふ。併し先生は後に至て此考は必しも正しくないと自認されて居る。そは国語で教授するには国語で書かれた立派な書物が無ければならず、夫には反訳では追つ付かぬ、又急に良反訳の沢山出来るものでもなし、殊に邦人中より良教師を得るは一朝一夕の事でないといふに在る。此点に於ても西村先生の俗説に捉へられざる卓識の程が窺はるゝ。

明治十九年二月、文部大臣森有礼氏より大学総理に就任せんことを勧告せられ、之に対し大学改革の意見を陳述して辞したとある。時の大学に対しては可なりの不満を有つて居られた様だが、詳しいことは書いてない。要するに先生は大学教育に就ても意見は大にあつた様だが、結局実際には遂に之を行ふ機会に接せずして了つたのである。

先生はまた学士院の事に付ても書いて居る。学士院の創立は明治十一年十二月九日だ。時の文部卿は西郷従道氏であるが、実際の計劃は田中大輔の久しく考案せる所なのである。最初は東京学士会院と呼ばれ、第一回の会員として文部卿より挙げられたのは西周、加藤弘之、神田孝平、津田真道、中村正直、福沢諭吉、箕作秋坪の七氏に過ぎなかつた。後の会員は本院の選挙によるとされ定員を四十名と限られたが、翌年三月最初の選に入つて先生もやがて会員となつたのである。初めは大に任ずる所あり、専ら教育界に貢献せんとして、文部省に向つても盛に建議などしたものだが、田中氏去りて後は邪魔物扱され、建説亦概《おおむ》ね郤《しりぞ》けられしを以て、後には公開講演に専ら力を注いだといふ。何れにしても当時の学士院の意気込の盛なるは、今日の夫に比して雲泥の差がある様である。

序に誌して置くが、僕の所蔵に各国学士院紀略といふがある。明治十三年五月東京学士会院の版に成るものだ。序言によると、学士院創立の参考に供する目的で文部省で聚《あつ》めた稿本を田中文部大輔から下附を受け、五百部を限つて印行したものだと云ふ。之に由つて観ても、学士院の創立には田中氏の功を看過す可らざることが分る。而して田中氏自身が学士院に対《むか》つて今日あるが如きよりも遥に大きな期待を繋《か》けて居たことも、想像が出来る様に思ふ。

＊

西村先生が教育の任を以て宮中に仕へた功も亦頗る大なるものがある。明治八年五月加藤弘之氏の元老院議官に転ぜるに代つて三等侍講の兼勤を仰付つたのを振り出しとし、暫く聖上及皇后宮の御前に進講したが、明治十年十一月には特別の御依頼により有栖川宮、小松宮、北白川宮、伏見宮の四親王殿下にも西洋史の御講義を申し上げ、明治十八年十一月には皇太子殿下の「御教育御世話可申上旨」の御直命を蒙つた。明治廿一年七月には華族女学校長の任に就き二十六年十一月に及んで居る。

両陛下御進講に就ては先生は次の如く書いておる。「御学問の御課業は、日曜日の外は日々にして、午前午後共に進講あり。時刻に至れば聖上御学問所へ出御あり。侍従試輔三人(藤波言忠、堤亀丸、荻昌吉)代る〴〵御左右に奉侍し、侍講御正面に進みて講義を申上ぐ、聖上先づ本文を御素読あり。次で侍講其義を解き、傍《かたわ》ら治乱の迹、政事の得失を援引して本文の意を補足す。皇后宮にも日々御読書の御課業あり。午前午後両回に分ちて侍講出で、是を進講す。皇后宮の御課業は内廷にて遊ばされ、聖上とは全く御別なり。講義の時は掌侍権掌侍代る

〳〵奉侍す」と。此時の侍講は、先生の洋書を受持てる外、国典は福羽美静氏、漢籍は元田永孚氏であつた。斯く当初は毎日御聴講遊されたのである。「明治十二年の頃より、聖上御政務御繁劇にならせられ、夫故《それゆえ》御学問は追々御休暇多く」、遂に明治十八年に侍講は全く廃官となり、毎年一月の御講書始めの事のみ儀式的に永く残ることとなつた。

四親王殿下の御進講も、元田氏と毎月三回代る〳〵出講し、三年程続いたさうだ。「其御待遇極めて鄭重なり」と述懐して居らるゝ。之も各殿下の御職務御多忙となるに連れて自然と中止された。

皇太子殿下は、当時中山従一位、嵯峨正二位の御輔導の下に、高辻修長、勘解由小路資生の二氏御読書御手習の御世話を申し上げて居つたのだが、皆旧式のやり方で、現代の教育法に適合しないと云ふ所から、新に西村先生に恩命が降つたもののなさうだ。後土方久元氏代つて御輔導の任に就かるゝに及び、御教育法をも根本的に一新することゝし、湯本武比古氏を勧めて御教授を担当せしめ奉つたとある。

＊

明治十八九年頃の欧化主義の風潮に反動して国家主義乃至国粋保存主義が勃興したに付ては、良い意味に於て又わるい意味に於て、貢献した人が沢山にあるが、西村先生の如きは其の良い意味に於ての功労者の随一であらう。先生の立場は、一言にしていへば開明国家主義とでも謂つてよからうか。今日謂ふ所の皇室中心主義の倫理説の如き、先生はすでに可なり古くから之を鮮かに説いて居られた様に思ふ。

併し先生の思想を細かに究明することは今僕の仕事ではない。往事録について先生の立場や考へ方の傾きを推定すべき二三点を引くだけに止めやう。

先生が一面に於て可なり自由な考を抱いて居られたといふことは前にも述べた。教育方針としては田中不二麿氏の自由主義に賛して河野敏鎌氏の劃一主義を喜ばなかつた事や、大学の講義に外国語を用う可らずとする説に一旦は成程と合点して而かも忽ち其意向を翻《ひるがえ》した事なども、其証拠の一つにはならう。併し乍《なが》ら先生は結局する所国家主義者としての確信に一貫して誤らなかつた人である。之を証明する第一の仕事として僕は日本弘道会の創立を挙ぐ。

先生自ら語る所によれば、日本弘道会創立の発念は、明治五年太政官の頒布した「学制」の序文中「専ら生を治め産を興すことのみを説き一も仁義忠孝を教ふるの語なき」に憤慨せるを端緒とするといふ。其後静に世相を観ずるに、官民共に西洋文明に眩惑して修身道徳を蔑視し、「人心肆《し》然《ぜん》として放恣となり、其流弊の極る所を知らず」、遂に明治八年より九年にかけて、阪谷素、丁野遠影、植松直久、那珂通高、杉亨二等の諸友に謀り、東京修身学社といふを作り、毎月一回集会して相互に修身道徳を講究したのが、即ち今日の日本弘道会の始めである。日本弘道会が其後今日に至るまで何を日本文化の発達に寄与したかは、今改めていふの必要はなからう。

斯う云ふ傾向の人だから、明治十八九年頃の軽佻なる欧化の風潮に対していたく顰蹙《ひんしゅく》したことは、之を察するに難くない。先生は十八年十二月の改革に関連して、「伊藤内閣の新政は、法律制度風俗拝礼一々是を欧米に模倣し、専ら外面の文明を装ひ、外人を優遇し、舞踏会、仮装会、活人画会等其他外国の遊戯を行ひ、務めて其歓心を求め、本邦古来国家の基礎たりし忠孝節義勇武廉恥等の精神は棄てゝ顧みざるものゝ如し。其の登用する所の官吏は、多く怜悧便佞の人にして、質樸剛毅の者は常に排斥せらる」と憤慨して居る。伊藤公に対しては特に度を超えた反感を有つて居つた様にも見ゆる。孰れにしても時流に快とせざる所あり、不平鬱勃たるものがあつたやうだ。斯う云ふ気分の中から出来たのが即ち日本道徳論の一篇である。之に就て先生は新にまた伊藤公の怒りを挑発したといふ隠れたる事実もある。

日本道徳論は、明治十九年十二月帝国大学で開いた三日に亘る公開講演の草稿を印行したものである。始め大臣以下の諸知人に贈つたのだが、世上に売り出した第二版は、伊藤公の怒りに遇《あ》ひ若干「語弊を改删して」発行したものださうな。其訳は斯うだ。最初此書を各方面に配つた時、文部大臣森有礼氏などは大に賛成し中学以上の教科書とすべしとまで賞讃したのだが、伊藤総理大臣は「新政を誹謗し政事の進路を阻礙《そがい》する者となし」て大に怒り、森氏を見て厳しく詰責したといふのである。森氏乃《すなわ》ち秘書官小牧昌業氏に命じて其の不穏当と見らるべき個所を摘出せしめ、其删除《さんじょ》を忠告した所、先生は改删よりは寧ろ絶版すべしと答へたが、世上偽版を作りて不正の利を貪る者あるに依り、遂に森氏の忠告を容れて改訂版を出したのだといふ。猶先生は之に附け加へて「伊藤氏が大に怒りしは此時谷農商務大臣が新政に反対する意見書を出し、総理大臣頗る憤懣せし際に余の道徳論を読みしに、其説谷氏の説と相符合するの点ありしを以て、両人相約して新政を妨碍《ぼうがい》したりと思ひ、此のごとく怒りしものなりと聞けり」と述べて居る。

先生が一種の皇室中心主義の倫理説を把持して居られたことは先にも述べた。教育勅語の御発布などについても、先生の宿説が間接に与つて力あつたのではあるまいかと推せらるゝ節がある。先生は西洋の諸国が耶蘇《ヤソ》教を以て国民の道徳を維持するが如く、本邦には「世界無双の皇室ある」が故に、之を徳育の基礎とすべしと云ふ見地を有つて居つた。之より更に広義の教育の中知育体育は依然之を文部省の管理に留め、徳育は皇室自ら之を管理するを得策とすとの意見を執つて居られた。副島種臣、佐々木高行、佐野常民の諸氏亦皆之を賛せるにより、三条公にも説いたが、結局可とせられたので、愈々勅選を以て普通教育に用ふる修身書を作り之を全国に頒行せんとの具体案を立て、先生自ら副島佐野の二氏と共に起草の任にあたり、時の宮内大臣土方久元氏にも謀りて其承諾を得たといふ。随分突飛の考ではあるが、誠意はまことに諒とすべきものがある。幸にして森文部大臣の堅く執て之を非とするあつて行はれなかつたが、先生は飽くまで此事に熱心であつて、廿二年二月には更に「宮内大臣に面して国民の徳育は帝室にて直に御管理あらせられんことを述べ」たとある。其事の文字通りに行はれざるは固《もと》より当然だが、之が教育勅語の発布と何等かの思想的連絡あるのではあるまいかと思はれる。但し先生自身はこの点については何事も語つて居ない。

＊

先生が普通の洋学者に似合はず若干偏狭な傾向を有つて居られたことは、条約改正に関する態度に最もよく現はれて居る。併し条約改正問題に対する先生の態度に就て吾々の最も感興をひく点は、之よりも寧ろ先生の志士的風貌の濃厚なることである。先生が終始一貫教育界の人を以て任じ、且つ入つては聖上の侍講たり出でゝは華《か》冑《ちゆう》子女の教育の任に当れるの身を以て、一旦国家の大問題と観ずるや直に東奔西走殆んど寝食を忘るゝ、といふのは、到底尋常の学究に見る能はざる特色と謂はなければならぬ。

先生の記す所によれば、明治政府の始めて条約改正の談判に手を着けたのは十一年寺島外務卿の時であるといふ。此時の目標は専ら税権の回復に在つて、法権回復の方は暫く顧みない事になつて居た。北米合衆国の外は我が提出の案に同意しなかつたので此時のは御流れになつた。之に次ぐのが明治十八年の井上外務卿の改正談判である。先是井上外務卿は、我国の法律を西洋風に改めるのみならず、又風俗等にも欧風を輸入し、以て談判に成功せんとしたのであつたが、此の子供らしい考そのものが忽ち輿論の反抗を惹《ひ》き起したばかりでなく、間もなく改正協議の内容が世間に洩れて更に非常な物論の沸騰をかもした。当時最も有力に反対意見を述べた者に雇仏人ボアソナード氏あり、又農商務大臣谷干城氏があつたのであるが、此両者の意見が秘密出版として世間に洩れたのであつた。而して政府は輿論の攻撃に堪へず、談判を中止して井上外務大臣をも罷《や》めた。

廿一年春新外務大臣大隈重信氏三度改正の談判を開いた。内容は依然として秘密である。只世間では大隈氏の対外硬の経歴より推してや丶安心して居つた形である。然るに二十二年六月タイムスに出た改正条目を見ると、井上時代のよりは幾らかい丶が要するに五十歩百歩だといふので、民間にも俄然として反対の声が高まつた。それは大隈氏は外国に対して既に(一)外国より判事を雇ふ事、(二)大審院の判事は必ず外国より聘する事、(三)内地雑居を許す事、(四)外国人の土地所有権を認むる事の四点を譲歩して居たからである。而して米・独・魯などは最早調印を了つて批准を待つばかりになつて居るといふ。夫れだけ反対運動も頗る猛烈なものであつた。そこで閣議でも遂に延期といふことに決したのであつたが、其の会議からの帰途夫の大隈氏の遭難があり(十月十八日)、之が幸となつて談判が無期延期となつたことは人の知る所である。

西村先生の政治的活動は此時から始るのである。夫のタイムス所載の改正要目を見るや、先生憂慮措《お》く能はず、乃ち総理大臣黒田清隆氏に面して之を責めた。之を発端として先生は後鳥尾小弥太氏、三浦梧楼氏、谷干城氏を歴訪して改正中止に尽力すべきを約し、更にまた副島種臣、元田永孚、佐々木高行、曾我祐準、海江田信義の諸氏とも心を合せ断乎として改正談判を中止せしむるに決心した。而して条約改正の反対の声は当時実に全国に喧しくなつたのに勢を得て、先生達は一層運動続行の臍《ほぞ》をかためたものらしい。かくて先生の同志は、三浦梧楼氏の発議により大隈失脚後も其結束を続け、爾後引続き毎月一回宛《ずつ》星ケ岡茶寮に相会して懇談を結んだといふ。

大隈の後を承けて青木周蔵氏新に次官から外務大臣の地位に陞《のぼ》つた。彼も亦井上大隈の案に基いて別に一新案を作り、改正の談判を開かんとすとの噂がある。此時は既に議会が開かれて居つたので、先生は勅選議員として専ら議会で此問題に尽力せんと決心された。其の手始めに廿三年十二月「条約改正案ヲ本院ニ明示セラレンコトヲ政府ニ建議スルノ動議」を提出せんとしたが、「議員多く政府を畏憚《いたん》し、条約締結は天皇の大権といふを口に藉《か》して此案に賛成する者少く終に定数の賛成者を得ること能はず」因《よつ》て已むなく質問書の形に改め、辛じて定数三十名の賛成者を得たのであつた。質問の要点は、(一)外人ニ内地雑居ヲ許スノ有無、(二)外人ニ土地所有権ヲ与フルノ有無、(三)税権回復又ハ税率改正ノ有無、(四)外人又ハ外船ニ沿海貿易ヲ許スノ有無、(五)外人帰化法ヲ設クルノ緩急、の五項であつた。之に対して政府は久しく答へなかつたが翌二十四年三月に至り、やうやく外相の答弁があつた。第二と第四は之を許さぬ、第二〔三〕は無論回復するが、第一は許さねばなるまい、第五は議院の立法権の問題だといふ様な要領であつた。要するに政府は西村先生の私に期待せし所に反し、条約改正速行論であることが明になつた。

然らば其内容は如何と云ふ問題になるが、噂によると、我よりの提出案がもと〳〵従来の案を少しく修正した程度のものなのに、英国よりは領事裁判権の撤去と海関税増加の件は拒絶して来たらしいといふ。夫にも拘らず民間では近頃は前のやうに余り反対の叫びも聞えない。斯くては猶更同志の士を糾合して反対運動に熱中するの必要があるとて、先生は病を押して運動され、五月一日華族会館に同志の会合を催す運《はこび》にまで至らしめた。新なる同志としては大井憲太郎、坂本則美、富田鉄之助、千頭清臣、綾井武夫、三浦安、山川浩、高崎五六、等の名が加つて来た。其間鳥尾の意見が少し曖昧になつたとか、千家尊福氏も三浦安氏の紹介で来会したが、後にて聞けば政府の廻し者であつたといふ様な事も書いてある。富田氏と先生とが起草委員となりて政府に談判中止の建議をしやうと云ふ段取りにまで進んだが、同月十一日図らずも露国皇太子殿下遭難といふ意外の大珍事が出来し、天下騒然として悉《ことごと》く耳目を之に集中することになり、条約改正の方の問題は自然立消えとなつて仕舞つた。

其後明治二十五年四月十三日に至り、総理伊藤を始め外相榎本、内相副島、逓相後藤、枢府議長黒田、枢府議官寺島井上(毅)の六名御前に召されて条約改正取調委員を仰付けられた(但し公表されたのではない)。先生之を伝聞し、政府が益〻改正に熱心なるを察して再び同志の会合を謀つた。四月十七日三浦安邸の集会に出席せるは、曾我祐準、黒田清綱、高崎五六、小沢武雄、富田鉄之助の諸氏と先生とであつた。之等の人々の一致せる説は、「到底今日は内治必要の時にして外事に手を出すべき時にあらず。縦令《たとい》対等の条約なりとも、国の強弱民の智愚貧富甚だ懸隔せるを以て遂に国家の損害を引起すは必然なり」と云ふに在る。只此考を実地に貫く為の手段としては、(一)正面から改正尚早論を押し通さうといふ説と、(二)政略上対等条約希望を申出るを可とするの説と、(三)法権は他日に残して先づ関税権の回復に努むべしとの説と三つに分れたのであつた。此時の会合も一つには他の諸氏に先生程の熱心が無かつた為と、も一つには政府の方に捗々《はかばか》しく取り運ぶ模様の見えぬに自ら気勢を挫《くじか》れた為め、何時とはなしに有耶無耶《うやむや》になつたのであつた。

明治二十六年の春に至り、伊藤総理復た陸奥外相を督して条約改正の談判に入るべしとの風聞がある。先生の最も憂ふる所は内地雑居の事であり、従て民間に於ける熱心なる尚早論者安部井磐根、神鞭知常の二氏の如きは特に先生の目を付くる所であつた。三月末高崎五六邸の会合には、近衛公の外この両氏をも招いだ。先生誌して曰ふ。「此の集会の諸人は、其精神の十分ならざる者あり。為に相談も良結果を得ずして散ぜり」と。夫から先生は志士の力案外頼み難きに□め、「内地雑居にならば、宗教上の関係より殊に其迷惑を受くるは神仏二教なるべし」とて、先づ神道家を踊起せしめんとの考から、神道本局管長稲葉正邦子爵を説いたが、要領を得なかつたと述べて居る。此頃になると、時勢と共に所謂有志の頭も段々進んで来るのに、先生独り頑然として世の進運に取り残されて行く傾がないでもない。神道家を恃《たの》むなどは丁度今日の政府が頽勢を挽回せんと焦るの余り国粋会などを頼りにするのと似て居る。国粋会を悪いとはいはぬ。政権を以て利用すべきものではないと思ふ。此年の秋頃になると、内地雑居尚早論はだん〳〵民間にも盛になつて来る。十月には安部井大井の諸氏の大日本協会を作るあり、政府の烈しき圧迫あるに拘らず盛に全国に遊説する。学者の側には、加藤弘之、井上哲次郎二氏の書を著して尚早を力説するありて、其勢侮る可らざるものがあつたが茲にまた図らずも日清戦役といふものが起つて、条約改正問題に一大転回の機会を与ふることゝなつた。

戦勝の余威に乗じ遂に陸奥外務大臣が二十年来の懸案たる条約改正に成功したことは、普《あまね》く人の知る所である。這次《しゃじ》の改正は、明治二十七年七月英京倫敦《ロンドン》に於て日英通商航海条約の成りしに始まり、夫より国を別つて談判を重ね、三十一年十二月に至つて全く終了したのであるが、之に就ても先生は嫌味を云つて居る。曰く、「政府は必ず改正の事業を成就して其功名を成さんと欲するの意強く、遂に日清戦争兵馬《へいば》倥偬《こうそう》の際に於て其事を起し、志士をして是を顧みるに遑《いとま》なからしめんとす。従前改正の談判は、常に東京に駐剳《ちゅうさつ》せる外国の公使と我外務大臣との間に開きしが、今度は其方法を改め、各国に駐剳せる我国の公使をして彼国の外務省と談判せしむ。是に依り談判の終を告ぐるに至るまで、国人一も是を知る者なし」と。故に突如条約の公布を見てびつくりしたのだが、其成績はといへば、「新条約は政府にて対等条約の名を誇称せるを以て、世間無識の徒は是に満足を表するもの多し。縦令其文面は対等なるも、彼我国力の侔《ひと》しからざるを以て、彼に利多くして我に害多し。況《いわん》や其文面も対等に非ずして彼に屈するもの少なからず……唯新条約中に於てやゝ取るべきは、十二年にして此条約の消滅することゝ、土地所有権を彼に与へざるとの二件のみなり」とこき下して居る。華盛頓《ワシントン》条約に付て兎や角言ふものあると異曲同巧の考方である。而して先生は何処までも尚早論者であつて、其の理由とする所は、「今日民智民産の大に彼に及ばざるものあるを以て、仮令《たとい》条約文には欠失なきも、今日改正を行ふは国情に於て甚早きに失するの恐あり」と云ふに過ぎない。蓋《けだ》し斯《こ》は恐らく当時の多数の人の斉《ひと》しく考ふる所であつたのだらう。

*

終りに先生の思想のやゝ偏狭に失する方面を二三列挙して見やう。之を挙ぐるは敢て先生を誹《そし》るに非ず、当時の真面目なる識者の一面の考方を代表的に明にして置きたいと思ふからである。

土地所有権の許否に付ての先生の意見は斯うである。曰く「欧洲諸国は金銭多くして土地少なし。故に土地の価非常に貴し。洋人我邦に来り、我土地の価の廉なるを見る時は、必ず鉅万の金を投じて是を買はん……邦民の愚なる、其価少しく高しと聞く時は、後来の事を慮ることを知らず、争ひて是を売るべし。然る時は、国中の便利よき土地、形勝の土地は、大抵彼の所有に帰し、遂に国中の地主は多くは洋人にして、邦民は多く地借か小作人となるべし」と。斯くして鉱山も鉄道も諸工業も或は彼等の手に帰し、又は其の圧倒する所となりはせぬかと憂慮して居る。更に進んで内地雑居の結果については、「商売の利権全く彼の手に帰するに至るべし」と断じ、又「宗教上よりして言ふ時は、耶蘇教の我邦に入ること益〻多く、我旧来の宗教と衝突を起し、是が為に人心大に動乱すべし」と憂へて居る。斯かる理由あるにも拘らず政府の改正を急ぐ所以は如何。先生は其理由を数へて次の五点を挙げて居る。(一)「条約改正を成し遂げたいと云ふ政府の功名心」、(二)「早く文明国の仲間入りをしたいと云ふ軽躁心」、(三)「国内人民の財産智識の度を測るの疎謬」、(四)「外国の歴史の無識」、(五)「後来の国患を料るの周密ならざること」即ち是である。而して僕は思ふ。此程度の頭の所有者は、今日でも所謂識者階級に可なり多いことを。

伊藤公に対して先生が格別の反感を有つて居たことは前にも述べた。明治二十一年七月の華族女学校設立に付ては、「其裏面は伊藤宮内卿が下田歌子に官禄を与へんが為に建てたるものなりとの風聞あり」と述べ、又二十六年十一月突如同校長を辞すべきの旨を諭《さと》さるゝや、或人の説として「下田歌子華族女学校学監の職を失ひしを以て西村氏の所為なりと思ひ、深く西村氏を怨み窃《ひそか》に是を伊藤氏に訴へたりと聞く。君の免官は其結果なるべし」との疑を洩らして居る。明治十八年の改革について伊藤公を攻撃する一節中の「独逸人《ドイツ》を宮内省に雇ひ、其妻をして内廷に出入せしめ、皇后宮以下女官の衣服を改めて洋装となし、又華族女学校を設立し、其生徒をして尽《ことごと》く洋装せしむ」の一句の如きは、聊《いささか》坊主を憎んで袈裟にまで及べるの譏《そしり》を免れまいと思ふ。

も一つ先生の固陋を証すべきものにこんなのがある。「京都に第四回勧業博覧会あり。洋画家黒田清輝といふ者、婦人裸体にして陰部を露せる画を作りて是を出す。審査官是を美術館の楼上に掲ぐ。京都の有志者及び警察官其の風俗を壊乱するを以て是を撤去せしめんとす。審査副長九鬼隆一頑として聴かず。余京都に滞留の日九鬼に面して是を論ぜんとし数〻《しばしば》其旅寓を訪ふ。九鬼避けて逢はず。已むことを得ず書を贈りて是を論詰す。九鬼返書を送りて弁疏す。然れども遂に其画を撤することなし」と。

＊

先生の思想と全く関係のない事で往事録中一寸面白いと思ふ記事一二を摘録して此稿を終らう。

山口県の地租の格外に安きを説いて次の言がある。「往年地租改正ありし時、当時の県令中野梧一氏如何なる意に出たるか、県下の地租の額を甚しく低くしたるを以て、県民の生活余裕ありて甚しき窮困の者を見ず」と。備後の中旧福山領の地居民の生活豊なるを叙する中に「尚士族中に勤勉社といふありて、労働を以て生計を立つ。余が福山より鞆に赴く時に乗りし人力車の車夫は此社員なり」の一句がある。今の資本家にも之れ位の心掛あらば、社会改造の声にも驚くことがなからうなどの感想が湧いて来る。

先生の貴族院観も面白い。曰く「五爵議員及び多額納税議員は無学無智の徒、多く唯政府に屈従するを以て務めとし、独立の志操を有する者少なく、勅選議員の中には、学識経験に富む者もあれども、是亦卑屈の議員多く、然らざれば軽浮なる洋説を信ずる者多し」と。又研究会に付ては、「研究会といへる一派ありて、政府の要路に立る者内々其威権を執りて愚昧なる多数の貴族を操縦し、以て政府の意思を貴族院中に執行せしめんとす。此策其肯綮《こうけい》に中《あた》り、政府の議案出る毎に此輩は理非を論ぜず是に盲従す」と評して居る。「此の如くなれば、貴族院の只政府の傀儡にして決して独立する議院と称すべからず」。之等の徒と肩を比するを快とせず、第一議会の畢《おわ》らざるに辞職した三浦梧楼氏の轍に倣ひ、先生も亦遂に二十五年十一月断然辞職して仕舞はれた。辞職せることの当否は別論として、先生の此の一言、此の態度は、今日も仍《な》ほ貴族院に対する儼乎たる警告として観るの価値は十分にあると思ふ。

〔『中央公論』一九二二年五月〕

桂川甫周のこと

*

本誌前号及び前々号に漂民御覧之記のことを書いたら、自分は其の著者桂川甫周の遠縁の者だと云ふ紳士の来訪に接し、いろ〳〵見せて貰つたり聴かされたりして得る所頗《すこぶ》る多かつた。此の紳士の事は追て書く。こゝには甫周先生一家の事を書きつけて置くに止めやう。

*

甫周先生は桂川家の四代目である。明治の初年に居つた甫周は七代目であつて、寛政時代の甫周とは同名異人だ。桂川家の初代は甫筑で名は邦教と云つた。邦亦一に報に作るとも云ふ。本姓は森島といふのだが、師嵐山甫安より師名の一字甫を与へらるゝに及び、嵐山に対照する意味で桂川と改称したのだと云ふ。二代が同じく甫筑(名は国華)で、三代目が甫三(国訓)、斯く父子相伝へて四代目甫周にいたるのである。因《ちなみ》に云ふ。桂川家では幼時甫安と呼び、やがて甫周と唱ひ、高年に至つて甫筑と改むるの家例ださうだ。されば甫筑と称するは一面長命したことを語るものだとの事である。

甫周先生の弟甫粲《ほさん》が寧ろ森島中良として知られて居るのは、言ふまでもなく桂川家の昔の本姓を称したものである。此人頗る奇行に富む。其の著紅毛雑話・万国新話などは今から観れば下らぬものだが、当時に於ては非常に珍らしい新知識であつたのだ。

甫周先生が魯国帰還の漂民幸太夫・磯吉を通して熱心に西洋の事物を研究された事は前にも述べたが、今度遇つた紳士に依り先生の遺物を拝見するに及んで、其の研究の熱心なるに一驚を喫した。幸太夫等の所持品を先生自ら極彩色で写された一巻の如き、真に精緻を極めたものである。先生は中々画にも堪能であつたさうだ。其外漂民とは直接の関係は無い様だが、西洋の動物書からでも写し取つたものであらう、日本で見慣れぬ諸動物の写生なども中々立派なものである。

＊

普通の史書には伝へられぬ様だが、先生は曾つて幕府の忌諱《きき》に触れみくら島に流されたことがあるさうだ。滞留中島民に殖産上の指導を与へて多大の恩恵を施した所から、江戸に還つた後も島民永く其遺徳を慕ひ、後桂川神社なるものを建てたとやら。そして島民は毎年一回代表者を江戸に派遣し、桂川家に報謝の礼を尽して維新当時まで渝《かわ》る所が無かつたと云ふ。桂川神社は今もあるさうだが、誰かに能く調べて貰ひたいと思つて居る。

＊

甫周先生には子がない。妹の多紀道訓に嫁せるより一子を貰ひ、養つて家を嗣がしめたのが甫謙(国宝《トミ》)である。此人後甫筑を名乗つた。其の子甫賢(国寧)は比較的に名は聞へないけれども、非常に博学多才の人であつたらしい。号を翠藍といふが、セイロンをもじつたのだともいふ。沢山の著書もあるが出版して居ない。和蘭《オランダ》人との間に往復したものが遺物の中に数多くある。明治の初年に甫周を称した桂川家七代目の学者は此人の長子だ。名を国興と云ひ和蘭字彙の著を以て有名である。幕末から明治にかけての洋学者は、殆んどすべて此人の周囲に活躍したのである。

七代目甫周に男児なし、乃ち弟国幹を養つて嗣がしめたのが八代目甫策で、之も矢張り大学南校時代に自然科学方面の教授として令名のあつた人だ。辻新次先生などは此人の門人ださうだ。此人の後嗣は甫安氏で今満洲方面に職を執られて居るといふ。之が桂川家の正系である。

七代目甫周先生には二人の女児があつた。長は夭折し、次は今泉家に嫁して今日なほ健在である。此人に就て明治初年桂川家に出入した若い洋学者達の面白い沢山の逸話が聞かれると云ふ。

甫策(国幹)先生のまた弟に国謙といふ人がある。早く藤沢姓を称し、当主も実業家として聞へて居ると云ふ。

私は近く今泉家の老未亡人について面白い昔譚を伺つて見やうと考へて居る。

〔『文化生活』一九二二年八月〕

新書古書〔東京数学会社雑誌〕

＊

此頃新に購《あがな》つた古本の中に東京数学会社雑誌といふがある。第一号より第三十五号までの合本で、初号は明治十年十一月、終りの号は明治十四年四月の発行になつて居る。其後何号まで続いたかは、数学会社そのもの、存続のことと共に知らない。名称の示す通り数学会の機関雑誌で僕達の仕事には直接関係もないので、今骨を折つて之等を調べる気にもならない。

体裁は其頃流行の型と見えて四六版十五六枚(後には二十枚を超える様になつたが)の日本紙刷である。かの明六雑誌などと同一だ。毎週一回土曜日刊行といふ公告は大抵実行された様である。内容は算術代数幾何三角を始め高等数学の諸部門に亘り、其の問題と答解を掲げたもので、今から見れば頗《すこぶ》る幼稚な雑誌だが、当時に在つては最も新しい学問の最も高い研究の発表であつたのだらう。そは記者乃至会員の中には当年の科学者や後の碩学を網羅して居るのでも分る。但し孰《いず》れにしても内容の詮議は僕には分らぬ。只この古い出版物を手にして見ると先輩の苦心攻学の紀念といふ意味の外に、僕達の立場から観ても面白い事があるので、夫れで玆に之を主題として一二言する気になつたのである。

猶言ひ残したが、同雑誌は第八号(十一年七月発行)までは木板で、第九号(同年九月発行)から活版になつて居る。明治の初年なら格別、此頃まで木版を使つた雑誌は外にあまり見当らないやうだ。又今なら数学会といふべき所を数学会社と呼んだのも面白い。今日会社といへば殆んど例外なく商事会社を連想するが、当時は必ずしもさうでなかつた。福地源一郎先生の『会社弁』(明治四年出版)には、立派に「会社トハ総テ百般ノ商工会同結社セシ者ノ通称ニテ常例英語「コンペニー」「コルポレーション」の適訳ニ用ヒ来リ」と書いてあるも、此の限定された意味に世間では久しく用ゐなかつたらしく、現に例へば明治十三年に出版した尾崎行雄氏訳の『泰西名家幼伝』には、英の「ローヤル・ソサイテー」を釈して「大学者の会集せる会社」となし、又仏の「フレンチ・インスチチュート」をば「碩学鴻儒の集会して究理数学化学等諸般の学科を討究する為め設立したる仏蘭西会社」と解説して居るのを見る。会社といふ字が何時《いつ》頃より今日意味する様な限定的術語となつたかは精密に究めて置きたいと思ふ。

又も一つ序《ついで》に目についたのは、会員の呼び方である。各号雑誌の扉の裏に社則の大綱が載つて居るが、之には入社人といふ字が使つてある。第二十号(十二年十二月発行)に至つて、初めて社員の文字が現れる。又入社せんと欲する者は毎土曜日の定期集会に会場に来て名刺を出せとあるが、この名刺の文字の初めて見へたのが第十三号(十二年三月発行)で、其以前は名簿とある。今は名簿といへば多数の人の姓名を書き列ねた簿冊の意だが、茲では住所姓名票の義たること疑ない。

*

発行の趣意は、初代の社長にして恐らく発企人の一人であつたらうと思はる、神田孝平先生の筆で、初号の開巻第一に「東京数学会社雑誌題言」として書き示されて居る。其中に斯《こ》んな文句がある。「蓋《けだ》シ数ハ理ノ証ナリ。証明ナラザレバ理顕レズ。苟《いやしくも》理ノ顕レンコトヲ求メバ数ソレ講明セザル可ケンヤ」。数学は昔から之を講明した者が無いではないが、概して云ふに所謂《いわゆる》士人は算数の事を甚だ重んじなかつた。西学の開くるに及んで其風大に変りはしたが、余習未だ尽く去らずして斯学の効は「未ダ公衆一般ノ実益ヲ為スニ及バ」ない。「是此会ヲ設ケタル所以《ゆえん》ナリ」と云つて居る。而して此の会の仕事としては次の七綱目を挙げて居る。一曰、内外古今数学関係の書籍を蒐輯する事。二曰、各人の質問を受けば必ず之が益を為す事。三曰、会中不審の件は弘く公衆に質問すべき事。四曰、西洋数学書を翻訳すべき事。五曰、既に翻訳せる者は之を印行すべき事。六曰、諸名義(今なら術語と云ふべき所か)訳例等を一定すべき事。七曰、毎会議定する所は輯録して印行すべき事。本雑誌は即ち此の第七目に応ずるものである。又この雑誌によると、第一目以下の仕事も相応にやつて居つた様だ。就中《なかんずく》第六目の努力に関しては其功の頗る感謝に値すべきものがある様に思ふ。毎週一回の定期研究会は、最初湯島昌平館で開いたが、十三年四月よりは京橋日吉町の共存同衆館に会場を移したとある。丁度此時神田氏社長を辞して柳猶悦と云ふ人が代つた。色々内部に内訌《ないこう》があつた結果らしい。孰れにしても之を機として会務に一大刷新を加へ、一時衰へかけたのが再び生気を復した様に見へるのである。

明治十年十二月の議定に係る社則全六ケ条は第三号の終りに掲げてあるが別に言ふべき程の特色はない。会員は百名を超え、漸を逐うて殖へて居るが、其中には神田孝平先生を始めとして菊池大麓、荒井郁之助、寺尾寿、村岡範為馳、小川健太(次の誤ならん)郎、上野清、相浦紀道、中牟田倉之助、伊藤雋吉等の諸先生の名が見へる。中にドクトル・センデルといふ外国人の見へるのはまた聊《いささ》か異彩を放つて居る。

第九号(十一年九月発行)に「十月始メヨリ毎週二次(火金曜)高等数学ヲ講シ且質問ヲ受ク有志諸君細詳ヲ知ラント欲セバ来議アレ蠣殻町三丁目九番地三汲舎菊池大麓」といふ広告が載つて居る。菊池先生が雑誌以外に於ても斯学普及の為に尽された功労を想像することが出来る。

此頃の学術雑誌はどの位刷つた者だらうか。之は第二十五号の附録に載つて居る表で分る。特別の場合には千部刷つたが、普通には五百を限りとしてある。而して其中会員に配るのを外にして、市中に売れたのは最初は四百三百もあつた様だが、やがて四五十に減り、遂に十以下に降る様になつた。之が十三年春の改革を見るに至つた一原因でもあるらしい。

十三年春の改革で神田先生が勇退されたことは前にも述べたが、之等の事は玆に詮索するの必要はない。之等の事どもは第二十五号附録にも出て居る。この附録はつまり之等の報告のために作られたものなのだ。此中に吾人の注意に値するのは寧ろ改正されたる二十三ケ条の規則中の次の数ケ条であらう。先づ第九条を見るに曰く、「本社ハ数理ヲ研究スルガ為ニ設ケタル者ナレバ、数学ヲ教授スルコトヲ為サズト雖《いえど》モ社員ハ勿論広ク世間ノ質問ニ応ジ、之ガ答弁ヲ為スベシ。質問ノ事項通常ナルモノハ学務委員之ヲ担当シ、六十日ヲ限リ之ヲ答弁ナシ、其事項高尚ナル者ハ普《あまね》ク社員ニ通知シ其答ヲ募リ、九十日ヲ限リ質議者ニ答フ可シ。其理深遠ニシテ解シ難キ者ハ、広ク宇内ノ数理大家ニ解義ヲ請フテ質議者ニ答フルコトアルベシ」と。玆に学務委員といふのは、事務委員に対して専ら学術事項を担当する役員のことである。次に第十一条を見る。曰く「公私中小学校ニ於テ数学教員撰挙ノ時其試験ヲ本社ニ請フトキハ、委員協議ノ上之ヲ弁スベシ」と。又第十二条に曰く「数学教員測量者等ノ雇入、試験ヲ本社ニ請フトキモ前条ニ比準スベシ」と。内容たる仕事の性質の変つてゐる点の外、撰挙なる文字の特殊の用例が注意に値すると思ふ。

＊

前に斯学術語の一定といふ事がこの会の重要な仕事であり、又此方面に大なる効績の認むべきものある旨を一言した。所謂名義訳例の一定は、始め久しく着手を怠つたが、十三年八月よりいよ〳〵研究協定する事にしたのである。之については此の事業の中心となつて働いた中川将行といふ人の功は実に大なるものがあるやうだ。最初の草案も概《おおむ》ね此人の手に成つて居る。当初この為の会合は毎月一回であつたが、十四年一月よりは二回となり、又過半数できめると云ふ申合《もうしあわせ》では中々確定を見ないといふので、後には五人の賛成なきは全然廃棄し、五人以上の是とするものは、過半数の同意なしと雖も合格せらるものと為して事業の進行を謀つたと云ふ。今日の術語の多数は斯かる先輩の苦心に依つて出来たものである。

訳例の協定については中々異論があつて、さう易々と決まつた者ではないやうだ。第二十九号(十三年十月発行)に「ユーニット」の訳語に関する記事がある。今日の訳語単位といふことに何時きまつたものやら、此時の研究会では、「議論紛々遂ニ決セズ、肝付兼行君発議シテ曰ク程元ト訳スベシト。賛成者ナキヲ以テ其議消滅」したとある。之に就て中川将行氏は、「余草案者タルヲ以テ議場ニ之ヲ賛成スル能ハズ、遺憾亦極ルト云フベシ」とて、改めて賛成の理由を次の如く開陳して居る。曰く「程は国語「ホド」ト訳ス。則物ノ度ヲ云フ。熱度ノ度ノ如シ。……故ニ程ハ量ト其意通スルコト明カナリ。然レドモ力量ト云テ力程ト云ハズ。里程航程ト云テ里(量)航量ト云ハズ。蓋シ用語ノ習慣然ラシムルナリ。故ニ程ハ即チ度也、数也、即チ数量ト通ズ。凡ソ数量ヲ算スルニハ必ズ先ヅ其元ヲ立テザルベカラズ。角度ノ大小ヲ算スルニハ一度ヲ以テ其元トシ、米麦ノ多寡ヲ算スルニハ一石ヲ以テ其元トス。……故ニ一度一石ノ如キモノヲ総称シテ、数量ノ元則チ程元ト訳スベキナリ。且ツ程元ノ字面ハ、見テ遽《にわか》ニ解スベカラザルニ似タリ。是レ其最モ妙ナル所トス」と。之等の記載に依て観ても、先輩が如何に訳語をきめるに苦心されたかが分るであらう。

*

最後に此頃新にボツ〳〵起り始めた取引上の新事例が如何なる未熟の言葉で言ひ現されたかを示すべき一項を以てこの小篇を結ばう。それは第三十四号(十四年三月発行)の巻末に出て居る数学書出版の予約募集広告である。

発起者川北朝鄰上野清両氏の連名で次の文字が載せられてある。「余輩数理拡張ノ為メ、有志ヲ募リ、数理書共同出板ノ業ヲ起サントス。之ガ端緒ヲ開カンガ為メ、突氏軸式円錐曲線法ノ出板ニ着手シ、已ニ其第一冊(全巻六分の一)印刷成リ株主諸君ニ頒《わか》テリ。然ルニ株主未満ニ付、尚江潮〔湖〕有志者ニ告グ。方法ヲ知ラント欲セバ、東京麹町区富士見町六丁町二番地上野塾へ尋問次第報道スベシ」。株だの株主だのといふ文字が当時非常に広く使はれた事は之でも分るが、之はまた特別の研究として面白い題目になると思ふ。

〔『国家学会雑誌』一九二二年九月〕

切支丹の殉教者と鮮血遺書

徳川時代に於ける耶蘇教の歴史は、最近山本秀煌氏の著に依て大部明にされたが、小野実氏の新著『切支丹の殉教者』も亦、此方面の文庫に是非とも加へらるべき新文献の一つであらう。併し著者も断つて居る通り、本書は主に『日本西教史』と『鮮血遺書』とによれる編纂ものであり、殊に後者に負ふ所多きは一見明了で、是等の書で既に知られて居る事実以外に余り多く加ふる所はない様だ。夫《それ》にも拘《かかわ》らず本書が吾人の一読に値するは、昔の殉教者の史伝をよく要領を摘《つま》んで書き現してあるからである。

徳川時代に在ては耶蘇教に関する書類の出版は一切禁止されて居たので、正確な材料は今日残つて居ない。西洋人の書いた夫《か》の『日本西教史』や又渡来宣教師達の『書翰集』などを先づ拠所とするの外はない。之と我国に残れる断片零墨とを取捨比較して一部の耶蘇教史を編むは中々容易の業でないのである。此点に於て我々は大に山本秀煌氏の労を多とする。史書として十分完全なものでないとしても、そは何人がやつても当分の所は已むを得ぬのであらう。

山本氏の様な行き方の研究も無論必要であるが、今日は又或る意味に於て材料蒐集の時代といつてもいゝので、耶蘇教の歴史に関係のある古書記録類を輯録出版することも亦頗《すこぶ》る必要の仕事だと思ふ。此点に於て小野氏の仕事は、古書その儘の出版ではないが、其の要領を新しい形で伝へて呉れたといふ意味に於て、亦頗る貢献する所なしとせぬ。

『日本西教史』や『鮮血遺書』は今でも容易に手に入るだらう。西教史の事は割合に知られて居るが、鮮血遺書の方は知らぬ人も多からうと思ふから、一寸其のあらましを紹介しておく。

『鮮血遺書』は更に「日本聖人」の四字を冠し、仮名をふつて「やまとひじり・ちしほのかきおき」と読ませて居る。夫れ丈け本書は、通俗を旨とせる謂はゞ稗史《はいし》的物語である。明治二十年に初版を出したが、前記小野氏の『切支丹の殉教者』の序文に記す所によれば、萩教会神父ギリヨン老師の著なりとか。併し僕の有《も》つて居る本にはこの事は書いてない。只巻末に編輯兼発行者として加古義一といふ人の名があるのみである。少くとも筆は日本人のものらしい。昔の物語風に中々流麗暢達に綴られてあるが、編述の基礎として多くの古洋書を参照したるべきは亦疑を容れない。

内容は我国に於ける西教渡来の発端に筆を起し、夫から其の厳禁されし始末より、幕府の残酷なる厳刑の下に身を教門に殉じた者を一々稗史風に物語つて居る。最後に維新前後長崎在浦上に於ける天主教会の復活を叙し、附録として「日本殉教者一覧」といふを添へてある。洋装四六版で総体五五〇頁、中に挿入した数葉の絵も古風を帯びた中々味のあるものである。

序文の中に此書の来歴を次の如く記して居る。「伊太利《イタリア》、西班牙《スペイン》、葡萄牙《ポルトガル》等の伝道会集書院に宝の如く保存ある聖人が肉筆の遺書と、確乎に証跡ある其頃の書籍に由て、今此一小冊を編み、心ある人の覧に供ふ」と。又教門の為に罪せられし人々を激賞して「民権の元祖、開化の魁《さきがけ》」と讃称して居るが、是等は出版当時の流行字句を偲《しの》ばれて面白いと思ふ。

*

序文を引用したついでに、其中より著者の新教観を抜いて見やう。「近頃我邦に耶蘇新教と称する者あり。是が本名はプロテスタン則ち逆宗と云ふ者にて、真の基督《キリスト》教会に逆ひ、聖霊の恵なき者なれば、如何に彼等の古き書物を探ると雖も、義の為に苦を受て辞せず、命を棄て、惜まぬ如き人は一名も認め得ること能はず。我邦の事実に就て調べ見るに、三百年前基督の教を布く甚だ難かりし頃は、プロテスタンの牧師一名も来らず。是れ苦を厭ひ命を惜む故なり」と。天主教に於て斯うした観方は決して珍らしいのではない。

＊

右書き終つてから、鮮血遺書の著者ギリオン師の事に関し、小野実氏の書信を接受した。実は手紙を上げてこの事の調査を頼んだのである。いろ〳〵面倒をして詳細の報告を賜つた小野氏に深く謝意を表する。

小野氏の報告によれば、ギリオン(Villion)は未だ切支丹禁制の解けざりし時代に長崎に来られ、非常な困苦と戦つて布教に従事せられたのださうだ。神戸外人居留地に天主公教会堂の建設せらるゝや、移り来つて之を牧せられ、其後京都、伊勢、若狭、丹波、丹後、周防等に転々して沢山の会堂を建てられた。今は七十幾歳の高齢で萩教会の主任司祭の職に居らるゝ。有名な聖フランシス・サヴエリヨ書翰記は老師の著で、其外山口公教史、長崎公教史の著作もある。非常に奇行に富んだ人で、まだ外国人に対する監視の甚しかつた時代には、旅行券を背に貼り付けて歩いたとやら。愛馬に耳を喰ひ取られて知らずに居たといふ逸話もあるが、之は少し怪しい。兎に角萩地方では誰知らぬ者なき有名な老牧師であるといふ。

鮮血遺書は老師の著には相違ないが、筆は加古義一氏の手ださうだ。当時加古氏は伝道師としてギリオン師を助けて居られ、かた〴〵其の口述を氏自ら筆記したものらしい。初版には最後の二編を欠く。即ち重版以来附け加へられた「若望榎」と「日本殉教者一覧」とは、マルモニ師の筆に成るものだといふ。因《ちなみ》に云ふ。若望榎はヨワン・シドーチの事を書いたものである。シドーチのことは僕の近く公刊すべき『新井白石とヨワン・シドーチ』にも詳しく説く積りである。

〔『新人』一九二二年一一月〕

グリッフヰスのこと

前号に書いた『鮮血遺書』の序文の中にまた次の様な文句がある。

……明治七年米国にて出版せし『帝の国《みかど》』と題する日本歴史あり。是は越前福井の城主松平家に傭れ在し米国プロテスタン徒グリヒンス教師の筆なるが、止《やむ》を得ず織田信長豊臣秀吉徳川家康の時代に真の基督《キリスト》教会なる天主教会の我邦に盛大なりし事を述べ、彼方此方の話を取交て工《たくみ》に理を附け、世界の公教たる天主教を羅馬《ローマ》教と唱へ、之は国を奪ふ為に渡りし教なれば遂に日本を放逐されしが、是は寔《まこと》に然も在《ある》べき事にて是等の信者は悉く《ことごとく》責殺すも有司の止を得ざる業なり云々と論じたり……

*

之はグリッフヰス(Griffis)の名著『皇国』(The Mikado's Empire)のことたるや疑ない。初版は明治九年の出版のやうである。最初は一冊であつたが近年は二冊となり更に第三編として日露戦争後国力の東亜大陸の方面に発展した辺までの記述を増補してゐる。通俗を旨とした丈我々日本人に取つては夫れ程参考となるものではない。此点に於て之は夫《か》のマードック(Murdoch)の日本歴史などゝは自ら選を異にするものである。が併し西洋人の読み物として又其の日本研究の道案内としては頗る興味あるものであらうと思ふ。兎に角この書は、我日本をよく西洋に紹介したものとして、古くはかの有名なケンフエル(Kaempfer)の日本史の類と共に我々の感謝に値するものと云つて可い。

さて前に引用した様な文句は、グリツフヰスの本のどの辺にあるのか探したけれども急に見附からなかつた。グリツフヰスは多少極端と見ゆるまでの日本びいきで、何事にも好んで日本弁護の労を取つて居るから、前掲の如き評論を試みたるは略《ほぼ》想像するに難くない。

＊

グリツフヰスは割合によく日本を西洋に紹介したといふ点に於て我々の感謝に値するが、就中《なかんずく》特に彼に敬服するはその維新革命論の卓見である。詳く云へば、日本の改革は外人の力に因るとの西洋人の通説を駁し、所謂《いわゆる》王覇の別を弁じて王政復古の当然の理たるを力説した点にある。是は第一編の末章に論ぜられてあるが、此部分だけを抜萃して『日本に於ける近代革命』(The Recent Revolution in Japan) の名の下に小さなパンフレットの形に作られたものが一時我国に広く行はれた様に記憶する。そして之にはまた翻訳もある。牟田豊訳述『日本近世変革論』といふのがそれだ。明治十五年一月の版で上下二冊になつて居る。猶《なお》之は始め明治八年に『維新外論』と題して一冊だけ出版し其儘中絶したのを、十四年になつて表題を改め二冊一緒に出版したのである。維新外論もちよい〳〵古本屋で見るが之は上巻一冊だけしかないのである。

『日本近世変革論』に中村敬宇先生の序文がある。八年撰十三年書とあるから、維新外論として出版する当時頼まれて起稿せられたのを、近世変革論として出すときに愈々《いよいよ》清書して与へたものだらう。之によると能くグリツフヰスの経歴が分る。其要点(原文は漢文である)を抄出するとかうだ。

希利比士《グリヒス》米本国に在る時勝海舟君の長子を教授す。既にして福井藩良師を求む。希氏召に応じて至る。至れば即ち郷子弟を訓迪《くんてき》し、忠原純摯、造就法あり、材俊技芸の士多く出づ。京に来るに及び開成校教師となり、余と時々常々往来し相得て甚驩《かん》す。……希氏性忠厚なりと雖《いえども》抗直に過ぐ。会々《たまたま》一二部員と議相合はず、一旦忽然として去る。……発するに臨み、前数月、希氏屢《しばしば》茅舎を訪ひ、叩くに数々の事を以てす。余応答響の如くなる能はず。而も希氏は則ち筆を把《と》て疾く書すること飛ぶが如し。手腕殆ど疲して尚已まざる也……

福井藩に於ける生活の模様は、前記『皇国』の第二編第八章に書いてある。未だ通読の閑を得ないが、その中読んで紹介するの機もあらう。希氏と勝海舟との関係についても面白い材料があるに相違ないが、之も段々調べて見たいと考へて居る。因に云ふ『皇国』の第一編は日本の歴史で第二編は見聞記である。第三編のことは既に述べた。

＊

『日本近世変革論』の内容を大略紹介しやう。先づ冒頭に、日本が維新の改革に成功せるは「外人該国に駐留するに在り」とするが「欧米諸国一般の通論」であるが、之は全く何等の根拠なき憶測に過ぎぬと喝破して居る。外人の駐留は精々助成因たるを得べきも、改革の真の因子は日本国民の歴史的精神に内在するの深きものありとて、之より日本の歴史を一ト通り説明し、幕府政治が国体の本能に悖《もと》るものたる所以《ゆえん》を力説して居る。一体西洋人は、将軍を唯一の権力者だと思つて居たのに、江戸の所謂大君の外京都にもモ一つ高い位の帝の在《いま》すことを聞いて、一時本当の主権の所在孰《いず》れに在るや分らなかつたのであつた。而して実権は矢張り幕府自ら声明する通り江戸にある。そこで彼等は京都の皇居を以て羅馬の法王の様なものだと合点して仕舞つた。故に在来の西洋人の日本記述は殆んど京都をヴアチカンと観て怪まなかつた。然るにグリツフヰスに至て始めて日本の本当の国体が明にされたのである。我々から観れば何でもないが、西洋人の謬見を此方面にひらいたといふ点に於て彼は中々功労あるものと云つてい丶。

王覇の弁に気焔を挙げ、朝廷を持ち上げて幕府の覇政をコキおろすの極、彼は更に口を極めて其陰険圧政を罵倒し、果ては歴代将軍の過分の贅沢と不仕鱈《ふしだら》な生活振を猛烈に罵倒して居る。だから勤王論の起るのは当然だ、況《いわ》んや日本本来の主権者は京都の朝廷なるに於てをやとて、勤王運動の次第を叙し、夫がペルリの来航に伴つて攘夷説と一緒になる道筋をも明にして居る。月並の説き方だから茲には一々挙げぬ。

夫より日本が討幕に成功して直ち〔に〕開国に一転する機運の醞醸《うんじょう》を説き、「日本人は本能の良性あり、過を知れば必ず改め、善を見ては能く移る。実に貴重すべき」素質を有し、之に「木戸大久保後藤」の如き「日本の古学に通じ摂て西説をも学び得たる者」が先達となつて開発に尽すのみならず、福沢諭吉中村正直を始め、森（有礼）、箕作（秋坪?）、加藤（弘之）、西（周）、爪生〔瓜生三寅?〕（寅）、内田（正雄）等の先覚者の文化開発に大に努力するものある以上、新日本の前途は大に楽観して可なりと云つて居る。而して更に曰ふ。「余日本に客たる殆ど四年間、交を国中の英雄豪傑に結び、許多の実験を経て後に熟思するに、日本人をして其心思を改めしめ今日開明の域に進入せしむる者は、日本語を以て印行せる著書訳書の功甚だ多きに居れり」と。終りに「民権及び奉教の自由」の振張に由て文明開化を更に大に導進すべきを忠告して結論して居る。

以上の引用は皆牟田氏の訳に依たが、原文と対照するに大概誤りはない様だ。

*

グリツフヰスには右『皇国』の外日本及び東洋に関する著述は沢山ある。僕の知る限り同じ種類の一番新しい著書は、一九一五年出版の『日本天皇論』（The Mikado; Institution and Person）であらう。併し彼の著書で更に別種の意味で何うしても我々日本人の一瞥《いちべつ》を与へずに居られぬのは

フエルベツキ伝（Verbeck of Japan: 190〔ママ〕）　ヘボン伝（Hepburn of Japan: 1913）

の二書である。フエルベツキとヘボンとが、維新前後我国に来り大に文化開発の趨勢を助成促進したことは人の

知る所である。新日本は何を差措《さしお》いても此二大偉人に感謝する義務がある。加之《しかのみならず》グリッフヰスが其著の表題に副注し、前者を呼んで A Citizen of no Country となし、後者をば A Life Story of Toil for Christ と呼べるが如く、其の尊貴高逸なる人格はまた何れ《ど》丈美しい感化を彼等に接せる新日本の青年に残したか分らない。有らゆる意味に於て此両偉人の伝記は我々に於て丁寧に味ふべきものだのに、偶々《たまたま》グ氏の著がある。筆者亦頗る其人を得たものと謂はねばならぬ。

グリッフヰスのことについてはその著書以外に僕は多くを知らぬ。多分まだ存命中なのであらう。未見の恩人として茲に僕は深厚なる敬意を彼に表しておきたい。

〔『新人』一九二三年一二月〕

『奇抜な訳語』集の中より

神田孝平先生訳『和蘭美政録』といふ本に泣狂言笑狂言の文字がある。今日の喜劇悲劇に当る言葉の翻訳であらうが一寸面白い。

序にこの本の事を一言して置かう。予の所蔵の一本はヨンケル・ファン・ロデレーキとよぶ一大学生が帰省の途中殺されし事件に関する探偵譚であるが、神田家に蔵する別本にはもう一つの探偵譚を収めて居る。文久元年先生が手塚律蔵塾に在て洋学の勉強中の手すさびで、和蘭もの、探偵小説を訳したものらしい。神田楽山訳とあるので始めは孝平先生のものか否か多少疑つた。それは神田孝平伝にも楽山の号あることは誌してなく、且明治初年の西洋もの、訳者の中には神田豊といふ人もあるからである。併し色々の点がどうしても孝平先生のも〔の〕らしく思はれるので、遂に神田男爵に書を呈して此事を尋ねた。男爵も始めは楽山と孝平先生と異名同人なりや否や不明の様であつたが、後遺書の中から和蘭美政録の別本が現はれ、且明治廿四年十二月の日附で孝平先生自身の序文まで添へてあるといふので一切が明白になつたのである。男爵の好意に依て僕も該本をゆる〳〵拝見することが出来た。

猶右序文によると、ヨンケル・ファン・ロデレーキ一件の方は曾《かつ》て成島柳北の編輯する『花月新誌』上に揚牙児奇獄と題し著しく刪正削除を加へられて掲載され(之には孝平先生甚だ不服らしい)、後之と他の一編とを併せて博文館の発行する『日本之法律』にも採録されたらしい。内容には大したものはないが、我国に於ける探偵小説の嚆矢として記憶さる丶丈のものはあらうかと考へる。
ロデレーキが悪漢に幽閉されて居る間小紙片に拉丁《ラテン》語で書いたといふ句を漢文で訳し、御互の談話は一々候文に体裁を変へるところなど、大に現代離れの臭ひがある。此頃候文は、談話を地の文と区別して写す特別の文体となつて居たものと見へる。

〔『国家学会雑誌』一九二三年二月〕

『英政如何』

一

さて入札は朝の第九時に始まり昼後第四時に終り、一時に一人づゝ入札するとして皆入札するには数日掛りけり。且人数数千人の場所にをゐては選みの争ひ数ケ月にも至りたり。其争ひといふは人物の賢愚邪正の争ひにはあらず。之は却《かえつ》て捨て置き賄賂金銀を遣ふの争ひなり。さて賄賂は表向きに遣ふあり、又は選み人に手代使方旗持などと役を付け其骨折に準じて名目当給金として賄賂を遣ひたり。さて已に入札したる者をば以後の推挙を頼んとて厚く饗応し、未だ入札せざる者をば他人のために入札せぬ様に旅館に請待し厚く馳走したり。故に其事の長引くに随ひ双方とも物入弥《いよいよ》多く、選み人ますく利益を得たり。爰《ここ》に又競ふ心願人は、我方を守り手弱の者共を威《おど》し付んとて悪党侠客を抱へ置きたり。此入札中大酒はいふも更なり其外乱《みだ》り《が》間敷《ましき》事専らなりけり。甲の仲間は乙の仲間の入札人の身を奪ひ去らんとし、乙の仲間は之を失はぬ様に擁護したり。此等の奸計を廻らす中に、千金万金の入用あり、如何なる大家にても其物入の為めに身代を潰さぬ者ぞなかりけり。昔しレーセストルシヰールにおゐて入札の争ひありし時、成就したる心願人は其争ひの中領地の物成の中より一ケ年一万五千封度《ポンド》づゝの入費を払ひしといふ。此悪風を除かんとて、前にいひし如くパルレメントよりレホルム・ビールといふ改革の法触出したり。此法は嘗《かつ》て十分の者と思はれたりといへども、当時人口の増し智識の開け国の富みたるに準ずれば、猶物代の仕方を推広め且正しくせん事、最急務なりとは人皆云ふ処なり。

二

以上は英国の昔の選挙の事を書いたものであること略ぼ想像されよう。入札を投票と、選みの争ひを選挙競争と、選み人を選挙人と、競ふ心願人を候補者と、物代の仕方を選挙法と書き換へてみると全く現代的の文章になる。熟字の変なのは明治元年の著作だから已むを得ない。即ち右の一文は元年の刻にかゝる鈴木唯一訳『英政如何』より抜萃したものである。

鈴木唯一といふ人に就ては余り多くを知らぬ。開成所の教授で新政府に仕へては刑法官判事試補の職に在つたことは当時の記録に残つて居る。当時の洋学者仲間の一人だ。明治十一二年頃に行はれた『教育新誌』といふ雑誌の主筆として一方に重きをなして居つたといふ事実もある。これ以上詳しい同氏の経歴を知つて居られる方があつたらどうぞ御垂示を得たいものだ。筆のついでに大方に御願しておく。

『英政如何』の原書は、巻頭の凡例によると、英国アルバニイ・ホンブランクの著 How we are governed（一八六二刊倫敦《ロンドン》）である。之を訳者がホウ、ウヰ、アール、ゴーブルンドと訓んで居る所、英語の発音が著しく和蘭《オランダ》語流に訛《なま》られた当時の面影がうかゞはれて面白い。翻訳の完了は三月とあるが、あの兵馬倥偬の際の仕事としては中々要領を得て居るものと思ふ。原書と対照して見ないからはつきりと云へぬが、中には若干誤訳と思はるゝものや能く意味を了解せざりしと見ゆるものもあるやうだ。法律政治の学問の殆んど開けざりし当時としては已むを得なかつたのであらう。

訳本は和装本で五冊になつて居る。政治組織の事から財政、地方行政、軍事、寺院、並に司法裁判のことに及び、題名の示す通り、英国の統治組織のことは大体説かれてある。今日から観ては児戯に類する程簡単なものではあるが、加藤弘之先生の『立憲政体略』、津田真道先生の『泰西国法論』の如き公法理論の外に於て、先進国の現実の政治組織を説いたものとしては、神田孝平先生の『和蘭政典』と共に之が実に殆んど唯一の典拠であつたのである。夫《そ》れだけに本書は当時の学者仲間に重宝がられた計りでなく、実際政治家の為にも大に役立つたこと、察せらるゝ。『中外新聞』第十一号に神田孝平先生は「日本国当今急務五ケ条の事」てふ論文を寄せ末尾に「西洋国法学に関る書目」六種を挙げているが西周の万国公法、福沢諭吉の西洋事情及同外篇、津田真道の泰西国法論、加藤弘之の隣草と並べてこの『英政如何』をも推薦して居るを以て観ても当時の識者階級が如何に本書を評価したかゞ推し測らるゝと思ふ。

三

内容の紹介は略する。訳語の変つたところを五つ六つ並べて見よう。今日の憲法といふべきを制度と訳し、「一国の□□法律の中、議政官の名目威権並に其各局の威権及び勤向、其外、裁判所の組立方其役向並に持場に関する分をいふ」と定義せるは先づ無難として、自治を自主宰、輿論を公説とせるは寧ろ原語に忠実なるものといふべきも、国君の神聖不可侵を「国王の身は勿体なき者として国法を当ること能はず」とせる、ゼントルマンを「身分柄の者」とせるは、最早全く現代的のひゞきがない。若し夫れマスター・オヴ・アーツを「芸術の先生の位の者」とあらはせるに至つては如何にも窮した訳だと思はず微笑を催さゞるを得ない。

政党を政事組と訳したのは東印度会社を東印度仲間と訳したのと同じく、原語に忠なるものである。従てオッポジシヨンは反対組となつて来る。政綱を政治の趣向といへるも面白い。

一々書き並べるも面倒だから、次に表にして出す。上は現代用語で下は鈴木先生の訳であるは云ふまでもない。

議会　議事院又ハ議政官
選挙法　惣代之法
二読会　二度目の読み
発案者　持出人
国務大臣　国君輔佐人
内閣　ミニストル局
枢密院　密議方

以上は公法政治に関するもの。次に軍事に関するものに斯んなのがある。

志願兵　随意の抱込み
徴兵　無理抱
軍法会議　軍中吟味所
年金　捨扶持
勲章　記号

法律に就ては斯んなことを云つて居る。「英国に二種の法律あり。一をコンモンロウ(故事法)といふ。昔の古例を編集したるにて、其法律中に又全国に行はる丶者と只其土地限りに行はる丶者との別あり。一をスタチユートロウ(刑法書)といふ。是はパルレメントにて建て時々変革ある者なり。……右の法律を又二種に分つべし。一をシウキルロウ(民法)。人民中の理非の事に関る者にして、願主と相手方とを呼出して刑法を用ひずして事を治むる時に用ゆる規法なり。一を刑法といふ。是は国王の命を以て罪人を罰する法なり」。願主相手方といふの原告被告の義たるは説明するまでもなく、スタチユートロウを刑法書としたるは、成定〔文〕法即ち強制法と観たる旧思想の流れを汲むものと謂ふべきである。其外法律のことに就ては次の様な変つた訳語もある。

弁護士　　相談人
陪審員　　吟味方
敗訴　　負け公事
懲役　　荒仕事附の入牢

四

次に参考として明治の初期に公刊せられたる英国法政書類の著訳を挙げて置かう。福沢先生の西洋事情のやうな類や、主として英国に関するのでないものは除く。但しみな予の所蔵にかゝるものゝみである。

(一) 明治二年刊

英国議事院談　二冊　福沢諭吉訳　　福沢全集の中にも収められてある。

(二) 明治三年刊

英国海軍律令全書　二冊　子安宗峻柴田昌吉共訳

英国商法　三冊　福地源一郎訳　　之は海上貿易の事に関する領事の職務を説けるもの、今日の商法にあらず。

(三) 明治四年刊

洋律約例　三冊　大築拙蔵訳　　契約に関する論究である。

（四）明治六年刊

英国法律全書　三冊　星亨訳

人間交法（初篇）　二冊　児玉淳一郎訳　　親族法の説明である。

通俗西洋政治談　三冊　中金正衡編　　主として英仏の政治を説ける俗書

（五）明治七年刊

英国刑律摭要　二冊　村田保訳

英国刑法大意　一冊　藤田九二訳

（六）明治八年刊

英国法家必携　二冊　村田保訳

英国議院章程　三冊　村田保訳

英国成文憲法纂要　二冊　尾崎三良訳

英国政事概論　五冊　安川繁成訳

（七）明治九年刊

民法論綱　六冊　何礼之訳　　之は後の立法論綱、刑法論綱と共にベンタムの訳である。

（八）明治十一年刊

立法論綱　四冊　島田三郎訳

英国法律全書附録　一冊　星亨訳

（九）明治十二年刊

刑法論綱　九冊　林董訳

法律原論　十四冊　島田三郎訳　　之はテリーの英法教授科書の訳である。

官民権限論　三冊　渡辺恒光訳　　ミルの経済学の最後の一篇を訳せるもの。表題は直訳としては当つて居るかも知れぬが、内容は財政論とでもいふべきであらう。英国の財政を知るの一助となるものである。

英国国会沿革誌　三冊　高橋基一訳

明治十三四年頃からは、民権自由論の勃興や国会開設請願運動の流行に連れて、英国の法律政治に関する書物も簇出《そうしゅつ》の有様である。之等のことはまた他日之を紹介するこ〔と〕ゝし、玆には十二年頃を以てとゞめておく。

〔『国家学会雑誌』一九二四年八月〕

『律例精義』と『律例精義大意』及び其の訳者

Esprit Des Lois の邦訳

モンテスキユウの名著『エスプリ・デ・ロア』の邦訳としては何礼之訳『万法精理』(明治九年刊)が有名である。和装本で十八冊であるが、坊間には薄葉刷洋装の二冊本の方をよく見受ける。原本三十一編の完訳のやうではあるが、読み合して見ると所々大部省略してある所が見える。この邦訳のことは何れ他日を期して紹介しやうと思ふが、こゝにはモンテスキユウの此著にはもう一種の邦訳あることにつき一言したい。それは鈴木唯一訳『律例精義』である。『万法精理』よりも一年足らず先きに公刊されたのであるが、全部完結したのではないやうだ。此本はあまり坊間に見ない。私も持て居ない。此の一文をこゝに寄せたのも、読者諸君の力に依て或は之を発見入手するを得んかと期待するからである。

律例精義

何礼之訳『万法精理』の凡例に曰く「此書ヲ発行スルニ方《あた》リ僚友鈴木氏律例精義ノ訳述亦出デタリ。其原本ハ英仏ノ差アリト雖《いえど》モ固《もと》ヨリ同書タルヲ免レズ。故ニ協議ノ上予ハ第二十巻ニ至ル迄鈴木氏ハ第二十一巻ヨリ訳述ニ着手スルニ決セリ。是レ一ニハ重複ノ労ヲ省キ二ニハ斯《かく》ノ如キ浩瀚ナル全篇ノ速成ヲ望ムガ為ナリ。看官二書ヲ合観セバ希クハ全鼎《てい》ノ臠肉《れんにく》ヲ得ン」と。之に由て観れば

(一)『万法精理』の公刊に先立て『律例精義』の出版あつたことは明である。

(二)『万法精理』は凡例の他の部分にも云てある通り英訳本よりの重訳であるが、『律例精義』は仏原本よりの翻訳である。

(三)『万法精理』は第二十巻で終る筈なのに実際は終編の第三十一巻まで全部完結して居る。して見ると、鈴木氏との協議は後で変更したものと見える。即ち鈴木氏は翻訳をやめ全部の完結を何氏にまかしたものではあるまいか。

(四)そこで『律例精義』として世に公にされたものは最初の刊行にかゝる一冊だけであらうと思はるゝ。

鈴木氏には別に『律例精義大意』の訳がある。仏国ダランベルトといふ人がモンテスキユウ著述の綱要を書いたもの、翻訳である。ダランベルトの何人であるかはよく分らぬ。この本のことは別項にあらためて説くが、其の序文を見ると斯うある。「予向《さ》キニ律例精義ヲ翻訳シ、其三篇ハ已ニ刻成リ之ヲ公ニセリ」。之によれば既刊の一冊は前三編の訳に相違ない。又同書は福地源一郎訳『外国交際公法』や西周著『致知啓蒙』(論理学の本)等と共に瑞穂屋の出版であるが、『律例精義』も同店の蔵版と見え、巻尾添付の広告には「律例精義十五冊之内一冊出来」とある。之等の点を綜合して見ると少くとも一冊だけ出版されたことは明白である。

只問題は第二冊以下の刊行を見しや否やであるが『内務省図書局書目—納本之部』(明治十六年刊)を見ても一冊しか載て居ない。それで私は『律例精義』は一冊だけしか出ないものと仮りに断定した。

この『律例精義』を私は最近しきりに探して居る。読者諸君の御助力を得たいものである。

律例精義大意

この本は明治八年十二月の刊行である。訳者自序の一節に曰く、「顧《かえりみ》ルニ原書は巻帙浩瀚ニシテ其全部を訳出印行スルハ之ヲ数月間ニ望ムヘキ所ニアラズ。因テ今其大意一篇ヲ訳シ世ノ政法ヲ談スルモノニ告ケントス」と。刊行の趣旨が之でわかるが、之を出したので『律例精義』の方の続刊をやめたのであるまいかとも想像される。

右の自序の中に、訳者がモンテスキユウの学説の立場を如何に評価したかを観るべき面白い一節がある。「泰西千七百年代ニ当リ一流ノ学者アリ、普通法理学ナルモノヲ主唱シ、国ノ宜キト時の務トヲ問ハス自ラ是非曲直ノ標準ヲ設ケ以テ諸国議政立法ノ事ヲ範囲セントス。其誤謬タル亦甚シト謂フベキナリ」。天賦人権の全盛な当時に斯の意見のあるのは頗《すこぶ》る珍しい。それからモンテスキユウが二十年の労作の目的を解して「法学ノ弊ヲ矯正スルニ在リ」と為し、「諸国ノ議政立法必スシモ一定ノ法理ニ拘泥セス其風土人情ニ適シ時務ニ切ナルヘキノ理ヲ示シ、併セテ諸国千殊万異ノ律例ミナ深意ノ存スルモノアルヲ講述」したのだと書物の性質を紹介して居る。

『律例精義大意』の本文は、並型の和紙三十四枚に四号活字で刷てある。章節の小分けはないが、内容を熟読した上試みに分彙して見ると、次のやうなものになると思ふ。

第一　総論

第一章　国家及法制の発生

【人類の自然状態に於ては争闘はない、社会を立てると争闘が始まる。之を抑へ之を拘束せんが為に法度律例を作る、即ち国家が出来ることになるといふ様なことが説かれてある】

第二章　邦国の分立及各国法律の不同

第二　本論

第一章　政体と法制

第一節　政体の三種

【政体には共和政治、一君政治及君主特裁の三種あることを説く。一君「政治」とは「根本ノ成規アリ一君是ニ照準シテ之ヲ統治」するものを謂ふ】

第二節　政体の異同による立法上の斟酌《しんしゃく》

【すべての政体に共通なる立法上の理想的型式といふものはない。政体の異るに依て其の趣向に自ら同一なるを得ざるものある旨を説く】

第三節　国際関係に及す影響

【国際関係の処理も亦政体に依て異らざるを得ざる所以《ゆえん》を述べ、更に征服地統治論に及んで居る。「凡《およ》ソ国ニ勝ツトキハ時トシテ勢ヒ其律法ヲ変更セザルヲ得ズ。然レドモ其風俗ハ之ヲ奪フベカラズ。征服ノ地ヲ保ツノ良策ハ則チ其亡国ノ人民ヲ以テ勝国ノ人民ト同等タラシメ同一ノ権利特恩ヲ附与スルニアリ」などの卓見も見ゆる】

第二章　民政

第一節　民政の基礎

甲　自由論

乙　憲法上の自由

丙　身分上の自由

【自由を確保するには第一には立法の権と行法の権と「分派宜シキヲ得テ其区域ノ正シキ」を要し、第二には法律の保護を以て臣民の安全をはかるを要す。この第二の点に関し注意すべきは刑罰のこと、裁判のこと、課税のことだと云っておる。裁判に就ては独立の官吏に依るべきを説いて居る。「太平ノ時ニ際シ過多ノ軍勢ヲ養フハ、則チ之ヲ口実トシテ人民ヲシテ租税ヲ負荷セシムルニ過ギズ、又国ヲ衰弱セシムルノ具トナリ、又民ヲ奴隷ト為スノ資ナリ」の言の如き大に味ふべきものがある】

第二節　自然的環境の影響

甲　気候

乙　土質

丙　気候に基く性質風俗の差

【気候土質の如何が人類の性質風俗に及す影響の大なること、又この性質風俗の如何が立法上大に顧慮せられざるべからざることを説き、気候の影響に基く奴隷制度から婦人の地位のこと、邦国の隷属関係のことに及、土質と政治との交渉のことも論じて居る。「凡ソ風俗ヲ移易セントナラバ法律ヲ以テスベカラズ、法律ハ風俗ヲ移易スルノ正方ニアラズ」と結んでゐる】

第三章　対米策

第一節　貿易の自由

【国際平和を促進するの方法は貿易を盛にするに在る。之を適当に助長するの必要を説く】

第二節　人口政策

【貿易の盛衰と人口との関係から婚姻貞操の問題、引いて病院貧院のことに及ぶ】

第四章　教政

【宗教政策のことを論じて居る。モンテスキユウは外教を寛恕すべきを説いたのだが、之を誣《し》ゐて

「外教ヲ嘉《よ》ミスル」ものと為すものあり大に物議の種となつたが、著者は丁寧にこの点を弁護して居る。天主教の立場からいへば、外教を嘉みするは例へば我国で忠君愛国を否定するといふ以上に不都合なこと〻されてをつたのである】

第三　結論

一、法律の種類

二、正当なる法律

三、法律の目的根拠及効果

四、羅馬《ローマ》人及仏国人論

【「人類ヲ管轄スル所ノ法」には性法、神法、教会法、民法、治国法、万国公法□種あり、其の目的一ならず、之を混雑すべからざること。「正シク制定シタル法律ハタトヒ立法者ノ意ニ背クガ如シト雖《いえど》モ必ラズ其意ニ合フ」といふこと。法律は外見同一の様でも政体其他の異同に準じて「其趣意効験、其条理ニモ異同ヲ生ズル」ものなることを説き、終りに「其定メタル大綱領ノ用例ヲ示サンガ為メニ羅馬人ト仏蘭西人ヲ其例トシテ出」して居る】

訳者鈴木唯一

訳者鈴木唯一といふ人のことは調べてゐるけれどもまだよく分らない。之も読者諸君の援助に依て明になれば幸である。

前記『万法精理』の凡例に於て何礼之氏が鈴木氏を僚友と呼んで居る所から観れば、当時数多からぬ洋学者仲間の一人であることは明だ。後に述ぶる種々の材料から推して、開成所乃至大学南校あたりの教授であつたことも疑ないらしい。明治二年刊行の『議案録』に依ると彼は、刑法官判事試補の肩書を以て三種の発案をなして居る。公議所議員も兼ねて居たことがわかる。学者で議員を兼ねたものに外に加藤弘之、神田孝平、津田真一郎等がある。鈴木氏は之等の人々と伍して居たものと観れば可。而して彼の発案は

（一）刑法ヲ待タス私ニ人命ヲ絶ツヲ禁止スルノ議

（二）銭ノ位ヲ定メ之ヲ其面ニ記スベキノ議

（三）利足ノ定限ヲ可廃止ノ議

といふのである。以て彼の思想の傾向を察すべきである。

また其頃の職員録を見ると、同じ役に鈴木惟一といふがある。本人が惟一とも書いたのか又は印刷の誤りか、孰《いず》れにしても別人ではないやうだ。さうだとすると、同じく其頃の別の職員録に鈴木暢とあるのも同人だといふことになる。何となれば『顕要職務補任録』(明治三十五年刊)には鈴木暢(惟一)とあるからである。之に依ると彼は明治二年八月三日大学小博士に任じ、三年七月二十九日には大学中博士、四年七月二十七日には文部中教授を拝命して居る。五年九月二十三日には六等出仕となるが、同役に加藤弘之、長与専斎、河津祐之等あるに依て略《ほ》ぼ其の地位を想像すべきである。明治十年創刊の『教育新誌』には彼は社長として毎号署名して居るが、いつ野に下つたか今明了でない。

彼〔は〕著訳が可なり多い。私の目にとまつたもののみを挙ぐるも

（一）『律例精義』

（二）『律例精義大意』

の外次の数種がある。

(三)『英政如何』五冊(英国ホンブランク原著慶応四年刊)。之は福沢先生の『西洋事情』等と並び称せられ、明治新政府と当局者にも参考として大に読まれた本である。私は去年八月の『国家学会雑誌』に於て其の大要を紹介したことがある。

(四)『アメリカワシントン軍記』六冊。之も翻訳である。

(五)『思想之法』。十二年十月文部省刊洋装四六版六百九十頁の大冊である。論理学の訳書としては最も古いもの、部類に属するものであらう。明治七年刊の西周著『致知啓蒙』は西洋流の論理学書としては最初のものだらうと思ふが、併し之は大体の紹介に止まり鈴木氏訳書の如く詳細なものではない。

(六)『英国律法要訣』五冊。之は Cabinet Lawyer の訳だが、実は彼一人の筆に成るのではない。第一第二の両編は彼と中村敬宇、村田文夫との共訳に成り、第三編は堀越愛国との合訳である。第四第五の二編は彼一人の手に成るも、第六編は高橋達郎一人の筆に成り彼は全然関係してゐない。

(七)『遠近新聞』所載諸短編。慶応四年発行の『遠近新聞』に鈴木唯一の署名ある短編が四つあるが、外に弥堅外史の署名あるものが沢山ある。この弥堅外史の鈴木唯一なることは前記『ワシントン軍記』に鈴木弥堅外史訳とあるに依て明である(『ワシントン軍記』訳者の鈴木が唯一氏なることは亦『戊辰以来新刊書目便覧』(明治七年四月刊)に依ても疑ない)。而して所載短編は英仏法律書、修身書、理科書又は外字新聞紙の記事の翻訳が多い。

〔『帝国大学新聞』一九二五年一〇月一二日〕

福沢先生と洋服

同人石川巌君の経営にかゝる『書物往来』は、本誌と共に必ず読者諸君の机上に備へらるゝことゝ考ふるが、本年九月号に柳川氏の「西洋衣食住の案内文献」といふが載て居る。片山淳之助著『西洋衣食住』てふ小冊子の紹介であるが、「西洋に於ける衣食住の有様を紹介し……最も要領を得てゐて解り易く書いてある」点に於て「確かに出色のもので、相当讃辞を呈してもよい」のみならず、「風俗研究家などは相当愛惜してい、書物」だとの見解には、私も全然同感である。

『西洋衣食住』は四六版形の本を普通とするが、別にまたポケット形の小本もある。柳川氏の紹介通り和綴十九枚の小冊子であることは、小型本も同様である。

猶この本を私は拙著『新井白石とヨワン・シローテ』に於て福沢諭吉先生の著として紹介しておいた(同書一五三頁)。そは同書は現に『福沢全集』第二巻に収められて居り、且同緒言の末段に於て福沢先生自ら「右全集緒言終りて尚ほ念の為めに一言あり。著訳書中の二三其旧版に他人の姓名を記し又は諭吉立案何某筆記など巻首に掲げたるは、当時様々の事情に任せて他名を用ひたることなれども、今回は改めて実名諭吉の文字を現はしたり」とことわつてあるからである。而して『西洋衣食住』の福沢先生旧著なることは今日何人も疑を容れぬやうだ。

併し斯んなことはどうでもいゝ。もつと面白いことは、福沢先生が単に西洋衣食住の紹介者であつたばかりでなく西洋式生活法の実際的普及にも熱心であつたことである。「食住」のことは暫く措《お》くが、「衣」に就ては同先生が明治五年頃慶応義塾内に洋服裁縫所を設けたといふ事実がある。同年十月発行『新聞雑誌』第六十二号に曰ふ、「府下三田二町目慶応義塾内へ衣服仕立局ヲ開ケリ」と。其の報状に依ると「洋服ノ便利ナルハ今更言フニ及バズ。然ルニ今普《あま》ネク世ニ行ハレザルハ、其品柄上等ニシテ直段《ねだん》高キ故ナリ」。玩物の積りにて価の高下に頓着せざる者は格別、一般に普及せしめんとにはモツト安い物を作ることにせねばならぬ。そこで「此度我仕立場ニテ製スル洋服ハ、中等以下世間ノ日用ニ適シテ事実ニ便利ナルモノヲ主トスルナリ」。尤《もつと》も註文とあれば高いものも作る、又日本流の仕立やら洗張洗濯もやる。そして「日限ヲ違ヘズシテ事ヲ正シクスル」ことを特色とすると書き添へてある。

次に「仕立場ヲ開キシ趣意」といふのがある。「凡ソ人タル者ハ男女ノ差別ナク生涯他人ノ厄介ニナラヌヤウ心掛ベキ筈ナルニ、世ノ人或ハ此義ヲ知ラズ、殊ニ都会繁華地ニ住居スル婦人女子ナドハ、田舎暮シノ艱苦ヲバ見シ事モナクシテ柔弱ニ生ヒ育チ、只管《ひたすら》男子ニ依頼シテ衣食ヲ求メ、其身ハ却《かえつ》テ我儘ヲ恣《ほしいまま》ニスル者多シ……実ニ頼《たの》母シカラヌ風俗ト云フベシ。畢竟《ひつきよう》婦人ニ相当スベキ職業ナキ故此悪弊ヲモ致スナリ。抑《そもそ》モ世間ノ事ハ患ルニ遑《いとま》アラズ。セメテ我慶応義塾ノ社中丈ケニハ、一人トシテ斯ル無頼ノ婦人アルベカラズ。仮令《たと》ヒコレ有《あら》ントスルモ、コレヲ防ガザルベカラズ」。依て今度塾の構内福沢の旧宅を以て仮に仕立局に宛て、「無用ノ婦人ヲシテ業ニ就シメンガタメ事ヲ始メタリ」。追々は之等の婦人に読書算盤《そろばん》の稽古をも開く考だとある。

この計劃は其後どんな風に発達したかは、いづれ近く公にさるべき福沢先生伝にも出ること丶察するから、深く穿鑿《せんさく》するの労を省くが、先生が西洋文化の実際の普及にも尽瘁せられた一面は、之に依ても十分にうかゞふことが出来る。ことに婦人職業問題に就ても早く既に一隻眼を有せられたことには、いよ〳〵以て敬服するの外はない。

〔『新旧時代』一九二五年一〇月、「病余漫録」のうち〕

神田孝平訳の和蘭探偵小説

西洋小説の翻訳として古いところをほじくつたらもツと古いものも幾らもあらうが、和蘭《オランダ》もの、探偵小説が文久元年頃神田孝平先生に依て翻訳されたのは、訳者其人を別にしても一寸興味を惹く話だと思ふ。神田先生の訳されたのは二篇ある。其の一つは明治初年に至て公刊された。同じく『早稲田文学』七月号の千葉亀雄君寄稿「風流仏その他とその時代」に「それから楊牙児奇談と云つた面白い探偵短篇小説を読んだ。これはもちろん翻訳だが、今に誰の原著かわからない」とあるのが是れらしい。奇談は千葉君の記憶の誤りらしく、奇獄とあれば正に神田先生の訳に相違ない。私は之を曾て沼津小学校(明治初年沼津兵学校の蔵書を引継ぎ今猶若干の珍書を蔵す)の図書室に瞥見したことがある。其後久しく書肆《しょし》に之を求めて居るが未だ探しあてぬ。幸に写本一部を先年手に入れたので、此事に関しては少しく調べて見たこともある。

四年前の冬であつた。私は本郷のさる古本屋で『和蘭美政録』と題する一冊を手に入れた。表紙を捲《まく》つて見ると神田楽山訳とある。直に楽山は孝平先生であるやうな気がした。

巻尾を見ると文久元辛酉六月十四日成、謄写於手塚氏北窓下とある。いよいよ孝平先生らしい香がする。筆写が文久元年とあれば翻訳も其頃と見てよからう。而して私は此の本を和蘭の政治に関する本だと速断した。同先生の訳『和蘭政典』などの姉妹篇の稿本に相違なしときめて購《あがな》ひ取たのであつた。さて帰て読んで見ると、何の事、政治とは没交渉の探偵小説めいたものであつた。一時は失望したが、又之れが若《も》し神田先生の筆すさみだとすると別の意味で面白いと思ひ直して、さて先生の伝記を調べたが楽山と号したことは見へぬ。遂に当時存命中の神田乃武男爵に書を飛ばして伺つたが、能く分らぬとの最初の手紙に続いて、やがて第二の手紙が届いた。之に依ると、念の為め故先生の遺稿を収めた土蔵を探したら斯んなものが出て来たと書いて孝平先生自筆の『和蘭美政録』一冊を添えてある。之で始めてこの探偵小説が孝平先生の筆なることを明にしたのであつた。

孝平先生自筆本には長い序文が載て居る。之にはかの『楊牙児奇獄』てふ小冊子の刊行の由来も出て居る。その全文を次に示さう。

左ニ掲ル所ノ二編ハ三十余年前我翻訳ノ草稿ナリ。原書ハ和蘭文ニテ種々ナル訟獄ノ奇案ヲ輯録セルモノナルガ、此二編ハ此中ヨリ抄出シタルナリ。一時為ニスルコトアリテ為シタル業ニテ、深ク心ヲ留メズ、偶《たまたま》人ノ借去ルニ任セ其所在ヲモ失ヒタリシニ、先年成島柳北前ノ一編ヲ得テ痛ク删正ヲ加ヘ、楊牙児奇獄ト題シ其編輯スル所ノ花月新誌中ニ収メタリ。予之ヲ見ルニ、文ハ則チ佳ナリト雖《いえど》モ事実ノ大ニ減省セシハ遺憾ナキニアラズ。然ルニ頃日《けいじつ》博文館ノ社員宮川太寿氏、再ビ之ヲ其編輯スル所ノ日本法律中ニ採録セントテ、予ガ承諾ヲ求メラレタリ。予固《もと》ヨリ異議ナシト雖モ、同ジクハ予ガ原稿二編ヲ合セテ採録セラレンコトヲ望ミシニ、議協ヒタレバ、前ニ旧友ノ写置タル草稿ヲ探リ得テ之ヲ送附スルコトト為シヌ。送附スルニ臨ミ一読スルニ、時勢進歩ノ疾ナル訳語中今日ニ適セザルモノ多キヲ覚ヘタレバ、其甚シキモノ一二ヲ改メタリ。文中警察、公債証書、探偵等ノ三十年前ニナカリシ新語アルハ之ガ為メナリ。其余尚ホ穏ナラザル所アレドモ、病蓐中悉《ことごと》ク之ヲ改ムル能ハズ。看者幸ニ之ヲ恕セヨ。

明治二十四年十二月　神田孝平誌

右にいふ二編の一は「楊牙児奇獄」で原名「ヨンゲル・ファン・ロデレイキ一件」といひ、他の一は「青騎兵並右家族共吟味一件」といふのだが、『日本法律』には此の双方を載せたものらしい。神田先生の右の序文も同誌に寄せたものと思はる、が、今対照の便を有《も》たぬ。『花月新誌』に載せた方(明治十年九月四日発行第二十三号より同十一年二月十四日発行第三十六号まで毎号二三枚位宛連載)は成程若干省略もされ修飾もされて居るが、さう著しく違ては居ないやうだ。千葉君も見私も曾て見た単行本は、この『花月新誌』の方か『日本法律』の方か、之も今たしかめる便宜がない。猶『花月新誌』には成島柳北の小引がある。曰く「和蘭美政録ハ神田孝平君ガ十余年前ニ訳述サレシ奇書ニシテ、二件各一巻ナリキ。余之ヲ借覧シ、余リニ面白カリシ故君ニ請ヒ之ヲ　照徳公ニ見セ奉リシニ、不幸ニシテ柳営ノ災ニ罹リ原稿ハ泯《ほろ》ビタリ。余深ク惋惜シタレドモ甲斐ナカリシニ、亡友安由次郎吉往年柳原ノ書舗ニテ其写本(上巻楊牙児ノ一件ノミニテ下巻ハ闕《か》ク)ヲ購ヒ得テ珍蔵セリ。次郎吉ノ易《えき》簀《さく》前ニ蔵書数巻ヲ遺物トシテ余ニ贈ル。美政録亦其中ニ在リ。余其ノ書ノ存スル者此ノ一本ニ止リ且ツ其事ノ甚ダ奇ナルヲ以テ、之ヲ録シ……看官ニ示ス。蓋《けだ》シ原書ノマ、ニテハ其文頗《すこぶ》ル長クシテ新誌ニ収ムルニ不便ナレバ、今僭妄ヲ顧ミズ之ヲ簡約ス。看官幸ニ諒セヨ」と亦以て当時の識者が斯うした物語りをどんなに面白がつたかを想像することが出来よう。

そんなら『楊牙児奇獄』の荒筋はどんなものか。

ゲ府大学にヨンゲル・ロデレイキと呼ぶ一学生があつた。「巴侖《ロン》といへる家柄の壱人息子」にて、金もあり秀才でもあつた。冬休み前の学期終りに吉例の親睦会(故ありて数年来中止して居つた)ありヨンゲル作の笑狂言は最も喝采を博した。「此頃の時代には狂言師とてはなかりしが、ゲ府にては詩学先生の社中に学校の諸生等も加はりて、稽古の詩学の書を学び、其外「ミンーキ」とて身振所作事あり、ヲクラメレンとて仮声《かせい》の法あり、冬の夜学校休みの時になどは、猶修行の為とて舞台を設け、泣狂言、笑狂言など云ふ小踊を試み、中には自ら歌を作り踊の手を附け、新狂言を為す者」もあつたといふ。而して此時の狂言の台本が後にこの一件の話の興味の中心となるのである。

ヨンゲルは此休みを郷里に帰省することにした。二三日おくれたので連れはなかつた。寒い風に雪の降りしきる日、ゲ府を立つたのであつた。然るに出立後三日経つと父が自ら迎に来た。ヨンゲルの既に帰省せしと聞いて父は吃驚《びつくり》した。夫《それ》より色々捜索したが見当らぬ。懸賞で新聞に広告も出して見た。三七日ばかり過ぎて漸《や》つとヨンゲルの死骸が水中より見出された。而もそれは尋常の溺死にあらず、衣類は剝ぎ取られ見るも無残の有様であつた。

警察では種々手を尽して殺害嫌疑者を捜索した。いろ〳〵な奴をつかまへて見た。其間にヨンゲルを途中の車宿で見たといふ正直な小間物屋の密告がある。之に基いて二人の船頭が有力なる嫌疑者として拘留される。一時読者をして之こそ本当の下手人なれと思はせるのだが、段々左うでないことが分つて、事件が五里霧中の迷宮に入る。近来珍らしき奇獄として大に役人の頭を悩したが、図らず一年半余も過ぎてから事件は始めて明白となる。

その次第は、ヨンゲルと同じ学校に学んだ者が昇進して役人となり、此地方に来た。此人一日用事ありて通行の途次一旅亭に憩うた。二階の一室にて物書かうと不図《ふと》机の抽出をかき廻したる際、何か書きつけたる反古《ほご》を見た。何心なく見ると手跡に見覚えがある。能く〳〵見れば之れぞ実にヨンゲルが狂言の台本であつた。而も余白であつた筈の表紙裏に拉丁《ラテン》語で次の文句が書いてあるとて之をばわざ〳〵漢文で訳して居る。「異日若有二見下此冊子上者一、宜レ知是為二我八村投宿之夜為レ賊所レ害之証一。切望持二此冊子一直到二給府学校一。学校中応レ有下能知二我之為レ誰一者上。乃亦能知ニ我之臨終如何一矣。嗚呼我父母、嗚呼我朋友須レ知三我記レ之之刻即為ニ我隕レ命之時一矣。我既陥ニ于賊手中一。万不レ免レ死、伏祈皇天上帝有レ愍ニ我非命一」。彼は之を持て警察に訴へた。斯くして宿屋の主人夫婦と家僕とは召捕られ、他の殺人事件も暴露して遂に死刑に処せられた。「死に臨み唯南無馬理亜《マリア》如来と一声唱へしのみ、頓《やが》て三人共冥途の旅に赴きぬ」と結んである。

右の梗概のうちにも自ら看取さるゝ如く、六七十年も前のもの丈けに訳語に中々面白いものがある。而して今なら口語体によるべき対話を必らず候文にするのも、今日の人々には珍らしからう。例へば「若旦那には余程遠方より御出に相成候哉。「ナニゲ府より参り候斗《ばかり》にて候。「左様に御座候哉、ゲ府の方より御出に候はゞ、定て御難儀に相見候。風は逆に吹申候。「イヤモウ息も留り頬も切られ候心地に候。といふの類だ。当時候文は唯一の俗語体となつて居たのである。

終りに神田先生が之に美政録と冠せし仔細を推察するに警察の斯く行き届き、探し難き犯罪も忽《たちま》ち明にさるゝいふ所に、感服せられし為ではあるまいか。単に小説として之を解したと云ふよりも、学ぶべき美政の一例として之を役人に読ませやうとの動機から訳出したものではなからうか。先生が自ら「為ニスル事アリテ為シタル業」といへる意味も恐らく此辺の消息を語るものだらうかと考へらる。

〔『中央公論』一九二五年一一月、「漫読漫談」のうち〕

我国最初の海外留学と其の齎せる政法書

我国に於ける最初の海外留学は、文久二年の蘭留学生を以て始めとする。その時海軍の研究には榎本釜次郎、沢太郎左衛門等、また医学の研究には伊東玄伯、林研海二人を派遣されたが、この方のことは暫く措《お》く。この時政治研究の目的の為にもまた学生を送つたことは、特に吾人の注目に値する。而してこの撰に入て派遣された一人は津田真一郎で、他の一人は西周助である。而して森鷗外の『西周伝』(鷗外全集第七巻)には這般《しゃはん》の事情が詳しく出て居る。之に依て観ると、此両人の留学は本人達が極力要路に運動した結果であるらしい。そは政治については古来支那渡りの先王の道がある、西洋などに学ぶ必要はないと一般に信ぜられて居たからである。

津田・西の両氏は文久三年和蘭《オランダ》ライデン府に着いた。始め三ケ月ばかり有名な東洋学者ホフマン博士に就て語学を習得し、十月から其の紹介に依り同地大学のフヰツセリング教授の門に入つた。始め両氏は書をフヰツセリング教授に呈し「万国交際ノ通義ト四洲政治ノ得失」(鷗外全集中『西周伝』による)とにつき教を乞ひたいと願つたが、フヰツセリング教授は、時間がないから十分の事は教へられない、差当り必要な五課目につき大綱だけを口授しやう、之を基とし更に研鑽を積んで帰国後実地の改革に応用して貰ひたい、今は日本の国情に頓着せず単純なる原理のみを講ずることにしやうといふ返事で、夫れから毎週二夕先生の私邸に通つて口授する所を筆記して帰つた。業の卒《おわ》つたのは慶応三年〔元〕十月だから、一年〔二〕三ケ月か丶つた訳になる。帰国後稿本を翻訳して上《たてまつ》るべきの命を蒙つたが、残念なことに全部が出来て居ない。

さてその五課目とは何かといふに、次に示すものである。訳語は今日の通用に依て私の附したものである。

Natuurregt　法理学
Volkenregt　国際公法
Staatsregt　国法学
Staatshuishoudkunde　経済財政学
Statistick　統計学

右の原稿は西・津田両家に保存されてあることゝ思ふが、其の翻訳はどうなつたか。之に就て一言しておかう。

（一）　法理学

之は慶応三年西周が大阪に滞在中翻訳を了し、「性法口訣」（或は曰ふ「性法鋭略」）と題し草稿の儘で持て居つたが、人に貸して遂に紛失してしまつた。今日に至るもまだ発見されぬ。其後明治三年五月に至り、神田孝平がその原本を借りて翻訳した。之が今日でも坊間に見る『性法略』である。津田氏の序文に云ふ、「是の性法略は、いにし年吾輩和蘭にありしほど師の口授《くちづたえ》のまに〳〵彼国文にてものして持帰りけるを、こたび神田ぬしのかくこゝの言葉にうつされたるにて、やがて百八十の律法《おきて》を論《あげつら》ひたる書《ふみ》の祖《おや》とぞいはましかし。かくて此論のまたの名を法学理論といへり」と。神田氏の緒言に曰く「畢氏云、万国公法ハ性法ノ万国間ニ行ハル、者、国法ハ性法ノ官民間ニ行ハル、者ナリト。由レ是観レ之諸種ノ律法其趣相異ナリト雖《いえども》、其淵源ヲ究ムレバ未ダ嘗テ性法ヨリ出デズンバアラザルナリ」と。以て本書の性質を想見すべきである。

（二）　国際公法

之は西周が翻訳に取り掛り、慶応二年十二月京都にて其業を卒へ直に将軍に上つた。後戊辰の夏に至て公刊して居る。『万国公法』四冊が即ち是れだ。訳者の凡例には、最近持《も》て囃《はや》さるゝ丁韙良《ていいりよう》漢訳の万国公法は好本なれども初学の閲読に便ならず、「初学の輩はまづ此書を楷とも梯ともなし、条規の頴々《かどかど》を覚へ、基を立て礎を下し、しかして後に彼此と考へ合せて事例に通じ典故にも明らかになりなば、いと物の序《はじめ》を得て学の道容易《たやす》かるべくなんあるめる」と云つて居る。

(三)　国法学

之は津田真一郎が訳し慶応二年秋に出来たが、戊辰の年に至り『泰西国法論』の名で公刊した。之が福沢先生の『西洋事情』等と併せ読まれて、明治新政府の施設上に大に参考されたことは、人の知る所である。

(四)　経済財政学

之だけは未だ翻訳されしを聞かぬ。鷗外『西周伝』には「此の科は初真道これを訳せんことを約して遂に成らざるなり」とある。神田孝平が慶応三年に公にした『経済小学』は(戊辰の年の再版には『西洋経済小学』となつて居る)此の欠を補ふものとして算へらるゝけれども、之は英国イリスの書(Ellis' Outlines of Social Economy)の蘭訳本の重訳で、フヰツセリングとは何の関係もない。但し序文の二枚目の裏の余白に、神田先生は、「富強生二於民工一、民工出二於政事一、政事立二於自主一、自主本二於智識一」の語を四行に並べ、「右和蘭学士畢洒林之語、訳以塡二余白一」と解説し、畢洒林《フイツセリング》にデヂケートするとでも云つた風の体裁を取つて居る所、何等かの関係を想はしめぬでもない。序《ついで》に此書は西洋流の経済学の書として先づ我国最初のものたるを一言しておく。但し西洋系の経済論としては、同じく神田孝平が文久元年に書いた『農商弁』なるものあるも、之は公刊されてもゐないし又纏つた経済学でもない。

（五）　統計学

鷗外先生の『西周伝』に依ると、「六七年の交真道政表を訳して世に公にし、題して『綜紀学』と曰ふ」とある。不幸にして未だ此書を見たことがない。何の本で見たか忘れたが、『表書提要』といふ表題だと書いたのもあつたやうに記憶して居る。

同じく未公刊であるが、爰《ここ》に杉亨二先生訳『形勢学論』といふものがある。荷蘭《オランダ》政科大学士ヒツセリング著述と註してあるから西津田両氏の齎《もた》らし来た稿本の訳本ではあるまいか。私も其の一部の筆写を持て居るが、それには第一編「形勢学ノ本義及ビ目的」の全部と第二編「形勢探討論」の一部とがあるのみで、全体で二十枚ばかりに過ぎぬ小冊子だ。然るに最近手に入れた内閣記録局の『諸官庁訳書目録』(明治二十二年十月刊)に依ると、大蔵省所蔵の未刊本に『形勢学論附阿蘭形勢表ヒツセリング著杉亨二訳』といふがある。私の所蔵は即ち之れの一部で、之がヒツセリング口授の全訳であつたかも知れない。大蔵省所蔵とあれば先年の震火災で烏有《うゆう》に帰したことであらうが、果して然らば誠に惜しいことである。

因《ちなみ》に云ふ。統計学はじめ会計学とか国勢学とか国務学とか訳され、又知国学、綜紀学、表記提綱、政表学論などとも呼ばれたさうだ。現に私の所蔵本には形勢学論一名政表学論としてある。形勢学と呼んだことは余り人に知られて居ない。統計学といふ名称は箕作麟祥博士の創《はじ》めて作る所だらうといふ説は、其他の学問の称呼の来歴のこと丶共に、穂積陳重先生の『法窓夜話』に詳しく出て居るが、此中にも形勢学といふ名は見へない。

最後に一言して置きたいのは、最初の留学生としての西・津田両先生の新知識は、啻《ただ》に以上の訳書に依てのみならず又口づからする諸藩人士の質問応答に依て、維新前後の政治思想の開発に貢献せしこと多大なるものあることである。之等のことも前記『西周伝』を見るとよくわかる。

〔『中央公論』一九二五年一一月、「漫読漫談」のうち〕

明治文化の研究に志せし動機

一

大正七年のことであつた。東京帝大法科の同僚の間に、国家学会創立満三十年を記念する為め明治の憲政並に経済財政の基本に直接関係した先輩の談話を集め権威ある一記録を残して置かうとの議が纏り、委員を挙げて其の編纂に従ふことになつた。私も其の一人に加はり多少奔走したのであつたが、其結果として出来たのが翌年春刊行を見た『〔明治〕日本憲政経済史論』である。福岡孝弟・金子堅太郎・大隈重信・板垣退助・松方正義・渋沢栄一・山県有朋の七氏の談話を載せ、今日でも有力なる文献として広く参照されて居る。さて此際我々委員間の協議で何を差措いても是非此人の談話をと白羽の矢を立てたのは、伊東巳代治氏であつた。而して同氏の承諾を得ることの出来なかつたのは今以て我々一同の遺憾として居る所である。

何故我々がそれ程伊東氏に嘱望したのであつたか。いろ〳〵話があつたが、私の現に記憶する所に依れば斯うだ。伊藤公を助けて憲法の起草に与つた人々の中一番深く実際の機密に与り且一番多く公に献策したものが氏であるといふのが一つ、助手の方々にはそれ〴〵分担があるが憲法の基本ともいふべき部分を受持つたのが氏だといふのが二つ、而して之等の重要部分に関する書類の全部は今日現に同氏の手許に保存されて居るといふのが三つ、之等の点から観て帝国憲法制定の本当の由来は独り同氏に依てのみ与り聴くを得るといふのであつた。併し之と同時に伊東氏は誰が頼んでも此話だけは厳に口を緘《かん》して語らないといふことも知られて居た。未だ発表すべき時機でないといふのが氏の沈黙の理由だといふ。憲法制定の由来に付ては今まで色々の人から説かれて居る。現に右の『日本憲政経済史論』中にも金子氏の談が載て居る。併し之は発表しても差支ない範囲の部分的史実であることは疑なく、金子氏自身と雖《いえど》も之を以て完全満足なものとは考へて居られぬに相違ない。何は兎《と》もあれ、当時我々は金子氏よりも寧ろ伊東氏に詳しい話を聴きたかつたのである。そして容易に承諾を得難かるべきを想ふたが、併し三十年も過ぎたことだからそんなに秘密にせずともよからう、此儘世に公表されずに埋没することは学問の為にも慨《なげか》はしい、忍び難きを忍んでも一つ此機会に話して貰はうじやないかといふことになり、色々評議の結果、我々の先輩なる某博士を煩し、親しく伊東氏に会し学界の為に枉《ま》げて我々の乞に快諾を与へられんことを求めることにしたのであつた。所が矢張り駄目で、氏はあべこべに今日之を発表するは機の宜しきを得ざる所以《ゆえん》をば熱心に説いたといふことであつた。

その時の某博士の報告は斯うであつた。自分も学界の為に無理にも伊東氏を説得する積りであつたが、親しく遇つて聞いて見ると、成る程公表し得ぬも無理はないと感じた。依託の使命に熱心でないのは幾重にも謝するが、今は自分も伊東氏と同じ考になつたから致し方がないと云ふのであつた。伊東氏と某博士との間にどんな話があつたかに付ては、我々は全然開陳を求めなかつた。従て私共はその一端をだに聞いて居ない。

二

伊東氏がどんなことを云はれたかは、右の通り全く聞いて居ないが、少くとも私にはすぐ其の輪廓が想像されたのであつた。その想像が正しいかどうかは今に分らない。而してまた今別に之を詮鑿《せんさく》するの必要もなければ其の手だてもない。只之を特に茲に挙げるのは、この想像が実に私をして明治文化の研究に志を起さしめた原因だからである。そのわけは斯うだ。

某博士の報告を聞いた時すぐ私の頭に浮んだことは、憲法制定当時の世相と大正七八年頃のそれとの対比である。余り能くも知らなかつたが、明治十年代民間にどんな政治思想が流行してゐたかは私も多少聞きかぢつて居た。概念的自由民権論に心酔して一挙に政府を顚覆せんと試みる青年の志士もあつたとか、国力の如何対外関係の如何に顧慮せず実際的検証を経ざる原則を直に実行せんと要求する政客も尠くはなかつたとか、一知半解の共和思想もなか〳〵盛であつたとか、憲法を以て君民協同の公約なりとするは当時の輿論と謂てもいゝ程であつたとか、本でも読んだり人にも聞いてゐた。斯う云ふ時代にあゝ云ふ憲法を作り上げるには、内部に於て定めし烈しい争論を重ねたことだらう。故に助手連との相談会に於ても斯の論には斯う答へやうの、彼の難には斯う弁じやうのと、十分議論が闘はされたに違ひない。同じ様な質問応答は御前会議にも繰返されたことであらう。従てまた此個条は斯う云ふ議論の起つた場合に応ずる為のものだといふ様なのもあるに相違ない。果して然らば之等は容易に公表すべきものでないかも知れぬ。而して大正七八年の今日は如何といふに、デモクラシーがどうの共産主義がどうのと、基本的政治思想の混乱は恰度《ちようど》明治十年代とよく似て居る。そこで伊東氏などから観たら俺等が十二分に論破したことを、今時の若い者が何も知らずにまた騒ぎ居るわい、と思はれたことだらう。そこで此際迂《う》つかり憲法制定当時の事を洩さうものなら、今の若い者が自分と同じ様な考を昔し誰々公も唱へたなどゝい、気にならぬとも限らない。孰《いず》れにしても今日の思想界の混乱に油をそゝぐやうなことがあつては相済まぬと考へ、さてこそ沈黙を守ることに決心されたのではあるまいか。多分斯んな考で公表を拒まれたのであらうとは、当時私の直ぐ想像に描いた所であつた。単純な想像だから事実どうであつたかは全く之と関はりはない。

尤も私が斯く想像するには他に一つの理由もある。丁度その頃私はある政界の一先輩に遇ひ、私がデモクラシーの唱導に熱心するを散々皮肉られたことがある。彼は曰ふ、私も昔同じ様なことを君達よりも一層真剣に唱へたのであつた。併し段々経験を積むに従ひ、それでは国運の張り通せぬことが分つた。政治は空論ではない。今の若い人も少しは我々の経験を聴くがいゝと。之に対して私も色々抗弁したのであるが、それは必要がないから述べぬ。要するに之等の事よりして私は、年寄りといふものは自分の経験を以て安価に今日を判断したがるものだと決めて居たのである。そこで伊東氏の場合に就ても、すぐまた此例かと速断したのであつた。速断したのは誤であつたとしても、こゝから私は急に明治文化研究の必要を痛感したのである。

三

それは斯うだ。往時のデモクラシーは一知半解の洋学心酔者が唱へ出したのだ。時勢はまだ之を採用するまでに進んでゐない。故に一寸でも之を試みれば失敗するにきまつてゐる。今のデモクラシーは之に反して時勢の必要に促されて起つた。古い時勢の必要であつた専制的官僚政治ではもう立ち行かなくなつた。民間に於ける智徳の進歩は今や民衆をして自主自由を本当に味うに堪うるものたらしめた。古い人はこの時勢の変化を見ないで、デモクラシーの主張を只抽象的概念としてのみ取扱ふ。而して判断の基礎は自分達の踏んだ昔の経験だから堪らない。彼等は善意で青年の要求を抑える。而も之が本当の社会の為だと信じて居る。が、之では社会そのものが困る。何とかして斯うした古い人達の迷妄をひらかなければならぬ。夫《そ》れにはどうすればいゝか。一番の近道は彼等に時勢の変化を説くことである。政治思想の変遷を基《もとい》した時勢の背景の新旧自ら異る所以を明にしてやることである。斯くして私は明治政治思想の変遷史を明にすることが、当面の政界開展の実際的目的を達する上にも極めて必要だと考へたのである。

例へば明治の初期は病弱の小児のやうなものである。此事は内政上からも云へるが又外交上からも云へる。さて弱いからといふ事実の上に、食べ物は粥に限ると決つたとする。そのお蔭で当年の病児は今や健全なる壮夫となつた。するといつまでも粥を食べさせられては堪らない、自ら従来の取扱に不満の念を向けざるを得ぬ。乃《すなわ》ち昔の経歴を識らない者は粥を食はすのは間違つて居る、凡そ人間は米飯を食ふべきものだと主張し出す。理の当然を楯として旧制を改めんと要求するのである。すると老人は、飯と粥との利害得失などを今頃説き出すのは可笑《おか》しい、そんな事は我々は三十年も前に十二分に議論をしたのだといふ。いろ〳〵に試みても見た、理窟はどうか知らぬが、飯をやつてはとても立ち行かぬ。粥をやると能く育つ。つまり我々の実験のお蔭で此処まで育つたのではないか。それをまた飯にしろといふのは丸で我々の苦心を無視し、我々の築き上げたものを根柢から覆へすのではないかといふ。果ては怪しからぬ話だと憤慨する。甚しきは飯を食ひたいなどゝ云ふ者は縛り上げろ、再び国家を病弱の旧態に復さんとするしれ者は許して置けぬなどいふ議論も起るのである。

斯うした議論にたゝられて私自身の困らされたことも実は一再ならずある。是れ皆歴史的達観の足らざる結果である。正面から米飯論を主張しその理論を如何に詳細に説いても駄目だ。老輩が多年の実験に依て堅めた見識を打破する為には、歴史の光りに依て彼等の議論の背景たる時勢を明らさまに示すに限る。之には是非とも明治文化史を研究せねばならぬ。分り切つたことではあるが、散々困らされた結果、私は昨今しみ〴〵此感を深うして居るのである。

尤も従来とても之が明治文化史だと称するものはないではない。併し之等は、少くとも私の専門の政治に関する限り、本当の歴史ではなくて、例へば飯よりも粥のいゝと云ふ事は神武天皇以来決つて居つたといふ様な類のものである。昔の出来事の真相をたづねるのではなくて、今ある事を昔もあつた様に飾るいゝ加減の記録に過ぎぬのが多い。於是私は本当の歴史は斯うした型の外に存すると考へた。之を研究することが、国民をして今後の方向を定めしむる為にも極めて必要だと考へるに至つたのである。

四

斯んな考で明治文化を研究し始めたので、純粋の学問の立場からは変な動機だと笑はる、かも知れない。併し斯んな動機から始めたからとて、斯んな変な目的の為に研究を悪用する積りは毛頭ない。只正直に私の斯の研究に志した動機を語り、依て以て明治文化研究の一面の効用を明にせんと欲するのである。明治文化研究の必要が単に右の一事に限る可《べか》らざるは固より云ふまでもない。

猶《なお》終りに附け加へて置きたいのは、私の明治文化の研究が、老人連の頑迷を罵る今の若い人に向つて、その攻撃する僻説にも時代の背景が之を必要とせしの情実あることを知らしめ、且之を改むるにも時代の推移に注意するの必要あることを警告する上に亦、大に役立つたことである。歴史的達観を欠けば今日の新人だつて、其の主張を頑守する点、敢て老人と変らない。古い人にも新しい人にも、明治史の研究は共に必要なのである。明治文化の研究は決して時勢と掛け離れた閑事業ではない。尤も閑人の閑事業としても全然無意義のものでないことは勿論である。

〔『新旧時代』一九二六年四月〕

『海外新話』と『漂荒紀事』

一

結構善人である積りの私が、危険人物だの売国奴だのと罵られてから、もう彼れ是れ十年あまりになる。悪口には相当慣れたが、碌なこと知りもせぬのに一かどの物識りと崇め奉られるには、永年教員商売をした私でも、時に冷汗を流す事がある。それも専門の学問を以てやつて来られるのならまだいゝ。道楽半分の余業に於て先輩扱ひをされるのは、全く以て恐縮する。恐縮するが故に、実は永く石川君に対する約束も果さなかつたのだ。そんなら約束なんかせねばよかつたのだが、時々物を尋ねるので、向ふ様の頼みだけを否とも断れず遂ウカ〳〵と引受けて斯の始末である。今已むなく茲に筆を執るのは、全く以て恥さらしと云ふの外はない。

二

いろ〳〵な機会で白状してゐるが、私の古本を丹念にあさり出したのは大正十年の夏からである。其以前からも心掛けぬではないが、いよ〳〵我から乗り出して南明倶楽部の展覧会に往つたのがたしかその年の六月であつたと思ふ。それからは南明倶楽部西神田倶楽部と欠かした事はない。地震後も病気で寝た半年を除いては大抵買ひ出しに出向いて居る。短い割に可なり勉強したことは自分も敢て自ら認めて居る所である。

南明倶楽部に初めて往つてそして初めて眼についたのが『海外新話』五冊であつた。海外とあるから何か西洋の事を書いた物だらうと考へたのである。帰つて読んで見て、鴉片戦《アヘン》争の記述なるにコレハと思つたが、併し之にも興味を感ぜぬでないので、かなりの面白さを覚えつゝ実は一気に通読したのであつた。そして私の一番面白く感じたことは、著者の抱いたあの変妙な国外観であつた。丁度三国志や呉越軍談といふ筆法で外国を描いて居る。鴉片戦争に関する本当の史実とこの『海外新話』の記事とを対照して見たら嘸《さぞ》面白いだらうなどゝ考へたのであつた。其後海外新話拾遺・海外余話・情暎近世談・海外実録などの俗書から、夷匪犯疆録等の支那書までを集め得て、大部研究を進めたのだが、それにつけても気になるのは、一体『海外新話』は誰が書いたものだらうと云ふことであつた。外の書物は大抵この『海外新話』に依つたものらしいので、其等の著者などはどうでもいゝ、一番の元の『海外新話』の著者だけは是非とも知りたいと思つたのである。そしていろ〳〵人にも聞いたが一向に分らなかつた。

其中に外骨君の『筆禍史』を買つた。之を読んで行くうちに始めて『海外新話』の著者楓江釣人とは嶺田右五郎なるものたることを知つた。同時に又この著者は此著述の為に押込の処分を受けたといふことをも知つた。併し知つたのは之れ丈けで、之れ以上のことは依然として分らない。只漠然この著者は明治以前の疾《と》うの昔に死んでしまつたんだらうと想像して居つたのである。

然るに地震の年の春であつたと記憶する。西神田倶楽部の展覧会で図らず『嶺田楓江』と題する書物が私の眼についた。どうも『海外新話』の著者に似て居るナと思ひつゝ、手に取り頁をめくつて行くと果して目次の中に「海外新話の著」といふ項目が出て来た。予想の通り該書の著者たる嶺田楓江の伝であつたのである。之に依ると、彼は江戸追放の後暫く房総半島を歴遊してゐたが、遂に居を千葉県君津郡請西村に卜《ぼく》し、玆に教育家としての余生を送ること三十年、明治十六年十二月を以て物故したのである。つまり明治時代迄生きて居られたのであつた。而して其間教育家としても相当の成績を挙げたものと見え、弟子達の醵金で大正八年に出来た本書の中にも其事が詳しく出て居る。著者の明石吉五郎氏もその門人の一人だ。白鳥庫吉博士の序文もある。兎に角之に依て永い間の気懸りがしつかり判つたので非常にいゝ気持になつたのであつた。(猶本書には楓江の肖像もある。)

所が暫くすると、モウ一冊『楓江遺稿』といふ本が見付つた。山田烈盛氏の編で明治四十五年の公刊である。そして主なる遺稿の一として『海外新話』の全文が載つて居る。其外『千葉県古事誌』と多くの詩文が収められてある。詩作にも堪能な人と見へる。斯うなつて見ると、世間には嶺田楓江を知つて居る人は決して少くないわけだ。従つて又『海外新話』の著者たることも相当に知れ渡つて居る筈だと思ふのに『海外新話』の専門的研究家の間に其事が案外に知られなかつたのは不思議といふべきである。つまり嶺田楓江に『海外新話』の著あるを知る者に『海外新話』の価値が分らず、『海外新話』の価値を解する者は偶然に著者楓江の何人たるかを知らなかつたのであらう。斯んな事から私はつく〴〵綜合研究の必要を感じたのであつた。

嶺田楓江は詩人としても相当に知られて居る、彼の書の軸物を東京のそこゝで能く見ると、後で、入沢達吉博士からうかゞつたこともある。

猶ついでに附言しておくが、海外新話には明治になつてからの複刻もある。明治二十一年刊、東洋漁人編『清英阿片之筆乱』といふ洋装本が之れだ。極めて僅小なる部分に拙い手入れはして居るが。

三

一部の人に知られて偶然玄人に知られずにあつたといふ例に、も一つ『漂荒紀事』の著者がある。『文明源流叢書』が岡崎桂一郎博士蔵本に拠り、『漂荒紀事』六巻をその第一冊に収めたとき、著者の誰たるは固《もと》より、其の翻訳の出来た年代も皆目分らなかつた。余程古く出来たものと思はれたばかりでなく、外に類本はないと信ぜられてもゐたやうだ。其中の三分の一が一冊の本となつて刊行せられたことは、余程後に分つたらしい。尤もこの方面の蒐集家勝俣詮吉郎君のこの刊本を手に入れられたのは、可なり古いことゝは聞いて居る。筆写の完本も昨今はさう珍らしくはないが、兎に角ツイ近頃までは年代不詳著者不詳とされてゐたのである。

私の聞く所にして誤なくば、『漂荒紀事』の著者が黒田麹盧であることを発見したのは、矢張り前記の岡崎博士であるさうな。同氏は『西洋学家訳述目録』といふ小本を手に入れ、不図黒田麹盧の条に『漂荒紀事』三冊とあるに眼を留められたといふ。私が同氏を訪問してこの話を承つたのは大正十年の秋と記憶するが、併し其時同氏はまだ黒田麹盧の何人たりやに就ては、何も示教せらるゝ所はなかつた。名前だけは分つても、著者の素性は依然として不明だつたのであらう。

なほ『西洋学家訳述目録』は『文明源流叢書』第三に収められてある。近頃また東京神田の書肆松雲堂から原形其儘の模造が公刊せられても居る。

大正十一年の春、私は『増補和解西洋事情』四冊を求めた。慶応四年京都の公刊で、福沢諭吉原輯、黒田行次郎校正とある。『西洋事情』初編三冊を縮刷し、之に特に黒田行次郎の筆に成る附録一冊を添えたものである。附録は風土篇と経務篇との二部より成り、西洋の制度文物を説明したものだ。この附録の奥附の処に至り、私は図らず黒田行次郎著述目録の条下の第一に、『漂荒紀事』三巻とあるを眼につけた。之が麹盧ではないかと、『西洋学家訳述目録』を参照すると、果して「名行字大道称行次郎」とある。之でやつとこの西洋事情増補の作者が実に『漂荒紀事』の著者であることが分つた。而して西洋事情附録の序言によると、文久二年の夏徴せられて開成所の助教となり、「久シク訳官ノ末班ニ陪シ、日々局中ニ直シテ訳業ヲ修ムルニ預ル」とある。して見ると、一度は開成所に出仕し、戊辰の際には郷里膳所に帰つて藩黌《はんこう》の経営にでも当つて居つた人であらう。調べて見たら更に一層の詳細を知ることが出来るだらうと、其後常に注意を怠らなかつたのであつた。

其後黒田の著作に成るいろ〳〵の書物が手に入つた。重なるものを挙げると民法大意、政体新論、開化新説、西洋料理新書等がある。さて斯う沢山の著書がある所を以て見ると、彼は相当の学者でなければならぬ。詳しくは膳所出身の誰かにきいて見たいと考へて居る中に、杉浦重剛先生が該藩出身であることを知り、早速先生の『知己八賢』を出して見た。果して恩師の一人として黒田麴盧先生を第二章に伝してある。巻頭には肖像まで添えてある。之に依ると、彼は実に博学多芸で、かの柳河春三にも比すべき学者であつたらしい。細々しい事は『知己八賢』に譲つておかう。只一言したいのは、之には立派に『漂荒紀事』の訳述ある旨を断つてあることだ。『知己八賢』は大正三年の公刊だが、杉浦先生自身が既に知名の人だから、恐らく先生の口からは一度ならず『漂荒紀事』の話が出たことだらうと察せらるゝ。それが永い間玄人達の間に知られなかつたとすれば是亦真に不思議である。

其後『漂荒紀事』のこと、黒田麴盧のことは、京大教授新村出博士からも書かれて居る(大正十一年『芸文』)。今は相当に知られた事実となつたが、最近大阪の荒木幸太郎君は、自ら膳所に黒田家の遺族をたづね、更に麴盧先生の面目を明にすべき多くの新材料を得たと聞いて居る。其うち発表されたなら独り隠れたる学界の功労者を表彰するのみには止らぬだらうと察せらるゝ。

いづれにしても、一部の人に知られてゐた黒田麴盧先生が、『漂荒紀事』の研究家に永く知られず、而かも非常に古く世を去つた人の様に思はれた此書の著者が明治二十五年の暮まで活きてゐたとは、前の嶺田楓江の場合と好一対の話ではないか。

＊

最後に私の古書智識は、斯んな事しかいへぬ程、貧弱なものであることを白状しておく。

〔『書物往来』一九二六年四月〕

帝国憲法の俗解

明治の初年、例へば文明開化といふことが唱へられると、旧幕戯作者の流れを汲む文士が逸早く之をもぢツて俗談戯述を試むる。流行を追うて衣食の資を得るの動機に出づるのであらうが、之に依て間接に文化開発の助けられたことも尠くはあるまい。併し中には飛んでもない見当違ひの説明を以て世間を迷はしたものも無論あらう。それでも或る問題に付て当時の世俗が之に如何なる解釈を与へて居たかを知るには、之等の俗書も亦屈強の好資料たるを失はぬ。斯う云ふ意味で私は明治初年以来の時事問題に関する俗書を集めて居る。而してこの種の俗書は云ふまでもなく、戯作者が影を潜めて小説家に代らるると共に段々見られなくなるのだが、明治十年代の後半に至ると既にはや余程少くなつたやうに思ふ。であるから、憲法発布当時の之に関する俗書はと探して見ると殆んどない。当日の光景を伝へた積りの絵本やうのものはある。憲法そのものを説明したものとしては、随分沢山あるにはあるが、皆まじめな註釈書であつて、俗衆を相手にせる戯作者系統のものは殆んど見付からない。強いて云へば『やまと新聞』が二十二年二月十六日から四月十九日に亘つて連載した「大日本帝国憲法俗解」ぐらゐのものであらうか。外にもあつたら大方の教を待つて之を対照研究して見たいと考へて居る。

*

「大日本帝国憲法俗解」は一名を「憲法親父《おやじ》問《もん》」といふ。昔は子供が親父に教はるのだが、今は文明開化の有り難さ学校通ひの息子に親父が物を尋ねる時勢になつたとて、『大学童子問』『庭訓往来童子問』の例にならひ

「憲法親父問」と題したのだといふ。親子の問答の体裁にし、そこにチヨイチヨイお袋も口を出して、憲法の趣旨を説明さして居る。大体逐条講義にはなつて居るが、奇警な洒落《しやれ》なども沢山あつて、戯作一流の匂ひは可なり潤沢にある。その中から今一寸面白いと思ふ個所二つ三つ引き出して見る。

＊

憲法発布の効果を説いて斯う云うて居る。

今の新聞記者がお役人の事を悪く書いて牢へ遣られたり、演説の壮士が政府の政事を兎や角云つて島へ流されたりするのはナンでも無い事(でもないが)だと……マア思はなければなりません。処が、之からは大磐石、租税から何から何まですべて法律となつて私共の頭の上に参るものは、皆私共の人民の側から選んだ帝国議会の議員衆が集つて評議して後に決まる事だし(憲法第三十七条凡て法律は帝国議会の協賛「承諾のこと」を経るを要す)、又天子様も前の様に其方どもの権利や財産の安全は保護してやらうと仰しやるからは、モウ此後は右様の事で私共の難儀することは見たくても見られません。誠に有り難い事がらです。

又憲法第三十七条の説明には

この明文が出た以上は、最早法律は上下一致してこれなら宜しいといふもので無ければお触れ出しになる事は出来ないのですから、十分我々の便利になるもの計りと考へても宜しい。

と述べ、はては「之につけてもこの憲法はよく守らねばなりません、又この憲法に従へば、天下太平、国家安全、商売繁昌、子孫長久は受合です」と謳つて居る。以て当時の期待の如何に大なりしかを想見すべきである。

＊

大臣の責任に関する

又お政治向に就ても、天子は御自身で諸事をお扱ひなさるのではなく、皆内閣の大臣方が仰を承て取計ふのですから、仮令《たとい》どんな悪い政事があつても、天子様はお存じなさるわけではありません。皆大臣方の責任です。

の説明は昨今の官僚的解釈よりもはツきりして居り、選挙の性質に関する

ソレで各府県に選挙区を置き、こゝに先づ身柄のある人を選んで選挙人とし、其の選挙にまた、財産もあり身柄もあり学問も出来智慧もあつて行状も正しく、此人なら己達《おれたち》の名代人として議院へ出し、政府から勘定其外の相談を受けても、己達の為め悪いやうに取計ふまいと思ふ人を選み挙るのです。

との説明も要領を得てをると思ふ。

＊

中につき一つ異彩を放つて居る説明は解散に関するものである。解散の意義を本書の作者は一種の刑罰と観て居るのが面白い。

この開けると閉ぢるとは平常の事で、毎年開閉をするのですが、停会といふとチト手重く、解散といふと余程容易ならぬ事柄です。例へば議員が政府の大臣方の料見に反対して、大臣方が是非これ丈け金を出して呉れ左もないと政事をすることが出来ぬとあるを、議員の方ではイヤ何うしてもソンナに金を出すことが出来ませぬ、サウ出すと人民が困りますとか国の為に成りませぬとか云つて、強情張る、トウ〳〵何うしても双方の折合がつかんで、議会をあけて置くと政事をするに差支へる様な場合があると、余儀なく天子様は一時其会を停止すといふ勅掟をお下しなさる。議員はそれでも聞かずに強情張るか又は手荒な振舞にでも及ぶと、天子様は拠《よんどころ》なく議会の議員惣体のものが宜しくないと思食《おぼしめ》して、議会を解散し、前にいふ通り今迄の議員

を残らず免職させて、新に善い議員をお選ませなさるのです。故に停会の中は其国に議会はあるのですが、解散といふと其国に議会が無くなるのです。立憲政体の国と云つて議会を立てた国に於て、其の議会の無くなるといふは実に容易ならぬ次第で、事によると政府と人民との争ひの基にもなることですから、成る丈け人民の側でもおとなしく、憲法に定めた範囲の内で議事をするやうにしたいものだ。

又別の所では

其解散の場合は、第一は議員が憲法に違つた議事をしたり、第二は違法ではなけれども其処置が余り不法で人民の代議人たるに不相当だと思召されると解散を命ぜられるので、先づ議員の免職といふものです。と云つて居る。そしてこの解散から飛んでもない大騒動が起つたとて、英国クロムウェルの乱や仏国大革命の故事をひき、「此の国会の差止が一番怖い……国の為に恐しい事」であるのみならず、又「外国に対しても外聞の悪い話だから、どうか穏に事を運ばせるやうにしたいものだ」とて、議員に向つてはしきりに

今度の議会は、日本惣体の人の頭、すなはち三千九百万人の迷惑になる事ですから、余程謹んで貰はなければなりません。

と警告を発してをる。

当時の人が解散の意味を右の様に解したのはさることながら、其後憲法学の発達と共に本当の意味が段々講明されたに拘《かかわ》らず、歴代の政府が多くの場合みな右の如き意味で解散を命じたことも、注意すべき現象である。又今日の政界の実際に於て、解散の議員に苦痛を与ふる点、宛《えん》として一個の刑罰の如き観あるも、亦之をかくすことは出来ない。

*

因《ちなみ》に云ふ、憲法発布前後如何なる註釈書が出たかは、私の別に作る所の「明治初期政治関係文献解題」に収録するつもりである。

〔『新旧時代』一九二六年五月〕

自由民権時代の主権論

本誌前号の標題が丁度私の専門に属するものなのに、原稿締切の際生憎流感に冒されて、同人並に寄稿の出来なかつたのは、甚だ残念の次第である。此次ぎはまた別の題目で誌友諸君の寄稿をも集めようとの議もあるが、とにかく自由民権は私の常に注意して居る問題なので、今後も時々之に関する感想を書いて見やうと思ふ。紙数に限ある所から、話が断片的になるのは致し方がない。

一

外骨翁から借りた『名家演説集誌』の第十一・十二号(明治十五年一月発行)に嚶鳴社討論会筆記が載つて居る。題は「君主ニ特赦権ヲ与フルノ可否」と云ふのである。今日の頭で行けば論題からして既に不穏の咎を免れない代物だ。出題者は去る七月十一日のわが明治文化研究会例会で講演された草間時福氏である。草間翁は今や実に此の討論に参加された中の唯一の生残者である。

草間氏の意見は後に詳説するが、要するに君主に特赦権を与ふることは必要だといふのである。この発議に対して賛成の意見を述べたものは、青木匡・角田真平の両氏である。反対論者として起つたものは志摩万次郎・高梨哲四郎・肥塚竜・田口卯吉・沼間守一の五氏に上り、中々優勢に見へたが、結局決を取つて見たら九人対九人の同数となつた。が、議長波多野伝三郎氏がカスチンク・ヴオートを反対論側に投じたので、嚶鳴社の決議としては、草間氏の発議を容れず、即ち君主に特赦権を与ふ可らずといふことに決まつたのである。

二

発議者草間氏の意見は大要次の如きものである。

一、現時の法律は不完全である(その一例として「法律苛酷ニシテ尚ホ死罪ノ刑ヲ存スル国」あることを挙げて居る)。

二、裁判にも錯誤がある。

三、以上の欠典より生ずる禍害を補充救正する為には、特赦の制度が必要である。

四、特赦権は何人に之を与ふるがいゝかといふに、それは勿論君主である。

五、但し之には濫用の惧《おそ》れがあるから、二三の制限を設けて予《あらかじ》め之に備うることが必要である。例へば(イ)下院の弾劾の結果たる所刑には之を用ゐてはならぬとか、(ロ)特赦権の行使にはその理由を明示して内閣の同意を得なければならぬとかの類是れである。

更に他二氏の賛成論を点検するに、大体発議者と同一なるも、青木氏は、国事犯は刑法の規定に依れば所罰を免るゝことが出来ぬ、併し情に於ては之を普通の罪人と同一に取扱ひ難きものがあるから、特赦権を設定して彼を特遇するの途を開くべきだといふ点に力を入れて居る。併し之に対しては、そんなら始めから国事犯は所罰せぬと規定した方がいゝでないかとの駁論があり得る。且また之は、仮りに特赦権設定の理由となるとしても、特に之を君主に認めねばならぬ理由にはならない。角田真平氏は、理論上はともかく君主の特赦権は実際上大に必要だと説き、濫用の弊はその行使を君主の独断とせず内閣の同意を要すとすればいゝと説いて居る。

執《いず》れにしても積極論は、単にそれだけの論拠では、至て薄弱な議論たるを否みがたい。

三

次に反対論者の主張する所は、必しも皆一致しては居ないが、大体の論拠を綜合すると次の数点に帰する様に思ふ。

一、法律が不完全だといふなら、他に改良の道がある。裁判に錯誤あるといふなら、控訴上告の段階を多くすればいゝ。之等の弊害は君主の特赦権に依て始めて補充救正せらるべき欠典ではない。

二、法律が不完全で裁判に錯誤多しとするも、そは君主の特赦権に依りて必ず救正せらるゝと断言するわけには往くまい。

三、君主に特赦権を認むるの結果は、必ずや其濫用を促すことにならう。如何に不完全でも、衆智を集めて出来た法律や裁判の方は、一人の私意よりも遥に優るものである。

四、法律を不完全といふても、一体何の標準で斯く断ずるのか。国会に於て正当に制定された法律は、之を不完全とする主観的批判の声に動かされて、君主の私意の儘に濫りに之を破らしむべきものではあるまい。

斯くならべて見れば、議論としてはこの消極論の方が稍《やや》しつかりして居る。就中《なかんずく》田口卯吉・沼間守一両氏の論陣(玆には特に其細目は挙げぬが)は中々堂々たるものである。

四

さて私が以上の討論を紹介したのは、特赦権の問題其ものに興味を感じたからではない、「君主ニ特赦権ヲ与フルノ可否」なんどいふことを平気で討論した当時の民権自由観を面白いと思つたからである。嚶鳴社といへば、先づ其頃の民権者中では、幾分右傾的の集団と観てい丶。而も彼等の国家観は斯の如き極端なる民主主義論である。思想の洗錬せられてゐない為めもあるが、伊藤博文一派の独逸《ドイツ》派がその論破撲滅に苦慮したのも、強《あなが》ち無理ではない様に思ふ。斯く云へばとて私は、当時の独逸派に一から十まで賛同するものではない。此方にも亦実は飛んでもない大誤解もあつたのだ。私は只冷静なる研究家として、当時官民の双方が本当の所を摑まず、所謂《いわゆる》暗中模索で無用の喧嘩に精力を浪費して居たことを明瞭にしたいのである。此点は思想問題に関する今日官民の争にも能く似て居ると思ふ。

話を前に戻すが、この討論に於て、積極論者も、消極論者も「誰が一体君主に特赦権を与ふるのか」に就ては、何の疑も挿んでは居ない。私共は憲法の講義で、一切の権力の源泉は君主に在り、君主が憲法を以て我々に与へ給ふに依て始めて臣民の権利が生ずると教はつて来た。之は成る程日本の国体に於て当り前の事である。然るにこの当り前の事は、明治十五年代には頓《とん》と知識階級の頭に宿り得なかつたのである。それ程に当時の識者は、自由民権を浅薄に解して居た。尤も之に依て当時の民権家を非国民呼ば丶りするのは間違つて居る。徳川全盛の時代に、皇室に忠なるべき所以《ゆえん》を解さなかつたとて強ち責むべきに非る如く、時代が違へば考方も今日と同一には律せられぬ。之等の点はまた別の機会で論じたいと思ふが、要するに当時の人は、漠然と自分達民衆も国権の運用には主動的に参与し得るものと、考へてゐたに相違ない。憲法が布かれ丶ば当然に主権は君民の共有になるのだと考へたことは明白だが、憲法施行以前の問題としては、国家の主権は一人に在りと考ふるものよりも(而して斯く考へつ丶同時に世人は、之が最も下等な体制だから早く立憲制に改めなくてはならぬと主張したものである)、否、然らず、国を組織する人民が主権者なのだと説く方が多かつたと思ふ。嚶鳴社一派は、必しもルソウ流の民約論者のみとは限らぬけれど、前記の討論に於ては、多数が期せずしてこの根拠に立つたことは争はれぬ。何となれば、君主に特赦権を与ふべきや否やは始めより人民の権内に在りと肯定し、只之を与ふるの利害如何を討論の問題にして居るからである。

五

積極論者は、草間氏を始め皆功利的立場から其説を立て丶居る。之に反して消極論者は、功利的立場からしても積極説の支持し難きを指摘せる外、更に次の三つの根拠を挙げて居るのが面白い。

一、多数の者が社会を組立つるとき、民衆はこの重大なる権力を他の一人に譲与するを好むかといふに、人の性としてそは必ず好まざる所である。故に特赦権を君主に認むるは不都合である。(高梨哲四郎氏)

二、比較上より云ふも、一人の考と多数人の考と孰れが正しきやは、多言を待たずして明である。君主一人の私意を以て法律や裁判に対抗せしむるが如きは、「実に神代以降の古物」である。(肥塚竜氏)

三、法は正義の表彰である。西諺《せいげん》に曰く、国王に反《そむ》くも神に反く勿《なか》れと。国王は国法に支配せらる丶者にして、国法は国王に支配せらる丶ものに非ず。故に特赦権を認むるは取も直さず正義の蹂躙である。(肥塚竜氏)

六

以上はたゞ嚶鳴社一場の討論に現はれたるもの丶紹介に過ぎない。此類の事は外にも沢山あつた。而して沢山の材料を集めて、当時の民権家は一体どんな事を考へて居たかを究《きわ》むるは、頗《すこぶ》る必要の事である。又この辺の事情を能く究めないと、伊藤博文の一派が、一体如何なる精神で憲法を作り、又如何なる精神で之を運用する積りであつたかをも、適当に理解することは出来ない。而して之等の点を明にするに方《あた》り、中心の論題となるものは常に主として主権論である。されば近く憲法制定を見るの暁《あかつき》我国の主権は何処《いずこ》に在りと観るべきやなどの問題は、当時の新聞雑誌に随分と論ぜられたものだ。其の議論の粗雑矯激なるを憂へて、政府はまた帝国大学などを利用し独逸流の主権論を大に奨励したといふ話もある。之等の文献についても、近き将来を期してまた紹介の労を取ることにしよう。

〔『新旧時代』一九二六年九月〕

原敬と天主教

一

本年四月十三日附の東京日日新聞夕刊に、「原白頭宰相が洗礼を受けた教会」と題する興味ある記事が載つて居つた。其要点は、明治初年仏人宣教師ヱブラル師が新潟に来て会堂を創立したが、まだ一介の書生であつた原敬氏は仙台からわざ〳〵同師を訪ねてその書生となり、遂に同師から右の会堂で洗礼を受けたといふのである。原氏が青年時代天主教の信者であつたといふ話は曾《かつ》て誰かから聞いた。又菊池悟郎溝口白羊共編の『原敬全伝』(大正十一年刊)の中でも読んだことがある。原氏は生前あまり自分の受洗に付て語られたことはなかつたやうだが、先年誰やらから、芝公園内の原邸客間には聖母の像が懸けてあるぞと、不審がつて語るのを耳にした記憶もある。旁々《かたがた》原氏と天主教との関係には何等か面白い因縁があるやうに私には疾《と》うから想はれて居た。又田村直臣先生の『我が見たる原首相の面影』の中でも、斯んなことを読んだことがある。田村先生が明治十八年巴里《パリ》に遊んだとき、或る仏教僧侶と一緒に代理公使たる原氏に招がれたが、其時主客互に交換した議論に付ての原氏の態度には、暗に耶蘇《ヤソ》教に対する同情ある理解を示すものがあつたと云ふ(同書四頁参照)。田村先生は固《もと》より原氏と天主教との関係は知らない。知らずしてこの言を為すのは、原氏の言動のうちに自ら之を感知せしむるものがあつたからであらう。何れにしても之は面白い題目だ。原氏と天主教との関係は手蔓があつたら詮索しておきたいとは、私のかね〴〵考へてゐた所であつた。

その中に私は斯道の学友松崎実君から斯う云ふ耳よりの報道に接した。原氏と一緒に洗礼を受けた旧友の一人が今猶ほ健在で伝道に従事して居られると。其人は誰かといふに細淵重教といふ老先生で、今は宮城県大河原町の天主堂に伝教士の職を勤めて居らるるといふ。

宮城県といへば即ち私の郷里だ、調べるにもわけはない。そこで取り敢へず東北帝大在学の守谷猛雄君を煩して大河原町に細淵師を訪ねて貰つたら、正に其人に相違ないといふ返事が来た。それから之を縁に私も一二度師と書面を往復したが、その中に東京日日の記事が出る。いよ〳〵興味をそゝられて居る所へ、図《はか》らず六月下旬丁度《ちょうど》よい機会があつたので、乃《すなわ》ち私自ら大河原に出向いて親しく同師を往訪することにしたのである。それは麗《うらら》かな土曜日の朝であつた。同師に迎へられて会堂側の教師館に入り、老夫人の懇切なもてなしを受けつゝ、半日膝を交へて細々《こまごま》と原氏当年の面影をきくことを得たのは、いろ〳〵の意味に於て今なほ忘れ難き喜びである。

さて斯の人から直接聞いて見ると、事実はだいぶ新聞の記載とは違ふ。尤《もっと》も細淵師の記憶にも遠い昔の事とて多少はツきりせぬ所もあるらしい。そこで帰つてから手近にある二三の書物を参照して見た。すると話の筋は段々明瞭となつて来るやうに思はれる。勿論正確な記録を作るとなれば、もつと詳細な調査を要するは言ふまでもないが、今私にその遑《いとま》はない。兎も角も折角細淵師から聞いた話だけは、出来る丈け順序を整えて早く書き留めておくの必要がある。是れ茲に本稿を起すに至つた所以《ゆえん》である。

二

原敬氏がエブラル師の書生として新潟に往つて居つたのは事実だ。併し同地で同師から洗礼を受けたのではない。洗礼を受けたのは東京で、之を授けたのはマリンといふ宣教師だ。この点を東京日日新聞は誤り伝へて居る。

細淵老師は語る。麴町一番町――丁度半蔵門から英国大使館を左に見てお堀端を九段の方に向つての突き当りに、仏人宣教師マリン先生の開いてゐる私塾があつた。伝道師養成の目的で、二十人あまりの書生を寄宿さして居る。そこに自分も居つたのであるが、或年のたしか十一月頃、南部藩の原敬といふ一青年が這入《はい》つて来た。年の頃十八九歳、馬鹿に元気はいゝが、余程難渋して居つたと見え、あの寒空に単衣を三枚重ね着して居つた。其時の姿は今でもはツきり思ひうかべることが出来る。非常に議論好きな所に意気投合して自分は彼と直に無二の親友となつた。そして二三ケ月の後相前後してマリン師から洗礼を受けたのである。細淵師の記憶に依れば、同師の受洗の方が原氏のよりも少し早かつたやうだといふ。

却説《さて》この頃の事を『原敬全伝』の方には斯う書いてある。

此の明治五年は、原氏にとつて実に不幸な年で……暫時にして送金の道は絶えた。それ以来の健次郎氏(敬氏の幼名)の生活にはいつも惨澹たる悲風が吹き続けてゐたのであつた。

原氏の苦学時代は、実に其頃から第一頁を開いたのであつて……一日三食、部屋代共二銭五厘、之を一ケ月に積算して僅に七十五銭にしか当らない粗食に甘んじつゝ、異常の艱難と闘つて……益々窮困に陥つて、今内大臣官舎がある麴町一番町の突当りに仏蘭西《フランス》人の建てゝゐる天主教の公教会があつた……其処へ信者として入込んで、仏人宣教師の下に使はれることになつた……

然し原氏は、其苦しい学僕の境涯にゐても少しも勉学の念を止めないで、用務の暇には宣教師に就いて仏蘭西語を修習した……

宣教師はエブラルと云ふ人で、これが原氏の怜利にして温和な性質と其上に又強烈な好学の風があることを愛して、自分が各地へ布教に廻る時には屹度《きっと》欠かさず少年健次郎氏を伴れて廻つた。

……『原敬全伝』地之巻四三―四六頁

『原敬全伝』は同氏遭難後急いで作られたるものと見え、立派な出来の書物とは申しにくい。殊《こと》にその青年時代の記述が概して甚だ漠然として居る。東京遊学に志したのは明治四年といふが、その一両年後マリン師の私塾に入るまでの状態は、併し、右の記事でもよく分る。細淵師の談と対照すると頗る面白い。但し同書も亦マリン師とエブラル師とを混同して居る。加之《しかのみならず》その宣教師に就て仏語を学んだといふのも誤りだ。此事は後にも説くが、マリン師のところでは仏語は教へなかつたのだ。原氏の仏語学習は実は新潟から始まるのである。この事は原氏とエブラル師との関係のことを述ぶると共に明になる。

原氏がマリン氏の私塾に投じたのは何時《いつ》頃の事か。『原敬全伝』は之を明記してない。細淵師は月はたしかに十一月だが年の記憶はないと云はれる。私の考では明治七年即ち原氏十九歳の時だと思ふ。斯く断ずる理由も後に別に之を説かう。

三

筆のついでに玆に少しく細淵師のことを語つておきたい。是れ当時の青年の一面を伝へると共に、併せてまた間接に原氏の俤《おもかげ》を髣髴《ほうふつ》たらしむる一助ともなると思ふからである。

細淵師は原氏よりは三つばかり年上だつたと云ふ。父君は幕臣で、師の生れた頃は浦賀与力であつた。維新になつてから一旦静岡へ往つたが、間もなく将来立身の方針をこゝに立つべく決心して、友人二名を誘ひ、横須賀造船所の黌舎に這入つた。一寸ことわつて置くが、黌舎といふのは横須賀造船所附属技術学校のことである。参考のために横須賀鎮守府の撰にかゝる『横須賀造船史』(明治二十六年刊)中の次の一節を引いておかう。之に依てまた細淵師のこゝに入つたのが明治三年頃だといふことも分る。

(明治三年)。三月二十九日、製鉄所ハ技術伝習生徒ノ仮寄宿所ニ充ツルニ横須賀ノ一民家ヲ以テシ、管轄庁ノ允准ヲ経テ、其借料及生徒ノ食料寝具ハ官費ヲ以テ之ヲ支給シ、而シテ新設ノ技術学校ヲ黌舎ト称シテ、其校則ノ原案ヲ民部省ニ提出セリ。(黌舎規則大要以下之を略す)

さて這入つて見ると、学生の大多数はみな薩長の子弟だ。徳川方の出身は自分を合せてたつた三人に過ぎぬ。半日は仏語やら数学やらの学科の習得で、他の半日は労働に従ふのだが、之がなか〳〵つらかつたのに、全体の空気がどうも面白くない。或日のこと、仲間の学生の一人が自分達を見て賊が来た〳〵と叫ぶ。泥棒でも這入つたことかと振り帰へると、心外にも自分達を賊呼ばわりして居ることが分つた。之に憤慨して三人はとう〳〵連《れん》袂《べい》退学したとの事である。当時の薩長側対徳川方の関係が偲《しの》ばれて、今となつては是亦面白い一挿話である。

横須賀を引き揚げて後一時途方にくれた。之から先きどうしたものだらうかと、三人打ち揃うて一日氷川下に勝海舟を訪うてみた。そんな不平を云つたつて仕様がない、出入りの床屋で弟子を探してゐるが世話しやうかなど、揶揄《やゆ》され、結局三井の金札十円券二枚宛《ずつ》を貰ひ、当分之で食ひつなぎ静に勉強の方針を定めよと懇々諭《さと》されて帰つた。それから横浜へ行つて見たが思はしいこともない。その中にマリン師の私塾のことを耳にはさんだ。仏語は横須賀で少し習ひ覚えた所から、遂に自分だけ二人の友と分れて此処に身を寄せる気になつたのだといふ。

細淵師が入塾したとき、マリン師のところには既に二十人余りの書生が居つた。南部仙台方面の人が多かつた。その以前マリン師が函館に居つた縁故で東北の人が多く集まつたものらしい。仙台辺の人は竹内寿貞といふ人の世話で来たものが多かつた。塾生の氏名は今一々記憶せぬが、ただ教師格の佐久間鉄園といふ人の偉かつたことを今以て忘れ得ない。南部の人では江刺先生といふが多数塾生の尊敬を博してゐた。原氏のこゝに流れて来たのも、多分之等南部出身の先輩を頼つて来たのであつたかと思はれる。

マリン師の塾は、固《もと》より伝道師養成を目的とするものだから、仏蘭西語などは少しも教へなかつた。マリン師自身はたまに不完全な日本語で宗教講話をするだけで、話題はいつも諸々の『致命聖人』(殉教者)の事蹟で持ち切つて居た。之がなか〳〵大なる感激を書生達に与へたものらしい。之を外にして日常の課業は、天主教に関する支那渡来の無点本の講読である。之を佐久間、江刺の諸先生が授けられたのだ。どんな本を読まれたかと訊くと、細淵師は最も熱心に読まされたものとして『聖教明徴』を挙げ、外に『天主実義』や『三山論学記』を記憶の中から喚び起される。この後二者は徳川時代輸入禁制の書として有名なものであることは改めて説くまでもあるまい。

細淵師がこの学校へ這入つたのは、固より伝道師になる為ではない。官立の学校に這入るのは、癪にも障《さわ》るし金も掛る。西洋人に附いて居たら将来何等かの便宜にならうと、詰り変つた方面で修養して他日薩長の奴等の鼻をあかさうといふのが目的であつたのだ。だから毎日の課業はお義理に聞くだけで、銘々の部屋に帰ると直に議論の火花を散らしたものだ。その時の話題はどんなものでしたと質《ただ》したら、政府に対する不平が第一で、次には如何にして徳川の治政を恢復《かいふく》すべきやの方策であつたといふ。志は固より天下国家に在り、この方面の議論が熱すると、本当に寝食を忘れたものださうな。中にも原氏と細淵師とは斯うした論客のチヤンピオンで、深更ひそかに見廻りに来るマリン師からよく宜い加減に寝ろと叱られたものだと云ふ。

ところが書生も熱心なら先生も熱心なので、二三ケ月すると生徒達は大に宗教に興味を感ずる様になつた。原氏も一時はマリン師の致命聖人の講話に感憤して、我もこの道の為には命を捧げんと誓つたといふ。少くとも彼れの受洗は、斯うした決心の結果に出づるもので、決して不真面目な一時の出来心に動いたものとは思はれぬ。併しそれでも、原氏には本来有《も》つて生れた性分があり、始めから何処となく覇気満々たる所が露出して、静に伝道の聖職に安んずるやうの柄ではないやうに思はれたと、細淵師は語つて居る。師は曾て原氏と散々議論をした揚句、君は到底畳の上では死ねないネと云つた事もあると、古い追憶に感慨禁じ得ざる面持ちであつた。

原氏がマリン師の塾に居たのは半年あまりに過ぎぬ。此処からマリン師の推挙で新潟のエブラル師の処へ送られたのである。

四

当時マリン師の教友エブラル師は、新潟地方に伝道をはじめた。ところが北陸地方は仏教の盛な処とて、邪教の先生に誰れひとり寄り附くものがない。いろ〳〵苦心しても、身の廻りの世話する者を探しあぐんで大に困つた。窮余師は遂にマリン師のところへ手紙を出し、君の処には沢山書生が居るが誰れか一人私の手伝に来て呉れるものはないか、来て呉れるなら代りに仏蘭西語を教へてもいゝがと頼んでやつた。マリン師がこの手紙を見せて塾生に相談を持ちかけると、雑役に従ふは即ち洋人の奴隷になることだ、日本人の面目としてこんな馬鹿な招ぎに応ぜられるものかと、誰一人往かうといふ者がない。所が突如原氏は起《た》つて私が参りませうと志願した。貴様奴隷になるのを恥と思はぬかと、皆で罵倒したが、彼は平然として之に耳傾けず、直に単身新潟に向つたのである。此処に居てはいつまで経つても仏語は覚へられぬ、何と云はれても言葉を覚へた方が得だ、と観念したところが原氏の見識の非凡なる所以だと、後に至つて大に敬服したのである。斯くして彼は暫く新潟に足を停めてエブラル師の厄介になり、彼に就てまた大に仏語の修得に勉強したのである。

細淵師の記憶に依れば、原氏の新潟滞在は一ケ年足らずであつたといふ。其頃師は伝道の為に新潟にも往来したので、原氏には屡々《しばしば》遇ふ機会があつた。斯く時々遇つて聞いた話を綜合するに、エブラル師はもと永く支那に居り、為に漢籍に相当の造詣《ぞうけい》ある所から、時の県令楠本正隆氏より時々話相手に招かれる。原氏も其のお伴をして往く所からやがてまた自然と楠本氏の眼にとまつたものらしい。一日楠本氏は原氏に向ひ、君もいつまで外国人の奴隷をして居るでもあるまい、仏語も出来るといふなら、東京へ出て司法省法学校へでも入つたらどうかと云はれた。之に発憤して彼れは遂にエブラル師を辞して東京へ出たのだ。出るについてエブラル師の多大の厄介になつたことは云ふまでもないが、楠本氏とはこの件につき其後どんな関係に在つたかは、残念ながら聞き洩らしたといつて居られる。

明治九年九月原氏が入学試験に合格して司法省法学校に入つたこと、やがて間もなく賄《まかない》征伐のことに坐して退学し報知新聞記者となつたことは、世間周知の事実である。そこで何時頃新潟に行つて何時頃東京に出たかを吟味せねばならぬが、之を判断する第一の基本となるものは、楠本正隆の新潟県令在任期間である。彼の着任は明治五年七月二十四日で、八年七月十二日まで在任して居つた。細淵師の記憶を正しとすれば、原氏の新潟滞在は約一年で、夫《それ》から上京して司法省法学校に入つたのだから、その始めて新潟に往つたのは、どうしても明治八年の中ばとせなければならぬ。而して新潟で楠本氏に遇つて居るのだから、それは七月十二日より遅いわけはない。それで先づ八年の晩春初夏の頃と観てよからう。更に細淵師の言に依れば、原氏のマリン塾に来たのは十一月で約半年の後新潟に往つたといふから、マリン塾入舎を明治七年とすれば丁度辻褄《つじつま》が合ふ。即ち明治七年十一月マリン塾に入り、翌八年春洗礼を受け、四五月の頃新潟に赴き、更に九年夏東京に帰つたと観てよからうと思ふ。果して然らば『原敬全伝』天の巻にある新潟時代の写真の説明に、「明治六年から七年にかけて」とあるのは、誤りだと断ぜねばならぬ。

猶ほ細淵師は前にも述べた如く新潟の伝道に従事し、現にエブラル師とも事を共にした事があるのだが、同師の観る所では、原氏は全然エブラル師のボーイで、伝道には従事されなかつたといふ。して見ると彼は洗礼は受けたが伝道の経験はないわけである。

ついでに司法省法学校のことを一言しておかう。司法省内に始めて法学校を設けたのは、明治五年七月である。時の司法卿は江藤新平で、仏国御雇ジユブスケの建言に基づいたものだ。二十名の生徒を募り明法寮内で教授したのである。明治七年にはボアソナードが来る。この両人の教授を受けて七年の七月全部めでたく卒業した。この時司法卿の地位には代つて大木喬任が据《す》はつてゐた。大木は之れの結果のよかつたのを見て、九年の夏更に百名の募集をやつた。原氏は即ち之に応じたのである。

所で一寸問題になるのは、原氏が新潟で楠本正隆に遇つた頃は丁度司法省法学校なるものは実存してゐないといふ点である。第一期生は前年七月に卒業し、第二期生の募集は翌年になつてきまつたのである。そこで第二期募集の噂は実は前年既に薄々分つてゐたので、之を識つて楠本氏が原氏に応募をすゝめたと観るべきか、又は今はないが去年卒業生を出した司法省法学校のやうなものがあつたら、君などは仏蘭西語が出来るのだから応募したらよからうと楠本氏の忠告されたのを、深く印象にとゞめ、翌年図らず百名の公募を見て急に上京の決心をしたものと観るべきか、そこに多少の疑があるのである。併し之はいづれになつても大した問題ではない。只司法省法学校入学の素地が新潟に於て作られたことを知れば足りる。楠本氏の一言が原氏の将来の運命に大関係のあつたことは認めねばならぬが、後日あれ程情誼に厚い原氏があまり楠本氏のことを口にされなかつたことを思へば、夫れ以上の深い関係には入られなかつたのかも知れない。

五

余談だが、エブラル師は多能多才の人で、一時仏国大使館の通訳官を勤めたこともあり、条約改正の頃には陰に陽に日本の為に大に尽したといふ。日本に石版印刷をひろめたに付ても大きな功労があり、之に関しては今泉雄作翁などが大変師の世話になつた筈だと語つて居られた。今泉翁にきいたら、また別の面白い話もあらうかと思ふ。

マリン師の私塾は永く続かなかつた。師も亦間もなく本国に還つた。その後へやがてラテン学校といふのが建つた。漫然と生徒を各方面から集めたのでは、伝道界に踏み留らぬ。然らざるも、親戚故旧の反対などがあつて伝道師養成の目的は容易に達せられぬ、といふので、今度は長崎から信者の子弟のみを八十人ばかり連れて来た。三人の宣教師が専らその教育に当つた。今御殿場の復生病院を経営して居られるドルワール・ドウレゼイ師もその一人であつた。不幸にしてこの学校も間もなく閉鎖した。そしてその生徒の中十人ばかりを印度彼南《ペナン》の神学校に送つて見たが、之もいろ〳〵の事に不平を起して程なく帰つて来たと聞いて居る。

其時彼南へ往つた一人に、後で何が不平であつたかと聞いたら、二つの理由を挙げた。その学校には各地方から沢山の書生が来て居たが、中に飯を手づかみに喰ふ奴がある、斯んな礼儀を弁へぬ禽獣に等しき者と伍して教育を受くることは堪へられぬといふ子供らしい不平が一つ。も一つは一番数の多い支那人が毎日二食だから、日本人も二食にして呉れぬかと云はれたのを直に虐待と誤解したからだと。当時の武士気質の脱けぬ青年としては、さもあつたらうと肯かれる。

以上エブラル師のこと、マリン師のこと、又マリン私塾やラテン学校等のことは、多分天主教会方面にも記録があることだらう。いづれその中その方の記録とも対照して、正確なる調査を遂げたいと考へて居る。

猶松崎実君校訂『鮮血遺書』の七―九頁には、ヴヰリヨン師と原氏との事が記述されて居るが、之に就いて細淵師は何等知る所がないと云はれて居た。わがミッシオン・エトランゼールは、長崎・大阪・東京・函館と四管区を分ち、各々其の管轄を侵さぬことにしてあり、而してヴヰリヨン師は大坂区の人だから、師と原氏との交渉は、宗教は外にして其後に起つたものであらうと云はれて居た。之も別の機会によく調べて置きたいと思ふ。

〔『中央公論』一九二六年九月〕

静岡学校の教師クラーク先生

一

中村敬宇先生の訳『自由之理』の巻頭にE. W. C. と署名せる英語の序文がある。筆者は西洋人らしいがShi-dzu-ōoka, Jan. 27th 1872. と附記してあるから、明治初年静岡に招聘されてゐた外国教師かと思はれる。『自由之理』が静岡で始めて出版されたものなるは申す迄もない。さて静岡に居た外国教師といへば、右はクラーク先生でなければならない。但しこのクラークは、同じ米人でも札幌に来て農学校をひらいたクラークと別人たるは申すまでもない。静岡のクラークは、後に分つたのだけれども、Edward Warren Clark だから正に前記のE. W. C. と合うわけだ。兎に角私は『自由之理』の序文を見てから以来常に機会ある毎にクラークといふ人のことを念頭に思ひめぐらして居たのである。

今より五六年前のことである。神田の文行堂で雑文綴り込の写本一冊を求めた。初めに

荷蘭《オランダ》政科大学士ヒツセリンク著述　杉亨二訳稿

形勢学論（一名政表学論）

といふのが二十枚ばかりある。実は之が眼にとまつたので買つたのだ。之に付ても伝へて置かねばならぬことがあるが、それは他日の機会に譲るとして、その中に更に「静岡県住　美国クラーク」なるもの、「諸県学校ヲ恵顧スルコトヲ勧ムル建議」といふのがあり、之が亦大に私の注目を惹《ひ》いた。これ即ち例のクラークであらうと少か

らず感興をそゝられたからである。而して之を読んで観ると実に面白い。何処に建議したのか分らないが、多分新聞にでも出たのを写し取つて置いたものであらう。当時の世相も分るが、最も多く私は之に現はれた彼れの見識に敬服したのである。少し長いけれども次にその全文を掲げることにしよう。

二

諸県学校ヲ恵顧スルコトヲ勧ムル建議

当時教育ノ利益ヲ東京ニノミ専ラ聚《あつ》メ一ツニ会センコトヲ務メ玉ヘルハ、諸県学校ノ害トナリ大ニ気力ヲ喪ハシムルコトニ候間　日本内地諸県教育ノ事ニツキテ一語ヲ陳述致シ候。

諸々ノ事ヲ東京ニ引キ付ケ玉フハ大イニ　日本国惣体ノ利益ヲ害シ、諸県ニテ勉励スル小々ノ事業ヲ抑圧スルコトニ追々相成リ可申ト存ジ候。

日本闔国ノ中心(即チ東京)ヲ強固康健ニ為《ナサ》ンガタメニ内地諸県ノ利益ヲ壊《ヤブ》リ玉フハ謂《イハレ》ナキコトニ候。譬《たと》ヘバ身体ノ壮健ナルヲ望ミナガラ強《ツト》メテ四肢百骸ヲ弱カラシメテ心胸ノミヲ強クセント欲スルニ均シク、理ニ合ハヌコトニ候。

全国惣体互ヒニ相ヒ恕察シ相ヒ扶持シテ永久継続スベキ功績ヲ成スベキコトハ、諸々ノ国諸々ノ人民ニ於テ肝要ナルコトニテ候。我等愚考ニテハ　日本当時政治ノ御主意恐レナガラ謬誤ニ入ラセラルヤウニ存ジ候。且又　日本ノ為ニ不幸ト相成リ可レ申ト存ジ候。巴理《パリス》ノ人偏ニ巴理《パリス》ヲ盛ニスルコトノミヲ欲スルヨリ、法蘭西《フランス》惣体人民ノ不幸トナリシ証拠ハ、近年内乱ノ戦争ニテ明白ナルコトニ御座候。コノ時法蘭西ノ人民嘆ジテ相呼ハリ、法蘭西ヲ壊リタルモノハ巴理《パリス》府ナリト申シ候。今ソノ巴理《パリス》人ノ意思ヲ東京ニテ学ビ玉フ姿ニ御座候。

抑《そもそ》モ現今ノ情勢ヲ察スルニ、東京ハ大都ノコトナレバ、百般教養ノ学校ヲ置キ人民ノ知識ヲ進ムルニ最モコノ地ヲ適当ナリト為シ、特ニコ、ニ注意シ玉フナレド、若シ試ニ文明ノ諸邦ニテ学校ヲ設クルトコロノ地ヲ一矚シ、善ク定断スル人ノ確見ニ拠リ玉ハヾ、要重ノ学校ヲ置ク地ヲ択ブニハ、大都ハコレニ宜シカラザルノミナラズ、コレヲ避クベキヲ知リ玉フベシ。

例ヲ挙バ、英国ニ於テ最モ有名ナル学校ハ、倫敦《ロンドン》及ビマンチエストル《〔マンチェスター〕》ニコレ無クシテ、屋斯福《オツキスフヲルド》及ビ堪比日《ケンブリツヂ》ノ小邑ニコレ有リ候。日耳蔓《ゲルマン》ニ於テ大学校ト称スルモノ、所謂ヘイドレベルグ《〔ハイデルベルグ〕》 ボーン《〔ボン〕》 バスレ《〔バーゼル〕》等ノ学校ノ如キ、ソノ置ケルトコロ何レモ甚ダ小邑ニテ候。亜米利加《アメリカ》ニ於テモボストン ニウヨルク フィラデルフィア ワシントンノ如キ大都府ニ有名ノ学校アラズ、ハーヴァト学校、イヱール学校、プリンストン学校ノ如キ有名ナル者ハ、イヅレモ小邑ニコレアリ候。

閲歴深キ学士家中ニ流行スル説ニオモヘラク、大ナル都府ハ学問ヲ勉ムルニ宜シキ所ニアラズ。其故ハ大都府ニハ心志ヲ蕩散スルモノ甚ダ多ク、誘惑ノ事甚ダ多クシテ書生ノ道路ヲ囲繞《いじょう》セリ。是故ニ誰ニテモ問学ノ果実ヲ求メ文字上ノ利益ヲ得ント欲セバ、コレヲ凡百ノ懸念アル熱鬧《ねつどう》場及ビ大都府ノ思慮ヲ攪乱スル所ニ求ムベカラズト申シ候。

コノ事ニツイテ言フベキコトナホ多クアレドモ、日本ニ来リ教師トナリテ経験セシモノ、ミヲ言フニ止マリ候。独リ東京ニ限ラズ日本内地ニ教育ノ事大ニ勧励興起スベキコトヲ我等切《タシ》カニ験知イタシ候。

我等静岡ニ於テ教育スル生徒ノ中ニ、ソノ学問非常ニ進歩スルモノ許多《あまた》アリテ、特ニ少年ノ向ハソノ鋭気勉力殊ニ驚クベク、我等満足ニ存ジ候ホドニ候。年紀長大ナル輩モ、学科ノ上進スル者ニ従事シ次第ニ熟達イタシ候。右故我等思フニ、コレ等ノ生徒ヲシテ継続シテ已《ヤマ》ザラシメバ、ソノ勉励耐久ニ由リ必ズ結果成就ノ地位ニ至ルベシト。コノ事希望ニ堪ヘズ候。我等コレニ由リテ後来静岡学校ノ善キ景象ヲ預《あらか》ジメ料《ハカ》リ、行々《ユクユク》ハ一ノ大学院ヲ建ルヤウニ相成リ候ヘバ、且ツハコノ県ノ栄光且ツハ人民ノ福祉ナルベシト存ジ候。

生徒コヽニ居リ学問ノ進益ヲ受ルコト少カラザル故、当地ニ留マリ修業致サセ度ハ我等ノ甚ダ願ハシキコトニ御座候。然ルニ極善ノ生徒我等ノ最モ属望スル者ヲ、政府ニテ忽チ御抜用被為成候。我等折角教授致シ候心志コレガ為ニ摧折《さいせつ》セラレ、惣体学校ノ風俗コレガ為ニ壊《やぶ》ラレ候事ニ御座候。若シ生徒成業ノ上ニテ我等ヲ離レ崇高ノ職任ヲ受ルコトニ候ヘバ、我等異論ヲ申サヾルノミナラズ、各々ソノ材器ニ応ジタル有用ノ田地ニ志ヲ伸ルコトヲ我等ノ栄華ニ存ジ候。然ル処今ハ左様ニ無之、生徒ノ学業ハタヾソノ発程ニ過ギズ、而シテソノ発憤勉励スル所ヲ観レバ、永ク当県学校ニ留マリ修行致シ候コトニ疑ナシト我等思ヒ居リ候。然ルニ許多ノ生徒次第ニ取リ去ラレ候。我等コレヲバ生徒ノ大害幷ニ我等ノ大害ト存ジ候。

抑モコヽニ一ノ道理アリ。カク極善ノ生徒ノ離レ去ルハ不快ニ堪ヘズトハ云ヒナガラ、コレニテ諸県学校ヲ愈《いよいよ》体顧扶持セザルベカラザルコトヲ知ルニ足レリ。何トナレバ、政府ニテ当県ノ生徒ヲ取リテ東京ノ欠乏ヲ補ヒ玉フ、即チ此ノ行為ニ就テ観ルトキハ、内地諸県ノ学校ヲ体顧シ、英明ノ少年ヲ養ヒ、他日ノ供給ニ充テザルベカラザル道理愈々明白ニ御座候。

諸県学校ヲ恵顧扶助スルコトヲ御勧メ申シ候所以《ゆえん》ハ、学校御取立有之候故ニ、少年ノ生徒既ニ数多出来仕リ、学習勤勉ノ事慣習ト相成リ、終身有用ノ才能ヲモ養ヒ成シ可ㇾ申コトニナリ候。若シ始ヨリ学校ノ教育アラザリシナラバ、今ノ生徒ハ生徒トナラズシテ懶惰ノ人トナリ、心霊ノ修養ヲ受ル機会ハアラザリシナルベシト存ジ候。

我等日本書生ヲ教ユルニ由リテ実験上ニテ請合ヒ候事ハ、今日ノ生徒ソノ後来ノ生涯ヲシテ既ニ学ベルトコロノ事業ニ専ラ力ヲ致サシメバ、日本ハ後来ニ望アル生徒ヲ有《も》ツコトニ相成リ可ㇾ申候。然ル上ハ、少年ノ智慧ヲ増シ行実ヲ善クスル為ノ入費ハ惜ムニ足ラズ候。蓋《けだ》シコノ少年ヨリシテ日本後来ノ勢力盛大ハ生ジ出ヅベク候。我等重テ又申上候。日本ノ望ハ少年ノ人ニ御座候。今ノ少年後必ズ日本ノ為ニ大事業ヲ為ベシ。而シテ闔国ノ学問ヲ好メル極メテ幼少極メテ卑賤ナル人ヲシテ、教養ヲ受ル十分自由ノ機会ヲ得セシムルヤウニコレ有リ度存ジ候。

一千八百七十二年第九月　　　静岡県住　美国　クラーク

試に之を分析すると大体六段になる。即ち第一に教育の中央集権を難じて所謂《いわゆる》諸県学校(即ち地方学校)を圧迫す可からざるを説き、第二に教育の為には寧ろ大都会を避くべく、地方小都会に既に発達せるものは大に之を助長せざる可からざるを述べ、第三には現に自分の教育せる子弟の中には優秀の士多く、この儘勉学を継続させれば他日必ずや有用の材たるべしと説いて居り、更に第四に斯く折角教育しても物になりかけると中央政府が抜擢して之を東京に引き上げるのでは、本人の為にもならず学校もこまり且つ種々の弊害もあると慨《なげ》き、第五に秀才を各県から抜くと云ふ必要から観ても、人材を地方に養ふは当今の急務たること疑なしとて、大に地方学校を扶助誘掖《ゆうえき》すべき所以を主張し、最後に自分の実験に照して日本少年の前途極めて有望なる旨を述べて結んで居る。何れも皆肯綮《こうけい》に中《あた》つた議論ではないか。

三

之を読んでから私は益々クラーク先生の何人たるかを知りたくなつた。不図《ふと》故江原素六先生の静岡県出身なるを想ひ出し、先生に手紙を上げて之を質《たず》ねて見た。たしか大正十年の九月であつたと思ふ。すると先生から次の様な返事が来た。

華墨拝見。御申聞けの米人クラーク氏は明治初年静岡藩に於て英語教師として招聘せられたるものにして、両三回面会せしのみに有之《これあり》候。乃《すなわ》ち老生は静岡県沼津に居住、同所設立の兵学校に専属いたし居り候に付、同氏と交際之便を得不申候に付、委《くわ》しきことは一向に存じ不申候。同氏が静岡へ赴任の節、幻灯機械を米国より持参り、屢々《しばしば》幻灯にて米国の風俗など説明致したることも有之。同氏の信仰はいかにも堅くるしき基督《キリスト》教にして、日常の行状悉《ことごと》く聖書の指揮を仰ぐ様にて、寧ろ人民にはこの行動につきて感服されたることに候。例へば講演を依頼されると、聖書を開きページの首にある句を黙読し、黙禱して諾否の挨拶をする如く、日本人のうちに万事万端伊勢暦を見て去就を決するごとき有様にて有之事は、屢々聞込候事に候。静岡にて契約期限が満るや、直ちに帰国せられ、帰米後藩より贈与の金を以て記念として荒地を求め、追々開拓して静岡といふ地名を附して、その中央に卜居しておることを承り居候事有之候。委しきこと存じ不申候なり。

十月一日　　江原素六

成る程江原先生は沼津の兵学校の方だから、静岡の事を御存じないのも無理はない。それでも之れ丈けを知らして下さつたのは私の大に感謝する所である。而して之に依てクラーク先生の一面がまた頗《すこぶ》るよく分るではないか。江原先生教ふる所の如くんば、彼れも亦敬愛に値する奥床しき人格である。

四

それから大正十一年の末になる。田村直臣先生からその新著『我が見たる原首相の面影』の恵贈を受けた。この本のことは私の『公人の常識』の中に詳しく紹介してあるが、こゝには関係がないから述べぬ。さてこの本を読んで行くと、その七三頁に次の様な記事がある。

……私は私の生涯に於て三度外人に対して日本の大政治家のために通訳の労を取つた。……第二は明治初年に静岡の兵学校にて教鞭を取りしクラアク教授が日本に再遊の際、勝安房伯を訪ひ相共に語り又共に食した。其時クラアク教授は勝伯に「是非三位さんに会ひたい」と云ひ出した。初めは三位さんとは誰れの事か少しも解らなかつたが、暫く考へて居られた勝伯は、不意に「わかつた。三位さんは徳川公の事だ。よし明日クラアク教授を私の宅にともなつて来て下さい。私が三位さんにあはしてあげる」と云はれた。其約束に従ひ、クラアク教授を翌日氷川の勝伯の邸にともなつた。徳川公は英国にて教育を受けられたるが故に英語は御手のものであつたから、私はすこしも通訳の労を取る必要がなかつたが、勝伯と教授との談話の際は何時も通訳の任にあつた。

この記事に依て私に一つの疑問が解けた。私は一九〇四年紐育《ニューヨーク》でクラークといふ人の出版した Katz Awa, the Bismark of Japan と云ふ本のあることを知つて居る。このクラークの何人なるやを多年疑問として居つたが、右の記事に依てそが今私の問題として居るクラークではなからうかと云ふ想像がつく。今この本を手許に有つて居ないので判然たる断言の出来ぬのを遺憾とする。読者の中若しこの本を所蔵せらる丶方があらば、是非一見の喜びを与へられんことを切望する。

さてクラークの勝海舟を訪ねたのは何時の事か。田村先生の本には書いてない。之は幸にして勝伯著『幕府始末』に依て知ることが出来る。友人増田道義君の注意で気付いたのであるが、同書巻頭の宮本小一氏の序に

翁齢過二古稀一、頃在二病蓐一、不三復呼二筆硯一。会美国学士嘉楽氏遠来、問レ翁以下本邦幕府所二以興亡一及其沿革上。

翁意有レ所レ感、即草二此書一以贈。

の文字あり、又巻末の富田鉄之助氏の跋文「幕府始末の後に書す」と題するもの丶中には次の一節がある。

此書は、海舟先生が米国人クラーク氏の質疑に答へられんがため、幕府沿革のあらましをものせられたるものなり。クラーク氏は明治の初めつかた静岡藩の招聘に応じ英学の教授を勤めし人なるが、任期満ちて帰国し、十余星霜を経て昨秋再、支那漫遊の途次東京に来り、度々先生を尋ね、幕府の政度維新の偉業に移りたる顚末を質《ただ》したり。外人より観察するときは、幕府と徳川氏とは同一体にして、幕府のなき今日徳川氏依然栄爵に在るは疑の存する所ならん。我国体を詳悉《しょうしつ》せざる外人のしか思はんも亦無理ならず。是先生が病床中に筆を採られて示されたる此書の要旨なり。

それから本文を見ると、上下二篇に分れて居り、上篇には「我邦幕府即将軍政府の沿革大体に関し、米国教師クラーク氏来りて余に教示を請ふこと極めて懇切なり。余即記憶する所に就き其大略を筆記し以て之に与ふ」と書き出し、下篇には「クラーク氏又幕府大政還納後当時の事を問ふ。即答ふるに左の筆記を以てす」と書き出してあり、更に巻尾に明治二十七年十月勝安房と署名してある。之に依てクラーク再遊の時期も明了となるわけだ。右『幕府始末』は、「外交余勢」及び「断腸之記」の二篇と共に一冊に合本され、『鶏肋』と題して明治三十年春陽堂から出版されて居る。

五

昨今丁度グリッフヰス先生が来朝されて居るので、それに因み同好の友池田栄三郎君から同先生の著 The Rutgers Graduates in Japan (Albany, 1886.) を借りて見て居る。ラットガース大学は先生の母校である。そこの卒業生で維新前後日本に渡来せるもの少からず、又日本人にしてこゝに学んだ者も頗る多いので、其等の事をグリッフヰス先生が一八八五年(明治十八年)の夏同校で講演されたのを、その翌年出版されたものらしい。之は非常に面白い書物であるのみならず、是非我々の知つて置かねばならぬ材料も多々書いてあるので、小松文学士を煩し、全部訳出して次号以下に連載する積りである。さて之に依ると、クラーク先生も亦同大学出身で、而もグリッフヰス先生とは同期の一八六九年(明治二年)の卒業である。なほクラーク先生の日本滞在は、一八七一年(明治四年)より一八七五年(明治八年)までで、日本の招聘に応じたのは実にグリッフヰス先生の中介によるもの丶やうだ(グリッフヰス先生自身はフルベッキの周旋で来たのだといふ)。静岡で彼れの設立した学校に彼れは The St. Helena of Tycoonism の名を与へてゐたとあるが、その事は日本人中にも伝はつて居るだらうか。米本国へ帰る前は東京に転じて居たとあるが、何処に勤めてゐたのかを今詳《つまびらか》にしない。併し江原先生の書面や富田鉄之助氏の跋文などに依ると、静岡を辞してすぐ帰国されたやうでもある。その辺の事は静岡方面に何かの記録でも残つて居ぬだらうか。問題として残しておく。

附記　グリッフヰス先生の『ミカド帝国』に依ると、彼れがクラークを日本に呼んだのは、勝海舟から頼まれた結果のやうだ。之に関する同書の記事と、クラーク先生の『自由之理』の序文とは、あはせて次号に於て之を紹介しよう。

〔『新旧時代』一九二七年二月〕

明治啓蒙期文献雑話〔一〕

一　時勢論

田口卯吉立案大井通明筆記『時勢論』と云ふ小冊子は明治十六年一月の刊行である。四六版七十余頁の小論文ではあるが、副島種臣、勝海舟両先輩の題字と末広鉄腸の跋文とを添へてある所を観ても、当時の有識階級から相当に注目されたことが想像される。この点に於てこの本はその頃の政情を研究する上に看過し得ざる参考資料だと考へる。

凡例に依ると、この篇は田口氏が「自由新聞社ニ客員タリシトキ立案セシモノヲ筆記シテ同新聞ニ記載セシ」ものを更に編輯校正して公にしたのだと云ふ。末広氏の跋文に依れば、十五年の七月頃匿名で自由新聞に連載されたものらしい。私の所蔵にもう一冊高知市で公にされた『時勢論』といふがある。著者の署名はないが内容は全然同一だ。十五年九月の出版であるから、自由新聞連載のその儘の複製に相違ない。是れ亦この一篇が如何に広く読まれたかの一証とするに足らう。

猶ほ末広鉄腸の跋文には斯んな文句がある。「……本年七月暑ヲ箱根ニ避ク。偶《たまたま》自由新聞ヲ閲ス。時勢論数篇アリ。之ヲ読ムコト反覆数過。驚イテ曰ク、議論卓越引証精確、是レ何人ノ作ル所ゾ。今和漢ノ学ニ長ズル者往々経済及社会ノ理ニ通ゼズ、而シテ泰西ノ学ヲ修ムル者亦多ク和漢ノ事実ニ闇シ。此論ヤ社会自然ノ法ヲ以テ根拠トナシ、我邦治乱盛衰ノ事蹟ヲ挙ゲテ之ヲ証明ス。ソノ時世ノ利病ヲ述ブルヤ一々肯綮《こうけい》ニ中《あた》ル。而シテ文章亦快活雄偉、尋常新聞記者ノ技倆ニ似ズ。学術識見倶《とも》ニ高キ者ニ非ンバ則チ能ハズ。余今日ニ於テ未ダ世間ニ此等ノ人アルヲ聞カズ。因テ一書ヲ裁シテ之ヲ自由新聞社ニ問フ。復書未ダ達セズ。更ニ読ンデソノ六七篇ニ至ル。案ヲ拍《たた》イテ曰ク、吾之ヲ識ル、和漢ノ事実ニ明ニシテ経済社会ノ理ニ通ズル、我友田口卯吉君其人ニ非ルナキヲ得ンヤ。既ニシテ自由新聞社員報ジテ曰ク、是レ田口君ノ論ナリト。余頗《すこぶ》ル自ラ鑑識ノ誤ラザリシヲ負ス……」(原漢文)。多少の虚飾はあらうが、亦以て本論文に対する当年識者の評価の程を察することが出来よう。

ついでに述べておくが、末広氏の田口氏を評する言葉の中に次の如き文句がある。「今ニシテ之ヲ知ル、社会ノ事一以テ之ヲ貫ク。宇宙ノ間一定自然ノ法則アリ。殷富《いんぷ》ノ分配ニ就テ之ヲ論ズレバ則チ経済学トナリ、気運ノ消長開明ノ進退ニ就テ之ヲ論ズレバ則チ社会学トナル。利シテ之ヲ実務ニ用ユレバ、則チ以テ政治ノ弊害ヲ除ク可ク、以テ人民ノ福利ヲ増ス可シ」。当時の民権家の思想的根拠が仍然《じょうぜん》として自然法学説を離れて居ないことを注意すべきである。

*

(一) 『時勢論』は十三章に分れて居る。新聞紙上十三回に分載されたのでもあらうか。第一章は頼山陽の句を以て筆を起して居る。曰く「天下ノ分合治乱安危スル所以《ゆえん》ノ者ハ勢ナリ。勢ハ漸ヲ以テ変ジ漸ヲ以テ成ル、人力ノ能ク為ス所ニアラス。而シテソノ変ニ対シ未ダ成ラサルニ及ンテ因テ之ヲ制為スルハ則チ人ニ在リ云々」と。又曰く「故ニ善ク水ヲ治ムル者ハ其ノ流ニ従テ而モ専ラ其ノ流ニ任セズ、善ク天下ヲ治ムル者ハ其ノ勢ニ因テ而モ専ラ其ノ勢ヲ恃《たの》マズ」と。勢は利導すべきものだ、抵抗してはいけない。巧に天下を治めんと欲する者は、よく人心の趨《おもむ》く所を察し、その勢を導きつゝ、有司をして慎重に之を制為せしめなければならぬ、といふが著者立言の大旨である。

然らば当今の時勢の要求は何か。曰く「勤王ノ心ト愛国ノ心トヲシテ常ニ相連結シテ離ル能ハザラシムル」是れである。換言すれば、王事に尽す所以と国事に尽す所以とを乖離《かいり》せしめてはならない、更に露骨にいへば王室をして民の怨府たらしめてはいけないと云ふこと是れである。

王室と人民との間を離れしむる最大の原因は何か。言ふ迄もなくそは佞臣《ねいしん》の専権である。我国の人民は王室に対しては格別の情誼をもつて居るから、如何に権臣が乱暴な政治をやつたとて直に王室に反抗すると云ふ様なことはない筈だが、併し実際は必しもさうばかりとは限らぬ。「我王室ノ貴キモ、権臣ノ其政ヲ乱ルニ当リテハ復《ま》タ人心ヲ繋グ能ハザルコト実ニ此ノ如シ」とて我国古来の歴史から幾多の適例を挙示して居る。それでも我国の方はまだい丶、支那になるとその為に幾度も悲惨な革命の禍を経験して居る。「周ヨリ以下歴代末路ノ天子ハ何人カ夫レ無道ナリシヤ……多クハ皆ナ権臣其政ヲ擅《ほしいまま》ニシ私利是レ計リ、其民ノ膏血ヲ絞リテ以テ栄華ヲ極メ、帝室ヲシテ民怨ノ府トナサシムルノミ」。つまり権臣の不心得の為に王室が飛んだ残害を受けたのだ。之を防がうとするには、どうしても政治上の制度を改良して所謂《いわゆる》権臣権を専らにすることの出来ぬやうにする工夫が肝要だ。兵法にも「敵ノ来ラザルヲ恃ムナカレ、我ノ以テ俟《ま》ツアルヲ恃メ」と云ふ事がある。今日以後世運の如何に変転するやはなか〱予想することが出来ないのだ。「今ニシテ安全ナル基礎ヲ立ツルヲ計ラザル、将《は》タ誰レニ委《まか》シテ以テ此禍害ヲ防ガントスルカ」。それもその方法が分つて居ないと云ふなら致方もないが、之が解つて居つて而も之を今日に施すを忌むのは、「是レ実ニ我王室ヲシテ他ノ専制国ノ命運ヲ践《ふ》マセ奉ラント欲スル者」ではないか(以上第二章及び第三章)。

㈡ 第四章に入つて著者はいよ〱立憲制度創定の必要を説いて居る。専制国の人民は何故に軽々王室に反抗するか。権臣等の国財を糜爛《びらん》するものあるが故である。そこで之を一掃しさへすれば十分に政治の改良を行ひ得べき筈だけれども、事実はその後に在ても永く民怨が熄《や》まないのを常とする。是れ何の為ぞといふに、「社会ノ勢」が既にさう云ふ風に定つたからである。それで権臣の誰れ彼れを更代するといふだけでは足りぬ、更に進んで専制政府の制度そのものを根本的に改めることが必要になる。手ツ取り早くいへば、「内閣ヲシテ国会議場一弁論ノ下ニ交替セシメバ民怨王室ニ集ラント欲スルモ得ベカラズ」、即ち立憲政府を立てれば十分その目的を達し得べしといふのである。而して天子の地位に至ては、固より「専制政府ノ内閣ノ上ニ立タル、モ立憲政府ノ内閣ノ上ニ立タル、モ」何の異る所はない。強て差異を挙ぐれば、前者に在ては政府をして「人望ヲ失シタルノ後ト雖《いえど》モ長ク其位ヲ保タントノ情欲ヲ擅ニスルヲ得」しめ、後者は之に反して「其情欲ヲ擅ニスルヲ得ザルノ差アルノミ」である。

第五章には、古来英雄豪傑の士禍乱を戡定《かんてい》し大業を創始すれば、必ず「其定ムル所ノ制度ニ於テ人民ヲシテ叛《そむ》ク能ハザラシ」めて居る、我が今上陛下は或る意味に於ては創業の主に在《いま》す、故に「万古不易ノ基」を立つることが当然でもあり又必要でもある。然るに今日若《も》し之が十分に立つて居ないとすればそは有司の大なる怠慢ではないか、と云ふ様なことが論じてある。著者曰く「明治維新ノ功ハ僅《わずか》ニ撥乱反正ニ止マル。万古不易ノ基礎以テ長ク王室ヲシテ固カラシメ国民ヲシテ安カラシムルノ制度ニ至リテハ、未ダ有司ノ計劃ヲ経ザルガ如シ」と。何を以て之を云ふ。政策を過まり人望を失しても、大臣の進退は一にその徳義に委し、制度上必ず之を去らしむるの方法が未だ立つて居ないからである。是れ実に「明治政府ノ為メニ惜ムベキノ欠典」ではないか。之に較べると、鎌倉政府や徳川政府の創始者の用意などは極めて周到なものであつたとて、第五章より第六章に続いてその詳細を説明して居る。

さうすると、明治政府だツて色々新しい制度を設けてゐるではないかと反駁する者があるかも知れぬ。併しそは勢の必然として自ら現れたものか又は「些々《ささ》タル少部分ノ改良」に過ぎぬもので、「明治政府ガ社会ノ事情ニ適シタル制度ヲ立テ、人心ヲ収攬シテ以テ万世不易ノ基ヲ立テント欲シテ計劃シタル」ものは実のところ一つもない。何を以て之を云ふかといへば、「政策ヲシテ常ニ人民多数ノ利益即チ国利ニ合セシメ、国運如何ニ危殆《きたい》ニ迫ルモ政府ハ常ニ人望アル宰相ノ管理スル所タルヲ得セシムルノ一事」は、全く欠けて居るからだ。斯くして著者は暗に国会の速開を勧奨して居るのである(第七章及び第八章)。

㈢ そこで問題は一転して先づ、政府従来の諸施設が一体「人民多数ノ利益ニ合シ」て居るか如何を観ねばならぬことになるが、著者は之に対しては故《ことさ》らに断定を避け、只政府に過まる所あれば民間に反抗の風を生ずるは致方がないと論じて居る。更に進んで著者は、仮りに政府の挙措に失当の点がないとしても、人民の誤解が遂に党を結んで政府に抗するが如き事実を生じた以上「明治二十三年ニ至ラザルモ適当ナル法制ヲ設ケテ社会ノ勢ヲ未発ニ制為セントスルニ尽力」するは有司の当《まさ》に努力せざるべからざる所であると主張して居る。その結果彼は声を強めて有司に向ひ、自己の信用の厚薄を検するの急要を勧説し、その為には特に次の三点に注意すべきを説いて居る。㈠に曰く「現時民間政治思想ヲ有スルモノ幾何《いくばく》ナルヤ」、㈡に曰く「其内有司ニ与《くみ》スルモノ幾何ナルヤ」、㈢に曰く「有司ニ抗スルノ傾キアルモノ幾何ナルヤ」(第八章)。

「政治世界ハ政治思想ヲ有スルモノ、世界ナリ……政治思想ヲ有セサルノ民幾万人アリト雖モ、政府豈《あ》ニ之カ為メニ軽重ヲ為サンヤ……此輩幾万人アリト雖モ更ニ政府ニ関係ナシ」。政府はたゞ政治思想を有する所謂政治境内の人民を重視すればいゝ。而して「現時我国政治思想ヲ有スルモノ其多キコト雲ノ如ク雨ノ如シ、皆結ンデ党ヲ為」せりとて、立憲改進党、立憲帝政党、自由党の三を挙げて居る。この辺の議論には初期啓蒙時代の自由主義的政治論の特徴を最も露骨に呈示して居る(第九章)。

この三党のうち、政府党たる立憲帝政党は「人員ハ極メテ僅少」で、「郡吏神官等ノ中一二名ヲ除クノ外片影ヲモ見ル能ハ」ず、「決シテ党ト称スベキ程ノモノニアラズ」。之に反して、改進党と自由党との「社会ニ信用アル」は喋々《ちょうちょう》の弁を要しない。然らば則ち今日政府の民間に於ける信用の如何は多言を要せずして明白であらう。而して「苟《いやしく》モ政治社会ニ信用ナキヲ知ラバ、宜シク自ラ勇退シ、他ノ人望アルモノヲ挙ゲテ以テ己ニ代ラシメ、以テ上下ノ安全ヲ計劃スベキハ」是れ男児の当に為すべき所ではないか。然るに政府この態度に出でず、「権臣等其職ヲ愛シテ去ル能ハスシテ却テ輿論ヲ抑制シ其非ヲ掩ハント欲」すると、民間の勢は益々激せざるを得ずして、遂に政府の転覆を見、併せて累を王室に及ぼすことなしとも限らない。斯くて著者は政府と民間との衝突の形状を抽象的に描写し、「我邦現時有司ト政党トノ関係果シテ其兆候ナキヤ否ヤ」と警告を発して居る(第九章)。

第十章では「政治思想ヲ有スルモノ、多数ヲ占」むる政府反対の政党の性質を吟味して居る。凡そ政党には二つの種類がある。干戈《かんか》党と議論党と即ち是れだ。之を今日の言葉にうつすと、直接行動派と合法主義派と云ふことになる。而して干戈党は、政府に抗するの急なる余り主義政見の異同に頓着するの遑《いとま》なく、議論よりも腕力といふ勢に駆られて起るを常とするもので、畢竟《ひっきょう》政海の情勢が之をして起らざるを得ざらしむる所よりして自ら起る所のものである。英国の政党は云ふまでもなく議論党であるが、「現時民間ニ在リテ政府ト主義ヲ異ニスルモノハ、此ノ如キ政党ヲ立ツルモ決シテ其目的ヲ達スル能ハザルコトヲ知」つて居る。斯うした政党運動の現状より観ても、今日の有司当局は大に反省する所なくてはなるまいと思ふ。

併し同じく政府反対党でも、かの立憲改進党の方は今のところ「平静温和」を以て聞えて居る。ひとり自由党に至ては「過激ナル腕力党ナリ」との定評が高い。成程之は或る意味に於ては正しい。自由党には論士の外に壮士と云ふ者がある。壮士の数は実に万を単位とする。「多年自由主義ヲ以テ訓練セルモノニシテ、筋骨逞《たくま》シクシテ棒ヲ史家村ノ月ニ振リ、腕力強クシテ虎ヲ景陽岡ノ風ニ打ツト云フ如キ人々」である。併し彼等とても実は濫《みだ》りに腕力を用ふるものではない。論士に至つては更に一層持重の態度を失はざらんことに苦心して居る。けれどもその持重にも程度がある。「是ヨリ以後其如何ナル性質ヲ呈スルニ至ルヤ」は固より吾人の軽々に予断し得ざる所である(第十一章)。

(四) 維新以来我が政府の施設せる所の是非曲直は今こゝに論ずまい。只民間政治思想を有する者の多数が斯く有司反対に一致する所を以て観れば、「明治政府ノ組織能ク民心ヲ収ムルノ点ニ於テ欠クルアル」を思はしめずには置かない。若しこの勢を積重せしめば日本国の将来はどうなるだらう。顧るにこの欠典が実に江藤・前原・西郷等の功臣をして政府に叛かしめた所以ではなかつたか。「若シ其レ明治政府ヲシテ始メヨリ輿論ヲ容ル、ノ制度ヲ備ヘシメハ、彼ノ諸子決シテ干戈ヲ国内ニ動カシ社会ヲ驚嚇《きようかく》スルモノ」ではなかつたらう。要するに弊根は「唯々一制度ノ備ハラサルアルカ為メ」に外ならぬ。今や東洋の形勢を観るに、官民一致して国運の興隆に努力しても猶ほ且将来の命運の測り知る可からざるものがある。「然ルヲ況《いわ》ンヤ輿論ヲ容レサルヲヤ」。更に「況ンヤ演説出版集会等ノ法制更ニ今日ヨリ厳密ニ至ルコトアルニ於テヲヤ」。この儘で進めば第二の江藤・前原・西郷の出現を見ることも絶無とは限るまい。「現在ノ政党ヲ組織スルモノ」が既にその亜流ではないか。故に或る意味に於ては、現時の「国家ハ分裂ノ勢既ニ熟シテ而シテ未ダ分裂セサルモノ」と謂てもいゝ。議論尽くるの時は即ち干戈の発する時なるを忘れてはならないと考へる(第十二章)。

賈誼《かぎ》は云つた、及二其将一レ変而未レ成、因而制二為之一と。然らば之を制為するの方法如何。曰く「速ニ国会ヲ開設シテ以テ輿論ヲ容ル、」ことと是れ。尤《もつと》も国会開設に付ては既に陛下の大詔がある。併し今日は果して二十三年まで荏苒《じんぜん》歳月を空過して可なるの時勢であらうか。且つ夫れ「臣民ノ大義ハ唯々《いい》ニアラズシテ諤々《がくがく》ニアリ」。我が日本現時の大勢を看破する者は、須《すべか》らく陛下に奏上して国会の速開をはかり、以て明治創業の基を鞏固《きょうこ》にする所なくては叶ふまい。斯くて著者は「明治二十三年ニ至リテ国会ヲ開設セラル、コトアラバ」、是れ天皇陛下の為に謀りて忠なる者ではないと断じ去つてその議論を結んで居る。

*

以上長々と紹介を試みたのは、一つには当時の自由党の立場が田口卯吉といふ人に依て如何に釈明されたかに興味を感じたからである。私の興味は寧《むし》ろ田口先生の議論の運び方に在るが、自由党の立場の理解としては、主として(一)国会の速開を要求せしこと、(二)有司専制に激昂するの余りその言動に多少不穏のものありしこと、の二点を注意すればいゝ。而して斯うした議論の広く持てはやされたに就ては、前年来の開拓使官有物払下問題に関する政界の紛糾も手伝つて居ると観なければならない。当時民間には、斯かる大失態の起るのも畢竟行政府専擅《せんせん》の致す所であるとか、速に国会を開き大臣の責任を明にせざる可からずとか、国会に与ふるに大臣信任の投票権乃至弾劾権を以てし、以て万機公論に決するの大詔の精神を完うすべしとかの論が盛であつたからである。猶又この当時改進党側の人々の書いたものを見ると、末派のものの軽挙妄動に依り自由主義当然の進路が一面大に障礙《しょうがい》を受けた事情も能くわかる。現に自由党員と称する者で随分ひどい乱暴を働いた者も沢山ある。孰《いず》れ改進党側より出た文献も追て紹介するの機もあらうが、之等双方の文献を通覧すると、よく当時の政情はわかると思ふのである。

二 錦江新誌

明治十五年三月二日発兌《はつだ》『錦江新誌』号外といふものを畏友外骨翁から借りて見た。鹿児島市采英社の発行する所だが、この号外に限り長崎で作つた旨がことわつてある。毎日曜日発兌とあるもその後引続き出たかどうかは明でない。鹿児島方面の方にお調べを願ひたいものと考へて居る。因《ちなみ》に云ふ、号外とは初号に先ち見本の様な積りで出すもので、能く此時代に流行《はや》つたものださうな。采英社の社主兼編輯長としては一木斎太郎といふ人が署名して居る。一木斎太郎といふのは、私の解題を書いて去年複刻出版した宮崎滔天著『三十三年の夢』にも出て来る名前である。

この中で私の特に注目したのは、論説欄に掲げられたる樽井藤吉氏の「東洋の虚無党」と題する一篇である。樽井氏は大和の人、この年五月肥前島原で「東洋社会党」を創立せしを以て有名である。「東洋社会党」のことに付ては、嘗《かつ》て私は『新旧時代』第一巻第八号(大正十四年十月発行)に於て稍《やや》詳細なる紹介を試みたことがある。斯うした人から更に「虚無党」の説を聞くのは甚だ面白い。「東洋社会党」は直に禁止されて後に何等の影響をものこさないが、それでも政治史上看過す可からざる現象だとすれば、右の東洋虚無党論も亦一重要文献として保存するの価値があらう。依て冗長を厭はず次にその全文を掲げておく。同年一月長崎でやつた政談演説をさる人の筆記したものだと附記してある。圏点は原文の儘と御承知ありたい。猶ほ外骨翁秘蔵のこの一冊は樽井氏自身の持つて居たものと見え、二ケ所に本人の書き入れがある。之も参考の為め附け加へておく。

予今斯ノ如キ狂暴ノ演題ヲ設ケ諸君一場ノ耳朶ヲ瀆ス所以ノモノハ、予ガ性狂暴ノ致ス所ニ非ス、今日我邦ノ時勢予ガ口ヲ仮テ之ヲ言ハシムルモノナリ。抑《そもそも》虚無党ナルモノハ、即今西洋諸国ニ蔓延シ、暴逆無道ヲ逞スル徒党ニシテ、既ニ魯ノ先帝ヲ弑《しい》シ、尚今帝ヲ刺殺セントスルハ、蓋《けだ》シ諸君ノ知ル所ナリ。而テ其虚無党ガ斯ク暴逆ヲ逞フスル旨趣ノ要領ハ、天下従来ノ秩序悉《ことごと》ク之ヲ破壊シテ以テ新ニ秩序ヲ組織スベシト。故ニ今日社会秩序ノ大権ヲ占有スル君主ヲ殲《ほろぼ》スヲ以テ第一ノ着手ト為ス云々。夫レ従来ノ組織ヲ破壊スルハ国ニ因テ固ヨリ改良スベシト雖モ、天下ノ事尽《ことごと》ク之ヲ破壊一変スト言ハ、綱常倫理モ亦一変セサル可ラス。倫理ヲ一変シ父子親ナク朋友信ナシト為スニ至テハ、予ハ其説ヲ指シテ天地ノ大道ニ背戻スルモノトシ、其党ヲ目シテ国家ノ治安ヲ妨害スル悪逆ノ徒トシ之ヲ排撃セサルヲ得サルナリ。

按スルニ其虚無党カ唱道スル所ノ説我東洋ニ行ハル、久シ矣。老荘ノ学釈迦《しゃか》ノ教是皆虚無ナラサルハナシ。而テ之ヲ一身一己ノ主義ト為シ敢テ他人ヲ誘導セサルハ許由巣父《そうほ》其祖タリ。書ヲ著シ後人ヲ誘導スルハ老耼《ろうたん》荘周其宗タリ。許巣ノ事蹟ハ史書ノ伝ナキヲ以テ其詳ヲ知ルニ由ナシト雖モ、老荘ノ主義ハ其著書ヲ繙《ひもとき》テ今日仍《すなわち》之ヲ見ルベキナリ。釈氏ノ教今猶盛ナルヲ以テ亦是其要旨ヲ察知スベキナリ。

老荘ハ綱常倫理ヲ以テ組織セシ春秋戦国ノ世ニ生レ其組織ヲ誹謗ス。今其大意ヲ曰ハヽ、五倫教出テ悪漢顕レ、五常道立テ奸黠《かんかつ》出ツ。法度愈《いよいよ》厳ナレハ弊害益《ますます》生ス。不如当時ノ組織ヲ一変シ人民ヲシテ自治ニ任シ其欲スル所ヲ自由ニ為サシムルニハト。是支那虚無者ガ二千余年ノ前説ク所ナリ。今日西洋虚無党ガ説ク所ト何ノ径庭アランヤ。然レトモ党派ヲ団結シ政府ニ抵抗スルニ至ラサリキ。

釈迦ノ教、其顕教ハ天堂地獄等ノ妄誕ニ過キサルモ、其密教ノ奥秘ニ至テハ皆虚無ニ帰セサルハナシ。今其一二ノ証例ヲ挙レハ、諸行ハ無常寂滅ヲ楽ミトナス。色ハ則是空、空ハ則是色等ノ語、最モ要領主眼ノ点タルハ予カ弁ヲ待タサルベシ。然レトモ之ヲ西洋虚無党ニ比較セハ、名ハ同クシテ説同シカラス。譬《たと》ヘハ支那ノ虚無ハ先祖ノ如ク、印度ノ虚無ハ血縁ナキ同姓ノ如シ。（此一段の欄外に筆者附記して曰く「藤吉再考スルニ仏教ハ純然タル社会党ニシテ虚無党ニアラズ此一段誤レリ」）

而ルニ今日西洋虚無党カ暴論ヲ吐キ暴行ヲ逞フスルハ、西人偶発狂シテ然ルカ。予聞ク、天ノ物ヲ生スル偶然ニアラスト。又聞ク、天地ノ間冥々《めいめい》ノ中一定ノ法則アリ、物ノ大小ヲ問ハス形ノ有無ヲ論セス、万事万物之《これ》ニ法《のっ》トラサル無シ、而シテ一定法則ノ理ハ浮屠《ふと》氏カ所謂因果ノ理ナリト。然ラハ該党ノ勃興モ亦起因ナルモノ無ンハアラス。其起因ヲ推究シ以テ我国将来施政ノ如何ニ脳髄ヲ砕クハ、憂世愛国者ノ最モ緊要ナルヲ信スルナリ。

世上風説アリ。曰、近年孛国《〔プロシア〕》ノ一学士初テ虚無説（著者自ら註して曰く「是亦社会説」と）ヲ唱フ、西人靡《び》然《ぜん》其説ニ左袒《さたん》シ遂ニ今日ノ勢ニ至ルト。其説其然ルカ豈其然ランヤ。虚無党ハ孛国一学士ノ為ニ勃興シタリトセハ、我東洋モ亦春秋戦国ノ時代ニ於テ該党ノ現出セサル可ラス。夫レ虚無説ハ我東洋五千年来行ハル、所ナリ。西洋ハ一学士ノ為ニ該党興リ、東洋ハ数名ノ学士輩出シテ該党ノ興ラサル、豈其理アランヤ。故ニ世上ノ説ハ平凡者流ノ説ク所ニシテ、活眼ヲ具シ宇内ノ大勢ヲ看破スル者ノ苟モ信ズベキモノニ非ルナリ。然ラハ虚無党現出ノ起因ハ他ニ求メサルヲ得サルナリ。請フ、予ハ敢テ当ラサルモ、聊《いささ》カ所見ヲ開陳セン。

人智開明ノ度ヲ以テ春秋戦国ノ時代ヲ今日ノ西洋諸国ニ比較スレハ、其等差相距ルコト蓋シ遠シ矣。春秋戦国時代ノ圧制ヲ今日ノ西洋諸国ノ圧制ニ比較スレハ、予ハ其等差ナキヲ見ルナリ（此比較ノ引証枚挙ニ遑アラス、文辞冗長ニ亘《わた》ルヲ恐レ之ヲ省略ス）。春秋戦国ノ時代虚無党ノ現出セサルハ、当時ノ圧制当時ノ人智ニ適スレハナリ。今日西洋ノ虚無党ノ勃興スルハ、今日ノ制度今日ノ人智ニ適セサレハナリ。故ニ虚無党ノ起因ナルモノハ、開明ノ民ヲ治ムルニ未開時代ノ圧制ヲ以テス。主治者ガ施政ノ過チニ非ル無キヲ得ンヤ。見ヨヤ、合衆国ノ如キ自由国ニ於テ該党ノ興ラサルハ是其第一証ナリ。西洋諸国ニ該党ノ多キハ、必ス圧制ノ君主国ナリ。是其第二証ナリ。嗚呼《ああ》人智ノ度ヲ察セス抑圧ノ制度ヲ立ツ、孰レノ国カ転覆政党ノ興ラサランヤ。是故ニ魯帝ヲ弑スルモノハ魯帝ナリ虚無党ニ非スト謂フモ誣言《ふげん》ニアラス。猶秦ヲ亡ス者ハ秦ナリ天下ニ非スト謂カゴトシ。
翻《ひるがえっ》テ我国家ヲ回視セハ、予ハ実ニ杞憂ニ堪ヘサルモノアリ。夫レ我邦ハ万世一系ノ　帝祚《ていそ》ヲ奉シ之ヲ無窮ニ伝フルハ是我国体ナリ。而ルニ他年虚無党国内ニ蔓延シ魯国今日ノ勢ニ至ラシメハ、予輩人民ノ慶スベキコトカ、将《はた》悲ムベキコトカ。今日予輩ト志ヲ同フスル尊王家諸君ニ於テハ、共ニ悲歎ニ堪ヘス血涙ノ淵ニ溺死センノミ。

玆ニ予ハ一ノ疑団久シク鎔解セサルモノアリキ。魯帝遭害ノ報始メテ達スルヤ、我国人ハ我明治　天皇ト共ニ悲哀慟哭《どうこく》為ス可キニ、豈図ランヤ虚無党ノ壮烈ヲ賞歎シ喜色面ニ溢ル、者比々《ひひ》然リ。甚シキハ我　聖主三周間喪服ヲ着シ哀ヲ表セラル、ヲ聞キ、私《ひそか》ニ之ヲ論議スルニ至ル。夫レ我国人ハ魯人ト団結セシ党類ニ非ルヤ明ケシ。而テ其哀ムベキニ却テ之レヲ喜ブハ、是予ガ疑団ナリキ。其後、其然ル所以ノモノハ何ニ因テ其レ然ルヤ反覆考按スルニ、彼ノ遭害ノ報ヲ聞キ喜色面ニ見ル、者ハ、未タ一言ノ毀誉ヲ受サル魯帝ヲ敵トシ未タ一面ノ識ヲ得サル魯人ヲ味方トスルニ非ス、共ニ厭フ所ノ圧制ヲ敵トシ共ニ得ント欲スル自由ヲ味方トスル、其一精神遥ニ先陣ノ勝利ヲ聞キ知ラス知ラス喜ヲ満面ニ呈シタルニ非ルナキヲ得ンヤ。然ラハ此一精神ハ、魯人ガ精神ノ味方ナリ。味方ハ即チ党類ナリ。故ニ予ハ此等ノ精神ヲ具有スル者ヲ指シ、是東洋ノ虚無党ト認定シ、本題ヲ設ケシ所以ナリ。

諸君ヨ。諸君ハ既ニ虚無党ハ天地ノ大道ニ背戻スル悪逆ノ党ニシテ国安ヲ妨害スルノ賊ナルコト、又其虚無党カ我国多少ノ人民ガ脳髄中ニ浸入セシハ、知得シタルナルベシ。今其脳髄中ニ潜慝《せんとく》スル所他日発動シテ如何ナル新活劇ヲ奏スルヤ、諸君之ヲ其心ニ問フモ、自ラ肝胆ヲシテ寒カラシメン。而テ該党ノ我国ニ浸入セシハ、魯人我籍ニ編入セシニ非スシテ、我国人ノ脳髄中之ヲ発生セシナレハ、其之ヲ発生セシメシ起因ト為ルベキ者ハ、実ニ明治　天皇ノ逆賊ニシテ予輩人民ノ讐敵ト謂ハサルヲ得ンヤ。諸君ヨ。此逆賊ナル起因ハ如何ナル者ト指定スルヤ。予ハ之ヲ明言セサルモ、諸君之ヲ心ニ問へ。西洋虚無党ノ起因ヲ推究セハ、明々然トシテ自ラ知得スル所アラン。

諸君ヨ。虚無党ハ国安ノ妨害物タレハ、之ヲ嫌悪スルハ諸君モ予ト同感ナラン。然ラハ其勢ノ熾盛《しじょう》ニ至ルヲ待ンヨリハ、之ヲ殲滅《せんめつ》スルノ策ヲ講セサル可ラス。我国ノ虚無党ハ未タ萌芽ナリ。萌芽ニシテ剪《き》ラスンハ将ニ斧鉞《ふえつ》ヲ用ユルニ至ラン。然ラハ其萌芽ヲ殲滅センカ、魯帝ノ遭害ヲ喜ヒシハ何人ナリヤ、又幾人アリヤ。我輩兄弟三千五百万ノ多キ、曷《なん》ソ能ク之ヲ知ラン。然ラハ如何シテ可ナランカ。予聊所見アリ。曰、萌芽ヲ殲滅セントハ欲セハ、宜ク萌芽ヲ発生セシメシ起因ナル者ヲ殲滅スベシ。種子即起因ナクシテ未萌芽ノ生スルモノアラサルナリ。

全篇立言の大旨を一言に要約すれば、虚無党発生の原因は圧制政治に在る、圧制をやめない以上虚無党の絶滅は期し難いと云ふに帰する。是れ正に当時の民間の輿論を代表するものと謂ていゝ。

因に云ふ、本論文の中程に「近年孛国ノ一学士初テ虚無説ヲ唱フ西人靡然其説ニ左袒シ遂ニ今日ノ勢ニ至ル」とあるは、思ふにマルクスの社会主義を意味するものであらう。当時マルクスの名は全く我国に知られて居ないのではない。十五年刊行の『内外社会党沿革史』に立派にマルクスの説が紹介してあるとは曾《かつ》て木村毅君から聞いたことがある。それでも社会主義といへば人多くオーウェンやサン・シモンを聯想し、マルクスに言及するものの少かつたことは、岡田文相の「社会主義研究」を説いた際にも述べたことがある（近く公刊すべき拙著『講学余談』参照）。マルクスの為人《ひととなり》並に学説が学界識者の十分な注意に上つたのは明治二十四五年以来のことではあるまいか。樽井氏の如きこの方面の先覚者が、明治十五年、遥々マルクスの噂を耳にし且つその流れを汲むものの漸次勢を振ひつゝある形状を伝聞して、而もなほはツきりその名を知らなかつたといふのは、一寸面白い現象だと思ふ。

＊

なほ『錦江新誌』にはモ一つ面白い論文がある。梅野東街といふ人の「錦江新誌ノ発兌ヲ祝ス」といふのであるが、議論に卓見があるのではない、「天賦人権」とか「自主自由」とかいふことを当時の人が如何に理解して居たかを最も鮮明に示して呉れる点が面白いのである。次はその冒頭の一節である。

人類ノ元始ニ遡《さかのぼっ》テ吾人カ天賦ノ自由アルヲ想考セハ、必ス思半ハニ過クルモノアラン。吾人已ニ天賦ノ自由アリ。此自由ナル者ハ、日夜静止セスシテ相発揚スルニアラサレハ遂ニ慣習ノ為ニ庇掩セラレテ其光輝ヲ放ツコト能ハサルニ至ルヘシ。見ヨ、吾邦二千有余年ノ久シキ未タ嘗テ自由ノ理ヲ説クモノナク、君臣相親愛シテ僅カニ社会ノ安康ヲ保全セシヲ見ヨ。蕞爾《さいじ》タル人類只情義ノ為ニ拘束セラレテ、自由ノ大海ニ游泳シ自由ノ空気ニ呼吸スル能ハサリシニ非スヤ……吾人豈ニ数千年沈淪セシ所ノ自由ヲ攪起シテ安康ヲ保有セサル可ンヤ。

〔『社会科学研究』一九二七年二月〕

明治啓蒙期文献雑話〔二〕

時勢走馬灯

時勢走馬灯は四六形五十余頁の小冊子、明治廿年四月の出版である。作者の菊池信太郎（香鬟と号す）と云ふ人に付ては何等知る所はないが、筆致から察して昔しの戯作者の流を汲むものらしく思はれる。但し云ふことは馬鹿にハイカラがつて居る。時勢の進歩に伴《つ》れ、頑迷な老人も遂に西洋文明に引かれて行くと云ふ趣向の小話で、別に取立てて云ふ程のものではないが、中にところ〴〵当時の世相を現はす面白い味ひもあると思ふので、そのあらましを玆に紹介することにした。

日本橋辺の商家の子弟相集り、洋服裁縫店の髯野善哉君の肝煎《きもいり》で有志英語会なるものを設け、教師を聘《へい》して洋学を始めた。頑固の親爺どもは之を苦々しき事に思ひ、度々強意見をすれど息子達頓《とん》と之に耳傾けぬ。業を煮やした結果、枝を枯らすは先づ根を絶つに若《し》かずと、三人の老人打揃つて洋服屋の主人髯野君を訪ひ直接談判を開くことにする。洋学を始めた結果が「往来行歩の際親戚知友に出逢へば、泰西礼法の手を握り吻《くち》を接《す》ふより、万事の言行欧米文明の習俗に擬」するに至るとは、作者の観察で、之を「将来我が東京人の竜敦《ロンドン》巴黎《パリー》人に化するの前象ありて末頼母しき風情」なりと賞めるのは、いさゝか変だが、之を此儘放任しては、手代小僧から雇ひ下婢《おんな》に至るまで、「朝から晩まで手を握つたり吻《くち》を接《す》つたりの狂戯」を演じ、遂には家屋土蔵までを人手に渡して先祖に重大な罪を作ることにならうと、頑固爺の概嘆するのもあの頃としては尤《もつと》もと想像される。親爺連の会話のうちに、立正閣の御説教に田中智学先生の耶蘇《ヤソ》退治のお話が面白かつたと云ふ様なことがあるが、之も当時俗間の流行話題の一つであつたのだらう。

三人の年寄りは勢ひ込んで髯野の店に押し掛けて行く。見ると店先きに「金粧美々しき黒塗の馬車」が待つて居る。やがて堂々と着飾つた立派な紳士淑女が先に立ち、之に続いてこれ亦洋装の髯野夫妻が奥から出て来る。見る間に四人は揃つて件《くだん》の馬車に乗り南をさして走つて行つた。女房にまであんな真似をさせると憤慨し乍《なが》ら、小僧を捉へて何処へ往つたのかと訊くと、築地精養軒の舞踏会《ソワレー》の例会《つきなみ》に出席したのだといふ。後日を期して三人は空しく帰る。

その次に有志英語会の模様が一寸書いてある。集つて来る青年の唇頭に、ミルだの、スペンサアだの、ダアウインだの、ギゾーだの、はてはモンテスキューや、ミラボーや、ルーソーや、ヴォルテールから、シェキスピヤの名まで出て来る。之等の人達の著書が当時多く持てはやされたことを想はせる。休暇時間の甲乙の問答の一節に、「一体政府ちうものは何であるかと問はれたならば人民に最大幸福を与ふるが為に設立したるもので、言はば人民の臣僕であると答へなければなりますまい。……故に若し臣僕たる政府が其の職分を怠り、或は人民に対して生命財産の保護を欠くか、或は我々の事業に立ち入りて無用の干渉をなし、以て我々の商機を妨害する如きことがありましたならば、其の主人たる同胞兄弟は何時にても之を放逐することに用捨はありますまい云々」とあるなど、亦以て当時俗間の政治思想を窺ふに足るものがある。

髯野洋服店主から、午後二時を期し英語会でお目に掛りませうと返事があつたと云ふので、三人の親爺連は一時頃から出向いて待つて居る。約束の二時が鳴つて、髯野善哉がやつて来る。一ト通りの挨拶も済むと、老人は切り出した。この英語会が創立されてから、「江戸前商人の気風」が段々と消滅して、全《まる》で瓦礫《がらく》た書生同様になつてしまつた。前垂掛けの商估たる分際を忘れて、動《やや》もすれば小理窟を並べ、商人の本分たる世辞愛嬌といふものは全くなくなり、「そのくせ洋服を襲《き》たり、帽子を冠り、甚しいのは……栓張り棒の様な洋杖を振り廻し」て、日本のことは碌《ろく》に解りもせぬ癖に、英吉利《イギリス》はどうの、亜米利加《アメリカ》はかうのと、知つた風なことを云ふ。「斯くなさけない始末になつた」のも、原因《もと》はといへばこの英語会だから、一家の浮沈にかへ難く斯く打揃つてお願に上つたのだが、何と英語会は断然やめて貰へますまいかと云ふのである。

逐一を聞いて髯野は、三人に向つて懇《ねんご》ろに英語会設立の趣意を説く。先づ維新の前と後と時勢の変移を語つて何時までも旧套を守るべからざるを諭し、「仮令《たとい》水呑百姓にあれ丁稚《でっち》小僧にあれ、其身に知識と学問と財産とを備へて世の名望を得れば、町村会より府県会若くは国会の議員に撰挙せられ、堂々たる議堂に立つて政事上の意見を述べることが出来る」。待ちに待つた二十三年も目睫の間に迫つた今日、我々は出来る丈け智識を磨き学問を励み、いよ〳〵国会開設といふ時の準備をせねばならぬではないか。其上条約改正も、「目下各国公使が会議中とのことなれば、是も近きうちには談判が纏まる」だらう。すると内地雑居といふ場面の展開を見て、隣りにも向ふにも英人や仏人の店舗が出来る。その時になつて臍《ほぞ》を噬《か》むの悔なからしめんが為めは、是非とも今の内から一生懸命勉強せでは叶はぬではないかとて、今度はチヤリネの大成功の例をひき、「今眼前チヤリネの曲馬が大繁昌して、日本人の金銭を摑み取るにも拘《かかわ》らず」、之に刺激を覚へて自ら奮起するの気力もない様では、今日已に社会の事々物々すべて洋人に勝を制せられざるはなき有様なるに、将来恐くは「商売は勿論、工作なり農耕なり、利のあるところ総て洋人の為に先鞭を着けられ、益の存するところ亦悉《ことごと》く洋人の掌裡に帰し」、我々日本人は遂に洋人の奴隷となるを免れぬだらうとて、大に西洋文物研究の必要を説き立てる。こゝにチヤリネといふは、伊太利《イタリア》の曲馬師で、明治十九年の秋、来りて秋葉原にテント興行を試み大成功を収め、当時の日本人に多大のショックを与へたものである。本書の記する所に依れば、伊藤内閣総理大臣も彼の妙技を伝へ聞き、一日二千金の報酬を与へて吹上御苑に彼を招ぎ、至上はじめ高貴の方々の御覧に供したとのことである。

さてこの「洋人の跋扈《ばつこ》を防ぎて我が同胞兄弟の利益を維持」するには如何すればいゝか。第一には「久しく我が日本商人の脳裏に浸染《しみこみ》て悪習慣となりゐたる江戸風や御城下育ちの昔し流をサラリと捨て、先づ第一に交際の道を拡《ひ》鴨《ろ》め、西洋人と慇懃《いんぎん》を結ぶことを務めざるべからず」。第二にはその交際の媒介たる洋語を稽古し、更に進んでは洋学に通じて、直接に外国と取引も開き又彼国々の事情をも知りて、外国商館などに胡魔化《ごまか》されぬ様にしなければならぬ。第三には人種改良に意を用ふることが必要だ。体質の健全、力量の増殖を図るには、衛生の道を守るは言ふまでもないが、そんな迂遠なことでは今日急場の間に会はぬ。西洋人と縁組するのが早道だ。西洋人をば「身体が壮健で知識がある善い婿君とも嫁殿とも」思ふ様にならなくては、人種改良の目的は急には達し難いと云ふのである。

さて斯うなると進退行歩の敏捷を要するは必然の理勢である。是に於てか衣服の改良といふことが問題になるとて、爰《ここ》に明治二十年一月十七日皇后陛下より下し賜りたる婦人服制に関する思食書《おぼしめし》を引き、西洋服に改めることの早已に天下の輿論となつたことを説いて居る。斯くて英学稽古の一刻も猶予すべきに非る所以《ゆえん》を諭したので、三人の頑翁も始めて夢の覚めたるが如く、理の当然に服し、先きの雑言を謝して各々家に帰り、それからは俄《にわか》に西洋流の人物に化したと云ふのである。

猶ほ本書は「時勢まはりどうろう」と読ませ、表紙の上にそれをローマ字で現はして居る。之も開化を象徴するつもりだらう。尾形月耕の筆に成る数葉の挿絵にも一寸面白いものがある。

婦人服制に関する皇后陛下の思食書なるものは、右述ぶるが如く、二十年一月十七日下し賜つたのであるが、即日宮内省より大臣、勅任官、華族の向き〳〵へ伝達されたとて、当時の諸新聞にも出てゐる。東京日々新聞の如きは特に社説にまで之を論じて居る。次にその全文を示しておかう。

皇后陛下思食書

女子ノ服ハソノカミ既ニ衣裳ノ制アリ。孝徳天皇ノ朝大化ノ新政発シテヨリ、持統天皇ノ朝ニハ朝服ノ制アリ、元正天皇ノ朝ニハ左衽《さじん》ノ禁アリ、聖武天皇ノ朝ニ至リテハ殊ニ天下ノ婦女ニ令シテ新様ノ服ヲ着セシメラレキ。当時固ヨリ衣ト裳トナリシカハ、裳ヲ重ヌル輩モアリテ、重裳ノ禁ヲ発シキ。サレハ女子ハ中世迄モ都鄙一般ニ紅袴ヲ穿《は》キタリシニ、南北朝ヨリコノカタ干戈《かんか》ノ世トナリテハ、衣ヲ得レハ便《すなわ》チ著テマタ裳ナキヲ顧ルコト能ハス。因襲ノ久シキ、終ニ禍乱治マリテモ裳ヲ用ヒス、纔《わず》カニ上衣ヲ長ウシテ両脚ヲ蔽《おお》ハセタリシカ、近ク延宝ヨリコナタ、中結ヒノ帯漸ク其幅ヲ広メテ、全ク今日ノ飾服ヲハ馴致《じゅんち》セリ。然レトモ衣アリテ裳ナキハ不具ナリ。固ヨリ旧制ニ依ラサル可ラスシテ、文運ノ進メル昔日ノ類ヒニアラネハ、特《ひと》リ立礼ノミハ用フルコト能ハスシテ、難波ノ朝ノ立礼ハ勢ヒ必ス興サヽルヲ得サルナリ。サルニ今西洋ノ女服ヲ見ルニ、衣ト裳ト具フルコト本朝ノ旧制ノ如クニシテ、偏《ひと》ヘニ立礼ニ適スルノミナラス、身体ノ動作行歩ノ運転ニモ便利ナレハ、其裁縫ニ傚《なら》ハンコト当然ノ理リナルヘシ。然レトモ其改良ニ就テ殊ニ注意スヘキハ、勉メテ我カ国産ヲ用ヒンノ一事ナリ。若シ能ク国産ヲ用ヒ得ハ、傍ラ製造ノ改良ヲモ誘ヒ、美術ノ進歩ヲモ導キ、兼テ商工ニモ益ヲ与フルコト多カルヘク、サテハ此挙却テ種々ノ媒介トナリテ、特リ衣服ノ上ニ止ラサルヘシ。凡《およ》ソ旧物ヲ改メ新ニ移ルニ、無益ノ費ヲ避ケントスルハ最モ至難ノ業ナリト雖《いえ》トモ、人々互ニ其分ニ応シ、質素ヲ守リテ奢美ニ流レサルヤウ能ク注意セハ、遂ニ其目的ヲ達スヘシ。爰ニ女服ノ改良ヲイフニ当リテ、聊《いささ》カ所思ヲ述ヘテ前途ノ望ミヲ告グ。

読者はこの思食書それ自身が、また能く当時の風潮を代表的にもの語り給ふものなるに注意されるだらう。

自由万歳 偽党撲滅 新富座大演説要記

島田正穂と云ふ人の編輯で、明治十六年六月の出版である。『明治政史』（之は多分近く出版さるゝ明治文化全集の中に収めらるるだらう）の第六冊に依るに、此年の春以来頓と活動を休んで居つた政党界は、初夏の五月に入ると急に自由党の改進党攻撃に色めき、前者は後者を三菱と醜関係を有する偽党なりと呼んで盛に悪声を放ち廻つた。古沢滋はその主宰する『自由新聞』に拠《よ》り三菱と併せて痛烈に大隈を攻撃したが、内藤魯一、植木枝盛、堀口昇、大井憲太郎、城山静一、星亨、新井章吾、小室信夫、宮部襄、土居光華に前記古沢を加へた面々は、五月十三日と同二十日には久松座で、六月十日には新富座で大演説を開き、口を極めて改進党を罵つたとある。蓋《けだ》し三菱の従来厚く官の保護を受けしは大隈の力に依り、従て改進党と三菱との間に多少の関係あるは否み難いが、政府が新に農商務大輔品川弥二郎の献策を容れて共同運輸会社を作り以て三菱を圧倒せんとするや、専らこの処置を難じて三菱を庇護したのは改進党の機関紙たる報知と毎日とであつたので、之が益〻自由党の乗ずる所となつたのだ。改進党の諸氏は僅《わずか》に遅ればせに新聞紙上で弁解の筆を取つたに止まり、口舌の上では利口にも沈黙を守つたので、之が益〻反対党をいらだゝしたことは云ふまでもない。孰《いず》れにしても藩閥の強敵を前にして民間政党の斯くも烈しく相罵り合ふのは、一寸今日の無産諸政党に似た所がある。

*

さて前記『新富座大演説要記』は六月十日の演説会の景況を報告せるものであるが、著者の例言に依ると、自由党組織以来の大演説会だとある。正午開会の予定なるに、朝の八時頃から三々五々押し掛けて来る者引きも切らず、十一時入口を開けたときは、千人近き群集が、なだれを打つて争ひ這入《はい》つたと云ふ。会場前に二軒の本屋が出店を開いて、三菱及び改進党攻撃の小冊子を売つて居つたが、開場までの退屈しのぎに之も大方売れたさうだ。扨《さ》て場内に入つて見ると、さしもに広き新富座も満場立錐の余地なく、喧々囂々《けんけんごうごう》混乱を極め、演説の要旨も十分聞き取れそうにない。唯見る、正面には紫縮緬《ちりめん》に白く自由万歳と染抜いた幕を張り、其前に亦同じく紫地に白く自由万歳と偽党撲滅と染めた縮緬の旗旒二流を斜十字に交叉してある。講壇の左右にはまた菖蒲その他の花を沢山に飾つてあり、万事が頗る《すこぶ》芝居掛りであつたと云ふ。

それに弁士と演題の張紙がまた恐しく仰山だ。有名無名を合せて総計二十四名。著者も「日本演説会始マリテ以来ノ多人員」と云つて居る。尤も実際演壇に立つたのは、原口令成、藤公治、吉田鴨四郎、和田稲積、榊英美、大野熊太郎、太田松次郎、森島鼎三、堀越寛介、今村角太郎、古沢滋、小勝俊吉、内藤魯一、細川瀏、植木枝盛、星亭、北田正董の十七名で、どう云ふわけか土居光華、加藤平四郎、新井章吾、宮崎富要、渡部小太郎、斎藤圭次、大井憲太郎の七名は姿を見せなかつたさうだ。

前にも述べた如く、場内が余りに混雑を極めたので、各弁士の所説に十分聞き取れない所もあつたが、概して云ふに、十七名の説く所は殆んど次の一事に帰着する様であつた。即ち三菱の金銭上の補助を受くると云ふ理由から改進党を攻撃すること是れである。政府が三菱いぢめを始めたのに乗じて、自由党が急に之を敵党攻撃に利用したのか、又は自由党の対改進党反感を政府が煽動して、三菱いぢめに之を転用したのか、その辺の事情は知る人ぞ知るといふだけだが、兎に角自由党は既に京浜の間に演説を開くこと四回、東京では之が三度目だとある。五月二十五日の自由新聞には、古沢滋の筆で猛烈な攻撃を加へたが、毎日新聞の僅に之に応酬せるある外、改進党は概して鳴りを鎮めて弁明の労を取らぬ。そこで自由党は得たり賢しと威丈高になり、弁解の出来ぬは自ら偽党たるを白状するものだとせめ寄する。この日の演説会でも弁士の多くはこの点に専ら力を入れて居たやうだ。

さて此日の演説会の特色は、自由党中錚々《そうそう》の名士に交ゆるに各地方の代表者を起《た》たした点にある。故に名を列せる者前記の如く二十四名の多きに上つたのだ。尤も実際出演したものは十七名だが、兎に角正午に始つて六時散会とあるから、六時間に十七名が壇上に立つたわけである。一人平均二十分余に当るのだから、昨今の演説会とは余程趣きの違ふことも分る。弁士の中には古沢滋、内藤魯一、細川瀏、植木枝盛、星亨などの名士も居るが、不得要領の訥弁で、聴衆に笑殺され、這々《ほうほう》の態《てい》で引き退つたといふのもある。

著者は一人〳〵に就て論旨を紹介し又その態度を批評して居るが、全体として彼れの演説会に対する態度は頗る公平である。その自ら言ふ所に依れば、彼ははじめ改進党贔負《ひいき》であつたと云ふ。自由党は「青年客気ノ集合」で議論過激に陥るの嫌あるのに、改進党の方は「学士論客ノ団結」で議論自ら温順だからである。然るに此頃に至て彼は少しく従来の態度を変へる必要を感じて来た。そは改進党に「我々ガ膏血タル租税ノ幾分ヲ以テ保護スル三菱会社ヨリ又保護ヲ受クル」の事実あるからだ。尤も三菱会社から金を貰ふものは自由党中にもあるといふ。併し末派は知らず姑《しばら》く上流の者に付て観るに、自由党中に在て三菱の保護を受くる者は実は数人に過ぎぬ。改進党に在ては僅一二人の外は皆百円又は百五十円を貰つて居るといふではないか。是れ改進党が三菱の保護を以て成立すと称せらるる所以。国民の之に義憤を感ずるも已むを得ぬといふのである。

斯く著者は自由党の敵党攻撃には多少の同情を有するも、出席弁士の態度には多大の遺憾を覚へたやうである。曰く「自由党ノ若殿原タチハ、或ハ久松座或ハ新富座ト始終芝居小屋廻ハリヲシテ居レリ。故ニ自ラ芝居ノ風ヲ現ハシ、演説者ハ半化《なかば》シテ俳優トナリ、一分ハ演説ラシク一分ハ擬似声《コハイロ》ニシテ一分ハ踊リノ如ク、演説、擬似声、舞踏三者ノ混交物……記者代言及ビ農民ヲ以テ組織シタル演説会モ、一タビ芝居小屋ニ於テ開会スルヤ、……半バ俳優ニ化セリ。是レ平気ノ沙汰ニ非ラズ。半狂ノ振舞ナリ。豈ニ笑止千万ノ至リナラズヤ。……三菱会社及ビ改進党ノ横着ヲ攻撃スルニ当テヤ、苟《いやしく》モ滑稽ノ風アル可ラサルナリ。平常ノ演説ナレハ兎モ角モ、斯カル大切ナル演説ニ於テ滑稽ノ風アラハ……決シテ聴衆ノ心ヲ感動セシメ、以テ三菱会社及ヒ改進党ヲ悪《にく》マシムルノ念ヲ発生セシムルコト能ハサルナリ」と。段々中味を読んで行くと、私共も此点では著者と全然同感になる。

一体に此頃は聴衆も真面目でなかつたらしい。主催者側も自然大向ふの喝采を博するに汲々たるは怪むに足らず、之は著者の云ふが如く強《あなが》ち会場が芝居小屋である為めばかりではないやうだ。演説といふものに未だ慣れないので、民衆には能く所説の要点を噛み分ける能力なく、従て自然外形上の巧拙のみを評判したものであらう。主催者側が我れ識《し》らず調子を下ろして俗情に迎合するのは、今日でも時々田舎の講演会などで聴衆の足を留める為に浪花節を一席添加するのと同一の心理に出づるものであらう。現に本書の著者も、一方弁士の不真面目に憤慨し乍ら、星亭の演説には「福沢風ノ演説ニシテ話シ半分且ツ運動半分ニテ」一向感心しなかつたらしく、植木枝盛の演説に至ては、「青年客気ノ風ヲ去テ少シク大家ノ風ヲ存シ」、頻りに懇々と説く所があつたけれども、「大阪ト東京トハ少シク違フト見エ余リ感心モ仕ラザリキ」と評して居る。相当面白をかしくやるのでなければ上手な演説とはいへぬと云ふ先入の見に支配されて居るを疑ふことが出来ぬ。

然らばどんな風に不真面目であつたかといふに、先づ正午開会を宣するや、弁士に随て「一人の口上人」が出て紹介の言葉を発すると、聴衆中より「イヤ口上御苦労」と叫んで満場を笑はすものがあつたと云ふ。而して第一席を承つた弁士がまた素敵な迎合家で、「舞踏半シ、演説ノ如ク又芝居ノ如ク」、傍聴席からは屢《しばしば》〻成田屋、音羽屋の掛声があつたとのことである。第四席の和田某の演説も「舞踏相半シ、チト醜体ナリ」との難を免れず、第六番の大野某に至ては、「口上人」の紹介を待たず自ら壇上に大音を発して曰ふ、「遠カラン者ハ音ニモ聞ケ、近クハ寄テ目ニモ見ヨ。我レコソハ音ニ名高キ大野熊太郎ナリ」と。聴衆之に応じて「イヨー成田屋」とか「親玉」とか「隊長出かした」とかの叫び喧《かまびす》しかつたことは想像に余りある。「是レハ大出来、是レハ大出来ト称賛シ、一言一語毎ニ聴衆ハ愉快ヲ覚エ」たとあるから、今日なら本所深川の場末に於ける佐々木照山先生と云つた所であらう。第十席の今村某のは「地方ハイザ知ラズ東京ニ於テハ演説会始マリテ以来ノ奇々妙々的ノ演説」で、「或ハ怒リ或ハ舞ヒ或ハ擬似声ヲ遣ヒ……実ニ奇ニモアリ又妙ニモアリ」、聴衆も始めは成田屋、音羽屋の掛け声を浴せる程度であつたが、遂に「満堂ノ聴衆皆ナ笑ヒ、而シテ其ノ笑声雷ト化シ以テ弁士ノ講説ヲ聞エザラシメタリ」とある。

＊

単純に古い記録に依てこの新富座の大演説会の事を見ると、素晴しい勢で自由党が気焔を挙げたわけになつて居る。けれども細かに内部の光景を調べて見ると右の通りなのでがツかりする。斯の聴衆に斯の弁士では、窮極の効果に於て何程のこともなかつたであらうと思はれる。只此間に於て聊か頼もしく思はれるのは流石《さすが》に盛名を後代に馳せた大家達は媚《こ》びず阿《おもね》らず堂々と所信を真直に披瀝したことと、聴衆一般が兎も角も会場の形勢を支配し意に充たざる弁士には引き続き壇上を占むるを許さなかつたことである。

著者の記する所に依れば、当日第一等の雄弁家は細川瀏であつたと云ふ。如何にもさうと思はれる程にその細かい内容も詳しく録せられてある。その論旨には一寸変つた面白味もあるから之は別に後に紹介する。次には古沢滋を挙げて居るが、聴衆中「ノー」といふ者あるや、沸然色をなし「其ノ人ニ指シテ只今ノート申セシハ君ナルカ。乞フ、君此所ニ来レ」と巧に群衆の心理を煽《あお》り、遂に四方の聴衆をして「ノーヲ撮《つま》ミ出セ」「ノーヲ打殺セ」と叫ばしむるに至るなど、なか〳〵味をやつて居る。併し私は之等にはそれ程感服はせぬが、星亨の所謂《いわゆる》福沢風なる、植木枝盛の所謂東京風にあらざる、皆公正の談論であつたらうと敬服の念を起さずには居れない。就中《なかんずく》植木の演説が「抑モ政党ニ二種アリ。彼ノ英米ノ政党ノ如キハ、其ノ党論ヲ直チニ政治上ニ行フコトヲ得ル者ニシテ、既ニ熟シタル政党ナリ。然ルニ我国ノ政党ノ如キハ、未ダ直チニ其ノ党論ヲ政治上ニ行フコト能ハサル者ニシテ、改革家ノ性質ヲ帯ビタル所ノ政党ナリ」と云ふに始まつたとある以上、大に傾聴に値するものがあつた筈と思はるるが、余りに冷静なる談理の風が著者にまで気に入らなかつたと見え、それ以上に紹介の筆を進められないのは惜しみても猶余りある次第である。

演説が拙いので聴衆から圧し潰されたのが三人ある。一人は聴衆中より「此演説ハ聴衆ヨリ中止ヲ命ズ」と叫ぶものあり、之に応じて満場の拍手鳴りもやまず中途演壇を下るべく余儀なくされたとある。モ一人も拍手の妨害に退席させられたのだが、聴衆中からは此処は東京のまん中だ片田舎とは違うぞと叫ぶものがあつたとやら。第三のも同様だが、余りに訥弁なので弁士天麩羅を食べて来いなどと叫ぶものもあつたと云ふ。

＊

演説の内容には殆んど聞くべきものがない。あつたのかも知れぬが此本には書いてない。書いてある限りで判断すると、多くは皆同じ事を別の言葉で比喩面白く張調力説するものに過ぎぬ。今日で云ふなら、口達者な選挙運動員の応援演説の類ひと思へば間違はない。唯一つこゝに私の大なる興味を感じたのは細川瀏の演説である。面白いと思つた点を次に列記して見る。

一、三菱会社の高級職員の月給は千円だと聞く。一商人の分際として太政大臣の給料に踰《こ》へたる月給を其雇人に与ひ窃《ひそか》に「海上政府」を気取るのは、甚しき僭上の沙汰である。

二、三菱会社では雇人に事を申付くるに常に「此旨相達候也」などと途方もない僭上の文字を使ふとやら。是亦窃に政府を気取るものでないか。

三、三菱会社は人民の膏血を掠《かす》めて今や数百千万円の暴富を積み、三井及び十五銀行をして三舎を避けしめて居る。最早日本に於て恐るべきものはないが、只一つ懸念に堪へぬのは、将来華族連が一致合同して事業を興すことである。之を防ぐには、今より巧に彼等の富を無用に徒費せしめなければならぬ。この為に三菱は先般ひそかに己れの部下に命じて東北不用の地に鉄道を布くの計画を立てしめ、華族連を勧めて之れに引き入れて居る。（当時最大の富者は華族連であつたのである。）

当時の聴衆が若し斯かる論理を尤もと受け取つたとすれば、亦以て人智の程度が察せられるのである。

最後に著者の総評を掲げてこの項を結ぶことにする。改進党を学士論客の集団とし自由党を青年客気の集合と云つたことは先にも述べたが、外の場所では「改進党ハ学ヲ以テ勝チ気ヲ以テ劣ル者ノ如ク、自由党ハ気ヲ以テ勝チ学ヲ以テ劣ルノ状ナキ能ハズ」と評して居る。之れが当時の一般的観察であつたのであらう。従て自由党の這次の演説会に就ても

自由党ハ気アリテ学ニ乏シキノ状《かた》チナキ能ハザルヨリ、其ノ論意善ナルモ其ノ説キ方ノ順序ヲ為サヾル者間々之レアル者ノ如ク云々

と評したのは、蓋し当らずと雖も遠からざる観察だと謂つてよからう。

〔『社会科学研究』一九二七年五月〕

婦人問題に関する文献

私は去年の暮ある雑誌の為に明治初期に於ける婦人問題の諸議論を紹介する一小篇を書いた。古くは福沢先生をはじめ明六社の先進諸家の説から、自由民権時代の青年政治家の議論にまで及んだのである。その際参考として二三の文献をも紹介したのであるが、其後之に関するモ少し詳しい参考書を知りたいとの希望を言ひ越される人があるので、取り敢へず手許にあるものだけを列挙して粗末な目録を作つて見た。本誌の余白をかりて公にするのは、此種の研究者に取つて是亦多少の参考になるかとも思ふたからである。之を機会にその方の専門家の補正を得ば私の望外の幸である。

明治九年

文明論女大学　一冊　土居光華著

明治十一年

男女同権論　一冊　深間内基訳(ミル原著)

婦女法律論　一冊　鈴木義宗訳

明治十四年

女権真論　一冊　井上勤訳

明治十七年

欧米女権　一冊　湯目補隆編

明治十八年

男女異権論　一冊　後藤　房著
日本婦人論　一冊　福沢諭吉著
品行論　一冊　同　上

明治十九年

男女交際論　一冊　福沢諭吉著
日本婦人纂論　一冊　井上直女史編
伉儷《こうれい》撰択鏡　一冊　額田篤太編
日本婚姻法論略　一冊　鈴木券太郎編

明治二十年

西洋日本女権沿革史　一冊　辰己小次郎訳
日本婦人論　一冊　上田捨吉著
男女心理之区別　一冊　菊池熊次郎著
男女淘汰論　一冊　山県悌三郎著
日本情交之変遷　一冊　末兼八百吉著
婦人演説指南　一冊　香川倫三著
婚姻論　一冊　槙山雅男著

経国基本一夫一婦論　一冊　依田孝著

明治二十一年

女権真説　一冊　高橋五郎述

日本婦人之地位　一冊　伴直之助著

改造社会真女婦　一冊　小室重弘著

日本将来之婦女　一冊　中山整爾著

明治二十二年

日本女子進化論　一冊　河田鏻也著

東洋之婦女　一冊　植木枝盛著

明治二十三年

女子真論　一冊　園下前著

日本婦人論　一冊　畑良太郎著

明治二十四年

欧米婦人之状態　一冊　加藤政之助著

〔『新旧時代』一九二七年六月〕

新旧混沌時代の思想及び生活

一

『明治文化全集』の編纂に従事し、主として明治初期の所謂《いわゆる》新旧混沌時代のことを回想すると、面白いことが頗《すこぶ》る多い。之を漫談的にポツリ〳〵語つて見ようと云ふが本稿の目的である。題は頗るぎこちないが、話題の内容は至つて浅薄な閑談に過ぎないことを予《あらかじ》めことわつておく。

二

新しい原理に基いて制度文物が変つても、その新しい制度文物を正しく運用すべき原理は一朝一夕にして国民多数の理解する所とはなり難い。新しい酒は古い皮嚢に盛る可らざるは云ふまでもないが、皮嚢だけ新しくなつて中に盛らるゝ酒の依然として古いと云ふことも珍らしくないのである。我が日本の明治初期は正に右の様な時代であつた。即ち制度文物は一変し旧制は悉《ことごと》く廃されて所謂百事維新となつたのだけれども、人民多数の頭は依然として昔ながらの封建的遺習に染み切つてゐた。併し之も考へて見れば実は已むを得ない理数でもあつた。蓋《けだ》し維新の改革は国民多数の内面的要求に基いて起つたものに非ず、謂はゞ海外の状勢に迫られて他働的に起つたものだからである。故に明治時代の初期に於ては、制度文物は先覚政治家の聡明に依ていろ〳〵改められ又新しいものも作られたが、併し国民全体としての生活及び思想に於ては殆んど何等変る所がなかつた。極言すれば封建時代に比して一歩も進歩する所がなかつたと謂つてもいゝ。

例へば自由平等を標榜する明治の新時代になつても平民の頭は依然として封建時代の遺習に捉はれてゐた。このことを証明すべき一資料として、私はこゝに我等の偉大なる先哲福沢諭吉先生の自叙伝のうちから次の一節を引用して見る。

……其頃私が子供を連れて江ノ島鎌倉に遊び、七里ケ浜を通るとき向ふから馬に乗て来る百姓があつて、私共を見るや否や馬から飛下りたから、私が咎めて「是れ貴様は何だ」と云て馬の口を押へて止めると、百姓が怖はさうな顔をして頻《しき》りに詫るから、私が「馬鹿云へ、爾《さ》うぢやない、此馬は貴様の馬だらう」、「ヘイ」、「自分の馬に自分が乗たら何だ、馬鹿な事するな、乗て行け」と云ても中々乗らない。「乗らなけりや打撲《なぐ》るぞ、早く乗て行け、貴様はさう云ふ奴だからいけない、今政府の法律では百姓町人乗馬勝手次第、誰が馬に乗て誰に逢ふても構はぬ、早く乗て行け」と云て無理無体に乗せて遣りましたが、其時私の心の中で独り思ふに、古来の習慣は恐ろしいものだ、此百姓等が教育のない計りで物が分らずに、法律のあることも知らない、下々の人民がこんなでは仕方がないと、余計な事を案じた事がある。

斯う云ふ状態だから、後年市川団十郎が西洋流の鞍を置いて東京市中を馬で乗り廻したとて、時の新聞が事を揃へてその僭上を憤慨したも怪むに足らない。

三

国民の多数は、新しい制度文物の基本たる新原理はまだ十分に呑み込んではゐないけれども、新しい制度文物の謳歌すべきものなることだけは知つて居た。少くとも封建制度を過去に振りすてゝ之に未練をのこす様なものはなかつた。寧ろ彼等は進んで新時代に応《ふさわ》しい思想を養ひ、又之に相応する生活を営まうと心掛けたのである。斯う云ふ国民的要望の代弁者として私はまた福沢先生を挙ぐることが出来る。通俗には福沢先生が明治初年の日本国民の精神的進歩を指導したと云はれる。成る程それに相違ない。併し彼れがあの時代の先生としてあれ丈けの大感化を及ぼし得たのは、一つには能く時代の要求を最も適切に捉《つか》んで居たからではないか。離して観れば彼れは立派な国民の先生である。之を我々国民中の一人として観れば、福沢先生の思想は実に国民的要望そのものであつたのだ。この意味に於て我々は、福沢先生の論述に依て当時の日本国民の要求の何であつたかを知ることが出来ると思ふのである。

そこで私は、右の様な目途を以て福沢先生の論述に当つて見ようと思ふ。さて斯う云ふ意味で彼の代表的作物と観るべきものは云ふまでもなく『学問ノス、メ』である。就中《なかんずく》その第一編が面白い。先生が明治十三年に出した同書の合本綴《つづり》の活字本の序文に依れば、初編の発行部数は無慮二十万冊、第十七編までの分を通算すれば七十万冊に上るとある。更にまた晩年その門人に依て編纂された先生の全集に先生自ら序せる所に依ると、「三百四十万冊は国中に流布したる筈なり」とある。今日だつて五千とか一万とか売れる本は滅多にない。あの当時――日刊の新聞ですら僅に数千部しか刷らなかつた時代に――右の如き多数の流布を見たことは、以て如何に先生の教うる所が時代の好尚に投じたかを語るものである。

そこで然らば福沢先生は何と教へたか。

『学問ノス、メ』第一編の冒頭に斯うある。

○天ハ人ノ上ニ人ヲ造ラズ、人ノ下ニ人ヲ造ラズト云ヘリ。サレバ天ヨリ人ヲ生ズルニハ万人ハ万人皆同ジ位ニシテ、生レナガラ貴賤上下ノ差別ナク、万物ノ霊タル身ト心トノ働ヲ以テ天地ノ間ニアルヨロヅノ物ヲ資《と》リ以テ衣食住ノ用ヲ達シ、自由自在互ニ人ノ妨ヲナサズシテ各安楽ニ此世ヲ渡ラシメ給フノ趣意ナリ。サレドモ今広ク此人間世界ヲ見渡スニ、カシコキ人アリヲロカナル人アリ、貧シキモアリ富メルモアリ、貴人モアリ下人モアリテ其有様雲ト泥トノ相違アルニ似タルハ何ゾヤ。其次第甚タ明ナリ。実語教ニ人学バザレバ智ナシ、智ナキ者ハ愚人ナリトアリ。サレバ賢人ト〔愚人ト〕ノ別ハ学ブト学バザルトニ由テ出来ルモノナリ。

それから猶詳しい説明もあるが、要するに当節は学問をしなくては駄目だと云ふ主張である。然らばその学問とは何かといふに、之にも福沢先生独特の見解がある。曰く

○学問トハ、唯ムヅカシキ字ヲ知リ、解シ難キ古文ヲ読ミ、和歌ヲ楽ミ、詩ヲ作ルナド世上ニ実ノナキ文学ヲ云フニアラズ。……斯ル実ナキ学問ハ先ツ次ニシ、専ラ勤ムヘキハ人間普通日用ニ近キ実学ナリ。譬ヘバイロハ四十七文字ヲ習ヒ、手紙ノ文言、帳合ノ仕方、算盤ノ稽古、天秤ノ取扱等ヲ心得、尚又進デ学ブベキ個条ハ甚多シ。

斯くて先生は地理学、究理学、歴史、経済学、修身学を挙げ、終りに

是等ノ学問ヲスルニ、何レモ西洋ノ翻訳書ヲ取調べ、大抵ノ事ハ日本ノ仮名ニテ用ヲ便シ、或ハ年少ニシテ文才アル者ヘハ横文字ヲモ読マセ、一科一学モ実事ヲ押ヘ、其事ニ就キ其物ニ従ヒ、近ク物事ノ道理ヲ求テ今日ノ用ヲ達スベキナリ。右ハ人間普通ノ実学ニテ、人タル者ハ貴賤上下ノ区別ナク皆悉《ことごと》クタシナムベキ心得ナレバ、此心得アリテ後ニ士農工商各其分ヲ尽シ、銘々ノ家業ヲ営ミ、身モ独立シ家モ独立シ、天下国家モ独立スベキナリ。

と結んで居る。福沢先生は修身学の必要を挙げ、現に例へば『童蒙をしへ草』と云ふ様な著述もあるけれども、それは極めて卑近な実践倫理談であつて、之を以て先生が道徳宗教等の深い根本問題にも意を注いだと観ることは

出来まい。所謂実学といふのが先生の興味の中心たることは疑を容れぬと思ふ。而して実学とは利用厚生即ち主として我々の物質的生活の開発に関する学問を云ふのである。

斯くして明治の初年は、一方には封建の遺習いまだ全く脱け切らず、他方には西洋文物の模倣と共に西洋の学術風習がまたどん〳〵我国に這入《はい》つて来た。而して之が段々盛に流行するに連れ、之に依て我々日本人の生活思想が亦善悪両面に於て多大の影響を受けたことは言ふまでもない。

四

福沢先生の様な先覚者の把持せる目標は分つたとして、民間にザラに在る先生株の連中は文明開化の新時代的要求と云ふものを如何な風に理解して居つたか。手近にある二三の啓蒙的通俗読み本の中から之に対する答弁を探つて見よう。

大阪の人加藤祐一の著に『文明開化』といふ本がある。その初編二冊の目次に次の様な項目が並べてある(次編二冊のことはまた別の機会に説く)。

一、散髪にはなるべき道理
二、衣服は働きよき仕立にすべき道理
三、帽子はかならず着べき道理
四、沓《くつ》はかならずはくべき道理
五、居宅は堅固に造るべき道理幷家相家の信ずべからざる論
六、肉食は穢《けが》るべきものに非る道理

七、神は尊敬すべき道理幷信ずる人の心得方の弁
八、世に奇怪の事は決して有まじき道理
九、化ものは化物にあらざる道理
十、狐狸は化るものにあらざる道理
十一、功業もなき人を猥《みだ》りに神に祭るまじき道理
十二、狐つかひといふものはあるまじき道理
十三、術といふは手練といふに等しき道理
十四、天狗といふものは有まじき道理
十五、名将名家の奇怪を説くは奇怪に非る道理
十六、神に恵みあれば罰も必あるべき道理

右の項目の一つ一つにつき詳しい説明をして、それが「文明開化」の内容を為すと云ふのだから面白い。故に愚人を誡めて「せめて今から文明開化の人に成て狐の化ける説などは看破せねばならぬ事でござる」など、、鹿爪らしく御談義をするのも怪むに足らない。従てまた次の様な馬鹿丁寧な教訓も必要と認めたのであつたのであらう。

文明といふは、文字でも考て見るがよい。文《ぶん》にあきらかといふ事で、広く学んで世界中の事を知りあきらめ、其よい所を取て我身の心得又行ひとするを、真の文明ともいふべき事で厶《ござ》る。併し夫は容易に出来にくい事じや故、そこ迄には至らずとも其心掛けで少しづゝも、進んで行く人が則《すなわち》文明の人じや。只なり形ちばかりを西洋人に似せたり又は意表な事するのを文明とは申されぬ。

同じ加藤祐一の著に『開化進歩の目的』(明治六年刊)といふ本もある。之は前記『文明開化』よりもや、細かにこの言葉の意味を説いた積りのものらしい。その中にある次の一句の如き亦当時の人の考を窺ふに足らう。

凡《およそ》開化といふは、只外国人の真似するを以て開化とはせず。真の開化の趣意といふは政府も権威を以て人民の自由を妨ぐる事なく、人民も姑息の旧習に泥《なず》む事なく、広く聞て其宜きを取り、広く見て其便利に就き、新規発明の工夫を以て天下の有益を謀り、事物当然の正理に依て終身の進退を定むるを以て、開化進歩の目的となすべきなり。

併し概して云ふに、文明開化を以て日新の学を窮め自然の理法に通じ以て世益を開導するに在りとするのが当時の通説であつたと謂てい〻。例へば酒井最正といふ人の著『十七兼題略記』(明治七年刊)には

文明トハ鮮カニ明カナルコトナリ。開化ハ人心ノ弊ヲ開テ変化セシムルコトナリ。……旧弊ヲ破リ天理ニ通ズルヲ開トシ、然ラザルヲ未開トス。爾《しか》レバ速カニ僻見ヲハナレ、日新ノ学ニ進歩スルハ、天理ニ順ズル一分ナリ。之ヲ開ケタル人ト云ベキ也。

とあり又増山守正の『因循一掃』(明治十年刊)には

当時文明開化の世、虚仮を廃し実地を挙げ、天下の人をして各其天性に帰せしめ玉ふ。真に欽仰すべき事ならずや。

とあり、又別の個所では七五調で

当時は則文明開化、実地窮理の御代《みよ》ぞかし。唯因循に古記録や、空理の説に信従し、世に媚び人に阿《おもね》りて、唯有難し尤《もつとも》と、追従のみの著述家は、真活眼と云ひ難し。古代の空理因循を一掃致し、諛《へつら》はず、新発明の説吐て、四方大家の先生に、是正を乞て、正真の、道に中《あた》る乎外《か》る〻乎、世界万国通論に、帰して後止むべき

道理なり。

など、謳《うた》つて居るのは皆この例に属する。

も一つ変つて居るのは福田恒久輯『明治形勢一斑』(明治十一年刊)と云ふ本の記事だ。その中の「開化固陋ノ弁」と云ふのは大した異色はないが、「四十二条正俗論」といふ章に文明人の避べき弊習四十二条を挙げて居るのが面白い。「開化固陋ノ弁」には斯くある。

文明トハ、内外古今ノ書籍ヲ閲シ、国ノ盛衰隆替ヲ詳ニシ、事ノ利害得失ヲ衡《はか》リ、一身一家、一国一州、宇内各国ノ為ニ大利益ヲ成スヲ云ヒ、開化トハ、事物ノ理ヲ明ニシ、一隅ニ偏僻セズ、大活眼ヲ開テ以テ正邪曲直ヲ分別シ、無事公平ニ基キ、折衷斟酌《しんしゃく》シテ以テ一点ノ私ナク、国家ニ益シ他人ノ妨碍ナラザルヲ要シ、流通変化、環ニ端ナキガ如キヲ云フ。

「四十二条正俗論」の方には先づ次の様な前置が述べられてあり、

文明開化トハ、旧来ノ陋習《アシキクセ》ヲサリ、才徳ヲ修メ、職業ヲ励シ、全国一致シテ共ニ安穏ノ地ヲ占ムルニ、愚俗無識ノ民ハ放蕩ノ異名ノ如ク心得タルハ実ニ歎ズベキ事ナリ。因テ今目撃《メニフレル》スル所ニ就テ之ヲ論ズ。余ハ推テ知ルベシ。精粗醇駁ナキ能ハズトイヘドモ、人々ヨク意ヲ此ニ注ガバ、更ニ風化ニ一層ノ光ヲ添ベシ。

それから三十六ケ条の弊習が列挙されて居る。

一、客ノ迷惑ナル事ヲモ知ラスシテ酒ヲ頻リニ下戸《ゲコ》ニ強ルヲ遇客《キャクトリモチ》ノ礼ト心得ル事
一、暴食暴飲ヲ好ム事
一、熱湯ニ浴スル事
一、人ト約シテ刻限ヲ延引スル事

一、間話《ムダハナシ》ヲナシテ光陰ヲ惜マザル事

一、身体衣服ヲ不潔ニスル事

一、人家近ニ牛豚ヲ畜フ事

一、市街ニ塵埃《チリアクタ》ヲ投シテ往来ノ不潔ナル事

一、物毎ニ我慢ノ痩臂《やせひじ》ヲ張ルヲ侠気ト唱フル事侠気又関東男児《エドッコ》ノ気骨トモ云

一、賤民徒跣《スアシ》ニテ歩行スル事

一、往来ノ晒店《さらし》ニテ疵傷アル衣類ヲ以テ客ヲ欺キ二重ニ貪ホル事

一、眼病黴毒《カサ》ヲ治スルヲ専門ノ業トスル医生或ハ更ニ病勢ヲ助ケ月日ヲ延バシ高価ノ薬ト唱ヘ過分ニ薬料ヲ貪ホル事

一、売卜者《ウラナイ》妄《みだ》リニ吉凶禍福ヲ説キ人ヲ誑《たぶら》カス事

一、禊所《ミソギ》ト唱ヘ人民群集シテ狂音《オツナコヘ》ヲ発シ神明ヲ黷《けが》ス事

一、宗忠流《ムネタヾ》ノ俗神道ヲ信スル事

一、不動観音或ハ日蓮宗等ヲ信仰シテ歌舞狂挙《ノボセアガリ》群ヲシテ往来スル事

一、神符ヲ雪隠《せっちん》又戸口等ニ張リ神ヲ汚スコトヲ知ザル事

一、邸内ヘ小社ヲ建テ人ヲ群集セシメ私利ヲ図ル事

一、稲荷社ヲ狐ト思ヒ僥倖《ぎょうこう》ヲ祈ル事

一、男女共ニ病身又ハ一家不祥ナト、唱ヘ年齢ヲ加減シ或ハ男子ニ女子ノ名ヲ付女ヲ呼テ男トナシ或庚申等ノ祭ヲ信シ金扁ノ字ヲ名ニ付ル等ノ事

一、婦人織縫ヲ勤メス游惰淫蕩《ナマケモノ》動《やや》モスレハ劇場《シバイ》ノ役者ニ恋着《ホレル》シテ種々ノ醜態ヲ顕ハス事

一、地獄地発《ヨタカ》ノ盛ナル事

一、婦人裳ヲ掲ケ脛《ハギ》ヲ露ハシ丈夫《ヲトコ》ノ風アル事

一、女学校ノ少艾《コムスメ》袴ヲ着羽織ヲ着男装ヲ学フコト西洋女学ノ盛ナルコトハ世ノ知ル所ナレト未夕曾テ一人ノ男装ニ擬《マネ》スルモノヲ見スソハ婦人ノ婦人タル道ヲコソ学ベ容ヲ学フニアラザレハナリ

一、小児ニ多ク甘味ヲ食ハシメ疳疾ヲ醸《カモ》スコトヲ知ラザル事

一、父母ノ幼子ヲ育スル神皇ノ敬畏スベキヲ教ヘズシテ妄ニ妖物《バケ》ヲ以テ恐嚇《ヲド》シ蒙 智《チヨクラマシ》 塞 才《サイヲフサク》ノ戯ヲ教フル事

一、市家ノ婦女ニ淫曲ヲ教ヘオノヅカラ游惰ニ誘《ミチビ》ク事

一、幼子ノ脳髄ヲ叩キ其子《ヒト、》成《ナル》長ノ後智識ヲ昏《くら》マスコトヲ知ラザル事

一、邏卒《らそつ》ハ護防安民ノ本ナルニ世人其労ヲ知ラスシテ其職務ヲ軽視スル事

一、長剣結髪ノ士市中ヲ横行シ我コソ和 魂《ヤマトダマシイ》ヲ失ハジトスルノ気臭アル事

一、皇学《コクガク》者神聖ノ真道ニ昏ク妄リニ悠遠不切《タカマガハラ》ノ迂談ヲ唱ヘ時勢人情ニ通セザル事

一、漢学者己ノ才量ヲ揆《はか》ラス傲然《タカブリ》豪傑ヲ以テ自ラ居リ動モスレハ国家ヲ私議シ鳳 弓《モチヒラレヌ》ノ歎ヲ発スル事

一、洋学者国体ニ通セス大義名分ヲ知ラズ放蕩奢靡《しゃび》ヲ以テ開化トシ私利ヲ営ムヲ以テ自由ノ権トスル事

一、官吏或ハ至誠愛国ノ意ナク動モスレバ僥倖ヲ以テ利禄ヲ得ル事

一、官吏或ハ妄リニ威気ヲ張リソノ士庶ニ遇スル更ニ寛裕温篤ノ情ナキ事

一、僧威今日ニアリテ猶謂レナキ海外ノ胡鬼《エビスヲニ》ヲ信シ或ハ蓄髪肉食等ノ新令ヲ私議シ其実浮乎浮食《ブラブラクイツブレ》大ニ民俗ニ害トナル事附奸曲愚陋ノ挙コレアル事

以上の例を以て当時の文明開化観の如何に皮相浅薄なるものであつたかゞ分るであらう。

五

此時に当り、本当に西洋文明を学ばんとなら其真髄まで遡らなくてはならぬ、その真髄とは即ち耶蘇《ヤソ》教に外ならぬと喝破した者あるは頗る注目に値すると謂はねばならぬ。之は即ち中村敬宇先生だ。先生は幕末に英京竜動《ロンドン》に留学し、帰てからスマイルスの『西国立志編』、『西洋品行論』、ミルの『自由之理』を訳して有名だが、後には帝国大学〔東京大学〕の教授となり傍ら私塾「同人社」を設けて育英事業に精進した。一方には篤信なる基督信徒であると共に他方儒教の素養をうけ又仏典にも精通してゐた。古聖人の俤《おもかげ》を有する学者らしい学者であつたと云ふ。この先生が明治五年八月『新聞雑誌』と称する定期刊行物に「泰西人ノ上書ニ擬ス」と題する一文を寄せ、大胆にも皇天陛下自ら率先して洗礼を受けられんことを乞ふ旨を論述したのである。殺伐なる排外思想の盛なとき而も耶蘇教に対しては上下一般格別の誤解と憎悪とを抱いてゐたとき、正々堂々耶蘇教帰依の必要を説くのは、当時としては実に驚くべき大胆な冒険と云はねばならぬ。この事に付ては私は嘗《かつ》て私の著書『主張と閑談』第二輯中の「維新前後の国際協調主義者」なる一篇に於て詳述したことがあるから今は略する。猶私は明治六年に公刊された『東京新報』の中にも耶蘇教の弁護乃至推奨に関する数篇の名文を見た。匿名になつては居るが之も多分中村先生の筆だらうと考へて居る。『東京新報』のことは本誌の三月号に於ても一寸紹介したことがあるが、之は中村先生とは密切の関係のあるものである。之等のことはいづれ他日を期して改めてまた紹介することにしよう。

〔『経済往来』一九二七年七月〕

『明治文化全集』は如何にして編纂されたか

◇私は編輯担当者を代表して『明治文化全集』が如何にして編纂されたかを一言して置きたい。

◇私共が日本評論社の申出に応じ『明治文化全集』の編纂を引受けたとき、固《もと》より之を成し遂げ得る自信が無かつたのではない。何となれば私共は早くから此方面に特別の注意を傾け、今までに可なり多くの文献を集めて居るばかりでなく、又周囲には沢山の同好の友を有《も》つて居るからである。敢て「私共」とは云はない、私共並に私共の周囲の後援者がこの事に当るとき『明治文化全集』の編纂に関しては、他に之れ以上の適任者を見出し得ざるべきは敢て自ら信ずる所である。けれども愈々《いよいよ》手を下して見ると、注意の行き届いて居ない所又研究の十分ならざる所の多々あることが発見されて、更に大に努力せねばならぬ必要を痛感した。それが為に同人の会合協議したこと幾回なるを知らぬ。後援者の来会をも乞うたこと亦一再ならずある。且一度は東京及び京阪の大新聞に広告して弘《ひろ》く天下の助言を求めたことすらもある。

◇第一の準備行為として私共は、各自所蔵する所の書物を調べ上げ、それに友人後援者の秘蔵するものを追補して「関係書目」稿本を作つた。この中から『明治文化全集』に収載すべきものを択ぶのであるが、一層の完璧を期するため、目下各大図書館の蔵書目録をも参照して丁寧なる増訂を施しつゝある。

◇第二に私共は、日本評論社に対《むか》つて編輯担当者としての希望を述べ、且出版完成の責任を取るに付ての決心を質《ただ》した。明治文化研究の基礎的典拠として恥しからぬ定本を供給するのでないなら、態々《わざわざ》私共の乗り出す必要はないのだ。この事業に私共の参加を求め来る以上、損をせよとは云はぬが、少くとも多少の犠牲を忍び利害の打算の外に於て幾分学界に奉仕するの公共心がなくては困る。この点に駄目を押して、日本評論社の人々の熱心な賛同を得たのは、私共の大に喜ぶ所である。

◇第三に私共は同好の先輩友人に対つて、詳細の案を具し其協力を求めた。編纂に付ての助言も無論必要だが、収載すべき文献の広く各方面に亙るだけ、其校訂解説に付ては私共の手に負へぬものもある。少くとも私共自らやるよりも夫れ〴〵の専門家に願つた方が遥にましだと云ふ場合が稀でない。責任を以て善本を提供するには、此点で誠実な専門家の事実上の援助に恃《たの》む必要が大にあるのだ。而して先輩友人の多数が、私共の懇願を待つまでもなく、進んで出来るだけの助力を約束されたのは、私共の欣喜雀躍に堪へぬ所である。

◇斯くて私共は屢々《しばしば》会合協議を遂げ、大体次の様な編纂方針を立てたのである。

一、雑然たる集成でなく、学問的研究の対象たるに応《ふさ》はしい系統的彙類を立てること。

二、各項目の中に収むる文献は次の標準に依て採択せらるべきこと。

(イ)当該事項の大体の発達を明にせる記述　(ロ)特殊重大事件に関する詳細なる報告　(ハ)側面から世相を写せるもの　(ニ)将来の発展を示唆するもの　(ホ)時代流行の特殊の思想の表明　(ヘ)時代の発達を促したる思

想の説述

三、坊間にありふれたものは右の条件に合するも之を除き、之に反して容易に得られざるものは多少条件に欠くる所あるも採ること。

四、成る丈け原形を存するを本則とするも、一々専門家の目を通し、その責任に於て十分の校訂を加ふること。

五、収載の各文献には一々詳細なる解説を附し、その文化史的価値を明にすること。

◇右の方針に基き『明治文化全集』は左の二十四篇に彙類することにした。

一、**皇室篇**　皇室と民間との接触、殊に皇室の動静が明治初期の文献(就中新聞雑誌)に如何に伝へられたかを明にする。明治大帝が自ら問題の中心になるは申すまでもない。

二、**正史篇**　明治時代の進歩の大体を記述せしものを収める。但し月並の歴史は採らぬ。歴史としての正しい体裁はなさぬとしても、偽らざる材料の豊富なるものを集め、以て今後の研究の参考たらしめたい考である。

三、**雑史篇**　之は正史篇の傍系に属するもので、例へば福島事件の裁判傍聴筆記とか、保安条例に依る退京始末とか云つた類のもの及び社会の表面に活躍された人々の伝記閲歴等を集める。

四、**憲政篇**　維新直後、公議輿論政治が試みられ、やがて民選議院設立の建白となり、政党運動の盛な時代を経て、遂に憲法発布となつたまでの、表裏両面の史実を集める。

五、**自由民権篇**　封建時代の桎梏に圧されて来た我々の父祖が、西洋の自由思想に触れて如何なる感激を覚えたか。その言ふ所に皮相浅薄の非難を加ふる前に、之れが実に近代日本国民の発展を促した原動力たるを知らねばならぬ。この事はこの篇に依て明にされる。

六、**外交篇**　明治初年の対韓対清その他の外交案件に関する記録と、条約改正内地雑居の諸問題の論説が主たる内容をなすだらう。

七、**政治篇**　明治の政治は立憲制度の準備並に試行を大体の要素とする。その歴史上の運びは之を憲政篇につくしたが、その根柢となり指導精神となつた思想の何たるかは、この篇を以て之を明にしようと期する。

八、**法律篇**　明治時代のモ一つの特色は法治国主義の採用である。今日見るが如き諸法典は日清戦争頃を境として大体整つたのだが、それまでの経過時代に於て、我々の先輩は如何なる法律思想に拠つたか。是も大事な問題である。則ち本篇を加へた所以《ゆえん》。

九、**経済篇**　明治時代の経済・財政・産業の諸方面に亙り、その理論と実地とが如何に影響し合つて国運の興隆に貢献したか。本篇はこの点を十分に明にするだらう。

一〇、**教育篇**　学理及び実際の方面から、明治の教育の進歩発達に貢献した諸要素を明にせんことを期する。

一一、**宗教篇**　明治初年猛烈に迫害されし仏教が、民間信仰として又国民の思想的の糧として、如何なる途を辿つて復興したか。王政維新と共に擡頭せし神道の其後の運命は如何。維新前後に於ける天主教問題と、其後に於ける新教の興隆、並に之と日本国民思想との交渉如何等が、本篇の中心主題を為す。

一二、**文学芸術篇**　文学芸術の方面に於て、当初所謂《いわゆる》実学の摂取に忙しかつた我々の先輩が、如何にして段々目醒めて来たか。理論並に作品の両方面に亙つて代表的文献を収録する。

一三、**時事小説篇**　言論の圧迫に憤慨した当年の志士が小説に隠れて政論を吐いたものもあれば、段々時勢に遅れて行く往時の戯作者流が題材を新奇な政界に取て世上の好尚に迎合せんとしたものもある。孰《いず》れも芸術品としては許し難いが、当時の世相の反映として観るに亦俄《にわか》にすて難いものが多い。一般の民衆がその時代をどう観てゐたかを識るには、之に越した資料はないと思ふ。

一四、翻訳文芸篇　西洋の文芸ものは可なり早くから我国で翻訳されて居る。翻訳の動機は種々雑多であり、従て原本の種類も各般の方面に亙つて居る。概して之を云ふに、之等翻訳文芸は、後年の日本文学創成の揺籃であり、又暗々裡に読書階級の思想的開発を促した道案内である。明治文化の構成発達を考ふる上に亦欠くべからざる要素である。

一五、思想篇　文明開化・自由民権の声の喧しい時代に、或は之に伴つて又或は之に逆うて、色々の思想の民間に醱酵したことは怪むに足らぬ。之等を陳列して見るのは、一面に於て精細に時代を知るよすがとなるのみならず、他面また国民精神活躍の方向を確むるたよりとなる。

一六、外国文化篇　明治初期の文化的活動は泰西文明の刺戟に促されたものなるは言をまたない。そこで当時の識者は外国の文化を如何に理解したかが問題になる。問題の性質上本篇には明治と遠からぬ幕末の刊行物も載ることになるだらう。

一七、新聞篇　日本の新聞は外国新聞の翻訳から始まる。維新当時は新知識の紹介と時事の報道とを兼ね備へた。やがて官民間の中介の役目をつとめ、殊に庶民開導の機関に利用されたが、民選議院建白以後は漸く官僚攻撃の政治的色彩を濃厚にする様になる。之等初期の新聞の中から最も興味あるもの数種を代表的に収録する。

一八、雑誌篇　西洋の雑誌の翻訳は幕府時代にも洋学者に依て試みられた。併し日本人が其思想発表の機関として最初に企てたものは明六雑誌である。一両年遅れて政府攻撃の猛烈な政治雑誌も現れた。憲法発布頃までに出た之等の雑誌類の中から最も明治文化に関係深きものを収める。

一九、風俗篇　維新以後の国民生活が衣食住の全般にわたりて急激な変化を受けたことは云ふまでもない。而して之等の変化は如何の程度に襲ひかゝり、又国民自身が如何の態度で之を受容したか。之等の興味ある問題に付き、本篇に於て遺憾なき解釈が与へられる。

二〇、**文明開化篇**　明治初年文明開化の風が日本の津々浦々を吹き捲つたことは人の知る所である。之に由て人智の開発を促したことは勿論だが、浅薄軽率の外国摸倣が飛んでもない社会的混乱の因となつたことも疑ない。新旧混淆の紛乱時代を明にするのがこの篇の目的である。

二一、**社会篇**　近代的意義に於ける所謂社会問題の発生は日清戦争以後の現象と謂《い》つてゐるが、その萌芽とも観るべき思想と実行とは、明治の初年からあつた。政府の施設として平等思想に基く解放諸令の発布あり、民間の運動として官権・財権に対する反抗がある。経済的利害を同うせざる諸階級の争ひの可なり深刻なるものも尠くはない。之等に関する文献を本篇の中に網羅したい考である。

二二、**軍事篇**　軍事の最近に於ける発達と其動因とは、所謂明治文化の一現象としては特に注意する程のことはない。我々の格別攻究するを要するは、昔し武士の独占的職業として他の介入を許さざりし軍事が、如何にして遂に国民一般の負担する所となり了うせたかの点にある。

二三、**交通篇**　明治になつてから出来たもので、国民生活の改造の上に最も大きな影響を与へたものは交通機関である。郵便・電信・鉄道・船舶等が如何にして今日の様に普ねく行き渡るに至つたか。之に関する先覚の苦心又之に対する民間の理解を明にすることが、亦明治時代を考へるに頗る重要である。

二四、**科学篇**　自然科学も亦概して窮理・舎密《セイミ》・博物等の名で明治初年から段々我国に輸入された。之等の新学に当時の人の附した値打は勿論、之等をどの程度に理解したか等は、其頃の学者の著作と共に、頗る我々の感興をそゝる題目である。後年の発達を知る上に、そこまで進んで来た跡を辿つて見るのは、面白くもあり又有益でもある。

◇猶ほ以上各篇に差当り収載せらるべき予定書目の主なるものは次に列挙さるる通りである。〔以下「内容概目」―略〕

〔『経済往来』一九二七年七月〕

日本外交の恩人将軍李仙得

〔第一回〕

之は去年の冬さる人の依頼に依て書き一度公表したものではあるが、余り多く人の注目する所とならなかつたので、あらためて本誌をかり読者諸君の叱正を乞ふことにした。李仙得の事蹟につき知らるる所を御報下さる方あらば幸甚のいたりである。

関屋敏子嬢と李仙得

去る十一月七日(大正十五年)青山会館で関屋敏子嬢の独唱会があつたが、其前日の東京諸新聞は、同嬢が明治初年我国外交の為めに大に働いて呉れた李仙得《リセンドル》将軍の令孫に当ると云ふ報導を伝へて、一寸世間を驚かした様であつた。李将軍は仏蘭西《フランス》系の米人であること、日本政府の顧問として本邦在留中副島大隈の諸公と相親しみ、殊に故副島種臣伯とは義兄弟の誼《よしみ》を締した程の仲であつたこと、さてはその縁故で副島伯爵家の当主は最近関屋嬢を招いで独唱会の後援を約したと云ふことなどまで、併せて伝へられた。

李仙得とは抑《そもそ》も如何なる人か。横文字で書けば Le Gendre である。我国での通り名は李仙得で、時にまた李聖得又は李全得ともかく。此人の事に就ては、私は大正十四年十一月の中央公論に寄せた「漫読漫談」の中で少しばかり書いたことがある。之は近く公刊すべき拙著『新学と新政』中に収むる積りであるが、参考までにその一節を次に引いて見よう。

李仙得の伝記は割合によく知られて居ない。明治七年頃の彼れの活躍については『大隈伯昔日譚』に一寸出て居る。古い『日本人』(明治二十六年十一月発行第三号)には石版刷の肖像が出て居り又其頃公にされた三宅雪嶺先生の論文中には、彼が北海道拓殖の一方便としてモルモン宗を入るるの案をボアソナードに迫つて綴らしめたといふ話が書いてある(『日本人』第十七号明治二十七年十二月廿五日刊)。いかにも李仙得らしい建策である。纏つた伝記として柴東海散史が雑誌『経世評論』(明治廿一年創刊)の第二号以下に連載した「李仙得略伝」あるが、之には彼れの晩年のことがない。彼れは日本婦人を娶り、二子を挙げた。その一人は現に東京に居らるる。其のうち折を見て之等の人々につき詳細なる彼れの伝記を調べて見たいと思ふ。

右の「現に東京に居る李将軍の遺子」といふが即ち関屋敏子嬢の母君だ。なほ東海散史の「李仙得略伝」は、彼れの前半生の経歴を明にするものだから、後段にその大要を紹介しよう。

私が李仙得を知つたはじめ

段々調べて見ると、李仙得将軍の我国に対する貢献は相当に大きい。而も表には何処までも副島伯を押し立て、自分は裏面に廻りて我国初期の外交の為に随分と骨折つて居る。その効績には多くの感謝すべきものがある様だ。然るにも拘《かかわ》らず、今日彼れの名が段々我々の間に知られぬ様になつて行くのは、甚だ遺憾の次第である。斯く云ふ私も実は最近になつて始めて彼れを知つたのだ。私が若し昨今のやうに明治文化の研究に熱中しなかつたら、外の人から強く説かれざる限り、遂に彼れの名を知らずに了つたかも知れぬ。先年早稲田で開かれた明治文化発祥紀念会でも、李仙得のことは殆んど忘れられた姿であつた。明治時代の建設に多少の貢献をなした外人の徳を顕彰するといふ目的のこの会ですら、忘れる位だから、世間の人一般が一寸其名を聞いて其人を思ひうかべ得ぬのも無理はない。併し彼れ程の功労者を明治の歴史が忘れ去つたとあつては、彼れに対して日本国民が済まない。いづれにしても、彼れの事跡が彼れの名と共に此儘煙滅することは甚だ遺憾の極みである。

そんなら私はどうして彼れの名を知つたかと云ふに、偶然に彼れの著書を手に入れたからである。それは大正十一年の春であつた。浅草の浅倉屋書店で『李聖得日本論』と云ふ写本を買つた。下巻一冊だけで上巻はない。二三枚繰つて見ると、どうも外国人の著述らしい臭ひがする。内容は日本の富国強兵策を説いたもので、なか〳〵肯綮《こうけい》に当つた卓見に富んで居る。そこで著者の李聖得とは一体何人であらう、又之は誰が訳したのであらう、との疑問を念頭におかざるを得なかつた。これが実に私が李の名を聢《しか》と眼にとめた始めなのである。因《ちなみ》に云ふ、李聖得とあつても始めから之を支那人と思はなかつたのは、中に書いてあることに西洋の引例が多かつたからである。

それから間もなく私は本郷の永森書店で太政官の罫紙に書いた『日本文明論一名日本政務沿革論』と題した上下二冊より成る写本を求めた。中を見ると李仙得原著とある。聖と仙と名に一字の相違はあるが、同一人に相違ないときめて、内に帰つて前に求めておいたのと比較して見ると、果して全然同一の書であつた。而して私は改めて上下二冊を通読して益々李仙得の卓見に敬服し、従つて又益々彼れを知らんと欲するの念を深うしたのであつた。之と同時にまた之はさる外人の書いたものを太政官で訳させ、私の求めた二冊はその訳稿の一つであり、又前に求めたのはその復写であらうなどとも想像したのであつた。

それから大正十二年の春になる。或る日帝大の史料編纂官中村勝麿君と話して居ると、不図リセンドルといふ名が話頭に上つた。よく聞いて見ると中村君も亦彼れのことを研究中だと云ふのである。中村君は大蔵省の書庫の中で李仙得の筆に成つた多数の書類を発見し、点検の結果そが皆我国初期の外交に大関係あるを見て驚かれたのである。その大部分が大隈侯の嘱命に由る調査報告か又は侯に対する彼れの自発的建策であること、多くは仏文を以て書かれ中に和訳されたものもあること、全体の紙数頗《すこぶ》る多く論題亦多方面にわたつて居ることなども、語られた。当時中村君は大官富豪の誰れ彼れに説いて頻《しき》りにその保存整理並に出版等の方法を講ぜられて居たといふを聞き、私も大にその挙を賛し及ばず乍《なが》ら一臂《いつぴ》の力を致さんと約束したのであつたが、過般の大震災で不幸にもその殆んど全部が烏有《うゆう》に帰してしまつた。遺憾この上もない次第である。

李将軍と関屋家

これ丈けのことは分つても、李氏の遺族の我々の直ぐ手近に居ると云ふ事は其後暫くは知れなかつた。それを私が知つたのは地震の年の夏頃であつたと思ふ。小石川に居住さるる友人田島吉兵衛君を訪問し、不図《ふと》その夫人の口からこの事を聞いたのである。李仙得は一体小石川の今の八千代町停留場附近に広大な邸宅を構へて居たのだが、田島家と相隣して居た関係上、李将軍の愛嬢即ち今の関屋敏子嬢の母君は田島夫人とは幼な友達で日夕相往来して居つたと云ふことである。さうした関係から、芝居の噂に端を発して、不図関屋夫人のこと、其の父君がリセンドルといふ西洋人だといふことが田島夫人の口から不用意に洩れた。それに私は非常な興味を覚えて実はそれからそれと種々熱心にお尋ねしたわけである。田島夫人の話に依ると、李仙得といふ人は余程大量の而も親情に富んだ立派な紳士であつたらしい。夫人は今でも此人のことを考へると非常な懐しみを感ずると云はれて居た。尤《もつと》も大隈副島などいふ元勲方の繁々来訪されたかどうかは覚えてゐないが、之等の元勲は固《もと》より、更に三条岩倉諸公とも何等かの交渉のあつたといふ噂は屢々《しばしば》聞いて居る。併しふだんは書斎に閉ぢ籠つて勉強に余念なかつたことは今でもはツきり記憶に留めて居ると云はれて居た。其外李仙得の夫人たりし人のことに付てもいろ〳〵聞いたが、之等はまた他日の話題に残しておく。

斯うなれば今度は直接関屋家に付て材料を集むべき順序となるのは当然だが、実はいろ〳〵故障があつてこの方面にはまだ十分に歩を進めて居ない。一度関屋夫人を訪ねて親しくお話を承つたことはある。李将軍の面目を彷髴《ほうふつ》たらしむべき多くの逸話も伺つた。夫人の母君に付ても是非伝へて置く必要のあると思はるる話は少くない。関屋氏にも数回お目に掛つた。氏の談話の中にも種々有益な資料はある。併しこの方の材料を一つに纏めるには、実は更にもう二三回お話を伺はねば十分でない。殊に李将軍が明治三十二年九月二日京城の客寓で急死するに至るまでの晩年の朝鮮生活に付ては可なり慎重の調査を遂げた上ならでは、軽々にその始末を発表し得ぬ事情もあるらしい。私は屢々関屋家を騒がした関係上、一面に於ては速《すみやか》に進んで将軍の功績を普《あま》ねく世上へ伝ふるの道徳的義務を感じて居るのであるが、他面に於てはまた、調査未熟の今のまゝでは未だ彼れのことを語るべき時機に達して居ないことを思はざるを得ない。故に私は追て十分の研究を遂げた上で詳《つまびらか》に彼れを伝へんことを自ら期しては居る。然るに今茲に不完全ながら彼れに付てこの一小篇を急いで草することにしたのは、偶々《たまたま》関屋嬢のことに関し諸新聞が彼れの名を伝へたので、丁度世人の頭に李仙得といふ名の印象の消へぬうち、多少でも彼れの事を語つたなら幾分彼れを天下後世に伝ふる目的を裨《たす》くべきかと信じたからに外ならない。

彼れの著書

彼れの著書と云つていゝかどうかは分らぬが、地震前大蔵省書庫の中に彼れの筆に成る無数の書類のあつたことは、前掲中村勝麿君の話に依ても分る。私が大正十四年十一月中央公論誌上で彼れに付て語つたのも、主として政府の書庫にある彼れの論策に付てであつた。又前記の『日本論』又は『日本文明論』も或る意味に於て彼れの著書と観て差支ないことは言ふまでもない。

併し彼れの著書として公刊されたものは、私の知る限りに於てはたゞ次の一書があるのみだ。

Progressive Japan: A Study of the Political and Social Needs of the Empire. (Yokohama and New York 1878)

之は諸種の書目集にも載つて居るし又現に私の友人で一本を所蔵して居るもある。が、不幸にして私はまだ之を点検するの機会を得ない。但しその翻訳と思はるるものは読んで居る。それは明治十二年の公刊に係る小松原英太郎訳『日本開進論』といふ五冊本である。果して前掲英書の邦訳かどうか分らぬが、表題から推して多分それに間違なかるべく思はるる。

さて小松原氏の訳書を取て見ると、之がまた前掲写本『日本文明論』等と同一原書を訳せるものたることが明白である。内容が大体殆んど同じであるからである。但し排列の工合に多少の相違があり又肝要ならざる部分につき彼に在て此に略したものも少しばかりある。そこで更に想像を逞うすると、李仙得は原文を二種作つたのではあるまいか。一つは之を日本政府の大官に呈し、も一つは後右の草稿に多少の改訂を加へて公刊したのではなからうか。前者は太政官で誰かに訳させ、それが写本として伝はるのだが、小松原氏のは後者の公刊本の訳であらうと考へらるるのである。

小松原氏の訳本には、題簽《だいせん》は米国李全得著とあり、見返しの表題にはゼネラル、レ・ゼンター原著とある。前にも述べた如く、十二年の公刊であるが、氏が筆禍入獄から出て来たのは十一年で、それから、すぐ岡山に新聞記者として赴任されたのだから、恐らく之は獄中の訳述であらう。その為か文章はあまり善くない。太政官訳本に比して著しく遜色がある。併し公刊本としては之は唯一のものであるから、其意味に於てはまた大に貴重なる書物である。
私の持つて居る本は谷干城の手沢本《しゅたくぼん》らしい。朱の書き入れが沢山あるが、之が若《も》し谷将軍の筆だとすれば、此人の亦大に李将軍の意見に共鳴せられし点も分つて頗る興味深きものがある。猶この本の内容に付ては、今こゝに詳細なる紹介を試みる遑《いとま》はないが、小松原氏の自ら其訳書に序した一文は、幾分本書の性質を明にするものと思ふから、次にその一節を引用しておかう。

此書ノ如キハ我ガ日本帝国ノ開進ニ就テ、古来ノ歴史沿革ヲ察シテ現在ノ事情ヲ吟味シ、特ニ維新大変革以後ノ進歩改革ノ形情ニ付テ其利害得失ヲ詳論シ、以テ将来ノ方向ヲ論定セシモノナリ。而シテ著者ハ則チ米国ノ学士ニシテ久シク我国ニ在留シ曾テ日本ノ国事ニ与カリテ頗ル力アリシ博学達識ノ人物ナレバ、其穿鑿《せんさく》ハ或ハ容喙《ようかい》ス可ク其議論ハ異説ス可キモノナキニ非ラズト雖モ、要スルニ我カ日本人民タル者ノ必ラズ一読セズンバアル可カラザルノ著述ナリ。然レバ則チ自国ノ歴史沿革地位形勢ノ奈何《いかん》ヲ察知シ、奮ツテ国事ヲ担任シ、能ク開進ノ目的ヲ捗進シテ遠大ノ美果ヲ将来ニ獲収セント欲スル者ノ為メニ、亦タ以テ参考ノ一端ニ備フルニ足ル可キ歟《か》。

李仙得小伝

次に柴東海散史の編述に依て李将軍の略伝を語らう。之は前にも述ぶる如く明治二十一年十二月大阪で創刊された『経世評論』といふ雑誌の二、三、四、六、七、号に連載せられたもので、東海散士稿「李仙得略伝」と題してある。この人が当時の文豪かと思はるる程文も拙く記述も親切でない。年代の記述に至ては最も不確である。併し外に照合すべきものもないから、已むを得ず之に依るのである。外の点は略し、茲には主として日本に関係ある方面を紹介することにしよう。

彼の生立ち　彼れはもと仏蘭西の産、名族の出である。壮年巴里《パリ》大学に学び、卒業してから一米国婦人と結婚した。東海散史の小伝には生れた年代を書いてゐない。又米国へ往つてから米国婦人と結婚したのか、米国婦人と結婚した結果米国へ赴いたのかも説明して居ない。孰《いず》れにしても米国へ往つてから帰化したものらしい。この事も書いてないが、他の文字からそれが想像されるのである。始め文学を以て世に立たんと志し、段々その名も知られ掛けたとあるから、後年日本に於て盛に文筆に親まれたのも偶然でないと思はれる。

やがて米国に南北戦争が起つた。彼れ乃《すなわ》ち慨然として筆を投じ義勇兵として従軍した。戦場に於ては随分勇敢に戦つたらしい。一度俘虜となつたが、俘囚交換条約の結果一旦紐育《ニューヨーク》に帰ることを得たが、間もなくまた従軍し、功に依て最後には累進して少将にまでなつた。是れ後年彼れが常に将軍を以て指称さるる所以である。この戦争中、彼れは銃丸の為め左眼と鼻梁とに重傷を蒙り、アナポリス病院に入つたことがある。全癒の後また従軍し、戦乱の全く鎮まるまで各地に転戦し功労少らざるものがあつたと云ふ。さて之等の事実と彼れの後年の東洋に於ける活動とを対照して考ふるに、彼れは第一に奴隷売買と云ふが如き非人道的行為に対しては本来極度の反感を有《も》つて居たらしく、第二には自分の考の実行の為には万難を排して勇往邁進すると云ふ気概に富んで居たことが察知される。

東洋赴任　戦後とかく彼れの健康は思はしくなかつた。負傷が因《もと》で仕官に堪へず終に民間に下つたのである。医師は頻りに海上の旅行や温暖の地の悠遊をすゝめた。そんな所から彼れは遂に厦門《アモイ》領事として東洋に赴任することになつた。政府は氏に保養の機会を与ふる為にこの閑散なる地位を提供し氏も亦その積りで微官たるを甘んじて之を受けたのだと云ふ。

斯くて彼れは任を請けてから欧洲各国を歴遊して厦門に着いた。着いたのは十二月だと云ふが、年代をはツきり書いてない。前後の関係より推想するに慶応二年のことらしい。或はモ少し早いかも分らぬ。在任中彼れはふとした事から台湾に興味を感じ一かどの台湾通となつた。これがまた実に彼れが日本政府の顧問となるに至つた因縁《いんねん》でもある。

〔以上、『明治文化研究』一九二七年七月〕

〔第二回〕

日本政府の招聘

厦門領事としての彼れは、北京駐劄の自国公使と相容れなかつた。そんな事からではないかと思ふが、彼は明治五年の暮再び帰任せざるの決心で帰国の途に就いた。一説には、時の大統領グラントに彼れを公使に昇任せしめんとの意ありしもアラバマ事件の為に実現の機を逸せしが李氏の友人達は兎に角大統領を促して李氏に一層栄達の途を備へしめ得べきを信じ、頻りに帰国を促したのでそこで急に帰国することになつたのだとも云ふが之は信ぜられない。孰れにしても彼れは帰国の決心をなし、厦門を去り横浜に来て、本国への船便を待つて居た。そこへ突如東京駐在米国公使から一通の書面が来たのである。

それは明治五年十月末のことであるらしい。いよ〳〵明日汽船日本号に搭じて桑港《サンフランシスコ》に向け出帆せんとする夜の十一時の事であつた。米国公使から「今度いよ〳〵日本政府で台湾征伐に行くさうだが、貴下は台湾の事情に通じて居ると聞く。出発を一便延ばして我々の顧問になつて呉れぬか。さうして貰へれば自分も助かるが、日本及び日本政府の為にもなる」と云ふ意味の書面を受取つたのである。後にも云ふが如く、李仙得はこの事件の原因に付ては既に自ら多少関係したこともある。併し之に付て日清両国間に葛藤を生じかけて居ると云ふ事は、横浜に来てから聞いたのだ。日本を助けて問題の解決に当らうかと意少しく動かぬでもないが、米国公使とは元来知り合ひでもなし、又日本の官界に固より一人の知己もないので、最初は多少躊躇《ちゆうちよ》したやうだ。が、結局承諾の通知を与へて暫く淹留《えんりゆう》することに決した。斯くして彼れは遂に時の外務卿副島種臣の知遇を受くることになる。

この辺の事情に関する東海散史の記述は頗る明瞭を欠くが、私の想像を加へて説明すると、副島外務卿は、新に台湾の事を以て支那と葛藤を生ずるに当り、誰れか適当の顧問はないかと米国公使に諮つたものらしい。副島はその前から李仙得の台湾通なる趣を知つて居たとも云ふから、或は最初から李を名指してその雇入れを依嘱したのかも知れぬ。要するに米国公使の李に発した第一の手紙には、それとは故《ことさ》らに書いてはないが、日本政府の為めの顧問たるべく彼れの足を停めんとの目的に出でたものたるは疑ない。

さて彼れは米国公使の請を容れて暫く日本に足を停むることにした。すると十月二十六日、副島外務卿から晩餐の招待が来る。公使に案内されて往訪すると、日本政府の顧問になつて呉れぬかとの相談である。彼れは一つには其任に非ざること、又一つには今猶ほ米国政府の一官吏たることの理由を挙げて、一応は之を辞退した。米国公使は、本国に帰らずその官職を辞して此儘日本政府に仕へても差支へぬ様周旋するからと強《しい》て日本滞留をすゝめるので、彼れは遂に兎も角も一ケ月間こゝに足をとゞめ、日本政府の賓客として御用を勤めようと云ふことを承諾した。

右述ぶる所に依て観ると、彼れの日本政府に仕へたのは、畢竟彼れが台湾通なるが為に外ならない。是に於て彼れが何様に台湾の事情に通じて居るのかを語つて置く必要がある。東海散史の語る所によるとその訳は斯うだ。彼れが厦門に赴任した翌年のことである。米国の一商船台湾の南端に於て遭難し、船長以下やつと端舟で上陸すると、忽《たちま》ち土人の為に殺された。此報の厦門に伝はるや、彼れは乃ち憤然として起つたのである。(一)彼れは直に支那官憲に談じ土人刑罰の約を誓はしめた。それから(二)彼れは自ら遭難場所の検分に出掛け、十日を費して帰つて来た。而して之等の活動は畢竟何を目的とするかと云ふに第一には土人をして再び斯かる残虐を行はしめざらんとするに在る。第二には併せて文明人の交通貿易を保護せんことをも目的とするのである。が、之が為に土人を極度に圧迫することはまた決して彼れの本意とする所でない。彼れが土人を懲戒するに万遺算なきを期し乍《なが》ら、何処までもその懐従開導を忘れざる所に、私共はその男性的人道主義の躍動を見るのである。余談はさておき、彼れが実地検分の結果北京駐剳の米国公使及び東洋艦隊提督に呈した献策は次の様なものであつた。

一、土人を懲戒しその残虐を禁止せしむるには、外国だけの威力では十分その目的を達することは出来ない。

二、それには支那官憲と西海岸土人との二方面よりの協力を得ることが必要である。

然るに米国水師提督は、この献策を容れず、やがて独自の力を以て土人の討伐を敢行した。果せる哉見事に失敗して副艦長以下多数の将卒を喪《うしな》つた。そこで米国政府は改めて彼れに討伐の事を命じた。於是《ここにおいて》彼れは(一)先づ第一に北京政府に土人の懲戒を迫つたが、満足すべき回答に接しないので、(二)転じて福州に赴き、其地官憲に談じて砲艦一隻を提供せしめた。(三)次に彼れは米国士官を帯同して台湾府に到り、其地の長官に説いて土人征討軍一隊を出さしめた。(四)それから海陸併び進んで牡丹社の本拠に進撃したのである。斯くして彼れは結局土民を屏息せしむるに成功した。而もい丶加減の所で戦闘は中止し、酋長を招いで将来決して遭難民に残虐を加へざることを誓はしめ、且先きに殺害せる人達の遺物をも返却せしむることにした。支那軍艦に乗つて無事厦門に帰つたのは年の暮であつたと云ふ。

之より彼れの名は台湾土人の間に高くなつた。其後彼れも亦進んで各方面の酋長と往復し、自然その畏服する所となつた。慶応四年、明治二年と引続き台湾に旅し、殊に二年には四ケ月の長きに亘《わた》り各地に転々して具《つぶ》さに地理人情風俗を探つたと云ふ。今日の様に完備した地図の出来たのも、彼れの此時の旅行の貢献が端緒となつたと云ふ人もある。而して何よりも彼れに感謝すべきは、彼れのお蔭で多くの遭難者が之より永く土人の残虐から免れ得たことである。

それから一八七一年即ち明治四年秋我が琉球漁民遭難の一件となる。琉球漁民の一隊は台湾の東岸で破船し牡丹社土人の殺す所となつた。之れが即ち例の台湾事件の原因になるのだが、李仙得はこの報を聞いた時も、直に米国汽船に乗つて現場にかけつけ、厳しく土人を詰責したのである。土人は琉球人を殺したとて清国に背くことにはならぬとか、白人を殺さぬ約束はしたが琉球人のことで文句を云はれる筋はないとか、言を左右に托してなか〳〵彼れの忠告を容れようとしない。而して彼れは、被害者の誰れ彼れに拘らず、土人をして是非とも斯かる残虐行為を思ひとどまらせようと云ふのだから、頑強に責め立てて一歩も退かない。遂に彼れは土人の懲罰と生残琉球人の救護とに関する方策を按じて之を米国並に支那の官憲に愬《うつた》へたのである。吾人は茲に彼れの人道的精神の旺盛なるに敬服するのであるが、普通の外交的常識から判断したなら、そは全く余計な干渉に相違はない。日本臣民が支那人に殺されたと云ふことは全然米国の関知するを要せざる所だからである。思ふに彼れの提議に接して北京駐剳の米国公使は定めし眉をひそめたことであらう。支那官憲の怒つたのは固より怪むに足らず、やがて之れが日清葛藤の因たらんとするや、李の行動が実に日本側の抗撃を誘発したものと看做《みな》して益々彼れを嫉視するに至るのも当然である。然るにそれだけで済ませればよかつたのに、彼れは執拗にも、米国官吏が斯種土人の暴虐行為を座視傍観するを憤慨して、本国政府にまで之を申達した。是れ彼れが結局支那政府側から憎まれ又米国公使とも大に不和となつた所以《ゆえん》である。成る程この調子では、外交官としては困り者であつたに相違ない。が、併し、そこに亦彼れの尊敬すべき長所を見てやらねばならぬと私は思ふ。後ち彼れが朝鮮に往つて日本政府と仲わるくなるのも、帰する所は生一本のこの性格から来たものの様である。

〔以上、『明治文化研究』一九二七年八月〕

明治文化に対する神田孝平先生の貢献

——その著述の解説——

之は明治文化全集第一回配本『翻訳文芸篇』所収『和蘭《オランダ》美政録』解題の補遺として書いたものである。之と併せ読まるれば、一層はツキりすると思ふが、本稿だけでも独立して好学の士の参考にはならう。

神田孝平先生の著書で明治文化全集に収録されるものは沢山ある。明治初年の文化開発に対する先生の貢献の最も著しいものは主として政治経済の方面であるから、先生の伝記の如きもいづれ政治篇か経済篇の発兌の場合に詳しく説かるることにならう。翻訳文芸篇では唯『和蘭美政録』の解題を説くだけに止めることにした。尤も先生の伝記としては、明治四十三年その第十三回忌に当り嗣子神田乃武男の名で公にされた『神田孝平略伝』と云ふがある。伝聞する所に依れば之は乃武男の女婿河津暹博士の筆に成るものださうな。簡明にして頗《すこぶ》る要領を得たものではあるが、神田家自らの作る所なる丈け行文謙譲に過ぎて孝平先生の為人《ひととなり》が十分に現はれて居ない遺憾がある。そこで之はどうしても別に縁故のない他人に依つて書かるる必要があらう、又他人が自由に書いたのでなくては面白くもあるまい。況《いわ》んや先生の如きは、その学殖に於てその識見に於てその明治の学界政界にいたせる貢献に於て、将《は》たまたその洒脱磊落《らいらく》の風格に於て、是非とも後世に伝ふべき多くのものを有せらるるに於てをや。完全なる伝記は固《もと》より一朝一夕にして出来難からうが、併し既刊の『神田孝平略伝』に満足す可からざるの故を以て私共は、更に色々の人に依つて故先生の詳伝の物語られることは無条件に之を歓迎するものである。

明治文化全集の続刊に於て先生が何人かに依つて伝せらるることは私に取つて亦一つの楽しみである。

伝記はそれでい丶として、著述目録の方になると、之は作る人に依つて必ずしも異色の現はれると云ふものではない。要は洩れなく集めたか否かの問題である。此点になると私は、かねて古くから神田先生の著述には注意して居つただけ、多少の自信がある。神田孝平作といへば手当り次第買ひ集めて置いたので、現在私の手許にあるものを並べた丈けでも先生の著作の大部分を網羅したことになるかも知れぬと考へて居る。そこで私は次に先づ私の所蔵本を年代順に並べて見ようと思ふ。遺漏あらば速に大方の示教を賜はらんことを冀《ねが》ふ。斯くして漸次完全なる先生の著述目録を大成することを得ば、是れ固より私一人のみの幸ひではない。因《ちなみ》に云ふ、前記『神田孝平略伝』の附録にも「著書梗概」なる一章を添えてあるが、僅《わずか》に十篇を挙ぐるに止まり固より完全なるものではない。

甲　単行本の形で書かれたもの

和蘭美政録　一冊　(文久元年六月稿成)

従来写本として伝はつたもの。詳細なる説明は明治文化全集の解題に譲る。

農商弁　一冊　(文久元年十二月稿成)

書き出しに斯うある。「商ヲ以テ国ヲ立ツレバ其ノ国常ニ富ミ、農ヲ以テ国ヲ立ツレバ其国常ニ貧シ。東方諸国ハ農ヲ以テ国ヲ立テ西洋諸国ハ商ヲ以テ国ヲ立ツ。故ニ東方諸国ハ常ニ貧シク西洋諸国ハ常ニ富メリ。商ヲ以テ国ヲ立ツルノ利三アリ、農ヲ以テ国ヲ立ツルノ害三アリ、請フ具《つぶさ》ニ之ヲ述ベン」。農を以て立国の基本として居た封建時代に於て斯かる主張を公表するは、殆んど無謀に近い大胆である。説の当否を今日の知識に依つて評するは固より無用の徒事、私共は唯々先生が早く既に卓見時流を抜き其の信ずる所に拠つて何者にも屈せざらんとするの気魄を驚嘆せずには居れない。併せてまた先生が早くから経済の学に心を用ゐたといふことも之に依つてわかる。此書は当時学友の間に見せ其間転々伝写されたものらしく、今日でも写本の形で古本屋の店頭に嘱目することが稀でない。私の持つてゐる一本には辛酉窮冬設楽完爾述とありて神田の署名はないが、他の一本には立派に先生の名を署してあるばかりでなく、辛酉十二月二十一日夜記すとあり、更に一首の和歌を附載してある。曰く

いふもうしいはぬもつらし乱れ髪かきやるこゝろ知る人もかな　恪

恪は孟恪の略即ち先生の旧名である。

猶この二種の写本を比較して見ると、後半の部分に伝写の際の書き誤りとも思はれぬ程度の可なり大きな訂正がある。察するに先生は始めて草した一篇を友人に見せそれが伝唱されて居る間に、また自ら訂正を加へた他の一篇を改めて友人に示したのではあるまいか。明治十二年の公刊に成る先生の論文集『経世余論』の中にも農商弁なる一篇が収められて居るが、之は改訂されたと認めらるる方のである。同じものがまた四十三年刊の『淡崖遺稿』にも収められて居るが、本篇の上梓せられたのは、前記『経世余論』を初めとすることと申すまでもない。

序《ついで》にモ一つ云つておきたいのは坊間にまた往々『増補農商建国弁』と題する写本を見ることである。神田孝平著と銘打つてあるが、之も農商弁の異本である。増補とある丈け内容の追加もあれば文句の訂正もあるが、立論の主眼に変りはない様だ。私の所蔵本の巻頭には休影居士といふ人の「憂天私言」と題する長文の序が添へてある。其の何人なるやを知らぬが兎も角之れ亦相当の識見家らしい。この序文の日附に元光秋日と

あるのと、又書いてある文字により明治以前のものたることが明なることから、私は之を元治慶応の頃のものと推定した。之に就ても大方の教を乞ひたい。因に云ふ、この方には未だ版本はないやうだ。

和蘭王兵学校掟書　一冊　（文久二年刊）

之は一八五七年七月発布の和蘭国王立兵学校の規則書の翻訳書である。半紙本、紙数六十余枚ある。何等か実際の目途あつて訳されたものであらうが、今その由縁を調査する手掛りがない。表紙裏には文久紀元辛酉冬日新鐫《しんせん》九潜館蔵版とあるも、奥附には文久二年初夏とある。

英船薩州戦争記　一冊　（文久三年七月訳成）

坊間に往々「日本ノ交易ニ関セル神奈川開板ノ別段新聞紙一千八百六十三年八月二十六日即我文久三年七月十三日」の訳文と称する写本を見ることがある。之は横浜発行の Japan Commercial News の英艦対薩摩開戦に関する号外を訳したものであると云はれて居る。而して従来之は何人の筆に成るといふことは別に詮索もされずに放任されて来たのだが、私は早くから或る理由に依り之を神田先生と加藤弘之先生との合作に成るものと信じて居る。全文を二人で訳したとすれば、何れ丈けが加藤先生ので又何れ丈けが神田先生のか判る筈だが、差当り其処まで細かく穿鑿《せんさく》するの必要もあるまいから、今は唯之を神田加藤両先生の合作として挙げておく。

さて私が斯く断定するに至つた理由は何かと云ふに、外でもない、前にも述べた『神田孝平略伝』の巻頭に寄せた加藤弘之先生の序文の中に次の一節を目に留めたからである。

又僕ガ孝平男ト共ニシタ仕事デ一ノ面白イ話ガアルカラ、一寸述ベテ見ヤウ。ソレハ文久三年七月ニ英国軍艦ガ鹿児島ヲ攻撃シタ時ノ事デアルガ、其時分ニハ無論電報モナイ電話モナイカラ、遠地カラ至急ノ報告等ヲスルニハ唯速追便ト称シテ使者ヲ駕籠ニ乗セ多クノ人足ニカツガセテ昼夜兼行デ先方ニ送ルコトデアツタ。京都ト江戸トノ間ハ里数ガ百三十里デアルカラ、尋常ノ旅行ニハ約十二三日ヲ要シタケレドモ、右ノ早追便ハ昼夜兼行デ走ルカラ最大至急ナラバ三四日グラヰデモ到着スルノデアツタデアラウガ、鹿児島トナルト四百里余モアルカラ、早追便デモ二週以上三週間近クモ要シタノデアル。

トコロデ鹿児島戦争ハ古来未曾有ノコトデアルカラ、至急ニ江戸政府ニ報告スル必要ガアルケレドモ、到底其手段ガナイ。然ルニ幸ヒニモ英国軍艦中ノ一ガ急使トシテ鹿児島カラ横浜ニ向ツテ、慥《たし》カ六七日位デ走航シテ来タ。ソコデ横浜ニアル所ノ和蘭文ノ新聞(週刊デアツタデアラウ)ガ直ニ号外デ戦争ノ概略ヲ報告シタ。仍《よつ》テ江戸政府ハ此新聞ヲ直ニ前陳蕃書調所ニ下シテ翻訳ヲ命ジタ。孝平男ト僕トノ両人ガ大至急翻訳ノ命ヲ受ケテ、徹夜デ翻訳シテ政府ニ出シタコトデアツタ。ソレデ政府ハ始メテ鹿児島戦争ノ概略ヲ知ツタトイフヨウナコトデアツタ。

猶こゝに一つ疑問を存して置きたいのは、和蘭語の新聞と云ふことである。Japan Commercial News が鹿児島の戦況を報ぜる号外を出したと云ふことは明白な事実だが、当時加藤神田の両先生は英語を解せなかつたのである。して見れば両先生の訳文の原本は必ずや蘭文でなければならぬ。或は英字新聞の号外を蘭人が蘭訳して刊行したものを、徳川政府が手に入れたものでもあらうか。この点疑問として掲げておく。

経済小学　二冊　(慶応三年刊)

之は英国の W. Ellis' Outlines of Social Economy をその蘭訳本から重訳したものである。初級学校の教科書らしく、至つて簡単なものではあるが、西洋経済学書の我国に於ける最初の紹介として有名である。翌慶応四年三月の再板本には西洋の二字を冠し『西洋経済小学』となつて居る。パルグレーヴの経済辞書に依ると、エリスはベンサムの門人でミルとも親しく、経済学者としても相当知られた人であつたと云ふ。

和蘭政典　二冊　(明治元年冬刊)

之は一千八百四十八年改正の和蘭憲法(Grondwet van Nederlanden)の翻訳である。和蘭の憲法は一八一五年八月始めて出来たのだが白耳義《ベルギー》分立の結果一八四〇年若干の変更をうけ、更に一八四八年大なる改正を見た。其後一八八七年に改められたことも人の知る所である。本書は一八四八年改正のものの訳であるが、当時我国朝野の需要に促されて出来たものであることは言を俟《ま》たない。凡例に曰く「此書の原本をホロンドウエット・ファン・ネーデルランデンといふ。和蘭根本律法といふことなり。其体裁を云へば、国土を保護せんが為めに君民協議して設けたる条約書なり。之を根本律法と名付けし訳は、一切律法皆此条約書より出ればなり。余訳して政典といふ、其簡古なるに取るのみ」と。亦以て当時の学者の憲法観の一端をうかゞふべきである。

西洋裁判論　一冊　(明治元年刊)

之は平井元治郎の『富国強兵論』福沢諭吉の『理財論』と合して一小冊子を成すものである。実はこの三篇は共に『中外新聞』に出た小論文だ。之を誰れかが一冊に合刷して頒布したものであらう。発行所も刊行年月もない。原文は明治元年刊行の新聞に出たので私は仮りに之も元年の刊行としておく。新聞所載の方には西洋諸国公事裁判の事と題してある。之は他の新聞雑誌投稿論文と共に『経世余論』及び『淡崖遺稿』の中にも収められて居る。ついでながら云ふ、福沢の理財論なるものに関しては多少の疑ひないでないが、之は拙著『講学余談』(二五〇頁)の中に少しばかり書いておいた。

泰西商会法則　一冊　(明治二年夏)

和蘭商法の第十四条乃至《ないし》第五十六条を訳したもの、即ち会社に関する規定である。明治二年の夏といへば、通商局をして商社規則を発布せしめなどして政府でも盛んに会社組織の企業を奨励してゐた時だ。先生の本書を訳せるも偶然ではない。巻末に高木五郎兵衛と云ふ人の跋文がある。曰く「世人皆外国人の商業に長ずることを知つて其長ずるは良法の設あるに依ることを思はざるは何ぞや。予嚮《さき》に神田先生に就て泰西商業の法を問ひしに先生頷《うなず》いて応へず。不日にして商会法則一巻を訳されたり。予之を閲するに、所謂良法の設悉《ことごと》く要領を尽す、実に商家の宝訓にして富国の要道なり。予喜に堪へず直ちに請ふて之を鋟す。其伝を広して万一に裨益せんことを希《こいねが》ふに依る耳《のみ》」。

数学教授本　四冊　（明治二―四年刊）

西洋数学の初等教科書としては最も古いものであらう。第一巻加減乗除は刊行の年月を示してないが、第二巻度量貨幣法が三年五月、第三巻分数小数が同十一月、第四巻比例法が四年五月の刊行なるより推して、之を二年秋冬の候と見て大過なからうと思ふ。『神田孝平略伝』には元年著とあれど疑を存しておく。猶ほ神田孝平編としてあるのは第一巻だけで、第二巻は神田乃武、第三巻は河田九万、第四巻は児玉俊三の編となつて居るも、こは唯名義を家族親近の者にかりたのに過ぎまい。

性法略　一冊　（明治四年春刊）

之は西周・津田真道の両氏が和蘭に留学しライデン大学の教授フイツセリングに就いて五科の講義を聴いた其の第一の性法論講義の訳なることは既に普《あま》ねく人の知る所である。明治初期の法政思想をあくまでも深く支配した天賦人権説が、一つにはこの書に依つて植えつけられたことを思ふとき、本書の歴史的価値や頗る大なりと謂はざるを得ない。先生の名声も亦之に依つて大にあがつたといふことである。

星学図説附図彙　三冊　（明治四年冬刊）

米国 Asa Smith 原著 Illustrated Astronomy の訳。初等学校の教科書と見え簡単な問答体に出来て居る。但し図彙の方は当時としてはなか〳〵立派な出来栄えである。科学思想の開発に貢献する所決して尠《すくな》くはない。猶私の所蔵に一八七七年ボストン版の原書がある。菊版二倍の大本で八拾頁。序文に依ると初版は十二年前に出たのださうな。表題は次の通りである。

Smith's Illustrated Astronomy, designed for the use of the public or Common Schools in the United States.

和蘭司法職制法　一冊　（明治五年三月刊）

題名の如く和蘭の司法制度に関する法律の翻訳である。我が現行法に引当てると、丁度裁判所構成法の第一編に該当するものの様だ。猶ほ本書を始め以下の二書はみな文部省印行の官板なることを注意しておく。

和蘭州法　一冊　（明治五年首夏刊）

一八五〇年七月六日議定、和蘭政府日誌第三十九号所載を訳したとある。謂はば府県会規則の類である。

和蘭邑法　二冊　（明治五年刊）

之は市町村制に当るもの、無論法文その儘の翻訳である。後ち明治九年大井憲太郎訳『仏蘭西《フランス》邑法』と合冊し洋装本として再刻されても居る。蓋《けだ》し之は前掲州法と共に我国地方制度の創定に相当の影響を与へたものであらう。

田税新法　一冊　（明治五年秋刊）

之は『経世余論』や『淡崖遺稿』に「田税改革議」として出てゐると同じものである。結句に三年六月記とあるが、之が五年の秋『田税新法』の名で印行せられて居るのである。同書の跋文に曰く、「是我ガ往歳建議ノ草稿ナリ。此頃往々借覧ヲ乞フ者アリ。依テ公布シテ筆墨ノ労ヲ省ク者ナリ。壬申七月孝平記」。

世事要言　一冊　（明治六年十二月刊）

兵庫鳩居堂版とあるから、兵庫県令として管下の人民教諭の目的を以て編纂したものであらう。十二回に分ち、毎回十ケ条の金言を列挙して居る。その中には頗る新味の濃厚なるもあつて、従来有り触れた教諭本と違つた所に一寸面白い節がある。版下《はんした》は先生の自筆である。

経世余論　一冊　（明治十二年十月版）

神田先生の論文集である。前記の著書以外先生が明治初年『中外新聞』、『遠近新聞』、『明六雑誌』等に発表せられしものに更に建議建白書等を加へて輯《あつ》めたものである。前已に掲げたものの中では農商弁と西洋裁判論と田税新法との三つが入つて居る。神田孝平著土居光華批評とあるが、多分評点者土井氏の編纂に成るものであらう。

Notes on ancient Stone Implements, etc. of Japan.　一冊　（明治十八年一月刊）

日本に於ける古代石器を図示し外国人の講究を促すの目的を以て作つたもの。英文は嗣子乃武男の翻訳に係る。日本考古学の発達の上に亦看遁《みのが》し難い資料と認められて居る。

日本太古石器考　一冊　（明治十九年四月刊）

之は前書の原文である。原文の方が一年あまり遅れて印行されたものと見える。但しこの方には図譜がない。

淡崖遺稿　一冊　（明治四十三年刊）

之は先生の第十三回忌に当り略伝と一緒に作られたものである。三部に分ち、第一門には主として明治初年の論策が収められて居る。之が丁度前掲『経世余論』と殆んどその内容を同じうする。第二門は明治十二三年から十六七年に亘る頃主として東京学士会院雑誌に載せられたものを輯めてゐる。純学術的論文が多い。第三門は十九年及び二十年頃東京人類学会雑誌に発表せられた考古学的論文の集成である。

乙　新聞雑誌に寄せられたもの

神田先生の新聞雑誌に投ぜられた論文を一々洩らす所なく挙げようと云ふのではない。事実私は斯の面倒な仕事に手を拡げて居るのではない。只明治の初年諸学者が世人の啓蒙の為めに競つて新聞雑誌を利用した時代のことは特に注意して居るので、自然この期に於ける神田先生の業績に付ても相当詳しく調べて居る積りである。故に茲に述ぶる所も十年以前の極く初期に限つての話と御承知を願ひたい。

さて此期に於ける先生の論文も、その主なるものは一度『経世余論』に収められ更にまた『淡崖遺稿』にも採録されたことは既に述べた通りである。依つてこゝには右二書に洩れたもののみを列挙することにする。

一、中外新聞(明治元年度分)所載

イ、夫婦同寝多少の限ある話――原本西洋情史の一章を抄出す。(第十六号)

房事の度数に関する古伝説を紹介せるもの。多分西洋の俗書に材を取つたのであらう。

ロ、喩言一則(第二十号)

通俗訓話の訳である。以下みな同じ。材料は伊蘇普《イソップ》又は西洋の修身書などの類から取つたのではないかと想像される。

二、中外新聞外篇(明治元年刊)所載

ハ、喩言一則(第八号)

二、喩言一則(第十一号)

三、中外新聞(明治三年度分)所載

ホ、議院考一則(第四十一号)

会議の制は勿論古来より漢土にはない。併し古聖賢の言行等に依りて察するに、その治国の精神は今日の会議の制度と異なるものではない。堯舜周孔孟を九泉より迎へて方今の時勢を見せしめば、必ずや手を拊《うっ》て大に会議の制度を賛するならんとの旨を説いたものである。

四、遠近新聞(明治元年度分)所載

ヘ、喩言一則(第二十三号)

ト、日本国中諸宗寺院惣数(第二十七号)

寺社奉行より出たものだから確かなものだらう、経済学家の参考の種ともならうかとて之を公にする云々と書き添えてある。

猶一言しておきたいのは、以上の諸篇は固より、其他『経世余論』『淡崖遺稿』中に収められたものも、上記明治初年の新聞類に出たものには多く唐通居士と署名してあることである。稀には唐華陽と書いてあるのもある。之が神田先生のペンネームの一であることは既に同人尾佐竹君に依つて明かにされた所である。飄逸なる先生は「可愛けりやこそ神田から通う」の俗謡をもじり自ら神田唐通《からかよう》と称したのださうな。唐華陽の華陽はまたかゝよう なることも疑ひを容れない。時としては河淮経略胡蘇監田唐通と署名したこともあるといふ。当時の洋学者連は、年も若いが、柳河春三にしろ福地源一郎にしろ、可なり駄洒落《だじゃれ》気分に富んで居つたことは争はれない事実である。

五、西洋雑誌第四号(明治元年春刊)所載

チ、褒功私説

「西洋諸国にはパテントと云ふ事あり。訳すれば褒功法といふ事なり。……褒功法といふとはいへども、軍功政績等を褒賞するの謂にはあらずして、妙術奇器等を新に発明せし功を賞するのみに係れり」と説き出し、所謂特許制度の必要なる所以《ゆえん》を述べたものである。この種の立言としては最も古いものであらう。之と前後して『中外新聞』第十七号に寄せた「重板論」(『経世余論』及び『淡崖遺稿』に採録さる)と共に、先生の早く已《すで》に斯の方面に一見識を有せられたことを明かにする材料である。

六、議案録(明治二年)所載

議案録は明治二年に開かれた公議所へ提出せる建議建白を集めたものである。この中に神田先生のが三つある。

リ、赦令御廃止可然議

「朝廷ニ吉凶ノ大礼アル毎ニ赦令ヲ行ヒ罪人ヲ放ツ」は間違つて居る。「罪軽クシテ赦《ゆる》スベキ者ナレバ朝廷ニ大礼ナシト雖《いえど》モ之ヲ赦スベシ、又罪重クシテ赦スベカラザル者ナレバ朝廷ニ大礼アリト雖モ赦スベカラズ」との旨を述べて居る。大赦の効果を疑ふの論は昨今段々盛んであるとやら。六十年前之を先生に聞くは卓見といふべきである。

ヌ、漢土及第法御参用可然之建白

試験に依つて人材を抜擢すべきを論ぜるもの。試験科目としては和学・漢学・経済・文章・天文・地理・兵学・律学・医学・博物学の類を挙げて居る。

ル、税法改革ノ議

田地の売買を許し、その地価を按出して税率を定め、一切の地税を金納にすべきを説いて居る。

七、東京数学会社雑誌所載

ヲ、東京数学会社雑誌題言（第一号・明治十年十一月刊）

我国に於ける最初の数理学会たる東京数学会社の社長として先生が雑誌発行の趣意を述べたものである。一つには先生の数学者としての地位及び功績を明にし、一つにはこの頃の数学界の模様を知るの料として特に之を挙げておく。猶この雑誌のことは曾て拙著『主張と閑談』第一輯中に於ても述べたことがある（同書一六〇頁〔本巻五五頁〕）。

〔『経済往来』一九二七年一一月〕

明治維新の解釈

昨今明治文化の研究が頗《すこぶ》る盛で、新聞雑誌等にも通俗の読みものとして明治初年の逸話奇聞を載するものが多くなつた。甚だよろこばしい事だが、併し時々その中に出鱈目《でたらめ》な説明のあるのには閉口する。その一つの例として最近某新聞で読んだ記事をお目に掛ける。

文句は精密に記憶して居ない、話の筋は斯うだ。慶応四年正月、鳥羽伏見の戦で負けた徳川慶喜が江戸に逃げ返つた数日後の事、突如仏国公使が訪ねて来た。外ならぬ仏国公使の事とて無下《むげ》にも断れず遇つて見た所、公使は何故此儘《このまま》恭順などと称してオメ〳〵お引ツ込みになるのか、必要とあらば金もお用立てませう兵器兵員もお貸し申しませう、もう一ト合戦やつて御覧になつては如何ですかと、頻《しき》りに将軍をけしかける。すると慶喜公のいふには、御厚意は有り難い、併し相手は朝廷でござる、薩長聯合軍を打ち破る位のことなら、何も貴下の御援助をかるまでもなく、朝飯前の事でござるが、錦の御旗をふりかざして来られては、日本人として到底之に抵抗するわけには参らぬのです。仏国公使も之には返す辞もなくて引き退つたといふのである。

之に続いてモ一つ別の話がある。後年伊藤博文公が何かの機会で慶喜公に遇つた。その時彼は維新当時を回顧し、薩長聯合軍の内幕極めて手薄で、若《も》し幕府方に断乎として踏み留られては一ト溜《たま》りもなかつたのに、之を薄々知つてゐる筈の徳川方が始めから一向戦意を示さなかつたのはどう云ふ理由《わけ》か、あの当時から之は人々の怪んだ所であると語つた所、慶喜公は、やはり朝廷に刃向ふ考のなかつたことを以て之に答へたと云ふのである。

斯う云ふと、日本人は上下おしなべて皆昔から勤王の志厚く、朝廷尊崇と云ふ信念の下に訳もなく王政維新が出来上つた様に聞え、誠に結構な話であるが、事実は果して其通りであるか。史実の正直なる検討は、必しも如上の説明をその儘には裏書しない様である。

無論私は日本人に勤王の志が欠けて居ると、主張するのではない。少くとも維新当時の日本人が全然朝廷を尊崇する所以《ゆえん》を知らなかつたと云ふのではない。単に日本人たるの故を以て先天的に勤王の念ありと断じても、謬りとは思はぬのであるが、併し兎も角も三百年の永きに亘つて天下を支配した徳川政府だ。之に対する世間一般の執着が又さう一朝一夕にして消え去るとはどうしても思へぬのである。加之《しかのみならず》我国では、少くとも鎌倉以来政権は引続き武門の掌《つかさど》る所となつて居た。それに封建時代の教育は、臣は君を以て天とし妻は夫を以て天とすべく凡《およ》そ人は直接にその事《つか》ふる所に一身の誠を捧ぐべきもので、濫《みだ》りに階級を飛び越えて二段も三段も高い処に勝手に接近するのは僭越の甚しきものと教へ込んで居る、直訴を大罪の一に算ふるは主としては之が為めであらう。故に封建時代に於ける所謂《いわゆる》忠義は、直接に禄を給する君侯に対するの義務にして、勤王とは全く別個の観念だ。されば明治政府が広く人材を諸藩に徴し籍を改めて朝臣の列に加ふるや、その中斯くては故主に済まず又忠義と云ふ伝統的信念にも安んぜぬとて、勤王御免を出願するものが簇出《そうしゅつ》したと云ふではないか。故によく当時の境地に身を置いて考ふるものに取つては、真面目な者程忠君と勤王との間に板挿みとなつて大に煩悶したと云ふ事実を不思議としない。そこで当時の先覚者福沢諭吉先生の如きは、速《すみやか》に皇室を中心として国家的統一を促進すべきの必要を痛感し、その為めの何よりの急務として忠君の妄想を抛擲《ほうてき》すべきを説いて居るではないか。之等の事実を無視し今日の頭を以て維新の歴史を解釈するは甚だ危険な話であると考へる。

私の考では、凡ての人が皇室を見つめて日本国民としての共通の感情を有《も》つ様になるまでには、凡そ二十年の歳月は掛つたと思ふ。勤王の意義を理解せないのではない、只感情がハッキリそこに眼を醒《さ》まさなかつたのである。謂はば勤王と云ふ情感は、封建時代の永い間の拘束に影響されて、所謂長夜の惰眠を貪つて居たのである。惰眠といへば惰眠だが、徳川時代の太平の治世を順々に手繰《たぐ》つて来れば、如何に他に種々の事情が綜合し来るとは云へ、維新前後となつて急激に猫も杓子もさう易々《やすやす》と勤王に感染《かぶ》れる筈のないことが分る。

だから私は慶喜公と仏国公使並に伊藤公との話なるものを信じない。若し之が事実あつたものとしてもそは決して慶喜公が正直にその当時の気持を語つたものとして受取ることは出来ない。併し私は茲で史実を争はうとするものではない。世間の人が兎角斯んな見地で維新史を解釈せんとするのに私は兼々不満を抱いて居ると云ふことを云ひたいのである。

ひとり維新史ばかりではない、一体に明治の歴史の物語られるのを聞く毎に、私はいつも成金輩の自叙伝を読まされる様な感がしてならない。成金は過去の己れをば赤裸々に語りたがらないのが常だ。現在の自分の立場を、自分の欲するが如くに世間の人をして納得せしむる為に、既に知られて居る我が過去の行動を今如何に説明すればいゝかを先決問題とする。即ち彼は史実を集める前に解釈の方針を予定して掛るのである。私共は彼を一個の立志伝中の人間と見る。裸一貫からあれ丈けの暴富をなしたのだから、之れまでには随分人を痛めた事もあらう。それを如何始末して今日の成功を見るに至つたか。その有の儘の経緯《いきさつ》を聞いて大に参考としようと思ふのに、後から作り飾つた伝記を勿態振《もつたいぶ》つて聞かされるのでは堪つたものでない。同じ様な感を私はいつも明治史の説明を聞いてそゝられる訳なのである。

事実を有の儘に見るのでなければ先輩の苦心が分らない。折角の歴史が一向後人の教訓にならぬのである。成功した本人に取ては、その昔し喰ひ詰めて女郎屋の番頭にまでなり下つたなどと云はれたくはないであらう。生れた時からお上品な道ばかりを辿《たど》つて来たことに無理に押しつけるのが、愛国的歴史解釈だと妄信して居る先輩は今日でも頗る多い。この固陋な約束を破つて我国近世史を書換へることは、今や史家に取て一つの緊急事業であらうと私は考へる。

＊

話はまた元へもどる。慶喜公は幕府没落の当時果して私共の今日考へて居る如き勤王の精神に溢れて居たであらうか。忠臣蔵を見ると、君侯の罪に依て没収された城に分れるのですら、大石以下の家来は無限の感慨に打たれるではないか。芝居を見て大石良雄等の義士の面々に同情することを知つてゐる日本人は、慶喜公等が勤王の為めだとて喜び勇んで江戸城を明け渡したと安価に断定し得ぬ筈だ。況《いわ》んや相手の薩長は朝廷を擁して我に喧嘩を売るものと徳川方に信ぜられしに於てをや。斯う云ふ場合に比較的公平冷静なる観察を下すものは外国人だ。外国人は異口同音に当時の形勢を二大勢力の抗争だと観察して居る。さればこそ諸外国公使も局外中立を宣言して仲々之を引つ込めなかつたのだ。横浜辺の外字新聞などには、日本は今や東西の二部に分れ近き将来に於て統一さるる見込はなからうと観たものもある。斯んな所がまづ当時の通念であつたのだらう。されば当の幕府方に、勤王と云ふ考に基いて始めから戦意を引つ込めたなど云ふ者は到底あり得なかつたと思ふのである。

之は学友の尾佐竹君から聞いた話であるが、大正二年徳川慶喜の薨《こう》ずるや例に依て弔問者門前市を為したのであるが、誰人の計ひであつたか、当時の大官連には一人も直接霊柩に告別するを許さず、悉《ことごと》く門前払を食はしたと云ふことである。之が慶喜公の素志であつたか否かは別問題として、昵近者《じつこんもの》の人情としては、明治政府の顕官輩を故侯に取つて不倶戴天の仇敵だと視たのも尤《もつと》もの次第と考へる。只それが大正の出来事とすると少し執拗に過るの観がある迄の事である。

今時の年若い青年諸君には分るまいが、明治も二十年頃までは、一から十まで明治新政府の為る事が癪に障り、伯夷叔斉を気取るまでの勇気はないが白眼を以て天下をにらみ、事毎に不平を洩らしては薩長嫌厭の情を民間にそゝるといふ底の人物が到る処に居たものだ。最近物故された徳富蘆花翁の旧著に『黒潮』と云ふ小説がある。読者の多くは既に一度は之を繙《ひもと》かれたことと察するが、あの中に東三郎と云ふ隠れたる武人が出て来る。一つには忠臣二君に仕へずの節義に頼り、又一つには新しがりの薩長官人に対する満腔の不平から、久し振りに東京に出て来たものの、見るもの聞くもの癪の種ならざるはなしと云ふ有様が能く描き出されて居る。つまり斯んな種類の人が全国到る処に沢山居つたのである。明治新政府も定めし枕を高くして眠れなかつたことと察せられる。私は薩長にいぢめられた方の東北の片田舎に生れたので割合によく這般の消息はわかる。今から回想して見るに、成る程あゝした類の人物は可なり沢山私共の周囲にも居つて、我々子供の頭に識《し》らず〳〵重大の影響を与へた様である。私共が七ツ八つの頃よく戦争ごつこをして遊んだものだが、「新政厚徳」の旗印が最後の勝利を占めたといふでなければ決して局を結ぶことは許されなかつた。それかと云ふて朝廷に反抗すると云ふ考が毛頭あるのではない。要するに徳川の治世にその頃の時代はまだ概して大なる未練を有つて居つたのである。その未練が邪魔をして、思ひ切つて勤王を標榜することが六つかしかつたのであらう。尤も日本人としてはもと〳〵勤王思想が本流なのであるから、時が経《た》てば自然の規道に復《かへ》つて来るには相違ない。だから明治二十年頃からは段々物事が自然の位置に復し、日清戦争に至ては国民的精神の統一の出来上つたことが立派に証拠立てられたのであるが、それも十五六年頃までは、まだ仲々不平連中が全国の到る処に居つて物騒を極めたものである。自由民権運動に伴つてその頃よく各地に爆発した所謂政府顚覆の革命運動の如きも、その原因固より複雑を極めては居るが、一つにはまた此の反薩長の強烈なる感情を計算に入れなければ一寸理解の出来ぬ現象だと考へる。要するに此頃勤王の餌を以てしても容易に薩長に頭を低《さ》げなかつた連中は頗る多かつたのである。今日の有象無象《うぞうむぞう》が何事にも忠君愛国を振り廻し、この看板を振り廻しさへすれば広い世間が楽々渡れると云ふのとは実に霄壌《しようじよう》の差があつた。斯う考へて来ると、少くとも明治の初め二十年位の間は、一片の勤王を以てしては天下の人心を普《あま》ねく服せしむることは出来なかつたと謂はなければならぬ。故に当時の歴史を勤王一点張りで解釈せんとするのは、断じてその当を得ないと考ふるのである。

*

私は嘗《かつ》て或る少数者の会合で先師梅謙次郎、奥田義人の両先生から次の如きお話を承つたことがある。明治天皇陛下は或る時内勅を伝へて徳川慶喜を宮中にお召になつた。それから間もなく慶喜に公爵を賜りて別に一家を為さしめ給ふたと云ふからこの話は明治三十四五年頃の事であつたらう。さて慶喜は突然のお召ではあり、且つは随分永い年月を経たとは云へ一旦は朝敵の汚名を被《こうむ》つた身とて軽々しくお請《うけ》するも如何と考へ、老齢制服を着するに堪へぬの故を以て一応御辞退申し上げた。然る所宮中では表向きの御用ではないから礼服着用には及ばぬ。平服の儘微行して来いとの有り難き勅諚であつたと云ふので慶喜はこの上御辞退するの口実もなく、有り難くお請してやがて定めの期日に参内した。すると奥まつた一ト間に通されたが、其処には陛下が御平服の儘で着坐してござる。お側近く座蒲団を賜り、極めて打ち寛いだ御物語りがあつてやがて酒肴が運ばれたが、さて天盃を賜り一献頂戴する段になつて、思はず杯盤を周旋なさる御方を見奉ると、それは畏《かしこ》くも皇后陛下であつた。慶喜恐懼《きようく》措く所を知らず、思はず感泣の涙にかきくれたと云ふ。やがて慶喜は身にあまる光栄におどる心を抑へつゝ、御前を退いたのであるが、その時陛下は最後の御言葉として、之れで自分も永年の気苦労が取れたと仰せられたそうだ。両先生は何処からその話を聞かれたか今私にその事に付ての記憶はないが、兎に角明治天皇は斯の如き人情の細やかな御方であるとて、其外にも数々の美談を承つたが、最後に両先生は云つた。だから誰でも陛下にお側近く接し奉つた程の者は陛下が有り難くて堪らぬのだ、只陛下なるが故に表面有り難いと申し上げるのではないと。そして斯うした逸話をこそ広く民間に伝へて陛下の御盛徳を知らしむべきだのに、一部の頑迷者流が九重雲深きあたりの消息は濫りに下民の窺ふを許すべきに非ずとて、斯うした話をさへ語り伝ふるを忌むのは甚だ以て心得ぬなどと不平を洩されてゐた。故に私達も之は秘密の話として聞いたのだから、今茲に公然之を雑誌に書くのは或は両先生の本意に副《そ》ふものでないかも知れぬ。併し今日の時勢となつては最早之を語るも何の妨げあるべき道理もないから、私は恰度《ちようど》い丶機会だと思ふて此事を読者に告げる次第である。実に明治天皇は一個の人としても深い且つ温い情緒を豊潤に有ち給ふた方であつたのだ。

余談はさて置き、右の場合に於ける明治天皇の御気持をひそかに拝察し奉るに、陛下に於かせられては、徳川家の居城を唯で取り上げたと云ふ事を情誼上忍び難い苦痛として永く御胸中に秘め置かせ給ふたのであらう。そして一度は昔の主人公を茲に呼んでそれとなく一言の挨拶をしたいと兼々御心に掛け給ふたのであらう。して見れば、陛下に於かせられても、大義名分の表面的解釈以外、矢張り人情としては一種の勝利者の悲哀を感じて居られたに相違ない。而してこの陛下の御気持が実に当時の日本人一般の気持を代表するものではあるまいか。勤王の二字で物事をポン〳〵冷やかに解決し去るばかりではない、理窟は理窟として外にまた、永い歴史の結果に対し断ち難き情誼を感じてこそ、花も実もある円満な人間的解釈になる。いづれにしても我が維新史の従来の解釈は、余りに人情味の乏しい冷やかな空理空論に煩され過ぎては居ぬか。之を血も涙もある人間の仕事だと観て、モ一度よく考へ直す必要があると私は考へて居る。

〔『婦人公論』一九二七年一二月〕

我国近代史に於ける政治意識の発生

一　問題の意義

本稿に於て私の研究せんとする主題は、永い間の封建制度に圧せられ天下の大政に容喙《ようかい》することを一大罪悪と教へ込まれて来た日本国民が、近代に至り如何にして突如政治を以て我等自身の仕事なりと確信するに至つたかを闡明《せんめい》せんとするに在る。維新当初万機公論に決すると云ふスローガンの、著しく当時の青年を動かしたことは云ふ迄もない。仮令《たとい》そは初め都に居る少数の先覚者の間だけの問題であつたとしても、やがて全国的に勃興せる所謂《いわゆる》自由民権の運動に於て、都鄙到る処の有識階級が猛然として政界に於ける積極的地位を要求せしの事実は、日本国民の政治的自覚を語るものでなくて何であるか。衆議に諮《はか》ることの中に真理を発見し得べしとの根本理義に徹底して居たか否かは別問題として、少数者の政権壟断《ろうだん》を不規不正と叫んで撓《たゆ》まざるの確信に至ては実に動かす可からざるものがあつたのだ。要するに政治は最早役人の仕事ではない、我々国民の仕事である。又さうでなければならぬと云ふのである。所で斯う云ふ政治意識を当時の日本人が持つたとて何も不思議はない様だが、併しそれは今日の頭で考ふるのであつて、姑《しば》らく維新当時に身を置いて考へて見ると、実はそれは大変な事件なのである。何となれば此時まで我々の父祖は、我々の一身はお上《かみ》に預けたもの、どんな運命に置かれようと文句をいふべきに非ず、下々《しもじも》の分際として天下の政治向に喙《くちばし》を容るるは厳しい御法度だと教へ込まれて居たからである。民は依らしむべし知らしむべからずとは能く人の云ふ言葉だが、維新以前は正にその通りであつたのだ。之れでなくては天下の治まりがつかぬと云ふ所に封建時代の特色があつたのである。故を以て当時の国民の眼からすれば、政治は即ち役人の専ら頭を悩ますべき問題である、のみならず、下民の分際として之に触るるは取も直さずお上の尊厳を冒瀆することになる。従つて当時の普通民は、概して政事向のことに頭を使ふ習性を全然欠くを常とするが、他面に於て又之に触るるを恐るること宛《あた》かも切支丹邪宗門に対する如きものがあつたと謂てい丶。政治と邪宗門を同一に取扱ふは穏でない様だが、迂《う》つかり之に触るることに依て大罪を負ふと云ふ点に於ては全然同一だ。之れ程政治に触るるを恐れた者が、如何に異常の変革を経たからとはいへ、急に一転して之を我がものと確信するに至つたとすれば、之に就てはモ少し深くその仔細を攻究する必要があるのではなからうか。

封建治下に於ける右のやうな桎梏《しつこく》の如何に根強かつたかは、万機公論の大旆《たいはい》を掲げて政府から進んで民間の意見を徴した新政の下に於ても、建白上書等を試むる者が、挙《こぞ》つて「乍恐奉建言」だの「微賤の身をも顧みず」だのと自らを卑下したのに観ても、その一端が窺はれる。現にまた五個条の御誓文の発令と前後して公布された五枚の榜示の中にも、「何事によらずよろしからざる事に大勢申合候をととう(徒党)ととなへ、ととうしてしいてねがひ事くわだつるをごうそ(強訴)といひ、あるひは申合せ居町居村をたちのき候をてうさん(逃散)と申す、堅く御法度たり云々」の一札あり、明白に官憲に対する一切の民衆的運動を厳禁せし封建的余習を表明して居るではないか。されば福沢先生が二度目の洋行で英国に往つた時(文久二年)、見るもの聞くもの不思議で堪らず「適当の人を見立て丶質問を試るに、先方の為めには尋常普通分り切たる事のみにして如何にも馬鹿らしく思ふやうなれども、質問者に於ては至極の難問題のみ」多く、例へば日本では三人以上何か内々申合せでもすると徒党と称し重き処分を受くるのに、「英国には政党なるものありて青天白日政権の受授を争ふと云ふ、左れば英国にては処士横議を許して直に時の政法を誹謗するも罪せらる丶ことなきか、斯る乱暴にて一国の治安を維持するとは不思議千万何の事やら少しも分らず」（福沢全集緒言旧版四〇―四一頁新版三二―三三頁）と云つたのも毫も怪しむに足らぬのである。即ち見る、封建的因襲の久しき、当年の先覚者までが政治方面の見識に於て斯くも曚昧を極めて居つたことを。故を以て政事を国民自身の仕事とする近代的政治意識の発達は、我国に於て其始め決して容易の談ではなかつた筈である。而もそれは事実に於て早くから易々と起つて居つたのだ。して観ると、或る意味に於て我々の父祖は、実に甲の境地から乙の境地に一大飛躍を試みたものと謂はなければならぬ。然らば何がこの飛躍を促した原因であるか、且つその飛躍をして或点まで成功せしめた因縁は何処に在るのか。之が我々に取て一つの研究問題であらねばならぬ。而して之等の点を詳細に究むることは、同時にまた爾後に於ける近代日本の政治思想及運動の発展を正しく理解する上にも必要であらう。是れ私が本稿を草するに至つた一つの理由である。

二　「公道」の観念

先づ私は結論を先に述べておく。日本国民に近代的政治意識の発生を促した第一の原因は、当時の政府が率先して「政道」を自家の掌中から民間に解放したことである。前にも述べた如く其始め国民の眼から観て政治的規範は役人の頭脳そのものに外ならなかつた。役人の命ずる通りに遵《したが》つて居さへすればよかつたのである。所が維新前後の大変革に伴ひ時勢の著しく転移した結果として、新政府は、今なほ昔の役人が教へ込んだ様に国民に動かれては困ることになつた。併し俄《にわか》に別の行動を取れと云つても直に之を徹底せしめることは難かしい。そこで新政府は、時勢の変異と共に「政道」も亦新にならざるべからずと教へて、国民的行動の方向転換を容易ならしめんと試みた。新しい「政道」とは何ぞや。それは第一に従来の役人の頭の中に在つたものとは別のものでなくてはならぬ。斯く教ふることに依て「政道」の観念は先づ以て官府の奥の院から広く天下に解放されたのである。

次にこの新しい「政道」は上の人も下の人も果ては皇国人も西洋の夷狄《いてき》も皆ひとしく遵奉する所の極めて公明正大な「道」だと教へた。斯くて「政道」は四海万民の自由に仰ぎ見るを得る超越的存在と観念さるることになつた。終りに政府は、汝等も亦この道に拠《よ》つて身を立てよ従来の様に軽挙盲動して国家の迷惑をかもしてはならぬと国民に諭した。斯くして国民は遂に政治に対するその自主的立場を覚醒せざるを得ないことになる。斯う云つてしまへば話は頗《すこぶ》る簡単だが、之等の順序が如何なる歴史的背景の下に展開されて行つたかを考ふるとき、私共はその間に極めて複雑なる曲折の潜むを認めると共に、又その過程の一段階毎に国民が深刻なる訓練を受けて往つたことを看取せざるを得ない。就中《なかんずく》この事は当時最も国民の視聴をあつめた外交問題に関係ありしだけ、之より国民の受けた刺激は強烈を極めた様である。次に少しく這般の事情を語らう。

鎖港攘夷を一枚看板にして見んごと徳川幕府の倒滅に成功した京都政府は、自分達には最早固より攘夷断行の決心なく、四囲の状勢は却つて諸外国との親交締結に急ぐを要求するので、今更ながらその態度の豹変をば天下に向つて何と説明したものかと、はたと当惑したのであつた。当時の京都政府がこの点で如何に苦んだであらうかは、文久以来所謂民間志士なるものの間に排外的攘夷熱の非常に強烈であつたことを考へれば、大抵想像がつく。しかも斯うした攘夷熱は、一面に於ては、幕府を窘《くるし》める手段として京都側がこの数年来不当に煽つたものでもあつた。それだけ後の明治政府の困り方は一ト通りでない。之をどうして切り抜けたかは別に精密に研究するを要するが、其一つの解決策として「公道」の観念が引援されたのである。「我々は外人を夷狄禽獣と思つてゐた、だから之等の者と交るのを快しとしなかつたのだ、然るによく聞いて見ると、彼等にも宇内の公義の理解があると云ふ、而して我々に対《むか》つては天地の公道を以て交らうと云うて居るさうだ、然らば我々も亦彼等を待つにその所謂公法を以てすべきではないか、猥《みだ》りに之を排斥するは古来の仁義の道に背くのみならず、又恐らくは彼等の侮を受くることにもならう」と云ふのである。斯くして盛んに「公道」を振り廻しては、対外関係に於ける政府の新態度を弁疏《べんそ》したものだ。其結果明治の初年には「公法」だの「公論」だの「公道」だのと云ふ文字は、大変な流行を見たのである。「文明開化」や「自主自由」やの文字等と共に、はては猫も杓子も之を使つて得意がると云ふ有様であつたことは普《あま》ねく人の知る所である。但し当時公道公法等の文字は区別されずに使はれた。「公道」と云つても「公法」と云つても同じものを意味するのである。而して「公法」は云ふまでもなく本来は「万国公法」のことなので、政府がこの文字を引ツ張り出したのも固よりこの意味であつたのだらう。けれども世間では斯くは取らなかつた。人間交際の道といふ位に理解したのであつた。法律と道徳との区別もまだはツきりして居ない所から、漠然と、古来云ひ伝への「先王の道」に代るもの位に考へたらしい。修身斉家治国平天下の根本義としては従来孔孟の道がある。之に対する盲目的尊崇の念はいまだ薄らいだのではないけれども、時勢の変遷にもまれた当時の人達は、ぼんやりと、新しい時代に応ずる為には別に新しい道があつても然るべきだ位に考へて居たやうだ。そこへ西洋から新に「公法」なるものが入つて来る。之れこそ「先王の道」に代るべき「天地の大道」でなければならぬと、新奇を好む人心は競うて之を持てはやしたわけである。新しい文字が内容を吟味されずに馬鹿に流行するといふことは今日に始まつたことではない。

「公法」と云ふ観念の流行は、やがて西洋流の政治法律の稍《やや》立ち入つた研究に伴つて、先験的な形而上的規範の実在を信ぜしむる様になる。当時の西洋の法学界そのものが亦自然法又は性法観念に相当強く支配されて居たといふことも注意しておくの必要がある。之等の点は猶ほ別に詳しく論究するの必要あるが、孰《いず》れにしても斯うした考方の盛行したといふことを念頭におくと、我々の先輩が自主自由とか天賦人権とかに異常の熱情を有《も》つたわけがまた能く分る。殉教的と云つては少しく誇張に失するだらうけれど、明治初期の民間志士の間には、確かに今日の政治家達に見られぬ真面目《まじめ》さがあつた。その行動の外形を見れば、中には随分軽佻浮薄なものもないではないが、概していふに、彼等はその東奔西走の裡《うち》に、ともかく一種の道徳的熱情を湛へ、且つ私をすてて公に殉ずるといふ精神的安心をも感得してゐたやうだ。是れ思ふに封建時代に訓練された所の「道」に対する気持を、直に移して自由民権等の新理想に捧げた為めではなからうか。而してこの二つの態度の橋渡をしたものは、実に「公道」観念の流行であつたと考へる。換言すれば、国民は在来の「道」に対すると同じ敬虔の態度を以て新しい「公道」に対すべきことを政府から諭され、その公道の内容を段々聞いて行くと、自由だ平等だ国民参政だと云ふので、遂に自ら民権主義の信徒となるのである。維新開明と共に斯うした新しい思想の流行を見るべきは想像に難くないが、政府が或る実際的必要に迫られて「公道」の遵奉を自ら国民に強ひる所なかりしならば、明治初期の政治運動には恐らくあれ程の熱情を伴はなかつたであらうとも考へられる。いづれにしても維新前後に於ける「公道」観念の研究考察は、甚だ興味もあればまた大に必要な問題である。

三　「公道」観念の引援を促した事情

（イ）　加藤弘蔵著『交易問答』

先づ始めに維新早々明治新政府の開国方針に対して民間に大不平のあつたことから話を始める。之を証明すべき最適の文献は、明治二年東京で刊行された加藤弘蔵著『交易問答』である。加藤弘蔵は後の弘之先生であることは申すまでもない。この本の劈頭《へきとう》に物語の主人公頑六の言として斯うある。

ナント才助君《さん》。僕《わたし》には一向合点《がてん》の参り申さぬことがござる。今度御公儀と申す者がなくなつて天下の御政事は　天子様でなさる様になつたから、是迄御公儀で御可愛がりなさつた醜夷等《けとうじんども》は直《じき》に御払攘《うちはらい》になるだらうと思て楽で居ましたら、矢張以前の御公儀と同じことで、加之《おまけに》大阪や兵庫にも交易場が御開きになり、又東京でも交易を御開きなさるといふは何たることでござらう。どふも此頑六抔《など》には一向合点が参り申さん。或先生の御話に、元来此日本といふ御国《みくに》は神国でござるから、日本人の智慧といふ者は中々醜夷等の及びもないことで、物事何も角《か》も十分に備つて何一ツ不足のないといふ世界随一の国だそうでござる。そこで慾の深い醜夷は、己《うぬ》が国が悪国で物事何も角も不足だらけだ物だから、世界中の国々から唯一ツの日本国を目掛て来て、彼奴等《きやつら》が国の何の益《やく》にも立ない品物を持越して日本の結構な品々を買出《かいだし》、おひ〳〵日本の諸品を買尽して日本人を弱らせ、結局《あげくのはて》には日本の御国迄も彼奴等が物にしようといふ不届千万な企をするのでござる。夫故近年諸色《しよしき》がおひ〳〵払底になつて値段は日々の様に上り何でも三増倍や四増倍にならない物のないといふは、思へば〳〵何たる世の中でござらう。是といふもみんな醜夷等が仕業《しわざ》でござる。是程悪《にく》い醜夷等を、何で　天子様は大事になさつて彼奴等がいふ通りになさるでござるやら。僕等《わたしども》の様な三銭《さんもん》にもならない老耄《おいぼれ》爺《じじい》でも、実に切歯《はがゆい》やうでござる。ナント才助君。そうではござらんか。

右の引例でもわかる通り、この本はもと外国貿易を国家の不利とする世上の通説に対しその蒙をひらかんとて書いたものである。全体が頑六と才助との問答の体裁になつて居るが、和装四六形二冊各々三十余枚の小本*であるに拘《かかわ》らず、頗《すこぶ》る要領よく出来て居る。今日から観れば固より極めて幼稚な経済論ではあるが、広く都鄙の青年に読まれて遂に俗論を一変せしめたその啓蒙的効果に至ては著大なものがあると聞いて居る。私は嘗て穂積陳重先生から、先生も田舎でこの本を読み外国貿易の有利なる所以《ゆえん》を始めて知つたと聞かされたことを記憶する。この本の内容については私は嘗て『主張と閑談』第二輯の「維新前後の国際協調主義者」と題する章中に詳細な紹介を試みたことがある(同書一八七頁以下)。特志の方々には之に一粲《いつさん》を与へられんことを希望しておく。蓋《けだ》し交易問答の内容を云々するのは私の主たる問題ではないからである。こゝで私は加藤先生が頑六なる者に代表させた当時の輿論の描写に、読者の注意を促さんと欲するのである。即ち前記の引用の示す通り、(一)幕府(即ち御公儀)が外人と交渉したのが抑《そもそ》も怪しからぬ、(二)天朝が幕府に代つた以上は直に攘夷を決行して下さることと大に期待して居たのに、(三)意外千万にもその天朝が外夷に応接するとは何事ぞといふのが、実に当時の民間多数の信念であつたのだ。之を他の一面から云へば、民間の多数が明治政府を以て天下の期望を裏切つたものと考へて居たことが看取されるのである。斯かる不信の譏《そしり》を傾けられることは、基礎の弱い新政府に取つて、実は決して軽々に看過し得る事柄ではない。

単に之れ丈けならまだいゝ。中には政府の弁疏《べんそ》慰撫《いぶ》に拘らず、単独に攘夷の実行をやるものもある。殺伐な時勢柄であるのに腕に覚えのある武士の多かつた事などを考へ合せると、新政府がこの点に格別の心配を寄せたのも無理はない。而して新政府の何よりも困るのは、心なき者の軽挙盲動に依て外交関係の紛糾を見ることであつた。之等の事情は『交易問答』の巻頭に載せた加藤先生の序文の中にも之を窺ふことが出来る。

先年来、慷慨の士鎖攘を唱ふるの余、動《やや》もすれば過激の挙動を以て国家の煩をなせし者少からず。蓋し鎖攘の論は憂国より出づ、其志は嘉《よみ》すべしといへども、其時勢に迂闊《うかつ》なる者にしていまだ井蛙《せいあ》の偏見たるを免れず。是故に今度　朝政一新の時に膺《あた》りても、敢て其論を採り玉はず。更に各国と条約を結び互市場を増加し、ます〳〵貿易を広ふせんとし玉ふ。嗚呼《ああ》盛なりといふべし。されど仍《なお》旧説を株守し頑論を主張する者少からず。加之《しかのみならず》市井の細民すら尚鎖攘を是として通商を非とする者十の七八に下らず。其甚しきに至ては、洋客を見れば臂《ひじ》を張り目を怒らして相向ふ者随地〔処〕あらざることなし。是が為に官　屢《しばしば》禁令を下し玉ふといへども、家暁戸諭人々心服に至らざれば其弊遂に除くべからず。夫《それ》頑論僻見の国家に害あるは固より弁を俟《また》ずして明なれど、細民の蠢陋《しゅんろう》にて事理を弁《わきま》へざるも、衆口鑠金《しゅうこうきんをとかす》の喩《たとえ》の如く亦天下の事に害なしと云ふべからず。方今　皇学大に改興し士人の此学に志す者日々に盛なれば、所謂《いわゆる》大和魂のかく固陋迂僻なるものに非るを知りて自ら開鎖の可否得失をも弁明すべく、従て旧来の頑論自ら消除せんこと予《あらかじ》め期すべしと雖《いえど》も、唯却て憂ふべきは細民の偏見のみ。細民固より　皇学に従事するの日なければ、能く開鎖の得失を弁じて頑論を棄るの時なからん。余之を憂ひ、細民をして粗開鎖の利害を暁《さと》らしめんと欲するの老婆心より、今度此一小冊を著し以て世に公にせんとす。唯其文戯作者流に倣《なら》ふもの頗る大方の笑を免れずといへども、固より此書を著すの意唯愚夫婦を教諭するにありて敢て士人に示すが為にあらざればなり。

之を以て観ても、当時民間の恟々《きょうきょう》たる物情に依て新政府の如何に困つたかが分るであらう。之を鎮めることの如何に急務であつたかも、更に次ぎ〱に述ぶる所に依て明になる。

＊註　『交易問答』は後ち明治十四年丸善から菊判形の一冊本として複刻された。ウヰリアム・イムブリー (William Imbrie) の序文に依ると、外国人の日本語研究の為の教科書として作つたものらしい。それがまた二十五年に再版されて居る所を見ると、西洋人の間には相当に読まれたものと思はれる。但し之は明治二年刊行の原本とは文字に多少の相違がある。のみならず、巻末の耶蘇《ヤソ》教に関する一節が削除されても居る。明治三十三年の公刊に係る『加藤弘之講演全集』の附録に収められた『交易問答』も、全然この複刻本と同じだから、右の改訂は加藤先生自ら加へられたものであらう。併し私の考では、改訂されない元の本の方が却て筆に力が籠つてゐて面白いと思ふ。歴史的価値から云つて亦原本を貴しとすべきは固より論を俟たない。モ一つ次手《ついで》に云つておくが、後から出たものにはすべて序文が除かれて居る。之も遺憾の一つに算へておく。

例のサンマースのやつた雑誌『フェニックス』(Phoenix) の第二十二号及び第二十五号(一八七二年即明治五年四月及び七月発行)には、『交易問答』の英訳が載つて居る。Political Economy in Japan 別の名 Conversation on Commerce と題し、オ・ドリスコル (J. O'Driscoll) といふ人の訳に成るものだ。オ・ドリスコルの何人なりやはまだ調べてないが、兎に角『交易問答』が公刊後間もなく英訳された所を以て見ても、そが又早くから西洋人の注意する所たりしは明かだ。蓋し同書の取扱ふ所の題目が当時の彼等に取つても緊密の利害関係があつたからであらう。

（ロ）　建白上書

明治新政府の開港政策に不平なのは、啻《ただ》に民間曚昧の連中ばかりではない、お膝元の所謂支配階級の中にも少くなかつたらしい。慶応四年閏《うるう》四月の発行にかゝる『中外新聞外篇』巻之十に「或宮家重臣某の建白書」といふのが載つてゐる。二月中旬に呈出したものらしく、筆者は智恩院宮家の木村大炊なるものださうだと附記してあるが、兎に角我々は之に由て政府の内側にも亦随分不満の声の高かつたことを想像することが出来る。

この建白は東征の非と外国交際の不可とを論じたものだが、東征論の方はこゝに関係がないから省略し、専ら外国交際論の方を示しておかう。

臣某謹奉二建言一候。夫富レ人強レ国尊レ君重レ朝改レ薄従レ厚皆前王の急務也。今や　王政復古の時至り候ては、定て此義に可レ被レ為レ法と奉レ存候処、不レ図其基本たる法度の道は不レ被レ為レ成、只軍事と外国交通との両件のみ急務と被レ為レ遊候段、真の　王政復古とは難二申上一候。且前の両件に於ては固より天下の士民嫌悪する処に御座候。然るに民の父母たる　主上、建国の御始に当りて其嫌悪する処を先途に被レ為レ行候ては、天下の人心悉《ことごと》く離れ、憂国の義士望を失ふに至れり。兼て塗炭を可レ被レ為レ救との御沙汰振に相違仕、所謂暴を以て暴に換ゆるの御次第に御座あるべくと奉レ存候。（中略）抑《そもそも》徳川氏の大権を　朝廷へ奉レ復の根本は、米夷入港以来重義慷慨の士数万人身を捨命を軽じて尊王攘夷の事を主張せしより起れるものなり。因て　朝廷に於て大権御掌握の上は、少しは其死者の幽魂を御慰め有レ之度処、仮令《たとい》攘夷は不二容易一事なりとも、甚しくも醜夷に参朝を被レ為レ免候御次第柄、忠憤冤罪死亡の者に被レ為レ対全人情不レ被レ為レ在に似たり。朝廷如レ此の御有様にしては、向後報国尽忠の義士は殆ど絶果て、無恥軽薄の奴のみ多く罷成、人情は日々洋習に推移り、衣体も終に窄袖髯髪《さくしゆうぜんはつ》を好とし、恐多くも我大日本国真正の衣冠を廃し、大和魂日々に消して遂に皇威も不レ被レ行様成行き、富レ人強レ国尊レ君重レ朝改レ薄従レ厚なる前代の美政全く絶滅可レ仕と、悲歎涕泣の至に御座候。即今御上にも大政の御職任に被レ為レ連候に就ては、政意御失措万民の苦情其責なしと難二申上一候。仰ぎ願はくは自今以後大に御奮励被レ為レ在、皇朝前代の美政に法り、万代不抜の基本を立させられ、確乎たる　王政復古公明正大の本理を尽させられ候て、自二神武帝二千七百有余年一線　皇統の盛威を以て海外万国を圧伏被レ遊候様御尽力被レ為レ在度、偏《ひとえ》に奉二懇願一候。臣某無位妄言罪当二万死一。

誠惶頓首。

実に猛烈を極めた政府弾劾ではないか。斯の如きものは要するに従来やつた薬の利き過ぎたやうなものではあるが、排外思想は斯く維新の政変後もなかなか猖獗《しようけつ》を極めて居つた。そこで時勢の必要に迫られた外国交際をどう説明したものかと、政府当局は全く以て困り切つたのである。猶ほ前記の建白書中にある「醜夷に参朝を被レ為レ免候御次第柄」とあるは、戊辰二月十四日大阪西本願寺に於て醍醐大納言・東久世前少将・宇和島少将の三特使が各国公使と予備交渉を開きしに始り、二月末より三月の初に掛けて明治天皇から各国公使に拝謁を賜つたことに係はるのである。之についてはまた別に「菅原のかをる子建白」なるものもある。『内外新報』第二十九号(慶応四年五月三日発行)の巻頭に出て居るが、其後永い間色々の書物に引かれて居る所を見ると、当時余程有名なものであつたらしい。明治十年の出版に係る高見沢忠義編輯の『献策新編第一集』巻二にも載つて居るが之には「薫子ハ伏見邦家親王ノ隷属若江某ノ女、袖蘭又秋蘭ト号ス、時ニ年二十有二」の附記*がある。若江薫子といへば当時相当に人に知られた人物だ。孰《いず》れにしても当時の人が妙齢の婦人でもこの通り憤慨して居るぞと云ふ点に重きを置いた心持が分る。長文だけれども時勢を明にする好資料だと思ふから、煩を厭はず次に之を引用しておく。書いた時日は前の「或宮家重臣某の建白書」と同じく二月中旬なるべきは疑ない。

昧死して奉㆓言上㆒候。今般洋夷人入朝拝謁被㆑為㆑免候旨、且又井蛙《せいあ》之管見を去り、是迄夷人を犬羊の如く相卑しめ候儀を止め　皇国西洋と彼是之差別無㆑之　本朝の旧制を被㆓相改㆒御政度万端も追々西洋各国之法御採用、御国体御変更に相成候旨、伝聞仕候。是は定て甚深の　聖慮より被㆑為㆑出、且又文武諸臣熟議被㆑為㆑在賛成の御儀と奉㆑存候に付、彼是奉㆓申上㆒候は甚以て恐入奉㆑存候得共、狂妄の存意聊《いささか》奉㆓申上㆒候。彼夷人入朝拝謁の儀は是迄例無㆑之事にも無㆑之、往古は唐国三韓渤海抔《など》往々国使入　朝の例も有㆑之候得ども、蕃国之御接待有㆑之候て　天朝之官位を被㆑授候事抔有㆑之少しも御尊崇之儀無㆑之候間、右様之例にて御接待に相成候儀に候へば、強て異論も差起り申間敷、又後来の害とも相成間敷奉㆑存候へ共、方今之形勢にては、洋夷共自ら帝王と称し尊大を極め居候間、往古之諸蕃来朝之例格にては承伏仕間敷、何れ同等と申儀に可㆓相成㆒、只今同等の礼を被㆑用候得ば、後来は再拝して臣と称するに至候は必然に御座候。宋朝胡銓が奏に再拝して止まず必ず降を乞に至らんと申候は実に想像寒心仕候。且入京拝謁仕候共、是は外来之者にて有㆑之、比喩して申候得は、来客出入之者同様に御座候間、何者来り候とも包荒《ほうこう》の量を以て夫は夫にして置候が主人の職に御座候処、只今の形勢にては、一に来客を羨み候て家風迄改候も同様の事に御座候、且又御国体御変更の儀は実以て重大之事件にて　神州興廃存亡此一挙に被㆑為㆑在候御儀と奉㆑存候。過日六藩建言の趣にては漢土人之如く尊大に不㆑被㆑遊候様と申上候得共、是は　皇国漢土のみに拘らず、仮令西洋各国と雖も、其国君臣等は自国を尊大に不㆑仕候ては其国は治り難き者に御座候。閭巷《りょこう》之細民人の家僕召仕候者にても、其家主を此上もなく尊厳大切なる者に不レ致候ては家治り兼候。況《まし》て　皇国は三千年近く　皇統連綿と　御相続被レ為レ在候も全く衆心合して　天朝を無レ限尊崇仕候より如レ此君臣之大分相乱れず万国に超絶仕候は此尊大之功に御座候。又吾国尊大に仕候得は他を賤候は自然の勢に御座候。然るに今其尊大を相止候て自ら御国体を破り候に御座候。御国体破れ候ては御国威自ら萎靡《いび》仕候。漢土人尊大にて夷狄に被レ制候と申候得ども、宋明清抔何れも貿易和親を以て国を誤り夷人に愚弄せられ候事、漢土人の論明晰に御座候間、乍レ恐只今こそ全く漢土之覆轍を被レ為レ踏候御儀と奉レ存候。加之　皇国漢土とは近隣之国柄にて人情風土も左のみ相替り不レ申候得共、西洋は数万里を隔て風土人情も甚変異候間、　皇国人をして旧習を去り心を変して西洋人を摸倣せしめ候儀は決して不二相成一儀に御座候。尤《もっとも》西洋は只々貨利を貪り礼儀廉恥を知らず候て、帝王抔と相称候ても巨商と同様之者に有レ之候間、　皇国抔之仁義勇武を風俗と仕候国とは万々不レ同候。且専ら天主妖教を奉じ、天主を大君大父とし真の君父を小君小父とし、仮令大罪を犯し候ことなく候とも、天主に媚《こ》びざる者は地獄に堕落し候抔と相唱候は、実に君を無《な》みし親を無するの教に御座候。此教蔓延仕候へば、三綱五常も廃弛可レ仕候。尤方今之形勢鎖攘之論は迚《とて》も難二取行一、是非和親交易に無レ之ては　皇国之御安危に可二相拘一と申候説も有レ之候得共、即今は和戦両様とも御安危に可二相拘一と奉レ存候。彼は御国体相立候上、此迄諸国和蘭《オランダ》等之御振合にて互市御免許被レ為レ在国使抔一通外藩之御取扱にて御接待被レ為レ在、右に付て承伏不レ仕候得は戦争に被レ及可レ然と奉レ存候。若《もし》御国体を被レ為レ破候て和親交易御許容に相成候得は、其禍攘夷の害より甚敷奉レ存候。其故は彼五蛮申合せ大軍を以て来寇仕候共、皇国之人心一致して攘斥仕候得は自ら義勇之士奮発激励之心を引起し可レ申、且刀槍弓矢等我長する所を以て力戦防禦仕候得は、定て御大捷《たいしょう》に可レ被レ為レ在、其時こそ御国威を宇内に照耀可レ被レ遊、若又万々一連年之防戦に内地疲弊危殆《きたい》に被レ及候とも、天祖を奉レ始歴朝の　聖霊別て先朝在天の　神霊に被レ為レ対、少しも被レ為レ愧候処無レ之奉レ存候。此儘にて洋夷之制を被レ為レ受候は、天下有志之者のみならず、無知之匹夫匹婦に至る迄皆　天朝を憤怒し奉り、離叛瓦解と相成可レ申、彼逆賊慶喜大罪を蒙り候本は、外夷交際より起り候間、是又不服を抱き可レ申、外夷は扨置《さておき》蕭墻《しょうしょう》之内に大禍を生し可レ申、若又内地大変生せず候へば、数年ならずして　皇国悉く夷風に相成、君父を無し上下を乱し、妖邪腥羶《せいせん》乱臣賊子之域に可二相成一は必定之儀と奉レ存候間、実に痛哭流涕長大息に堪へず候。薫子婦女子之身を以て天下重大之事件容易に献言仕候は、閾《しきみ》を出ざる戒を犯し僭踰《せんゆ》不遜の罪難レ免候得共、漆室離異之輩皆処女を以て国事を憂候事古人も是を非とせられず候間、区々の赤心坐《い》ながら　神州夷狄に沈み候事見るに忍びず奉二献言一候。万一狂瞽《きょうこ》之管見芻蕘《すうじょう》之謀慮等　聖聴に被レ為レ達候儀も被レ為レ在候得ば鼎鑊鋸刀《ていかくきょとう》の戮《はずかしめ》を受候事も聊辞せざる所に御座候。在廷枢要之御方にも愚衷御憐察にて此旨可レ然御奏　聞奉レ希候。誠惶誠恐死罪々々謹白。

菅原朝臣薫子泣血拝上

尤も之は「或宮家重臣某の建白書」とは聊か趣意を異にして居る。天下の公約だから攘夷を断行せよと云ふのではなく、夷人入朝拝謁の古例に依て接待するのはいゝ、彼我同等の礼を以て交るのは国体の本義に悖《もと》る、一ト通り外藩の待遇を与へて、承知しなかつたら戦争に及んでも構はないと云ふ主張である。中に六藩建言云々の文字があるが之は後の「開国方針の宣明」の中に出て来る。兎に角これ亦朝廷の方針に不満なる意見の代表であることは疑ない。

＊註　この附記は或は前記『内外新報』に出て居たものの転写かも知れない。此方には斯うある。「薫子は伏見宮の殿上人若江修理太夫の女なり。袖蘭と号し又秋蘭とも云。年廿三歳。草菴を結び和歌など人に教へ甚博学之誉あり。衆人競

ふて之を挫《くじ》かんと欲し、行て議論すれども常に皆屈服して帰ると云。想に蔡姫、謝女の亜流ならんか」。彼女が岩垣月洲の門に学んで和漢の学を修め、併せて詩歌を善くし、常に皇室の式微を慨し村岡矩子等と志士の間に周旋せしことは人の知る所である。明治十四年四十七歳を以て丸亀に歿したが、一時は歌道師範を以て宮中の優遇を蒙つたこともあると云ふ。

（八）　排外思想の由来

以上の事情を猶ほ一層よく明瞭にする為めに、少しく攘夷思想の由来と当時の外交的状勢を語る必要を認める。先づ前者の説明から始める。

排外思想の由来に関しては、私に既に発表した一小論文がある。私の著作集『主張と閑談』第二輯に出て居る。第二輯は巻頭の一小篇の名を取つて『露国帰還の漂流民・幸太夫』と題してあるけれども、分量から云つても実は「排外思想」の方が主たる内容を為すものである。第一輯に収めた「昔の人の西洋観」、第二輯の「再び昔の人の西洋観に就て」に続いて之を読んで下されば、幕末に排外思想の何故にあゝまで旺盛を極めたかの重なる縁由はわかるだらうと思ふ。詳細は右の諸篇に譲つて、茲にはたゞその大体の輪廓だけを述べておく。

徳川時代に於て西洋といふものがどんな風に観られて居たか。その最も古い型は、珍談異聞の供給者といふ観方であつた。知らぬ国に珍らしい風習を聯想するは敢て怪むに足らぬが、その珍談異聞の途方もなく変つて居る所は、一つにはたしかに支那の書物の影響だと思ふ。従つて西洋を頭から野蛮人の国ときめてかゝることも、当時としては頗る自然であつた。ケンプェルの日本志中にある将軍家の外人御覧の記事などを読むと、如何に当時和蘭《オランダ》人が野蛮人扱ひされて居たかが能くわかる。謁見を賜るのではない。御簾《みす》の中から将軍家が珍らしい動物を御覧になるのだといふ。将軍の旨をうけた役人から、物を喰べる真似をしろの、寝るときはどうするの、二人途中で行き会うたらどんな風に御辞儀をするのと、いろ〳〵の事をやらされる。丸で我儘な金持が物いふ猿をでも見物するといふ有様である。斯うした西洋観は長い間脱けなかつた。そこで後段々に西洋文物の優秀なことは分つて来ても、彼等の長じて居るのは単に外形の技巧だけにとどまるとでもせでは安心は出来なかつた。従て心術のことに至つては到底我に及ぶべくもないなどと独り決めにきめてゐた。之には東洋の君主国といふ自負心もあるが、孔孟の道を人倫道徳の最高基本と信じ切つて居た幕府時代の教化方策の影響もあるのであらう。幕末の儒者に大橋訥庵といふ人がある。その著『闢邪小言』(安政四年刊)は徹頭徹尾西洋文物の排撃に終始したものだが、この中にこんなことが書いてある。

西洋諸国ノ戎狄《じゅうてき》ハ、其本陰気ヲ稟《そなえ》タル者ニテ陰気ハ凝固ヲ分トナシ質ニ属スル物ニテアレバ、彼等ハ形体ノミニ泥《なずみ》テ、ソヲ宰スル者アルコトヲ知ラズ。万事器械ノ奇巧ヲ恃《たのみ》テ、精神活機ノ妙アルコトハ毫毛モ悟レルコトナシ。サレバ往年荷蘭《オランダ》人ガ江戸ニ来朝シタリシ時、大神楽ノ鞠《まり》ヲ舞ハスヲ見テ、憮然トシテ喫驚シ、数日其故ヲ思ヒタレドモ竟《つい》ニ思ヒ得ザリケレバ、人ニ託シテ鞠ヲ索《もと》メ剖《サキ》テ観シコトアリト云ヘリ。コハ死物ナル許多《あまた》ノ鞠ノ宛《あた》カモ我手ヲ使フガ如ク活発自由ニ運転スルハ、精神気機ニ由レルコトニテ鞠ニ奇巧ノアルニハアラネド、彼等ハソレヲ知ラザル故、定メテ鞠ニ奇巧ノアルヨリシテ働クナラント思ヘル者ナリ。カ、ル死眼ノ輩ニ、短剣ヲモテ長兵ヲ制シ庸常ノ弓ヲ彎《ひい》テ革ヲ貫クヲ見セシメバ、亦是レ剣ト弓トノ中ニ奇異ナル機関アラント思ヒテ砕キテ捜スニ至リナン。捧腹スベキノコトニ非ズヤ。カク形質ニ拘着シテ粗迹ノミニ縛セラル、ガ西洋諸戎ノ風習ナレバ、凡ソ西洋ニ出タルコトハ、医法ニテモ書画ニテモ又ハ戦闘ノ術ナドニテモ、精神活機ヲ主トスル事ナク、一切ニ皆死套ノミ(巻三第三十四丁以下)。

大橋訥庵は坂下門に於ける安藤対馬守要撃に関係し、殊にその斬姦趣意書を添削したことを以て有名である。従て格別排外思想に燃えて居たことに不思議はないが、立派な学者だけに彼の著述は当時の通有観念を正直に筆に上したものとして参考するの値打はあらう。右の一節の如きは一つには当時の西洋観の好個の代表と観るべきものであるが、又一つには彼れの個人的勢力を通してさうした考が益々民間に普及したことをも想像せしむるものである。而して斯うした考方の基く所が実に西洋を野蛮と観た古来の伝統的思想に在ることは、亦極めて明白である。もと〳〵野蛮な国の事であれば、外形にはいろ〳〵巧妙なものがあつても、其の真底に於て必ずや何等か重大な欠点がなければならぬ筈と彼等は深く信じ切つてゐたわけである。

併しどんな空威張《からいば》りはしても、西洋の工芸技術の遥に優秀なるの事実は到底争ひ得なかつた。そこで我国では、一方に負け惜みを云ひつゝも、他方必要に迫られては漸次彼方の文物をせツせと学ばざるを得ないことになつた。最も早く兜をぬいだのは天文学の方面で、次には医学(殊に外科学)、その次ぎが軍事である。政治法律の事になると、ペルリの渡来後余程この方面にも刺戟を受けたに拘らず、修身斉家治国平天下には昔から金科玉条の炳《へい》として犯し難きものがあると云ふわけで、実は長い間義理にも西洋に学ぶなどとは云ひ出せなかつたのである。さればにや、文久年間西周助津田真一郎の両名が頻《しき》りに政法研究の為め西洋への留学を願つたときも、「我に先王の道あり何んぞ之を蛮夷に学ばんや」といふ理由で一応は却下されたといふ説がある。我国に於ける洋学の研究が、最も遅れて政治法律の方面に及んだのは、蓋し封建時代の立て前が微賤の者の濫《みだ》りに天下の大政を議するを厳禁した為ばかりではなかつた。

因《ちなみ》に云ふ、西周助津田真一郎の両名は後その切願が聴き届けられて、榎本釜次郎等と共に和蘭に留学した。之が日本人の最初の海外留学生である。彼等はレイデン大学の教授ヒツセリングの私宅に通つて法政五科目の口授を受けたのであるが、その学び得たる智識が後来の新日本建設に如何の用をなしたかは、また別の機会に於て之を説かう。

西洋を野蛮と観る丈けなら何も進んで彼を払攘するの必要はない。故にたゞ交際の求めを拒むと云ふのなら聞えるが、更に進んで彼等を斥攘するといきまくに就ては、外にも重大の原因がなくてはなるまい。この疑問に対して私は二つの理由を挙げたのであつた。一は切支丹邪法で、二は鴉片戦争である（『主張と閑談』第二輯八六頁乃《ない》至《し》二一九頁参照）。島原の乱以来の日本人の耶蘇教観は、人も知る如く、邪法妖術を以て人の国を取りに来る、謂はば侵略の道具といふことにきまつた。さすれば西洋諸国はすべて皆悪魔の親玉といふことになる。之等の点も詳しくは私の著書に譲つておく。若し夫れ鴉片《アヘン》戦争に至つては、その顚末を専ら支那側の宣伝に聞いてゐる丈けに、西洋人の侵掠暴虐に関する疑念を益々深うせること実に測り難きものがあつた。斯くして我国の読書階級の人達は、西洋といふものは本当に怖しい国だと決めてしまつたのである。切支丹のことはかねて噂に聞いて居る。今度は鴉片戦争で実例を見せられたと云ふわけだ。之で排外思想の起らないならそれこそ真に不思議といはねばならぬ。幕末の勤王家の好んで吟誦したものが、鴉片戦争に憤慨した支那の詩人の詩作であつたことも、筆のついでに申しておく。

斯う云ふ考に基き、親の心子知らずで、政府当局の大に困ることに頓着せず、無害の西洋人に危害を加へたと云ふ類の出来事は、かの生麦事件以来度々ある。猶ほ生麦事件の真相に就ては、学友尾佐竹猛君に詳密な研究がある。就て参照せられんことを希望する（同氏著『幕末外交物語』三九三頁以下）。それから王政維新となつてから後のことを観るに、元年の春だけでも、英国公使要撃一件を始めとし、備前藩兵の兵庫に於ける英人殺害事件や、土佐藩兵の泉州堺に於ける仏国海兵虐殺事件等がある。其他大学南校の英国人雇教師二名神田錦町を散歩して暴漢に肩先を斬られた(明治三年閏十月二十三日)と云ふ様な小さい出来事は数限りもない。以て当年の排外気分の熾烈《しれつ》を想ふべきである。

この排外思想は、ひとり外国人に対つて暴威を振つたばかりではない。内側の同胞にもその鋭い鋒先を向けたことを注意しなくてはならぬ。その槍玉にあがつたものの随一は、言ふまでもなく洋学者である。中村敬宇先生の如き温厚の学者でさへ、単に洋学を志すといふだけで刺客に狙はれたといふから、進んで洋学の鼓吹普及に邁進した福沢先生などが如何に一部の人達から国賊扱ひされたかは、蓋し想像に余りあらう(『主張と閑談』第二輯一三〇頁参照)。次には外国人と取引を始めた貿易商が来る。之に就ても私は『近世野史』と云ふ本からいろ〳〵面白い材料を抜萃して『主張と閑談』の中に之を説いてあるが、多少重複するけれども、その大要をここにも手短かに述べておかう。因に云ふ、『近世野史』は明治三年刊、城兼文の著、上下両篇に分れ、毎篇五巻より成つて居る。文久三年より元治元年に亙り世情の最も紛糾した時代に現れた公私両方面の各種のドキュメントを集めたものである。而して下篇の方には、街巷に貼り付けてあつた各種の「張紙」が沢山載つて居る。新聞もなければ郵便もない時節に在ては、之が民間に於ける意思表示の殆んど唯一の方法であつたのである。先づ第一に「文久三年八月従朔日至晦日大坂表三ケ所へ張紙」と云ふのがある。之は取りも直さず一般的交易差止めを強要するものである。

交易渡世之者共

右近年幕府私ニ交易ヲ相許候以来、一己ノ利益ヲ事トシテ諸品買〆、犬羊人へ相渡シ、上ハ奉悩　叡慮《えいりよ》下ハ億兆ノ民ヲ苦シメ候条、不埒ノ至、速ニ可処天誅処、商夫ノ心情ヲ憐ミ、其罪状ヲ示ス。早速致改心、連名ヲ以来ル五日朝迄ニ赤心相顕候ハヽ、寛大ノ可致処置、若於遅滞、可加誅戮《ちゆうりく》者也。

次には之に引続いて、三井八郎右衛門だの大丸屋庄左衛門だのと特に名指したものもあれば、甚しきは青竹に生首をくゝり付け、この通り天誅を加へるぞと嚇《おど》かしてゐるのもある。そこで目指されたものは大に狼狽せずには居れぬ。奉公人共の連名で主人の命乞を歎願せる張紙もあるが、主人公自身の謝罪文に至てはザラにある。之等の点みな私の著書の説明に譲つておく(『主張と閑談』第二輯一三二―一三九頁)。単に交易ばかりではない。外国関係の書物を出版販売する者にまでも鋒先が向けられて居る。同じく文久三年九月二十一日の条に「京東洞院三条上ル書林村上某方へ張紙ノ写」といふのがある。之は私の著書にも書き洩らしたから玆に掲げておかう(『近世野史』下篇二巻一二頁)。

書肆中

方今　神州ヲ異賊ニ奪ワレントスル時勢ニ付、天忠ノ諸士抛身命　皇国復古ナサシメント欲スル折柄ヲモ不顧、外夷虚謀ノ書ヲ売リ出シ候者有之、又外夷仏書偽撰ノ新刻等ヲ致シ、不宜事ニ候。年番ノ者共取調可致候。不相用候節ハ、当人ハ勿論、年番等三条河原ニ転置、加神棒、サラシ可置者也。

「外夷虚謀ノ書」と共に仏書の販売迄を抑圧せんとした所に、この運動の如何なる筋のものかを瞥見《べつけん》せしめて居るが、とにかく之は単なる空威《からおど》かしではなかつたので、関係市民の心胆を寒からしめたことは非常なものであつた。斯う云ふ雰囲気の間に在つて開国和親の政策に転じようと云ふのだから、京都新政府の苦心の一ト通りでなかつたことが思ひやられるのである。

(二)　対外的状勢の一面

開国和親政策の已むべからざるは固より云ふまでもない。如何に民間に攘夷熱が熾《さかん》であつても、之れだけは今更動かすことは出来ぬ。こゝに新政府の大に困らねばならぬ点あるは、前項論ずるところに依ても明であらう。それも若し新政府に新しい政策を徐々に進めて行けるだけの余裕があるのなら、また漸を以て民論を開導すると云ふ方法もないではないが、事実当時の形勢はとてもそんな呑気《のんき》なものではなかつた。幕末に於ける東西両勢力の抗争に例へば英仏両国の如きが如何に密接の関係を有して居つたか、又当時の京都側は名分に於てこそ一歩優勝の地位に踏み出して居るとは云へ、多年の歴史を有する幕府方との実勢力の比較に於て外間から如何に評価されて居たか等を思ひ廻らすと、明治政府も亦幕府と共に進んで好意を外国使臣に売るの必要に迫られて居たことが想像される。今日でこそ明治政府が幕府の残党を倒して統一の大業を完《まつと》うしたのは当り前の様に思はれるけれども、あの当時斯の如きは決して識者一般から当然の事と認められたのではなかつた。現に外国人中には日本は結局南北二部に分れるだらうと観て居つたものもあつたと云ふ。一つの例として私は『中外新聞』第三十四号(慶応四年五月九日発行)から「外国人書状の抄訳」と題する記事の一節を引用して見よう。

……此度は　ミカドと大君政府との確執にて　大君には北部の諸侯是に属し　ミカドには南部の諸侯これを助く。

……数月の後は必ず南北いづれの方にか終に一統すべし。或は言ふ、結局日本南北二部に分れ、大阪以南はミカドの所領となり京都以北は大君の領地となりて講和するに至らんと。此見尋常の議論に超えて奇抜と謂ふべし。

奇抜の論とことわつてはあるが、斯うした考を有つ者の尠《すくな》からざりしは、なほ他の多くの文献に依ても証明することが出来る。

之より先き京都政府では、如何なる形式を以て大政復古を諸外国に通告すべきかを問題にした。徳川方と隠然相対立する関係となつた以上、諸外国が孰れの方に同情を寄せるかは重大の関係がある。就ては一刻も早く日本の中央政府は当方でござると正式の通牒を発しなくてはならぬ。別の言葉を以て云へば、諸外国より一種の承認を貰ひたいのだ。而して此場合その対手国を先づ以て同等の礼を以て遇せざる可からざるは論を待たぬのである。故に慶応三年十二月十八日岩倉具視は三職の名を以て「癸丑以来朝廷固ク鎖国攘夷ノ説ヲ執ラセラレ満朝ノ人皆西洋諸国ヲ目スルニ醜夷ヲ以テシタタリト雖モ、先ニ徳川慶喜ノ奏請ニ依リ兵庫開港ノ条約ヲ許シ朝議既ニ和親ニ帰セシコト其跡掩フ可カラス、自今朝廷ノ西洋諸国ヲ待遇スル漢土諸国ト同礼ナルヘシ」の告文を発すべきを諮《はか》つたのであるが、公卿の大多数は大に驚いて暫くは協賛を躊躇《ちゅうちょ》したと云ふことである。

之より愈々《いよいよ》通告文案の協定と云ふ段取りになる。その原案は、伝ふる所に依れば十一月中大久保利通が寺島宗則に謀り仏人モンブランをして草せしめたもの(所謂薩州案)に若干の修正を加へしものだと云ふ。要点は次の三ケ条に帰する。(一)従来国政を委任せる将軍職を廃すること、(二)日本の総政治は酋〔尊?〕師有司の会議を尽し其奏する所を以て天皇之を決すること、(三)徳川政府の結べる条約は一切太政官に於て之を継承すること。さてこの原案に基いて廷議の催されたのは十九日であるが、諸大名中何や彼や口実を設けて加判を拒むもの尠からず、政府でも随分手古摺《てこず》つた様である。而してその手古摺つた理由の一は平等交際が御国体の変革になるとの通説に懸念したことで又他の一が当時大阪に蟠居《ばんきょ》してゐた徳川慶喜に遠慮したことであるは疑のない事実である。

鳥羽伏見の戦争までは、京都と大阪とはまがう方なき互に独立せる政治的大勢力であつた。徳川方は大政を返上したと云ふ、併し従来の地位に未練を残して十分の諦めがつかぬらしい。京都側は元気頗る旺盛だ。が之を将来の中心勢力として信頼していゝかどうかまだ疑はしい。是に於て第一に諸外国公使は迷つたのである。今後の外交事務は一体何処へ交渉すればいゝのか。之を確めようとて大阪在留の米・英・仏・普・蘭五ケ国公使は十二月十六日徳川慶喜と大阪城に於て会見した。この時の慶喜の声明が頗る注目に値する。今その要点を摘記すると左の通りである。

（一）　宇内の形勢一変に伴ひ従来の治法を革《あらた》むるの必要を感じ、祖宗以来伝承の政権を抛《なげう》つて広く天下の諸侯を集め公議を尽し輿論を採り、以て万古不易の法を定めんことを朝廷に信約した。

（二）　然るに一朝数名の諸侯兵仗を帯して禁門に突入し、所謂クーデタを決行して公議を待たず将軍職を廃してしまつた。

（三）　そこで予が旗下譜代の諸藩は大に憤激し、兵を挙げてかの暴戻の徒を罪せんことを日夜予に迫つてやまない。

（四）　併し如何に正当の道理ありとも予より乱階に及ぶは本意ではない。けれども又かの幼主を挟みて私心を行ふ者を坐視するも亦忍びざる所である。依て予は何処までも公議輿論を問ひ我国の隆治を図らんと努むる。

（五）　予は嚮《さき》に公議の決する迄は諸事従来通り政権を執行すべき旨の勅命を蒙つて居る。だから予は自分の責任として従来に変らず今後も十分条約履行の責に任ずる考である。

即ち見る、慶喜自身が少くとも外交関係に於ては日本代表の地位を主張することを。斯くては対手の諸外国公使も迷はざるを得なかつたらう。その迷つてゐる外国公使達を我が方に引き附けようと云ふのだから骨が折れる。而も之を引き附けるの必要は実に頗る切迫したものがあつたのだ。

斯う云ふ事情の下に於て我国駐剳《ちゆうさつ》の各国公使が戊辰の戦争に対し一致して一種の局外中立を宣明したのは怪むに足らぬ。この辺の事情は学友尾佐竹猛君の著『幕末外交物語』第五章に詳しいから玆に略する。只参考の為め『中外新聞』第二号（慶応四年二月二十八日発行）から米国公使の発布した中立宣言なるものを示して置かう。之は同新聞の同人渡部一郎の訳に係るものである。訳者の附記に依れば、「右布告の文各国いづれも同文言にして只ミニストルの姓名異なるのみ」とある。

局外中立の触書

日本御門《みかど》と　大君との間に戦争の起りたる事を布告し、且合衆国人民をして局外中立の規則を厳重に守らしめんが為に左の趣を触れ示す。

軍船或は運送船を売り又は貸し、兵士武器弾薬兵糧其外すべて軍事にかゝはりたる品々を或は売り或は貸し渡す事、厳禁たるべきものなり。若し此規則に相背くに於ては、公法に依て之を論ずれば即ち局外中立の法度を破る者にして敵視せらるゝに至るべきものなり。

前文に言へる如き規則を破る者は、軍律に従ひ其人は捕虜せられ其積荷は没収せらる可き事勿論なり。たとへ局外荷主の品たりとも、連累の禍を免るゝ事能はざるべし。

日本と合衆国との条約面の権に於て、たとへ我国人たりと雖も、右の規則相破りたる者は敢て之を保護する事能はざる者なり。

日本在留合衆国ミニストル

フワン　フワルケンブルグ

日本兵庫神戸に在る合衆国居留館に於て

西洋一千八百六十八年二月十八日即日本正月二十五日

尤もこの中立宣言は、或る意味に於ては京都政府からの懇請に基いたと観られぬでもない。何となれば、正月二十一日外国事務総督東久世通禧は次の如き書面を各国公使に発したからである。

以二手紙一致二啓上一候。然ば今般徳川慶喜致二反逆一候に付、仁和寺二品親王へ征討将軍被レ命、征討相成居候。右に付貴国政府に於ては何方にも偏頗無之筈に付、徳川慶喜又は其命を承る大名の兵卒を運送し又は武器軍艦を輸入し又は貴国之指揮官兵卒を貸す之類、総て彼の兵力を助候儀有レ之間敷候間、此旨各国臣民へ御申達被レ下、其政府より御取締可レ被レ下候。此段御掛合申入候以上。

これ畢竟《ひっきょう》敵方に援助を与へられては困るからである。同じ様な必要は徳川方にもあつたと見え、鳥羽伏見の戦争中に慶喜より其旨を各国公使に申送つたこともあると云ふ。京都政府としては、慶喜の帰東して江戸城に拠る以上、之からの本式の戦争に於て少しでも外国の援助の敵方に加へらるるは堪へ難い。だから前記の書面を以て中立を要求したのも無理ではないのである。

所がこの中立の厳守といふものは、明治政府に取て常に必しも得なことばかりではない。戦局の進むに伴ひ、殊に新政府の威力漸く関東にも伸びるに及んでは、之が段々邪魔になつて来る。そこで明治政府はやがて之を苦として頻りにその撤廃を求めたのだが、それが又なか〳〵承諾を得られなかつた。やツとその要求の貫徹して中立宣言の撤廃を見たのは実に十二月の二十八日である。詳しいことは皆すべて尾佐竹君の著書にゆづる。只之等の事実に依て、当時既に外国の諸勢力といふものが、明治新政府に取り、色々の意味に於て、如何に無視し難き要素となつて居つたかが分ればいゝ。

右の様な次第で、新政府に取つては開国和親の是非などいふは最早問題ではない。その先きを越して、慶応四年二月には早く既に各国公使参朝拝謁と云ふ問題が起つて居た。国を開くのさへ怪しからぬと云ふ者が多いのに、恐れ多くも天子様のお目通りへ各国の夷《えびす》どもを参候させるといふのである。而も斯《こ》は新政府に取ては省くことの出来ない政策であつた。何となれば、戦局の東漸と共に各国公使も急いで江戸表へ帰らうと云ふ、その前に一度拝謁させて京都朝廷との連繋をかためて置くは此際絶対に必要であつたからである。少くとも当時の政治家の中には、こゝに対等交際の誠意を示しておかなくては東に帰つた後何をされるか分らぬと懸念したものもあつたに相違ない。之等のことは『太政官日誌』第一（慶応四年三月発行）を見れば一ト通りよく分る。

二月十四日午ノ半刻ヨリ申ノ刻マテニ、大阪西本願寺ニ於テ醍醐大納言殿、東久世前少将殿、宇和島少将殿、各国公使ト応接ノ始末左ノ如シ。但外国事務掛及ヒ諸藩家老列座。

一東久世殿発話

我日本政体王政復古　帝自ラ政権ヲ握シ、外国ノ交際モ一切　朝廷ニテ曳請《ヒキウケ》裁判可レ致旨意ハ、過日兵庫ニ於テ布告セシ如ク相違アルコトナシ。* 此節外国事務局ヲ建立シ、交易通商一切ノ諸事件悉《ことごと》ク外国事務官ノ裁決ニアルヲ以テ、今日改メテ　朝廷守護ノ列藩ト共ニ各国公使ニ会同シ此盟約ヲ定ム。自後普《あまね》ク日本人民ト外国人民トノ交際厚ク誠実ヲ尽シ互ニ疑惑ナキヲ以テ主意トナサン。故ニ大小ノ事件外国ニ関係スルノ務ハ、外国事務局ノ専任ナルヲ以テ、我等ニ就テ　帝ニ建言セヨ。

各国公使曰、先般兵庫ニテ布告アリシ其証明白ニシテ今日改メテ列藩会議　帝普ク政令ヲ下シ、両国人民ノ為メ広ク信睦ヲ求メ互ニ誠実ヲ旨トナスハ、我各国ニ於テモ兼々《かねがね》渇望セシ処ニシテ感悦之至ニ堪ス。

自今　朝廷　帝ヲ以テ日本ノ主府ト仰キ万事其政令ヲ奉セントス。

一、亦曰此度万国ト我カ　帝ト条約ヲ改メシ上ハ、各国公使ニ　帝自ラ対面シ盟約ヲ立ン。故ニ不日上京アルヘキ旨、各国公使エ可申入　帝ノ命ヲ奉シ候。

公使曰、恐入候。談合ノ上明日否可申上。

一、亦曰、当今戦争ノ後ハ、京摂及ヒ諸所ニ鎮撫ノ師ヲ出シ、過半其政令行ハレ、既ニ各国ノ諸侯ヲシテ徳川慶喜征討ノ師京ヲ発セシ上ハ、不日ニ其成功アルヘキハ勿論ナリ。自ラ横浜箱館外国人在住ノ場所ハ朝廷ノ官吏ヨリ人民安堵ノ令ヲ下スヘシ。則慶喜ヲ征討スル事実明白ノ罪状書面ヲ布告スヘキナリ。

公使曰、慶喜ヲ討伐ノ師既ニ京師ヲ発セシ上ハ、関東ノ形勢安心ナリカタシ。若《もし》早ク　帝ニ拝謁スル能ハスンハ、速ニ浪華ヲ去リ、横浜ニ在ル人民ノ為メニ彼地ヲ鎮静セン事ヲ欲ス。

一、亦曰、明日中ニハ上京ノ日限申来ルヘク、夫マテ滞坂、其上進退セラルヘシ。

公使曰　帝ニ謁スル期限ノ日数ヲ確定シ以テ此事ヲ約セン。

一、亦曰、今日必相分ルヘシト雖、弥《いよいよ》確定スルハ明十五日ト定ムヘシ。

然ラハ明後十六日七字ノ朝、米国公使館ニ於テ再会シ、各般ノ諸事件ヲ約定セン。

右之通ニテ相済、申刻各国公使退出セリ。

之に基いて二月三十日仏、蘭、英三国公使参朝謁見の事が定められ、仏、蘭両国の公使だけは無事拝謁の礼を済ましたが、英国公使は途中暴徒の襲撃を受け、三月三日改めて参朝の礼を取つた等のことは、世上普ねく知られて居る所だから茲に繰り返さぬ。さらでだに外交問題で大に頭をなやましてゐた新政府が、この襲撃事件の突発に依て一層狼狽したるべきは想像にあまりある。而して外交上の跡始末にも少からず苦心させられたことであらうが、彼等は何よりも先に、国内人心の鎮撫開導が当面の急務だと痛感したに相違ない。その為に乃《すなわ》ち「万国公法」の観念が援用されたわけになる。今後は万国普通の公理公道によらう、濫《みだ》りに外人に危害を加ふるは天理に悖《もと》るの甚しきものだと教へて、この目的を達せんとしたのである。

＊註　之より先き慶応四年正月十五日、外国事務総督東久世通禧仏・英・米・伊・蘭・普諸国の公使を兵庫に会し大政復古を報ずるの国書を附す。其書に曰く、

日本国天皇、告二各国帝王及其臣人一。嚮者将軍徳川慶喜請レ帰二政権一、制允レ之。内外政事親裁レ之。乃従前条約用二大君名称一、自今而後当三換以二　天皇称一。而各国交接之職、専命二有司等一。各国公使諒二知斯旨一。

慶応四年戊辰正月十一日　　　御名御璽

後段「開国方針の宣明」の部に出る同日附の別の布告は之に基いたものなること云ふまでもない。

四　「公道」観念の引援に便宜なりし事情

(イ)　万国普通の法

明治政府が「万国公法」を以て民心の激動を制せんとしたのは実は藪から棒に之を持ち出したわけではない。之を対症の妙薬とするに付てはその由て来る所がある。之を明かにする為には、「万国公法」と云ふ考が当時已《すで》に識者の間には相当ひろく知られて居たと云ふ事実を語らねばならぬ。

他人を見たら泥棒と思へと云ふ諺がある。之が正に昔時の国際観であつたことは申す迄もない。国と国と相接すれば、他の一層強大なる勢力の其間に来りて之を制御するものなき限り、両者は必ず相軋《きし》るものにきまつて居る。我れ彼れを斃《たお》さずんば彼れ必ず我れを倒すといふが常の姿と信ぜられて居た。其間一定の規則があつて平和安穏に親交を続けて行くなどいふは、一時の虚飾として唱へられることはあつても、実際本当に成立し得べき現象ではない。そんなことのあり得ようとは夢にも考へられてゐなかつた。従つて昔の人の頭には「万国公法」なんどいふ観念は毛頭なかつたのである。併し之は独り日本人に限つたことではない。西洋人だつて同じ事だ。大体のことをいへば、グローチウスが出て来るまでは、西洋でも一般通行の国際観は決して我々東洋人の懐くものと格別違つたものではなかつたのである。厳格に云つたら多少異論を挿む余地もあらうが、大体論としてはグローチウスを以て万国公法の鼻祖なりとする説を承認するの外はあるまい。余談はさておき、西洋ですら「万国公法」の観念はさう古いものでないとすれば、ペルリ来朝当時日本の役人が全く之に理解がなかつたとて毫も怪むに足らぬのである。

そこで日本人が「万国公法」の存在を教へられたのはペルリが来てからの事と謂はねばならぬ。ペルリ自身も無論屢々《しばしば》万国公法を根拠として議論したに相違なく、恐らくまたこの言葉を口にも出したらうと想ふけれども、日本の役人に之を理解する素養もなかつた為めか、さうした方面の文献は不幸にして今日に残つてゐない。日本人が「万国公法」の観念をはツきり吹き込まれた一番の最初は、文献の徴すべき限り、安政四年十一月ハルリスに面接した幕府当年の外交官連といふことになつて居る。即ち同年十一月六日、土岐丹波守、川路左衛門尉、鵜殿民部少輔、井上信濃守、永井玄蕃頭の五士が、堀田備中守の命をうけ、蕃書調所に亜米利加《アメリカ》の使節タウンセンド・ハルリスを聘《へい》して、種々外交上の手続を質問したが、そのとき図らず「万国普通之法」と云ふ言葉に接したので、その内容につき更に立ち入つた質問を発したのである。

尤《もつと》もハルリス自身は、来朝以来、絶えず万国公法を楯に取ては日本外交官の我儘に対抗して居る。彼が幕府の嫌がるのを無理に押しつけて入京謁見の許可を得たのも、実は之に拠つたのであつた。この入京謁見のことに付ては、世間にも相当知られて居ることだから略しておく。只安政四年十月二十一日登城して将軍に謁見したこと、同じく二十六日には老中堀田備中守役宅に於て通商条約締結の必要を力説し、その為め世界の形勢を説いて周到を極めたこと、その結果越えて十一月六日蕃書調所に於ての質問となつたことだけを参考までに列記しておく。

ついでながら次に老中役宅に於けるハルリス演述の要点を個条書きにして示さう。

一、亜米利加は日本に対して一点の邪心を有《も》たない。自分は大統領の意を奉じ、誠意を披《ひら》いて思ふ所を腹蔵なく申述べるのである。

一、亜米利加は外の国と違ひ東洋に領地を有つてゐない、将来有たうとも思はない。干戈を以て所領を拡張するが如きは本来国禁とする所である。

一、五十年来機械の発明に依て世界は極めて狭くなつた。その為め諸国間の交易は盛となり、各国ともに大に富を増した。

一、そこで西洋各国では、世界中一族になり有無相通ずる親睦の関係を作り出さうと云ふことになつた。何れの国も之に反対するの権はあるまい。故障を云ふ者あれば必ず之を取除くと云ふことになつて居る。而してこの事の実現には二つの事が備らねばならぬ。一は使節をそれ〴〵の都下に駐劄《ちゆうさつ》せしむることで、他は諸国民互に自由に商売し得る様にすることである。

一、玆に日本に取ての一つの危難のあることを云はなくてはならぬ。それは英国の東洋策である。英国は魯西亜《ロシア》の南下を非常に恐れて居る。魯が地続きの満洲から支那を蚕食《さんしよく》する様になれば、英の所領東印度《インド》は余程危くなる。そこで英国は之に備へるため、樺太《カラフト》と蝦夷《えぞ》箱館とを占領したいと兼々心懸けて居る。その為に英国は、何とかして日本と戦争を開きたいと、密《ひそか》にその機会をねらつて居る様である。

一、英国は阿片《アヘン》の事で先きに支那と戦争をした。この為に支那は莫大の人命と銭穀とを失つた。昨今また英仏と支那との間に戦争が起つて居る。支那の為に真に憂慮に堪へない。その原因に付ては色々の事があるが、一つには公使を北京に滞留せしめなかつた為でもある。公使が都下に居れば、起るべき戦争も之を避けることが出来るものである。

一、亜米利加は英仏両国より右の戦争に協力せんことをすゝめられた。それは米国も亦支那から多大の侮辱を蒙つたからである。けれども米国は、自衛上必要なる或る措置を執つたに止まり、戦争に加担はしなかつた。

一、支那争乱の原因の一つは阿片である。而して阿片は主として英領東印度に産する。英国は利益の打算から支那の禁令を犯して阿片をどし〳〵持つて来る。而して英国は日本にも支那同様之を売弘めたいとの希望を有つて居るやに聞く。我が米国は支那との条約中に、明文を以て阿片売買を禁ずる旨を約束して居る。

一、亜米利加は日本の為に阿片の害を非常に心配して居る。之が禁止方を十分に定められたき希望なるのみならず、亜米利加人にして万一之を持渡る者あらば、如何様の処分を之に加へられても更に異存は申さない。

一、日本には数百年来戦争はない。今日の戦争は人よりも武器の精鋭が第一なれば、その費用実に夥《おびただ》しきものがある。日本を斯う云ふ禍に遭はしたくないと云ふが米国の念願だ。日本は西洋と懸隔して居るから今まで永く無事であつたものの、昨今の形勢では決して安心は出来ぬと思ふ。

一、戦争の結末は必ず条約の締結と来る。が、戦争をしての上の条約は素より何人も好む所ではない。我が米国大統領は、初めから相互敬信の礼を以て、日本と対等の条約を結ばうと冀《ねが》うて居る。

一、若し日本が右の趣意で米国と条約を結んで居れば、将来諸外国も必ず之を手本となし、決して不当な要求はしないであらう。

一、宗教に付ては、亜米利加では之を全然私人の自由信仰に委《まか》し、国としては禁じもせねば勧めもせぬ。昔とは違ひ、此頃は一般に邪心を抱いて他の国を毒するものは宗教界には居らぬ。

一、今日は、世界一統睦しく交り有無相通じて以て生活を便にし国利を増さんとするの風儀となつた。その結果、戦争も自ら少くなるわけである。

一、交易に伴ひ関税を差出すべきは勿論である。而して輸入国に取てこの税は国家収入の重要部分を成すものである。
一、自分は日本へ来る途中シヤムに立寄つて条約を結んだ。東印度地方は昔は沢山の独立国であつたが、今は悉《ことごと》く英領となつた。之は西洋と条約を結んで居なかつた為である。之等の事実に鑑み、シヤムは英国の侵略に対し孤立無援の寂しき状態を脱せんとて、我国並に仏蘭西《フランス》と最近急いで条約を結んだわけである。
一、亜米利加は一意日本の為めを思ふものであるから、軍船軍器は勿論、海陸軍の士官に至る迄、入用のものは幾らでも御用立てする。又若し西洋各国と確執等を生じた場合には、格別誠実を以て仲介の労を取るを辞せない。
一、自分は途中香港に立ち寄り総督に遇つた。其後日本に来てから彼の書面四通を受取つた。之等に依れば、彼は日本の使節を仰付かり、その中莫大な軍艦を率ゐて江戸表へ乗込むといふことである。願の趣聴かれずば直に干戈に訴ふる決心なるは云ふまでもない。初めの予定では本年三月頃来るわけであつたが、支那との戦争の為に遷延して居るものらしい。併しこの戦争もさう永くは続くまいから、彼の来るのも遠いことではあるまいと思はれる。
一、右の点は仏蘭西も同様と承つて居る。
一、日本は之に対して如何の扱方をなさる積りか。憚《はばか》り乍《なが》ら我が亜米利加と速に条約を取結ばるるの外に良策はあるまいかと存ずる。且又私が若し、東洋駐在の英仏諸官憲に、日本政府でも今度一般に交易を免許さるることになつたとの旨を書面で申送りでもせば、五十艘の船で来る積りの所も一艘又は二三艘で事を済ますことになるだらうと考へる。
右のハルリスの説明に関しては述べたい事も沢山あるが、問題外だから略する。兎に角斯うした説明を聞いては、堀田備中守も大に意を動かさざるを得なかつたであらう。ハルリスは右の演述にも明なるが如く条約の主たる内容として、(一)公使の首府駐在と(二)開港通商の自由とを要求して居る。之を許すとすれば一体その先きはどうなるのか。も少し詳しく其辺の仕来りを研究しておくの必要がある。於是《ここにおいて》彼は、部下の役人をして改めて復《ま》たハルリスに就き詳細にその教を乞はしめたのである。十一月六日蕃書調所に於ける会見に於ては、幕府方は先づ「ミニストルヲ都下ニ置候儀ハ和親之国ハ相互ニ置候哉」との質問を以て応待を始めて居る。それからミニストルの職務、コンシユルとの差別、ミニストルの官爵のことを聞いて、次の肝腎の「ミニストルヲ置候方ニテハ各国如何之取扱振ニ可有之候哉」の問題に入り、初めて「万国普通之法ニ従ヒ取扱申候」との返事に接するのである。そこで勢ひ「万国之法ト申候ハ如何様之義ニ候哉」と問はざるを得なくなる。之に対してハルリスは次の如く答へてをる。

一、不残申上候ニハ大部之書程有之候得共、先《ま》手《ず》短ニ取摘ミ一通可申上候。

一、大法ハ差置候国之法を以縛シ候儀無之ヲ第一ト致申候。

一、ミニストル之差免無之シテ館内エ外人不為立入法ニ有之候。且又家族之者ニ至ル迄、其国之法ニ被縛候儀ハ無之候。

一、住居候処ハ、一国ニ対シ候得者、狭少ニハ候得共、館内ハ都而自国同様ニ心得居申候。

之は固より「万国普通之法」それ自体の説明ではない。公使の駐在国に於ける権利に関する国際法規の説明に過ぎない。が、之に由て幕府の役人が外交上の問題には事毎に所謂《いわゆる》万国普通の法則の附き纏ふものなるを悟つたことは想像に難くない。それから更に色々の問答が交換されるが、ミニストルの館内のことは前述の如しとして、館外に於ては如何とか、駐剳国が第三国と紛擾《ふんじょう》を来した場合、ミニストルは如何の態度を取るかとか頗《すこぶ》る要領を得た質問を発して、流石《さすが》に幕末外交の重責を脊負つて立つ連中だけに、相当頭のいゝ所を示して居る。ハルリスは前日の例に依り、また支那の危難を引いて頻《しき》りに条約締結を急ぐの利益を力説してやまない。彼としては成る程日本と条約を結んだ第一着の殊勲をねらつて一生懸命心血をしぼつたことであつたらう。

斯う云ふ事情で、幕府の役人の頭には「万国公法」と云ふ観念は可なり深くしみ込んだ。内容はまだ分らない。法規としての性質も無論分らない。けれども兎に角この万国公法といふものの智識なしに西洋との駈引の出来ぬといふことだけは能く分つた。多分幕府は蕃書調所等に向つてその取調を命じたことであらう。役人や学者の書き残したものに、その研究の必要を説いたものも尠くはない。而して斯うした要求に始めてはツきりした内容を与へ同時に維新当時の政治家学者に唯一の手引を供給したものは、実に丁韙良《ていいりよう》の『万国公法』である。

（ロ） 丁韙良の『万国公法』

その頃西洋の学問の講明に付ては、支那の方が遥に我国より進んで居つた。従て我国は支那の本に依て盛に西洋の文物を学んだのである。直接蘭書に依て泰西文明を仕入れた人も無論ないではないが、一般の日本人には、支那の本に依て学ぶ方が遥に早道でもあり且確実でもあつた。それに其頃丁度、支那に居た西洋人が支那人と協力し民智開発の為め盛に各種の書物を出版したので、謂はば日本人の必要とする智識は、どんな種類のものでも、之を支那に求めて得られないことはないと云ふ有様であつた。さう云ふ訳で、当時支那と日本との間には案外に密接な学問上の連絡があつたのである。されば支那に新刊される書物が直に日本に持ち渡らるるばかりでなく、未だ刊行されないものまでが、時としてその噂が伝はつて、日本の学者が之を待ち焦れるといふのもあつたさうだ。わが丁韙良の『万国公法』の如きも実に斯うした書物の一種なのである。

丁韙良の『万国公法』が北京で公刊されたのは同治三年十二月である。同治三年といへば我が元治元年であるのに、之が我国江戸では其翌年の慶応元年に複刻されて居る。余りに早いので、こゝに色々の問題を持ち出す人もあるが、要するに、これは当時の我国士人が如何に『万国公法』の書を渇望したかを証明する事実たるに間違ひはない。而してこの書に依てまた万国公法の観念が如何に我国の上下に普及したかも、多言を要せずして明であらう。

こゝで私は一寸この『万国公法』の本体を少しく説明しておきたい。これは有名な恵頓 Wheaton の名著 Elements of International Law の漢訳である。而して訳者の丁韙良は支那人ではない、実は米人である。六十有余年を支那で暮した有名な宣教師で、漢文を作るに非凡の天才を有し、西洋の文明を支那に輸入するに絶大の功績を示した人だ。『万国公法』の漢訳も亦、支那啓蒙の為に彼の作つたものの中最も優れた一つとされて居る。

ついでを以て玆にまた少しく彼れの為人をも語つて置かう。彼れの本名は William Alexander Parsons Martin である。丁はマルチンのチン。韙良は多分ウヰリアムを利かしたものであらう。生れは一八二七年四月十日。米国インデイアナの産。土地の大学を卒業してからシカゴに出て神学校に学び、更に紐育《ニューヨーク》の大学で磨きをかけ、D.D. 及び L.L.D. の学位を授かつた。一八四九年即ち彼が二十二歳のとき、プレスビテリアン派の宣教師となつて支那赴任を命ぜられ、その年の十一月を以て広東に向つた。六三年北京に移り、玆に伝道に従事すること五年。一八六八年之を辞し、更《あらた》めて支那政府の傭聘《ようへい》に応じ、有名な同文館の創立に参して自らその総教習となつた。それから彼は一九〇五年七十八歳の高齢を以て隠退するまで、一方は支那の教育の為に他方は伝道局の名誉顧問として、一意専心支那の開導の為に尽したのである。隠退後も引き続き北京に居つたが、一九一六年十二月十八日死んだ。斯くして彼は支那の為に尽すこと実に六十七年の永きに亙つたのである。

彼に支那の思想風物を西洋に紹介する為の著書頗る多いことは言ふまでもないが、必要がないから玆に一々は列挙せぬ。支那人の為に漢文で書いた書物[*1]に至ては、間接に亦我が国にもその益を及ぼして居るので、彼は或る意味に於てはその未踏の地日本からも大に感謝さるべき人と謂つてい丶。就中《なかんずく》彼は「万国公法」の思想の普及に付ては最も努めたので、外にも二三の翻訳[*2]があるが、それは必要がないから略することにして、玆には専ら恵頓著の訳たる『万国公法』について述べよう。之は原著の順序に従ひ四巻十二章に分れて居る。次に目次の大綱をか丶げる。原語も参考のため各題下に書き添へておく。

第一巻　釈二公法之義一明二其本源一題二其大旨一　(Definition, Sources and Subjects of International Law

第一章　釈レ義明レ源　(Definition and Sources of International Law)

第二章　論二邦国自治自主之権一　(Nations and Sovereign States)

第二巻　論二諸国自然之権一　(Absolute International Rights of States)

第一章　論二其自護自主之権一　(Rights of Self-preservation and Independence)

第二章　論下制二定律法一之権上　(Rights of Civil and Criminal Legislation)

第三章　論二諸国平行之権一　(Rights of Equality)

第四章　論二各国掌レ物之権一　(Rights of Property)

第三巻　論二諸国平時往来之権一　(International Rights of States in Their Pacific Relations)

第一章　論レ通レ使　(Rights of Legation)

第二章　論二商議立レ約之権一　(Rights of Negotiation and Treaties)

第四巻　論二交戦条規一　(International Rights of States in Their Hostile Relations)

第一章　論二戦始一　(Commencement of War and its Immediate Effects)
第二章　論二敵国交戦之権一　(Rights of War as between Enemies)
第三章　論二戦時局外之権一　(Rights of War as to Neutrals)
第四章　論二和約章程一　(Treaty of Peace)

訳文が読み易い漢文であることは言ふまでもないが、その内容が十全なものか否かには多少の疑がある。現に『交道起源』(この本のことは後に説く)には「其書約略、言不レ尽レ意者居レ多」の評あり、明治八年司法省で出した『万国公法』(これも後に説く)の凡例には、丁韙良の漢訳本は余りに簡に失しその量に於て原書の三分の一に満たずと云つてある。併しそんな事はどうでもいゝ。只此書物が維新前後の識者から熱心に読まれ、そして後にも説くが如く特殊の万国公法観を普《あま》ねく世上に流布したことを特に注意して置きたいと思ふのである。

如何にこの本が広く持て囃《はや》されたかの一端を証明するため、次に和訳本並に註釈本の多かつた事実を語らう。

（一）　註釈本

万国公法蠡管　八冊　高谷竜州註解（明治九年刊）　但し註解は全然法律的ではない。簡単な字句の割註で内容は案外下らぬものである。

（二）　和訳本

（イ）　**和解万国公法**　四冊　鄭右十郎・呉碩三郎共訳　之は刊本ではない。明治政府の命に依て訳したもの、今現に内閣文庫に所蔵さる。訳者の序文には慶応四年三月の日附がある。

（ロ）　**万国公法訳義**　四冊　堤穀士志訳（慶応四年刊）　京都の公家菊亭修季の私費出版。第二巻の第二章までしかない（但しその第二章も終りの四分の一ばかりは残してある）。そのあとが続刊されてゐない様だ。

（八）　**和訳万国公法**　三冊　重野安繹訳述（明治三年刊）　之は鹿児島藩の公費出版である。始めに原文を載せ次に和訳文を附すると云ふ馬鹿丁寧なやり方だ。首巻は序と目録とで終り、他の二冊で僅《わずか》に第一巻の第一章及び第二章が載つてゐる。そのあとはない。

右に刺戟されてか、英文原書からの和訳と云ふのも出て来た。丁韙良の訳書には直接の関係はないが、是亦当時に於ける万国公法観念の発展に浅からぬ交渉を有つものなるは勿論だ。この意味で注目に値するは次掲の第一だけだが、第二第三もついでを以て挙げておく。

一、**交道起源**　一冊　瓜生三寅訳述（慶応四年刊）　一名『万国公法全書』と題して居るが、原書第二版即ちローレンスの註解と増補との入つた所謂 Lawrence's Wheaton に拠つたものらしい。表題にも顕理恵頓選、維廉老斯補入とある。丁韙良の訳は不完全だから直接原書を訳したとあるが、出来栄えは決して良いとは賞められぬ。不幸にして小本一冊だけで跡が続かない。即ち第一巻第一章だけしか訳してないのである。

二、**万国公法**　二冊　大築拙蔵訳（明治八年刊）　之は原書第四巻第一章の邦訳で「始戦論」と割註してある。司法省明法寮の命により和訳に従事してゐた所、征台事件の起るあり、実際の必要に促されて取敢へず開戦の部だけを上梓したものなること、巻頭二三氏の序文に明である。

三、**万国公法**　一冊　大築拙蔵訳（明治十五年刊）　訳者は前者を出してから翌九年全部の完訳を了《おわ》つた。之を後日自費出版の許可を得て公刊したのが本書である。

以上永々と述べた所に依て、維新前後には既に相当ひろく万国公法なるものが識者の間に知られてゐたことが分らう。万国公法といへば今日の国際公法だが、此頃の人の頭に映じた万国公法は、固より今日我々の有する観念とは余程趣を異にする。後にも説くが如く、天地自然の大道位に之を解してゐたのである。原著者の恵頓が如何なる学派の人かを考へ、且その紹介者たる丁韙良の如何なる人かを思ひ廻らさば、亦その事の必ずしも怪むに足らぬ所以《ゆえん》も明であらう。

***註1**　彼が支那人の為に書いた本で我国に最も多くの影響を与へたものは宗教方面の著述である。我国で翻刻又は和解せられたもの二三を次に掲げる。

一、**天道溯原**　一冊　咸豊四年(一八五四年)即我が安政元年刊　四明企真子といふ人の序文に斯うある。「丁韙良先生西土積レ学之士也。奉二耶蘇教一。来二中華一、学二土音一、習二詞句一、解二訓詁一、講二結構一、不二数年一而音無レ不レ正、字無レ不レ酌、義無レ不レ捜、法無レ不レ備。慨然曰、吾欲丁本二聖経一以闡二聖教一使丙レ人共帰乙聖域甲也非二一日一矣。而有レ志未レ逮。今既略通二中華文義一。敢不下以二道之大原一筆二之干書一俾中レ人共信上乎。甲寅秋、著二天道溯原三巻一、出以示レ余。余読二其書一窃嘆天之愛レ民亦甚矣哉」。以て本書述作の趣旨を知るべきである。全編三巻に分る。著者自らの序言に依れば「上巻言二神惟一一」、即ち天地を造化して之を主宰する者、深く物理を察するに確として憑《よ》る可きある所以を説き、「中巻言下神已降二紹書一令中万国遵行上」、之を巻籍に核し之を人心に揆《はか》るに鑿々《さくさく》として拠るべき所以を説き「下巻言二紹書中大端一」、詳弁精察、自ら明証を具ふべきを論じて居ると云ふ。さてこの本は早くから我国に読まれ、従つて和訳も二三種あるが、中村敬宇先生の訓点を附けた複刻本が最も広く読まれて居る。明治八年の印行を始めとして其後永年に互つて各種の版がある。和訳本としてはフルベツキ師と高橋五郎氏との共訳に係る『啓蒙天道溯原』が広く読まれたと聞く。明治十八年の刊行である。外に築地に居た宣教師嘉魯日耳士(Christopher Carrothers)の訳となつて居る『天道溯原解』三冊がある。之は明治七年の刊行で亦可なり広く読まれた本ださうだ。要するに此書は日本に於ける耶蘇教の発達には忘るることの出来ない大貢献をなした本である。

二、**勧善喩道伝**　一冊　咸豊八年(一八五八年)即我が安政五年刊　修身書の様なもので、訓話十六篇より成る。之を明治十年渡部一郎(温)が訓点を施して出版した。中村敬宇先生の序文に依れば、渡部氏の東京外国語学校長を辞するや、生徒等惜別のあまり金を集めて氏に贈つたが、氏はそれに酬《むく》ゆる為に本書を拵《こしら》へて諸生に頒《わか》つたのだと云ふ。其後諸学校の教科書としても盛に読まれたものらしい。

三、**性理略論**　一冊　同治七年(一八六八年)即我が明治元年刊　人性論・人道論・天道論の三巻に分れて居る。内容を紹介するの遑《いとま》はないが、之にも米人嘉魯日耳士の訳に係る明治八年刊行の『性理略論解』二冊あることを附言して置く。因に云ふ、カロゾルスの訳本は前記天道溯原解も同様だが、同師の口訳せしものを専ら加藤九郎氏が筆録せしものである。

右の外丁韙良の本で我国に読まれたものに自然科学に関するものと経済学に関するものとがある。

四、**格物入門**　七冊　同治七年(一八六八年)即我が明治元年刊　凡例の一節に曰く、「美国教師丁韙良……為二同文館教習一、昕夕思維利ㇾ国便ㇾ民莫ㇾ急二於格物一。於ㇾ是蒐二羅泰西群書一、謹為二考覈一、釆下其易ㇾ明而有二実済一者上、編二成七巻一」と。之に由て之を観れば、彼れは道徳宗教の方面のみならず、斯うした利用厚生の方面にも大なる貢献を為したのである。而して此書は我国では本山漸吉の訓点で明治二年に翻刻され、更に翌三年にはそれ〳〵の専門家の手に成る和解が出版された。斯くてこの本は我国明治初年の自然科学の発達にも多大の貢献を為して居るのである。『格物入門和解』は第一の水学を柳河春蔭が、第二の気学を安田次郎吉が、第三の火学を吉田賢輔が、第四の電学を奥村精一が、第五の力学を佐藤劉二が、第六の化学を宇田川準一が、第七の算学を塚原宗策が執筆して居る。山東一郎が序文を書いて居るが、その中に斯んなことが云つてある。「美国丁韙良ガ著ス所ノ格物入門七巻、文簡ニシテ意詳ナリ。其事物ノ理ヲ究メ後進ノ蒙ヲ啓クニ至リテハ、体用両《ふたつ》ナガラ備ハリテ深ク理学ノ要領ヲ得タリ。寔《まこと》ニ善本ト云ベシ。只恨ラクハ漢訳ナルニヨリ我童蒙訓読ニ便ナラズ。乃《すなわ》チ松本柳河安田吉田ノ諸君ニ乞ヒ、洋籍ニ参考シテ意ヲ重訳シ、更《あらた》メテ格物入門和解ト題シ以テ剞劂氏ニ附ス」。それから後の方に、此書が支那の本の訳だからとて世上之を軽蔑するものがあるさうだが、西洋の本でなければ駄目と限るわけのものではない。況んや原著者は洋人の丁氏なるに於てをやと云ふ様なことが書いてある。亦以て当時学界の風潮を知るべきである。

猶ほ此の和解には太田有孚校正といふ名義で明治十年に公刊されたのもある。謂はば再版である。之を以て観ても本書の相当ひろく読まれたことが推知されよう。

五、**富国策**　三冊　光緒六年(一八八〇年)即我が明治十三年刊　之はホウセットの Manual of Political Economy の訳である。訳者王生鳳藻、校閲丁韙良とあるけれども、主として丁先生の労に成るは云ふまでもない。凡例の五に斯んなことを云つて居る。

一論二此学一者、在二泰西一以二英国一為レ最。百年来名家迭出。如二斯美《スミス》氏梨喀多《リカルド》〔氏〕弥児《ミル》氏等一、均未レ如二法思徳《ホフセット》之詳而且明一。故同文館向以二此学一課二読諸生一。今訳二漢文一刊行、俾下文人学士之留二心時事一者皆得上レ閲レ之。

本書は明治十四年岸田吟香の訓点公刊せるに依て、我国でも相当に読まれた。但し和訳はない。永田健助の訳に『宝氏経済学』(明治十年刊)と云ふのがあるが、之れの原書は宝氏夫人の著になる Political Economy for Beginners である。

*註2　此頃に来た宣教師は、日本や支那では既に相当に学問も開けて居るので尋常一様の方法では十分説得の効を奏し難きを思ひ、(一)先づ自然科学の方面に於て在来の迷信を打破し以て彼等の有つ智識に疑を起さしめ、(二)それから万国公法の講明に依て世界に通ずる準則の存在に注意せしめつゝ漸を以て宗教的真理に目を開かしめようと試みた。そこで其頃に渡来した宣教師は予備智識として概して皆自然科学や万国公法を学んだものらしい。殊にこの点は丁韙良に於て著しいのである。彼が北京で主宰して居た学校の同文館を時々洋名で International Law and Language School と呼んで居つたと云ふが、それ丈け万国公法の講明には彼自身余程力を入れたものと見える。従つて訳本も恵頓(Wheaton)のそればかりでなく、日本にも知られて居るものでは外に次の二つがある。

一、**公法便覧**　六冊　光緒三年(明治十年刊)　呉爾璽(Woolsey)著 Introduction to the Study of International Law の漢訳である。之を我国では明治十一年妻木頼矩が訓点して出版して居る。洋装活字版の一冊本である。

二、**公法会通**　五冊　光緒六年(明治十三年刊)　歩倫(Bluntschli)著 Völkerrecht の漢訳である。岸田吟香(実際の点者は中田敬義氏だと聞くが)が訓点を附して明治十四年東京で之を複刻して居る。之は同じく和装五冊である。右の外日本で翻刻はして居ない様だが、次の一書も看逃してはならぬ。

三、**星軺指掌**　一冊　光緒二年(明治九年刊)　私はこの本をまだ見ない。『公法便覧』や『公法会通』の序文に依るに、独逸《ドイツ》マルテン著の訳といふ。『公法会通』の序の方には雖レ無二公法之名一実為二公法一類一、惟専論二公使領事之一門一耳とある。して見れば之は明治二年公刊福地源一郎の訳に係る『外国交際公法』と同一のものであらう。即ち Le Charles Martens の Guide Diplomatique(原仏文)を訳したものと想像される。

（八）　当年の公法観

斯くて「公法」と云ふ言葉は、馬鹿にひろく謳《うた》はれた。併し之を口にする人が果してその本来の意味をよく了解して居つたかは疑問である。然らば当時の人は概して「公法」と云ふ言葉にどんな意味を附して居つたのか。この事はこの言葉が一面に於て如何なる実用的目的に使はれたかを観るとよく分る。

第一にこの言葉は、前にも述べた如く、民情綏撫《すいぶ》の目的に使はれた。政府が新に斯う云ふ変つた方策を採る、之が万国普通の法に基くのだと云ふ。民間でそんな乱暴な事をして貰つてはこまる、天地の公道に悖《もと》るからと云ふ。そのため政府の意図が毎《つね》に必ずしも完全に達せらるると限らぬが、斯く説明して自分に安心のつくは勿論のこと、世間に之を尤もと思ふものも頗る多い。於是《ここにおいて》政府は事毎に「公法」の文字を濫発する。否、政府ばかりではない。民間でも飛んでもない意味に之を使つて得々たるものの多かりし例は、尾佐竹君の『幕末外交物語』にも明である（同書十九頁―二二頁参照）。即ち政府が民間から借金をしても公法に依て必ず之を払ふとか、伏罪謹慎の徳川方を追つかけ征討するは公法ではあるまいとか云つた調子である。斯うなると「公法」は最早国際公法ではない。所謂「天地の公道」である。暫く政府に之を限つていふと、一般治道の新規範と云ふ様な意味になる。この事が実に後年の政治思想の発展に大関係があるのだ。

よく言ひ古されたことであるが、封建時代に在ては所謂民は依らしむべし知らしむ可からずで、政治は全然国民の仕事ではなかつた。一から十まで士分の命令に盲従すればいゝ。公事に関する国民的行動の拠り処は一に役人の頭である。役人の頭を離れて政治行動の規範といふ様なものは考へられなかつた。所へ今度新に天地の公道とか万国普通の法とか云ふ観念が吹き込まれる。之れからはお上でも勝手な政治はせぬ、下万民と共に公理公道に基いてやらうと云ふのである。そこで始めて国民は役人の頭以外に政治的規範即ち治道の新理想の存在することを教はつた。之が実に将来の政治思想の発達に深大の関係があると思ふのである。抑《そもそ》も永い封建時代の桎梏《しっこく》に押しつけられた国民は、一躍して直に心からの徹底的立憲国民になれるものではない。彼から此に移る途中の段階として、モ一つ政治的規範の意識に目ざめる時代がなければならぬ。而して私の考では、斯うした経過的時代は実に「公法」観念の流行に由て作られたと思ふのである。

第二に「万国公法」なる言葉は勿論外交問題処理の準拠として亦大に研究された。従て当局の専門家が之を本来の正しい意味に理解したことは申す迄もない。併し乍ら之等の国際的法則が各国より承認遵奉され行く所以の根拠如何の問題になると、彼等は丁韙良乃至恵頓の影響より全く免るることは出来なかつた。『万国公法』の原著者及び訳者の此点に関する思想は如何なるものであつたか。之を攻究すると、「公法」が動《やや》もすれば単純な公理公道と解せられた所以が一層明瞭になる。

『万国公法』の第一巻第一章は「釈ㇾ義明ㇾ源」と題し公法の意義及び淵源を説いたものであるが、丁韙良の訳文を和解すると、先づ冒頭に斯うある。

> 天下ニ人能ク法ヲ定メテ万国ヲシテ必ズ遵《したが》ハシメ能ク獄ヲ折《さだ》メテ万国ヲシテ必ズ服セシムルモノナシ。然レドモ万国尚ホ公法アリテ以テ其事ヲ統ベ其訟ヲ断ズ。或ハ問フ、此公法既ニ君ニ由テ定マルニ非ズトセバ、則チ何レヨリシテ来ルヤト。

即ち国際公法の拘束力の所由を問ふのであるが、之に対しては次の様に答へて居る。

> 曰ク、諸国交接ノ事ヲ将《も》ツテ、之ヲ情ニ揆《はか》リ之ヲ理ニ度《はか》リ、深ク公義ノ大道ニ察セバ、便《すなわ》チ其淵源ヲ得ベシト。

自然法説の色彩の如何に濃厚なるかを注意すべきである。それから次々に、公法の意義に関する虎哥 (Hugo

Grotius)、霍畢寺(Hobbes)、布番多(Puffendorf)、賓克舎(Bynkershoek)、俄拉費(Wolf)、発得耳(Vattel)、海付達(Heffter)、来内法(Rayneval)等の説明を挙げて居るが、その中に性法、天法、天理、自然之法などの文字が夥《おびただ》しく眼にうつる。例へば虎哥の説の紹介の中には、公法に二種ありと為し「世人若シ国君ナク若シ王法ナク天然同居センニ、其来往相待ツノ理ヲ究ムルニ応《まさ》ニ如何スベキ。此乃《すなわ》チ公法ノ一種、名ケテ性法トナス。夫レ諸国ノ往来衆人ト理ヲ同ウス。此性法定ムル所ノ人々相待ツノ分ヲ将ツテ以テ各国交際ノ義ヲ明ニス。此乃チ第二種ナリ」と云つて居り、又「人生世ニ在ル、理アリ情アリ。事ノ合フ者ハ当《まさ》ニ之ヲ為スベク、事ノ背ク者ハ則チ当ニ之ヲ為スベカラズ。此乃チ人ノ良知、一ニ法ノ心ニ銘スルアリテ以テ其去就ヲ別ツガ若《ごと》キ也。性ト相背ク者ハ則チ造化ノ主宰ノ禁スル所トナシ、性ト相合フ者ハ則チ其ノ令スル所トナス。人果シテ此ニ念ヒ及バヾ、便チ其ノ主宰ノ或ハ禁シ或ハ令スルヲ為スヲ知リテ、自ラ其ノ法ヲ犯スヲ為スト否トヲ知ル可シ」等の文字がある。恵頓自身の公法観は煩はしいから茲に詳述するを略するが、根本に於て虎哥と大差なきは云ふまでもなく、訳者の丁韙良また然りである。殊に彼の伝へた文字は、明治初期の公法観を知る上に決して看逃してはならぬものである。彼が後年訳出公刊した『公法会通』の序には斯んなことを言つて居る。

　公法者諸国之通例也。会通者条分而件繋也。夫例之原有レ三。其出二於天理自然一而邦国不レ得レ不二同然一者一也。其出二於会議相約一而立有二明文一者二也。其出二於習久黙許一而成者三也。

以上の例は何れもみな公法の重なる淵源の一つとして天然自然の理法を認めたことを証明するものではないか。而して丁韙良が同時に熱心な耶蘇教の宣教師であることを考へると、彼が特にこの思想に共鳴し又特にこの点を力説強調したことが一層明になる。『万国公法』の巻頭に彼は態々《わざわざ》原書にない東西両半球の色刷図面を添へてゐるが、其説明の末尾に「天下ノ邦国万ヲ以テ計《かぞ》フト雖モ、而モ人民ハ実ニ一脈ニ本《もと》ヅケリ、唯一ノ大主宰アリテ其端ヲ造リ、其生ヲ佑《たす》ケ其事ヲ理《おさ》ム」とあるなど、大に耶蘇教の臭味もあるが亦自然法説の考を吹き込むに少からず役立つたことを思はせる。

彼が虎哥の説を紹介せる訳文の一節に、次の様な文字を使つてゐる。

其ノ所謂性法トハ他ナシ、乃チ世人天然同居シ当ニ守ルベキノ分ニシテ、応ニ之ヲ称シテ天法ト為スベシ。蓋シ上帝ノ定ムル所タリ、以テ世人ヲシテ遵守セシム。或ハ之ヲ人心ニ銘シ或ハ之ヲ聖書ニ顕ハス。邦国ハ天然同居シ、統領ノ君ナシト雖モ、即チ此性法ヲ将《ま》ツテ以テ其争端ヲ釈《と》ク可シ。此レ乃チ諸国ノ義法ナリ。

又俄拉費の説の紹介の中には、「人類自然ニ相合フ。天既ニ此法ヲ以テ之ニ授ク。故ニ各国服セザルヲ得ザルナリ」とか「此法ハ乃チ天ノ授クル所。故ニ諸国ノ公法ハ即チ是レ天下ノ律法ナリ」とかの文字がある。斯く淵源を天に帰してしまへば、卒然として之を見るもの、今日の所謂法律といふ観念を離れ、直に之を「道」の類と思惟するに至るは怪むに足らない。故に例へば重野安繹先生の如きは、現にその『和訳万国公法』の一節に附せる註解に於て、「虎哥ガ此論孟子ノ性善良知ノ説ヲ本トシ、終ニ王陽明ガ心ヲ師トスルノ論ニ帰着ス」などと云つて居るではないか。斯くして万国公法の紹介者其人が、何時の間にやら知らず識らず「公法」と云ふものに「天地の公道」といふ様な形而上的実在性を附するやうになつて行く。

この点に付てはすべての公法紹介者がみな重野先生と同じ態度であつたやうだ。この事を明にする為め、次に他の二種の和訳本に載せられた序文を掲げておかう。

一つは『和解万国公法』の序である。

紛乱争訟之所㆓以繇起《ようき》㆒者、彼此之間必有㆓一非理想侵者㆒也。人若依㆓天理之公㆒而無㆓彼我之私㆒、則宇宙間無㆔一難事㆒也。恵頓氏合衆国之政法家也。遠探㆓古法㆒、邇《ちかく》察㆓今事㆒、参㆔酌天理与㆓人情㆒。以成㆓是書㆒。而其所㆔以称二公法一者、乃係二万国交際之間所レ用之通法一、而非レ謂下各国奉レ之以治二一国一之律法上也。近年国家与二諸蕃一交際事起、其間実有下不レ能レ不レ用二全球上所レ用之通法一者上。在上君子若能体二此意一、則当二夫彼此対論難碍叢生之時一裁処之法自備而無レ所二疑議一矣。

次は『交道起源』の序である。

……夫天地之間、人物之生、各有二所賦之性理一而施二之於日用事物之間一、是謂二之道一。然至三人之気稟与二国之風習一、或有二不レ同者一。欲下使二其不レ同者一同上レ之、則擾二天地之大和一、非二是所謂天下之達道一也。故各国遣レ使通レ情、品二節之一取二其中庸一、以為二天下之公法一、各国盟而守レ之。即是万国公道所二由而起一也。

明治初年読まれた万国公法の書物に、モ一つ西周先生の撰述にかゝる同名の訳書がある。西周先生が津田真道先生と共に我国最初の海外留学生として文久二年榎本武揚等と和蘭に向ひ、同国ライデン府に於てフィッセリング教授より親しく法政の学問を教はつたことは人の多く知る所である。森鷗外先生の『西周伝』(全集第七巻所載)にその顚末が詳しく出てゐる。そして西周先生は帰朝早々幕命に依りその学び得たる所の翻訳に従事し、慶応四年先づ『万国公法』を上梓したのである。当時欧羅巴《ヨーロッパ》の学界には一体に自然法説が流行したこととて、フィッセリングの授くる所亦その範囲を出でざるは怪むに足らぬ。現にフィッセリングは、国際間通用の法規並に国内に行はるる法規の根本基準として先づ性法を説いて居る。万国公法と国内公私法とは性法の適用に過ぎぬと云ふのである。性法論の方は後に神田孝平先生に訳され、『性法略』と題して公刊されて居る。何れにしても斯う云ふ学派の人の説を祖述したのだから、西周先生の『万国公法』が、また丁韙良の訳書に由て得たる公法観念を更に一層大に強むるに役立つたことは、想像にあまりあるであらう。

この事を証明する為に、西周先生訳の『万国公法』の中から次の一節を例示しておく。

公法ノ学ハ其本ツク所三ツアリ

第一ニハ　性理ノ公法、即チ学術ニ本ツク者。

第二ニハ　確定ノ公法、即チ記録ニ本ツク者。

第三ニハ　慣行ノ公法、即チ泰西通法。

性理即チ学術ニ本ツキタル公法トハ、此学科ノ内ニテ如何カシテ万国ノ交際性法ニ合スヘキ哉ヲ論スル学派ヲ指スナリ。確定即チ記録ニ本ツキタル公法トハ、性法ノ条規ニ合スルト合セサルトヲ論セス、必ス確定シタル典章条約ニ本ツキテ諸国交際ノ権ヲ論スル学派ヲ指スナリ。泰西通法即チ慣行ノ公法トハ、文明ノ諸国就中欧羅巴洲内、互ニ礼儀ヲ以テ相交ル各国ノ交際権義ヲ論スル学派ヲ指スナリ。此泰西公法ハ夫ノ性法ノ本源ヨリ発シ、或ハ明許シ（条約等ニ書載シタル条款）或ハ黙許シタル（明許ニ依ラス互ニ甘服シ例トナリタル事ヲ云フ）定約ニ依テ立チ、而テ是ニ本ツキ常行トナリタル風習ニ由テ成レル者ニシテ夫ノ文明ナル諸国ノ際ニテ漸ヲ追ヒ交際ノ条規トナレリ。是ヲ以テ確定ノ公法ハ方今泰西公法ニ於テ唯其一部タル耳《のみ》。

然レトモ性理ノ公法ハ其基本ニシテ、泰西公法ハ源ヲ斯コニ取ラサルヲ得サル也。

モ一つ面白いのは真理の形而上的実在を表明せる次の一節である。

夫レ天下自ラ最高至尊ノ位ニ居、法ヲ制シテ以テ万国ノ権義ヲ定ムル者アルコトナク、又法院アリテ万国ノ権義ヲ保スルカ為ニ其告訴ヲ聴クコト無シト謂フハ、真ナラスト謂フ可ラス。又古今史乗ノ載ル所、或ハ結約ヲ寒渝シ或ハ弱国強国ニ凌轢《りょうれき》セラレ、或ハ横肆《おうし》或ハ譎詐《けつさ》、或ハ不正不義ヲ行ヒ或ハ暴戻悖逆《はいぎゃく》ヲ事トス。其例歴々目ニ在リト謂フ、又真ナラスト謂フ可ラス。然トモ是ニ由テ断シテ此権義有コト無シト謂フ可ラス。

蓋シ権義ノ存スルト存セサルトハ、人ノ是ヲ認識スルト否ラサルトニ係ラサルコト、猶真理ノ自然ニシテ存スルカ如シ。真理豈《あ》ニ人ノ是ヲ知ルト知ラサルトニ依テ其真理タルヲ易《か》ヘンヤ。夫レ天ノ賦スル所、人ノ稟性感スルハ斯コニ正不正ノ別アリ。此感活潑息《やす》ムコト無シ。縦《たと》ヒ不正ヲ犯シ不義ヲ行フ者多シト雖モ、省《かえりみ》テ必ス此感アラサルコトナシ。〇此故ニ夫ノ横肆暴戻ノ甚キ者ト雖モ、其己レヲ護シ罪ヲ免ルルニ至テハ、屢《しばしば》口ニ藉《し》クニ正ト義トノ名ヲ以テス。

今万国ノ為ニ権義ノ条規ヲ立テ法ヲ制スル者無シト雖モ、然レトモ其正ト不正トヲ弁別スルハ衆人ノ独知警醒ノ際ニ在ルコト必アリ。又今万国ノ権義ヲ保スル為ニ法院ヲ置クコトナシト雖モ、其暴戻ニシテ正ヲ戕《そこな》ヒ義ヲ賊スル者ハ、世ノ公論アリテ是ヲ与《ゆる》サ、ルコト必セリ。

(二)　神道家の公法観

「万国公法」は維新当時の政治家に取つては実に好個の助け船であつた。ひとり政治家ばかりではない、新知識をほこる少壮の識者も亦争うて之をもてはやした。然るに之に対して間もなく意外な所から烈しい反対の声が起つた。それは外でもない、神道者流の方面からである。併し之も考へて見ればさうならねばならぬ理由のあることであつた。

王政維新と共に一面大に復古思想の盛になつたことは云ふまでもない。之に伴れて頭を擡《もた》げた神道者流の間には、実は早くから一種特別の国体観が発達して居つた。それは日本は神国であり、四海万国はもと皆我が日本の支配に帰すべきものとの思想である。所が新流行の『万国公法』の書を見ると、万国には統御の君がないと云ひ、また之等諸国は各平等独立だと説いて居る。之では神道の立場と根本的に相容れぬと云ふので、茲に憤然として起つたのである。起つて堂々と反対の論陣を張つた者の随一には大国隆正あり、八田知紀等之に次ぐと謂てい丶。大国隆正はその門人福羽美静を通じて明治新政府にも相当の勢力を及ぼしたことは、また能く人の知る所である。私は嘗《かつ》て八田知紀の『大公法論略』の一節を引用して明治初年の国体観を説明したことがある(拙著『主張と閑談』第二輯一六二―一七四頁参照)。モ一度こ丶にその要点を摘記して見る。

茲ニ心得ヌコトノアルハ、万国公法テフ書ヲ見ルニ、其大意、一国ニハ夫々君主アリテ法度ヲ制シ訴訟ヲ断ジテ遵奉心服セシムト云ヘドモ、万国ニハ一国ノ如ク君主ナケレバ、交際ノ道ニ付テ公義立ズ、争端ヲ開クニモ至レバ、造物主ノ意ヲ察シ義理ノアル限リ、人情ノ帰スル所ヲ以テ公法ヲ立ト云趣ナリ。ソハ今世ノ形勢ニ依、彼ガ心ヲ汲デ見レバ、サモ有ベキコトナレドモ、其ハ未ダカレガ究理ノ至ラザル所ナリ。抑《そもそも》天地万物ハ造物主ノ神霊ニ出デ、日月星辰ハ更也、万物ニモ主宰ニ依ラザルハナキヲ、其中取分テ云ヘバ、神典ノ古伝説、太陽界ハ天照皇大神ノ御シ給ヒ、大陰界ハ月読神ノ御シ給ヒ、四海万国ハ我天孫ノ統御シ給フ所謂ニシテ、是皆造物主ノ命ズル所也。サレバハヤク大汝少名彦神外国ヲ経営シ給ヒ、其後神功皇后三韓朝貢ノ道ヲ開キ給ヒシハ、皇祖神ノ御神託ニテ旧典御再興アリシ訳也。……善悪ノ神霊ニヨリ天地ノ道ニ盛衰アルコトハ、大理上ノ玄旨ニテ眼前ノ常理モテ推シガタク……、末世ノ形勢、実ニ万国統御ノ君ナキニ似タリ。サレ共無辺無数ノ天地ナレバ、千万年ハ一瞬目ノ間ニシテ今ヨリ造物主ノ命新マリ、悪神退キテ二度大道起リ、我天皇トコシナヘニ万国ヲ統御シ給フベキ理著明也。……万国統御ノ君ナキ時ハ、天地人ノ三才並ビタヽズ。道成ラザレバ必其君ヲ尋出テ位ニ置ベキコトナルニ、始ヨリ統御ノ君ヲナキモノニ定メシハ、真理ニカナワズ、甚シキ彼ガ過ナラズヤ。

八田知紀には外にまた『大理論略』といふ著書がある。慶応三年の刊行であるが、跋文に依ると「外国ニワタル人ノ、若シカノ土ニテ皇国ノ道ヲ問フ者アランニ、答フベキノ大意ヲ示シテヨト云ヘルニ取アヘズ書テオクリタル」ものだといふ。その冒頭に於て彼は

凡天下ノ事物、本末内外善悪邪正真偽等ノ名実天賦ニ出テ著明也トイヘドモ、古ヨリ英才ノ士モ我好ム所ニ僻シテ其心得大ニ表裏顚倒スル事アリ。若シ此アヤマリナキ時ハ、世ニ闘争起ラズ万古太平ナランコト論ナシ。然レバ国家ノ長久ヲ計ル者ハ、必神眼ヲ開キ大公平ノ道ヲ知ラズバ有べカラズ。是ヲ知ラント欲セバ、第一義ノ大理ヲ知ラズバアルベカラズ。

と喝破し、次いで理に大理小理の別ありとて、「第一義ノ大理」は所謂《いわゆる》「玄妙ノ理」、而して「我皇道ハイハユル神随《カムナカラ》ノ道ニシテ是即大理ニ依ル造化主ノ道也」と説き、「第二義ノ小理」は所謂「眼前ノ常理」にして支那の主張する道は勿論のこと、「外国窮理家ノ主張スル所」も畢竟は之に過ぎずと為し、更に進んで

其余西洋ノ諸蕃種々ノ法アリテ、万国公法ニ論ズル所、天法、王法、性法、理法、ナド云ヘルモノ、皆カノ第二義ノ道ナリ。

と述べて居る。斯うなると「公法」の意味はすでに余程変なものになつて来る。而して彼がこゝに「万国公法」を排する所以《ゆえん》は、矢張り前と同じく、特殊の国体観に基くものなることは、次の宣明に依つても明である。

抑皇国ハ天帝ノ本国ニシテ、大地球ノ元首、始メテ元気ノ生ズル所ナル故、水土清ク、山脈地形人物万国ニ秀《ひい》でタレバ外国ヨリ尊称シテ日本又ハ神国君子国ナド云ヘリ。……返々《かえすがえす》モ皇国ハ世界ノ君国ニシテ我天子ハ四海万国ヲ統御シ玉フベキ理ナルコト明ケシ。(中略)。天照大神ノ御正統万々歳綿々トシテマシマセバ、我天皇ハ大地ノ君主ニシテ四海万国ヲ統御シ玉ヒ、海外ノ諸蕃ハ悉《ことごと》ク皇国ヲ君国トシテ奉仕スベキ事理ノ当然ニ

テ、是万古不易大公平ノ道也。

斯う云ふ思想を更に一層はつきり教へたものは、云ふまでもなく大国隆正である。彼がもと野之口姓を称せしこと、独特の神国思想を抱き之に関する種々の著書のあること、明治四年八十歳の高齢を以て逝いたが、門人福羽美静を通じて政府部内にも相当の勢力を及ぼせしこと等は、普《あま》ねく世に知られたる事実だ。「公法」の問題に付ては特に慶応三年に『新真公法論』と云ふ一書を著して居る。而してこの本を著作せし趣旨は、之に附載された藤原持正といふ人の跋文に却てよく現はれて居る様に思ふ。この人は大国家の養嗣子照正の実父とある。「新真万国公法論附録」と題しては居るが、要するに跋文に相違ない。

大日本国は地球上万国の総本国にして、わが天皇は地球上万国の総帝にておはしますこと、神代より定れる天地間の公論なれども、大日本国にうまるゝ人すらその真をしらず。まして外国に生れ来る人はこれを知らずして、支那人儒者は儒道をもて万国にわたる公法とおもひ、仏者は仏法をもて天下にわたる公法とおもへり。然るに荷蘭《オランダ》国の虎哥といふ人、それらの古道をすてゝ万国公法の学をおこせり。之によりていへば、儒仏のたぐひは旧公法といふべく、虎哥の公法を新公法といふべきなり。然るにわが翁隆正先生、この外に真公法といふべきものありとて、新真公法論一巻をあらはされたり。これはかねてわが大日本は万国の総本国、わが天皇は万国の総帝といふことを主張してあらるゝにより、かの新公法のいでたるにつき、この真公法をいはるゝなり。これわが神道の旨とする所にして、野之口改《あらため》大国一家の立論なり。

なほ藤原持正のいふ所に依れば、大国隆正は「万国公法」は排斥したが西洋人をば決して排斥しなかつたと云ふ。この点に於て隆正の思想は、平田流の神道とは著しくその面目を異にし、決して偏狭なる排外思想に堕するものではなかつたらしい。跋文の筆者は前引用せる所に続いて世の国学をするもの、多くはこの旨を得ずして、とにかくに外国をきらへども、万国みなわが天皇のしろしめす国内《クニウチ》と思ふときは、さのみきらふべきにあらず。

と云つて居り、又別の所では次の様なことを伝へてをる。

海外異言の国人ども、つひには神儀にはかられてわが天皇の万々世たがはせ給はぬことを聞きかしこみて、わが天皇のみもとに貢をたてまつり、国爵官位を申しこふべく世はなりゆくべきことを、未前にさとりて、……わが翁はやくこの心を得て、大帝国隆正といふ印をつくりて常におさるゝなり。

然らば当の本人の大国隆正は何と云つて居るか。次にまづ彼が『新真公法論』の巻頭にかゝげたる「題言」の一節を引かう。

儒仏等は旧公法といふべきものなり。万国公法は新公法といふべきものなり。西洋人こそ真の公法とおもふめれ、我国よりはそれを真の公法とはおもはざるなり。総轄の君を立てずして云ふことなれば、猶いひがちになりてあらそひの端をひきおこすなり。わが天皇を地球上の総帝とし、こゝにて世間の公法を定むるとふは、天上高天原の神議《カムハカリ》にひとしく、さらに私のなき真の公法はこゝにて定まるべきものになん。

之に由つても、彼が「公法」といふ言葉を如何なる意味に解して居たかゞ分るだらう。この事は『新真公法論』の内容を少しく念を入れて見れば一層よく分る。

第一に彼は西洋に於ける公法学唱道の動機を次の如く解して居る。

荷蘭国に虎哥といふものありて、万国公法といふ学業を興したり。それにつきて公法学を事とするもの西洋諸国におこり、その教師といはるゝものも今は多く出来たりと云ふ。おもふに、これは支那人の中華夷狄と万国をふたつにわけて自国を重くし他国を軽くすることを嫌ひ、それを私論とし、公法といふことをたてたるものとおもほゆるなり。はやく耶蘇学士の内より、支那にて王家を天子といふは支那の私説なりといひしりぞけし人もありときく。おのれも神道要論のすゑに、支那にて王家を天子といふことは、大己貴《おおなむち》少彦名《すくなひこな》の二神彼此往来したまへる第四の神代にあたりわが古説の彼国にもつたはりてありしを、それより後の支那人掠《かす》めとりて彼国の王者をも天子といへるものなり。日本人にも今世は支那の儒道に従ふ者多く、その徒は本末をおもひあやまり、日本にて天皇天子といふをさへ、支那のことばをうつしてわが国にてもいふものと思ふあり。しかにはあらず。天皇を天子天孫といふはわが国の古伝なり。支那にていふは後の僭号なり、それをば贋天子といふべし。真天子といふものはわが日本の天皇より外にこの地球上にあることなしとわきまへおけり。

即ち彼は西洋の公法学は支那の中華思想に反抗して起つたと解して居るのだ。支那が自ら中華を以て天下に誇るのは間違ひだが、併し日本が唯我独尊の至上国たるは神代よりの運命として固より一点の疑はない。故に万国平等の原理に立つ「西洋の公法学も、また真の公法にあらず」と謂はなければならぬと云ふのである。

第二に然らば何を以て西洋の公法学を真の公法にあらずといふか。外国人が若し「今万国に統轄の君あることなし。されば万国の公法に順ふべきなり。日本に神道といふものありとはきけど、日本かぎりの私説なるべし、きくに足らず、早くこゝろざしを改めて公法につくべし」と詰め寄せて来たらどうする。その場合には次の如く答へたらよからうと教へて居る。

日本にてアメノミナカヌシノカミといひつたへたる神霊は、まさしく西洋地方にては天主といふもの、支那にては上帝天帝などいふものにて、そのつぎのタカミムスビノカミ、カムムスビノカミといひつたへたるは、支那にて造物者といふものなり。その上帝造物者、イザナギノミコト、イザナミノミコトに課《オホ》せて万国を産出せしめたまへり。イザナギノミコトといふは日球の精霊、かりに人の男の形をあらはし天上万物の種子を下界に下したまへり。イザナミノミコトといふは地球の精霊、かりに人の女の形をあらはし万国をはじめとし万物をこの地球上に産出したまへり。はじめに万国をうみ、後に日本国をうみたまへり。はじめにうみたまへる万国は女人先言といひて下克上の国なり。のちにうみたまへる日本国は改言といひて上生下の国なり。これにより万国はその王統さだまらず、日本は神代より皇統たがはせたまはず。これにより日本を本とし尊しとし、万国を末とし卑しとすることなり。これはわが日本の古伝にして、其徴、年を逐ひ月をおひ日をおひ、つぎ〳〵にあらはれて、支那人の中華とほこり夷狄といやしむる類ひにあらず。これによりわれ等は、わが日本の古説を真の公法として、西洋にてたつる公法を真の公法とはおもはざるなり。今万国に統轄の君なければ万国同等のものとして公法をたつといふこと、おのれは諾《うべな》ひがたくおもふことなり。人に善人あり悪人あり。善人は人皆これを尊び悪人は人皆これを卑しむ。これによりておもへば、国にも善悪尊卑は必あるべきなり。されば西洋にてもはやく国爵といふものをたて、、帝爵の国、王爵の国、大侯爵の国などいふなり。さればその帝爵のうちよりすぐれたるをとりいだし、大帝爵の国とし、その国の君を万国統轄の君とあふぐべきなり。さてその帝国のうちにたゞこの日本国の天皇のみ、神代より皇統をつたへておはしますなり。さればこの日本国の天皇を世界の総主として万国より仰ぎたてまつること、まことに理の当然なり。

併し日本だけ斯う決めても他国が之を承認せぬときはどうする。彼は之に対しては

この説万国にゆきわたらず、一国にてもうべなはぬ国ある時は、まづ日本かぎりの私説としてとりのけおき、万国一同にこの説にしたがふ時をまつべきなり。

と比較的に穏健の説を吐いて居るが、条約締結の当事者の問題に付ては、次の如きやかましい主張を固執して居

る。

然れども今条約の国々より、あらためて日本の天皇と彼国々の国王と同等のものとし、大樹公を臣下の列におとして交はらんなどいふことあらば、日本国中の人きゝいるべからず。天皇をば至尊としてさしおき、国々の国王とわが大樹公と同等の礼をもて交りたまふこと的当といふべきなり。

而して日本の地位当に斯の如くなるべきは、天地創造と共に上帝の定め給へる宿命にして、今更改むべきでない。

即今おのづから斯くの如くなれるは、上天なる上帝造物主の冥々《めいめい》よりはからひたまへることとなるべくおぼえたり。この法は日本人かたく執して改むべからず。わが天皇はすぐれてたふとくおはしまし、外国の国王どもと均し並《なみ》にすべからずと日本国中の人今もおもひてあることは、天地の真伝にして日本国の良法然らしむるものになん。

然らば之はひとり「日本国の良法といふのみにあらず、万国にわたる真の公法といふべきものなり。これにくらべて見れば、虎哥のたてたる万国公法は真の公法にあらず」と謂はなければならない。

最後に一つ隆正の思想の時流を抜いて居る特色を指摘してこの項を結ばう。彼の考に依れば、西洋の公法は真の公法ではないが、併し「公法学の西洋にておこれるは、わが大日本より起す真の公法学つひには万国に及ぶべきさきき走り」だといふのである。即ち彼は

先その万国公法世にひろまりて支那の人さへ諾《うべ》なへるは、中華夷狄とわけ支那国王を天子といへる支那の僭称をくじきたるものになん。この学日本に渡り来て、今まで支那をさして中華とあがめわが日本をさへ夷狄と思へる儒者の固陋をくじきたらんには、これも一つの攘夷なり。さてのち真の公法日本よりおこり、西洋

の公法をくじき、万国ことごとくわが日本に服従したらんには、それこそまことの攘夷なるらめ。
とて攘夷にも大小の別あることを説いて居る。軍をむかへて戦ふ小攘夷は毎《つね》に必勝を期し難きも、「天地の道理をもておしつめ」る大攘夷には決して敗けるといふことはない。加之《しかのみならず》大攘夷で敵をくじくは、単に外難を防ぐことばかりではない、亦兼ねて万国の蒙をひらく所以であるといふのだ。さて彼は平田篤胤や伴信友の説を引いて所謂五千年革運論を担いで居るが、

先帝の安政六年己未のとしを天孫下世よりの五千一年とし、このとし江戸より取りはからはれし異言の国条約を天上よりあやどりたまへる、五千年革運のはじめとおもひ知るべきなり。これを神慮にあらじと思ふは、まことの神慮をしらぬものなり。

となし、更に

さてその五千年革運のはじめ西洋にて万国公法の学おこりしも奇といふべし。公法学の教師支那にわたり同治三年甲子のとし万国公法といふ書を漢文にてしるし上木して世に弘めければ、日本にもわたりて慶応二年丙寅のとし江戸にて翻刻なり人皆其書を見ることを得たり。そのときに当り、京師にてかくいふ隆正、聖哲ともいひつべき羽倉岡部本居平田の四大人の説にしたがひ、真の公法の日本にあるよしを云ひ、この学業をおこしたるも奇遇といふべきなり。

とて、自ら信じ自ら任ずること頗る高い。真公法の何たるかを知る為の書として、自著『古伝通解』『音図神解』『神道要論』を挙げて居るが、爰《ここ》にも彼れの抱懐せる公法観の何たるかが鮮明に現れてゐる。而して真の公法の一端として彼は

おのれ隆正、日本国につたはれる古事又その古事古言によりて知らるゝ神道神理、これによりて上帝造物者

の人に附けたまへる道を考ふるに、もとにつくまことを経とし、あひたすくるまことを緯として、人間世界の万事を織りなさしめたまふなり。もとにつくまことは支那にていふ忠孝貞これを本とす。あひたすくるまことは先づ一家内あひたすけ一村内同職同家中あひたすけ、日本国中あひたすけ、さてのちは異言の人をもあひたすくべし。異言ことごとく相助けて日本国をもと〻しわが天皇を人間世界の大本と仰ぎたてまつるとき、上帝造物者のはじめよりの御こゝろざしにかなひて、まことに正しかるべきなり。これを真の公法といふべし。

と述べ、終りに結局万国統一の理想の実現する日の遠からざるべき証明をば、次の事実に求め得べしと説いてをる。

わが古言に、天之某神とあれば必其対に国之某神おはしますものなるを、古典に天之御中主神ましましてそれに対する国之御中主ましまさず。これによりて考ふるに、これは万国服従する後世をまちて、その時にいたり、わが天皇を国之みなかぬしの神とたゝへんため、神代より今に至るまで、いまだ国之御中主と名のりたまふ神のおはしまさぬなるべし。

以上永々と紹介したものの中、神道者流の国体観はこゝに私の主として論ぜんとする問題ではない。この国体観に促されて彼等の新に抱いた公法観が、私共に取つて面白いのである。即ち彼等は儒教や仏教や神道やに対立するものとして、虎哥の首唱に係る公法学を見たのである。国際公法学者に取つては真に有難迷惑の話であるけれども、兎に角漠然と之を広汎なる超経験的規範と認めた所に時代の特色がある。公法を斯う云ふものと認めて、一方に馬鹿に之を崇めたものもあるが、又他方大に之を排斥せんとしたものもあるといふわけだ。孰れにしても当時の人が「公法」の意味を斯く誤り観念したことに変りはない。

五　開国方針の宣明

『交道起源』の序文の一節に「今彼以レ道而来、則我接レ之以レ道、固無レ害三於為二君子国一」とある。之は実によく明治政府の立場を代弁したものと謂ふ事が出来る。「道」即ち万国公法を以て外国と交らうと云ふのだ。斯う云へば筋が通る筈と考へたのである。斯くて明治政府は慶応四年正月十五日次の如き開国大方針の声明を布告した。

外国之儀ハ　先帝多年之宸憂ニ被レ為レ在候処、幕府従来之失錯ニヨリ因循今日ニ至リ候折柄、世態大ニ一変シ、大勢誠ニ不レ被レ為レ得レ已、此度　朝儀之上断然和親条約被レ為二取結一候。就テハ上下一致疑惑ヲ不レ生、大ニ兵備ヲ充実シ、国威ヲ海外万国ニ光耀セシメ、祖宗　先帝之　神霊ニ対答可レ被レ遊　叡慮ニ候間、天下列藩士民ニ至ル迄、此旨ヲ奉戴、心力ヲ尽シ勉励可レ有レ之候事。

但是迄於二幕府一取結候条約之中、弊害有レ之候件々、利害得失公儀之上、御改革可レ被レ為レ在候。猶外国交際之儀ハ、宇内之公法ヲ以取扱可レ有レ之候間、此段相心得可レ申候事

大勢已むを得ず開国の方針に決したと云ひながら、(一)幕府の措置を飽くまで失錯と難じ、(二)兵備を修めて国威を海外に輝かさうと痩我慢を張り、(三)幕府締結の条約は一応継承はするが、不都合な点は公議を尽して何時でも改めると手軽に片づけ、終りに(四)外国交際はすべて宇内之公法で処置すると大きく出たところ、如何にも当時の政府の苦しさが思ひやられるではないか。

それから外国使節参朝拝謁の問題となる。さらでだに新政府の対外策に不平なりし民論はいよいよ以て険悪とならざるを得ない。そこで政府は有力なる諸藩に頼み、藩の方から開国和親の方針を採る様にと政府に建言して

貰ふことにした。

『太政官日誌』第三には斯うした八百長の建白書が二通載つて居る。

第一のは越前宰相、土佐前少将、長門少将、薩摩少将、安芸新少将、細川右京大夫六名の連署で二月七日の日附になつて居る。次に其全文を示すが、特に(一)外国との交際は国威を海外に輝かすの好機会である。(二)外国と交つたからとて膺懲《ようちょう》の典を疎略にするわけではない。(三)併し控御《こうぎょ》の術宜しきを得ば遠人も懐《なつ》き服するだらう、(四)加之《しかのみならず》攘夷は必しも古来からの国是ではないなどと説いてある点に留意せられたい。(圏点は特に読者の注意を促すため私が附したのだ。この点は次の第二の建白に付ても同様である。)

臣等謹而按《あんず》るに、古之能《よく》天下の大事を定むる者、先天下の大勢を観て緩急機に従ひ処置宜《よろしき》を得候故、唯功徳の一時に光被するのみならず万世不朽の業是に於て相立候。今や　皇上始て一大統を継せ給ひ、御政権復一に帰し、凡百の宿弊を更始一新し天下万姓目を拭ひ治を望むの秋なり。即在　朝の百官自ら奮発し、内は皇上の　御徳化を輔《たす》け奉り外は　皇威を万国に張り臣子之分を尽さん事を欲す。就中《なかんずく》今日の急務は　皇国と外国との交際を講明せずして不叶儀に奉ㇾ存候。近頃　朝廷始て外国事務の官職を設られ、其人を御撰挙遊され専ら御力を尽され候は、天下の人をして方向する処を知らしめ給はんとの御趣意にて　皇威を万国に赫《かく》輝《き》せしめ候は此時に可ㇾ有ㇾ之と不ㇾ堪二感銘一奉ㇾ存候。乍ㇾ併古語にも人心不ㇾ同は面の如しと申候而、在上在下の人未だ各々区々の議を執て疑惑なき事能はず、又或は漢土人の如く自ら尊大にして外国人を禽獣の如く蔑視□終には彼に打負却て駆使せられ候様に成行き候覆轍を践《ふ》むに至るべき哉と甚憂慮仕候。依而熟考仕候処、今日之先務は上下協同一和し、宇内之形勢を弁じ、　皇国一大革して開業すべき儀第一と奉ㇾ存候。是迄皇国は一方に孤立し世界の事情に不ㇾ達只偸安《とうあん》を以て志とし荏苒《じんぜん》衰微を致し彼が為に制せらるべき次第に立至候と、各国に航行し衆善を包取気運日々に開け政治文明兵食充満天下に縦横致し候と、比較いたし候得ば、盛衰之原由も判然相分り可申哉に奉レ存候。元より膺懲の重典も無くて不レ叶儀には候得共、控御之術其方を得候へば遠人も懐き服し候道理にて、尤《もっとも》無罪之人を膺懲致し候訳には無レ之候。中古　朝廷にも玄蕃《げんば》の官を置せたまひ、鴻臚《こうろ》館を建させられ、遠人を御綏服《すいふく》被レ成候事も相見へ居、其後天正慶長の間には蛮夷共屢西国に渡来交易致し候。若し其来港不レ致節は、大将軍より書簡を以て促され、猶遅緩に及候時には此方より大軍を発し攻撃に可レ及なぞと申遣し候儀も有レ之候処、島原の一乱以来始て幕府より鎖国の令有レ之候。乍レ併漢土和蘭に於ては猶交易差許候得ば、一切に外国人は攘ひ斥け候と申訳には更に無レ之処、近年攘夷之論盛に相起り、諸侯之内偶攘斥致し候も有レ之候得共、素より一藩の力を以て不レ可レ為は論ずるに足らず、且先年幕府より十年を期して成功を奏し可レ申抔と申上候は、陽に其名を仮り陰に其私を行ひ候詐術にて　先帝日夜　御苦慮被レ為レ遊候御儀とは同年之論には無レ之と奉レ存候。然れば今日　皇国之衰運を挽回し　皇威を海外に耀し候儀、万々一刀両断之　朝裁を以て井蛙管見之僻論を去り、先在　廷枢要之御方々より御豁眼に被レ為レ成、上下同心して交際之道無二一念一開せられ、彼長を取り我が短を補ひ、万世之大基礎相据られ候様奉二専禱一候。仰願《あおぎねがわ》くは　皇上之　御英断能く天下之大勢を御観察被レ為レ遊、是迄犬羊戎狄と相唱候愚論を去り、漢土と斉しく視せられ候　朝典を一定せられ、万国普通之公法を以参　朝をも被レ命候様、御賛成被レ為レ在、其旨海内に布告して永く億兆之人民をして方向を知らしめたまひ度儀を偏に奉二懇願一候。誠恐誠惶頓首頓首。

第二のは長門少将単独の建白である。日附は只二月となつて居るけれども、前者に続いて差出したものであらう。連署以外単独で出したものだけに、前半分は自家立場の弁明に終始して居るが、後半外国交際のことを論ずるに及んで矢張り宇内之公義を持ち出した所に時代の特色が自ら浮び出てゐる。次がその全文である。

臣広封謹而奉二言上一候。先般越前宰相一同建言之儀、癸丑已降天下之勢屢《しばしば》変遷、遂《つい》ニ今日之御時体ト相成候而者、目下之御処置右建言之処ニ着落仕候外無二御座一ト奉レ存、連書奉二言上一候。抑《そもそも》既往ヲ推究仕候処、幕府一旦其術ヲ失候而ヨリ、御国是屢変換、開鎖之論一定不レ仕、天下是ガ為ニ肝脳塗レ地候者不レ可二枚挙一、悲歎之至ニ奉レ存候。然処臣広封父子追々陳述仕候通、癸丑已来偏《ひとえ》ニ　皇威御更張国是御一定ヲ奉二企望一、只管《すら》　叡慮ニ奉レ基、名義条理相立候様ニト不レ顧二微力一、藩屛之任一途心懸罷在候内、戊午下田条約被二差許一候ニ付而者、即チ開国ニ御一定ト奉レ存、一藩方向相立居候処、壬戌ニ至リ、父子上京親ク奉レ伺候得者　和宮御東下一条ヲ奉レ始　叡旨専ラ鎖国ニ被レ為レ在候御事奉二拝承一、殊ニ癸亥ニ至、大樹家上洛奉レ　勅攘斥之布告相成候ニ付、弥《いよいよ》以艱難、危急者臣子之分ニ付　天恩之万一ヲ奉レ報度ト決心仕、人民ヲ鼓舞激励シ身ヲ以テ自先シ候処、臣広封父子之微誠貫徹不レ仕、遂ニ孤立之姿ト相成　闕下ニ拝趨不レ得レ仕次第ニ至候得共、元来臣広封父子、進退趨舎一己私見ニ由候儀毫厘モ無レ之、偏ニ　叡慮遵奉之心得ニ御座候処、幕府布令前後齟齬《そご》ヨリシテ御国是従而変換シ、臣広封父子禍難ニ陥溺仕候様相成、此余者社稷《しゃしょく》ト共ニ灰滅仕候外無レ之ト覚悟罷在候処　乾綱新張今日之　御盛時ニ遭遇シ、再生ノ　鴻恩《こうおん》ヲ奉レ蒙、感泣之至ニ奉レ存候。然処四境閉塞以来、国外之情態甚迂《う》闊《かつ》ニ打過候得共、外国交際之儀其他種々被レ為レ尽二　廷議一候御様子、略伝承仕リ、今般上京親シク先年来之御行懸《ゆきがかり》等精細相窺候得共、既ニ開港　勅許海外各国エ御布告被レ為レ有、既ニ御国是御確定、開国之御規模被レ為レ立候御儀、続而　王政御一新、万機　御親裁之秋ト相成候。付而者内外之形勢前日之比ニ無レ之、即チ国家之御安危　皇威之御隆替、辱《かたじけな》クモ　御聖徳ニ関係仕、今後之御挙措最重大之儀ト奉レ存候ニ付、外国御交際者宇内公義之係ル所、内国一家之紛擾ヲ以宇内公義ヲ害候様ニ而者、万国ニ対シ可レ愧儀ニ御座候間、乍レ恐神武之　御聖業ヲ　御体認被レ為レ遊、専ラ天下之耳目ヲ一新シ、人心之方嚮ヲ相定メ、確乎不抜之　聖断ヲ以テ天下ニ　臨御被レ為レ遊、外者宇内万国ニ幷立シテ不レ被レ為レ愧、内者列聖之神霊ニ被レ為レ対　御遺憾無レ之様、不レ堪二懇願之至一。誠恐誠惶頓首謹言。

二月十四日大阪本願寺に於ける会見のことは先きにも述べた。斯くて参朝拝謁のことは確定した。於是政府は二月十七日次の布告を発した。

先般外国御交際之儀　叡慮之旨被二　仰出一候に付ては、万国普通之次第を以各国公使等御取扱被レ為レ　在候。然る処此度　御親征被二仰出一不日　御出輦《しゅつれん》被レ為レ遊候に付ては、御余日も無レ之御事に付、各国公使急に参朝被二仰付一候に付、此段可二相達一被二　仰出一候事。

之れのみでは足りぬと観たか、更に太政官代三職の名で、次の如き長文の諭告をも発表した。趣旨は前の建白等とみな同じである。而して「万国普通之公法」とか、「万国の公法」とか、「万国交際の宜」とか、「天下之公論」とかの文字が一層著しく眼につくのである。

外国御応接之儀は、上代　崇神　仲哀御両朝之頃より、年を逐て盛に成来り、遠邇之各国帰化貢献有レ之、其後唐国とは常に使節相往来、或は居留し其交際も亦自ら親敷候。此時に当り船艦之利未だ開けず、故に三韓四近と唐国而已《のみ》、西洋各国之事は暫差置、印度《インド》地方尚明確ならず候。然るに近代に至りては、万民所知の如く、船艦之利航海之術其妙を窮め、万里之波濤比隣之如く相往来し、一時幕府之失錯とは乍レ申、皇国之政府に於て誓約有レ之候事は、時之得失に因て其条目は可レ被レ改候得共、其大体に至り候ては妄《みだり》に不レ可レ動事、万国普通之公法として、今更於二　朝廷一是を変革せられ候時は、却て信義を海外各国に失はせられ、実以不二容易一大事に付、不レ被レ為レ得レ止、於二幕府一相定置候条約を以御和親御取結に相成候。既に先般御布令

被レ為レ在候上は　皇国固有之御国体と万国之公法とを御斟酌《しんしゃく》御採用に相成候は、是亦不レ被レ為レ得レ止御事に候。仍而《よって》越前宰相以下建白之旨趣に基き、広く百官諸藩之公議に依り、古今之得失と万国交際の宜を折衷せられ、今般外国公使入京参　朝被ニ　仰付一候。元来膺懲之挙は万古不朽之公道にして、縦令《たとい》和親を講ずるとも其曲直に依而各国不レ得レ止之師相起り候其例《ため》し不レ少。付而は攻守之覚悟勿論之事に候得共、和親之事は於ニ　先朝一既に開港被ニ差許一候に付　皇国と各国との和親爰《ここ》に相始り居候処、其節は幕府え御委任之儀に付、諸事交際之儀於ニ幕府一取扱来り候。然る処此度　王政一新万機従ニ　朝廷一被ニ　仰出一候に付而は、各国交際之儀直に於ニ　朝廷一御取扱に可ニ相成一は元より之御事に候。今や御初政之御時総而之《すべての》事件は全く総裁始当職之責に有レ之候。何分某等不肖之身を以て大任を負荷し、非常多難之時に逢候上は、深く恐懼《きょうく》思慮を加へ、天下之公論を以て及ニ　奏聞一、今般之事件御決定被レ為レ在候。且国内未だ定らず、海外万国交際之大事有レ之候得ば、普天率浜協心戮力、共に　王事に勤労し、万国交際を始、万機悉く既往将来を不レ論、無ニ忌憚一詳論極諌有レ之度、只急務とする処は、時勢に応じ活眼を開き、従前之弊習を脱し　聖徳を万国に光耀し、天下を富岳之安に置き　列聖在天之神霊を可レ奉レ慰、上下挙而此趣意を可レ奉ニ謹承一候事。

右の如く、政府で百方手を尽したに拘《かかわ》らず、民心の激動は併し乍《なが》らなか〳〵に治まらない。二月三十日には英国公使を参朝の途中に要撃したと云ふ大事件が起る。その外小さい外人傷害の事件を数へれば各地方に沢山ある。そこで政府は三月七日新に触れ出した五枚の高札の中に次の如き一枚の諭告文を加へた。茲でも亦万国公法を楯に取ては無謀な暴行を警めて居る。

覚

今　般

王政御一新ニ付
朝廷之御条理ヲ追ヒ外国交際之儀被
仰出諸事於
朝廷直チニ御取扱被為成万国之公法ヲ以条約御履行被為在
候ニ付而者全国之人民
叡旨ヲ奉戴シ心得違無之様被　仰付候自今以後猥《みだ》リニ外国
人ヲ殺害シ或者不心得之所業イタシ候モノハ
朝命ニ悖《もと》リ御国難ヲ醸成シ候而已《のみ》ナラス一旦御交際被　仰
出候各国ニ対シ
皇国之御威信モ不相立次第甚以不届《ふとどき》至極之儀ニ付其罪之軽
重ニ随ヒ士列之モノト雖モ削士籍至当之典刑ニ被処候条
銘々奉
朝命猥リニ暴行之所業無之様被　仰出候事
三　月　　　　　　　　　　　　　太　政　官

この外モウ一つ「京都府下人民告諭大意二編」を引いておかう。明治元年に出した第一編は、二年二月に出した「奥羽人民告諭大意」などと同じく、専ら天朝を奉戴すべき所以を諭したものであるが、この第二編になると、深く対外関係を顧慮した点が見える。（圏点は私の附したもの。）

去年東京へ　行幸し給ひ万機　御親裁あらせられ候処、東国は是まで　王化行届き兼たる事に付一層御多端、事々いまだ御半途の内光陰押遷り　先帝三年の御祭期さしむき候故、一先　還幸、御祭典並　立后御大礼等被為済、此度再　御東幸仰せ出され候。斯く度々　玉体を労し給ふ事、御時勢とは申ながら実に恐入たる事なれば、下々に於ても篤く此旨を会得し、苟《かりそめ》にも疎《おろそ》かに心得る事なかれ。抑方今の時勢と云ふは、往者とかわり、世界万国互に和親を結び蒸汽船乗り廻し悪浪逆風の厭ひなく万里も比隣の如くに往来し、銃炮其他の器械も国々競て便利の工夫を運《めぐ》らし争てその利益を計り、更に兵力を養ふて各武術を励むなり。されども礼儀正しき国へ率爾に不法麁暴を仕掛る事のならざるは天地間の大道理、世界万国の公法にして、況して風儀万国に勝れし我　神洲、無理不法の事ありては　天孫立置き給ひし御教にも不叶、大に　神洲の恥辱となる訳なれば、彼より条理を立て来る国々へは通信さし免され、不断渡来する事と相成たり。猶いか程卑しきものにても、彼より無礼働らかざれば、是より打擲《ちようちやく》すべからざるの道理と同じ。然る上は万一も彼等に見透《みすか》され其侮りを受る事ありては、終にいか様の仕儀に立到るべきもはかりがたく、殊に我　神洲往昔よりの大趣意は　天孫立置給ふ御教勝れし風儀を海外へ押およばせ世界万国をして　皇威を畏れみ仰がしめんとの事なれば、第一日本国中　王化行渡り一和合力ならざれば其大趣意も立がたく、却て外国のために見透され其侮りを受る基なるべし。されば毫末も　神洲の恥辱となる事これありては　天孫以来の　列聖へ対させられ不㆓相済㆒事といか計か　叡慮を悩し給ふ事、勿体なしと云ふも余りあり。然るに東国辺鄙京師を去る事程遠く、間々　叡旨を奉戴せず人民を塗炭の苦しみに陥しいるゝものこれあり、驚入たる振廻《ふるまい》なれども　叡慮寛仁大度にして彼等が振廻全く御教化の不行届故と勿体なくも其誤りを御反省あらせられ、寛大の御所置にさし置れ、此余不心得のものなきやうにと御教化弥《いよいよ》拡充し給わんため、遠路寒暑の御厭ひもなく玉体を労せられ、斯く度々の行幸なり。夫　深重の思召は、蝦夷《えぞ》琉球のはてとても日本の土地に生れし人々は皆赤子の如くいづれを親しいづれを疎《うと》しと申御分ちなく、一視同仁御撫恤《ぶじゅつ》の行届くやうにと朝な夕な　宸襟《しんきん》を安んぜさせ給ふ隙もなく、此さきとても四方へ追々　行幸もあらせらるべし。且当京都は千有余年来の　帝城にて御宗廟の御地なれば、別して御大切に　思召る、なり。汝等　辱《かたじけなく》も間近く住居して深き　恩露に浴し尊き叡慮も仰ぎ知る事なれば、愈《いよいよ》以て此旨篤く相心得、諸事の御沙汰違背なく謹て相守り、忠孝正義の風儀を振起し家職を励み　叡慮を安じ奉り　神洲の御為に相成べき心掛肝要たるべきもの也。

以上述ぶる所は、政府の一生懸命の努力にも拘らず民間の排外思想の容易に抑へ難きの事実を語るものであるが、他の一面に於て、それ丈け政府がまた事毎に万国公法をかつぎ廻つたことを想像せしむるに十分である。一にも公法二にも公法、斯くてはどんな田夫野人でもこの語を耳に留めずには置かぬ。私共は茲に先づ、公法とは何であるかと云ふ内容の問題を別にして、只公法といふ言葉の頗る広く当時の読書人間に弄《もてあそ》ばれたことを意に留めて置きたい。

六　結　論

斯くして我々の父祖は、「公道」とか「公法」とか「天地の大道」とかの名を以て迫り来るものに向つては、絶対的に服従すべきを教へられた。否、封建時代の教育に於て鍛えられた「道」に対する敬虔の態度を、其儘船来の「公法」にも捧ぐべきを教へられた。教へられたと云ふよりも、自然に生れたと謂つた方が当つて居るかも知れない。而してこの態度は、更に年と共に「公道」の内容が明となるに従て、一層熱烈なものとなつた。何となれば、所謂《いわゆる》万機公論の議会主義と天賦人権の自由平等論とは、封建の闇から出たばかりの新生活に於て最も人気に投ずるものであつたからである。私のこの一小篇は、封建の旧衣を脱ぎすてた近代日本国民が如何にして立憲的政治意識を蓄ふる様になつたか、を明にせんとして進めつゝある研究の一部分の、その又ほんの梗概に過ぎぬものであるが、之と共に「議会主義の発展」と「天賦人権論」とを論ぜねば、実は未だ十分に明治初期に於ける政治意識の生成は説き尽せぬのである。併し之は他日の研究に譲るとして、兎に角近代的意義の政治意識が封建制崩壊直後の我国民の間に如何にして産れしかの筋道は、大体之にても了解がつくだらうと思ふ。私は常に考へる、若し私が本稿に於て説ける様な歴史的背景がなかつたとしたら、「民撰議院の要求」も「自由平等の主張」も相当の歓迎を見たるべきは疑ないが、併し明治十年代の所謂志士の間に見る様な殉教的熱情は到底見得なかつたのではあるまいかと。それ程に当年の自由民権運動のうちには純真と熱情とがあつたのだ。之は決して主義と理論とに対する理解からばかり来るものではない。して見れば謂はば偶然の事情が喚《よ》び起した「公道」の観念は、啻《ただ》に早く国民の頭を政治的に作り上げたのみならず、又爾後の政治運動にも異常の熱情を注入したものと謂ふことが出来る。

*

本稿を草するにあたり主として参考に供せる書物は左の如し

加藤弘蔵著『交易問答』
「米使ハルリス申立書」(写本)
大橋訥庵著『闢邪小言』
八田知紀著『大理論略』
大国隆正著『新真公法論』

恵頓原著丁韙良訳『万国公法』
鄭右十郎・呉碩三郎訳『和解万国公法』
重野安繹訳『和訳万国公法』
ホウェートン原著瓜生三寅訳『交道起源』
西周助訳『万国公法』
城兼文編『近世野史』
太政官日誌
中外新聞
中外新聞外篇
内外新報
尾佐竹猛著『幕末外交物語』
吉野作造著『主張と閑談』第二輯

〔『政治学研究』第二巻、岩波書店、一九二七年一二月二五日刊〕

聖書の文体を通して観たる明治文化

一

この間久し振りで海老名弾正先生に遇つた。談たま〳〵明治初年先生が始めて耶蘇《ヤソ》教に入られた頃の事に及んだが、私の最も著しく興味を覚へたのは、その頃先生達は好んで支那訳の聖書を手にし、斯う云ふ高遠の思想は漢文でなくては現はせるものでないと深く信じ切つて居たと云ふ話である。だから早くヘボン、ブラオン其他之を助けた奥野昌綱等の諸氏の骨折に成つた和訳の聖書を見せられても、仮名文字では駄目と頭から馬鹿にして之に手をさへ触れなかつたと云ふ。然るに外国宣教師達は婦女童蒙にも楽に読める様なものにしなければならぬとて、無理にも仮名まじりの聖書を普及させようと頑張る。海老名先生達は根強く之に反抗したが、やがて改訳された聖書を見ると今度は大部六《むず》かしい漢字が交つて居る、之なら我慢も出来るとて、始めて支那訳をすてて和訳聖書を手にされたのださうだ。教会の諸先輩の皆々がさうであつたかどうかは分らぬが、之を海老名先生一人の経験としても頗《すこぶ》る面白い話だと思ふ。

も一つ先生の話で面白いと思つたのは、当時渡来の支那訳に二種類あり、その中の上帝訳といふのが専らよろこばれたといふ事である。上帝訳とはゴットを他方が「神」と訳せるに対し「上帝」と訳せるをいふのなさうだ。「上帝」と云ふと従来の儒教的修養の頭から観て容易にのみ込める。「神」と云はれてはどうも親しみを寄せ得なかつたと云ふのである。日本は神国だなどと昔から云つてあるのだから、「神」と云つて異教的にひゞくとは一寸受取れぬ様だが、事実「上帝」と云はれるまではゴットを我々に昔から親しみのある神様とは思ひ得なかつたと云ふから、以て当時の青年読書生の頭の如何に深く儒教に支配され居つたかを想見すべきである。

二

その後間もなく原胤昭先生の御宅で明治初期基督教関係の文献の展覧会があつた。此処で幾多の珍品に接し、多年の疑問を釈《と》くと共に新に知見をひろめたことも沢山あるが、聖書翻訳事業の成績を系統的に研究するの便を得たことは私の非常な喜びであつた。尤《もつと》も之等の詳細なる沿革に就ては、米国聖書協会日本支社の作つた『聖書和訳の歴史と聖書協会』(大正十五年十月発行)がある。今まで出た同種のものの中で之が一番いゝものと思ふが、之を土台として更に一層完全なものの編成されんことは予輩の切望である。余談はさておき、此処でいろ〳〵の聖書和訳本を幷べて見て、私はつく〴〵時代の変遷の面白さに独りひそかに多大の感興を覚へたのであつた。私のこの一文も要するに此時にそゝられた感興の一つを書き留めたものに外ならない。

三

前にも述べた如く、明治初年に渡来して新に教界の開拓につとめた宣教師達は、無論バイブルの翻訳を以て何よりもの急務となし、而して之は天下万民の手に交附すべきものだから文体は出来るだけ通俗なものにせなければならぬとの意見を有《も》つてゐた。この点はヘボン先生でもブラオン先生でもグリーン先生でも同説であつたが、中にもブラオン先生は最も強く之を力説されたと云ふ。所が助手たる日本人はなか〳〵之に満足は出来ぬ。今まで四角張つた漢文で養はれた頭には、所謂《いわゆる》雅俗折衷ですらが一種の堕落を連想せしめるのであつた。斯くて日本人には原書が読めず外国人には日本文が書けず、一方が他方を強制するのでは和訳を完成することが出来ぬので、結局出来上つたものは両者の妥協であつた。

第一期の和訳聖書三冊(馬可伝《マルコ》・約翰伝《ヨハネ》は明治五年秋、馬太伝《マタイ》は六年春に出版された)は、実に斯う云ふ事情の下に出来たものである。

私の想像では、若し当時翻訳に助勢した日本人が一も二もなく西洋人の云ふことを聴いて居つたら、全然平仮名だけの聖書が出来上つたかも知れない。現にバプチスト・ミッションのナタン・ブラオン博士(之は前出のロバート・ブラオンとは別人である)は、独立して平仮名ばかりの聖書数冊を逸早《いち》く公刊して居る。同じくバプチスト派ではあるが別の伝道会社に属する教師にゴーブルと云ふ先生がある。先きにペルリに従ひ水夫として日本に来航せしことあるを以ても有名だが、日本内地に於ける和訳聖書の最初の出版者として殊に有名である。師が明治四年の秋に出した摩太伝《マタイ》は全部平仮名であるが、聞く所に依ると、師は単に聖書を平民の言語を以て訳すべしと主張されたのみならず、宣教全体の仕事を土民の風習と合致せしむべきを唱へ、どうすれば三味線を宣教音楽として用ひ得るかと云ふ様なことまで独り熱心に研究して居たと云ふ。これは故本多庸一先生の談だそうだが、先生がゴーブル師と一緒に祈禱会に列した時、先生の方が却て英語で Oh! our Lord in Heaven と云つたのに、ゴーブル師は大きな声で「オ、私の旦那さん!」とやつたので、をかしさを耐えるに大変苦まれたと云ふことである。之等は極端の例ではあるが、当時の宣教師の覚悟としては此位のことは不思議でも何でもない。故にヘボン先生やロバート・ブラオン先生などが出来るだけ聖書の文体を通俗ならしめんとしたことも、決して怪しむには足らぬのである。

併しそれでは日本人が承知しない。聖書を貴いものと思ひ込んでゐる丈け、之を俗文の中に盛ることを忍び得なかつたのでもあらう。斯くして模範として択《えら》ばれたのは貝原益軒の文だと聞くが、さう思ふて聖書の訳文を見ると成程と肯かれる節もある。それは兎も角、ヘボン先生は無論のこと、フルベッキ師にしてもブラオン師にしても、益軒の文章は実によく暗誦して居つたものださうだ。但し之等の人の骨折りに依て出来た第一期の聖書にも、専ら通俗を旨としたに拘《かかわ》らず、支那原文の残滓《ざんし》と認むべきものが多少交つて居る。是れは恐らく日本人助手が一方宣教師の口訳を聞きながら傍ら支那訳の聖書を参照したが為めであらう。

四

所が斯くして出来た折角の聖書訳本も、平仮名が多いので当時の青年は読んで呉れぬ。宣教師の主として目指すものは一般大衆だが、之等の人達が聖書に手を触れる様になるのは何時の事やら分らず、目前に聖書を需《もと》むるものは士族の青年である。而して広く一般大衆の間に聖書を普及さそうにも、実は先づ手始めに之等の士族の青年に聖書を読んで貰はねばならぬのである。之を意識してかせずしてか、新に各派代表の委員に託せられた聖書翻訳事業に於ては、雅俗折衷の訳文に一々六かしい漢語を挿入することにした。併し之は当時の読書生の要求に迎合する為の一時的便法に過ぎぬので、結局一般大衆を着眼するの根本主義は宣教師達の熱心な主張に依りて其儘継承され、六《むつ》かしい当字は入れるが、振仮名の方が本文だと云ふことに原則を決めた。而して海老名先生達が之なら分ると辛《やっ》と愁眉を開いて手に取つた聖書は之であり、大正六年二月新約全書改訳の完成を見るまで永く我々の愛読した聖書も之なのである。

成る程今から見るとこの聖書には変な文字が沢山ある。振仮名がなくてはとても満足に読めるものではない。併しあの頃の読書人には之でなくては理解が出来なかつたと云ふ。否、之でなくては手をさへ触れて呉れなかつたのだ。聖書があゝした変な文体を採つたに就ては実は右の如き理由があつたのだ。斯う述べて来ると、それが今日となつては最早《もはや》通用せなくなり、即ち再び改訳せらるるを要する所以《ゆえん》も分るであらう。

聖書改訳の必要は実は早くから叫ばれて居つた。之を必要とする理由が文体の怪奇と云ふ点ばかりでないことは勿論だが、それが最も重な理由の一つであることに疑ひはない。いよ〳〵改訳事業の具体的に始められたのは明治四十三年で、そして大正六年に至り先づ新約全書の完成を見たことは前述の通りである。之に由て之を観れば、斯くあらねばならぬ必要に迫られて明治の初年に生れた聖書も、結局三十有余年の寿命を保つて、遂には次代の新生命に代られねばならなかつたわけである。

五

次に参考の為に第一期の俗文体の聖書と第二期の漢字挿入のと而して現代の改訳聖書の文句とを対照して示さう。

第一は馬太伝第二十七章二十七―三十一節を取つて見る。

第一期

▲こゝにおいて方伯の兵卒《つはもの》耶蘇を公《こう》庁《てう》にひきつれて組中《くみちう》をかれによびよせ、その衣《ころも》をはぎてむらさきのうは着をきせ、棘《いばら》のかむりものをあみてその首《かうべ》にかむらしめ、また葦《よし》を右の

第二期

回方伯《つかさ》の兵卒《へいそつ》イエスを携《たづさ》へ公《やく》庁《しょ》に至り、全営《くみちゆう》を其もとに集め、彼《かれ》の衣《ころも》を褫《はぎ》て絳色《あかいろ》の袍《うはぎ》を着せ、棘《いばら》にて冕《かんむり》を編《あみ》その首《かうべ》に冠《かむら》しめ、又葦《よし》を右手《みぎのて》に持せ、

現代改訳聖書

◎こゝに総督の兵卒ともイエスを官邸につれゆき、全隊を御許《みもと》に集め、その衣をはぎて緋色の上衣をきせ、茨《いばら》の冠冕《かんむり》を編みてその首に冠らせ、葦を右の手にもたせ、且

手にもたせ、且そのまへにひざまづき嘲弄《てうろう》していひけるは、ユダヤ人《びと》の王やすかれよ。またかれに唾《つばき》しそのよしをとりてその首《かうべ》をうてり。かれを嘲弄しおはりてその外衣《うはぎ》をはぎ、もとのころもをきせ十字架につけんとてかれをひきゆけり。

且その前に跪《ひざま》づき嘲弄《てうろう》して曰《いひ》けるは、ユダヤ人《びと》の王安かれ。また彼《かれ》に唾《つばき》し其葦《よし》を取て其首《かうべ》を撃《うて》り。嘲弄し畢《おは》りて其袍《うはぎ》をはぎ故衣《もとのころも》をきせ十字架に釘《つけ》んとて彼《かれ》を曳き行く。

その前に跪づき嘲弄して言ふ、「ユダヤ人の王安かれ」。また之に唾しかの葦をとりて其の首を叩く。かく嘲弄してのち、上衣を剝ぎて故《もと》の衣をきせ、十字架につけんとて曳きゆく。

もう一つ馬可伝第三章一―六節を取つて見よう。

第一期

▲耶蘇また会堂にいるに、片手なへたる人あり。或《あるひと》耶蘇を訟《うつたへ》んためにこの人を安息日に痊《なほ》すやとうかゞへり。耶蘇手なへたる人にいひけるは、起《たち》てすゝめよ。また人々にいひけるは、安息日には善をなすや悪をなすや、また生《いけ》るをたすくるやころすや、いづれをなすべきや。かれら黙然《もくねん》たり。耶蘇そのこゝろの頑固《ぐわんこ》なるを愍《あはれ》

第二期

回イエスまた会堂に入しに、一手枯《かたてなへ》たる人ありけるが、衆人《ひとぐ》イエスを訟《うつたへ》んとして彼《かれ》は此人を安息日に医《いや》すや否と窺へり。イエス手枯《なへ》たる人に曰《いひ》けるは、中に立よ。また衆人に曰けるは、安息日には善《よき》を行《なす》と悪《あしき》を行《なす》と生るを救《たすく》ると殺すと孰《いづれ》をか為すべき。彼等黙然

現代改訳聖書

◎また会堂に入り給ひしに、片手なえたる人あり。人々イエスを訴へんと思ひて安息日にかの人を医すや否やを窺ふ。イエス手なえたる人に「中に立て」といひ、また人々に言ひたまふ、「安息日に善をなすと悪をなすと生命を救ふと殺すと孰《いづれ》がよき」。彼等黙然たり。イエスその心の頑固《かたくな》なるを憂ひて、

み、怒をふくんでかれらを見まはし、その人に汝の手をのばせといひければ、彼《かれ》その手をのばしたるに、すなはち他《ほか》の手のごとくなほれり。たゞちにパリサイの人とヘロデのともがら、いでゝいかにしてか耶蘇をころすべきやとあひはかれり。

たり。イエス怒を含《ふくみ》て環視《みまは》し、彼等が心の頑硬《かたくな》なるを憂ひ、手枯《なへ》たる人に爾《なんぢ》の手を伸《のべ》よと曰ければ、彼その手を伸し、に、即ち他《ほか》の手のごとく愈《いえ》たり。パリサイの人いでゝ如何してかイエスを殺さんと、直にヘロデの党《ともがら》に相謀りぬ。

怒り見回して手なえたる人に「手を伸べよ」と言ひ給ふ。かれ手を伸べたれば癒ゆ。パリサイ人いでて直にヘロデ党の人とともに、如何にしてかイエスを亡さんと議《はか》る。

斯うした面白い対照は数限りもなく挙げられ得る。之等の実例を見たら、聖書改訳の急務なりし事情も成程と首肯さるるだらう。

六

私がこの小篇の表題を「聖書の文体を通して観たる明治文化」と掲げたのは、実は所謂明治文化は改訳前の即ち第二期の聖書の文体の様なものだと云ふ感想を読者に伝へたいからに外ならぬ。是も議論をすれば際限はない、又一通りの議論なしに簡単に放言して済まさるべき問題でもない。が、それはまた別の機会の考察に譲るとして、只何となくさうも感ぜられると云つた丈けでも読者諸君は大抵それもさうだと首肯さるることと自信する。一言にしていへば、明治文化は或る意味に於て怪奇を極めた文化である。その歴史的伝統をたづねずしては到底正体の捉《つか》めるものではない。而してその中に泳いだ人に取ては、また之れ程自然な居心〔地〕のいゝ文化はないのである。是れ彼等がその棄てらるべき当然の運命の到来に直面しても、いさぎよく之れに別れを告げ兼ねて何とかしてその頽勢を盛りかへさんと煩悶する所以であらう。之に普遍恒久の価値ありとされると、明治文化ほど厄介なものはないが、その相対的地位を正当に認めて之に接すれば、また之れ程面白いものもない。是れ明治文化の研究が我々に取て実際の必要であると共に、又大に享楽感の満足をも資《たす》けて居る所以である。

最後に私は右の如き意味の明治文化を象徴するために第二期聖書の中から更に二三の文句を引いて見ようと思ふ。

◎イエス回顧《ふりかへり》、その弟子を見てペテロを戒め曰けるは、……

◎イエス答て曰けるは、実《げ》にエリヤは前《さき》に来りて万事を復振《あらたむ》。また人の子に就ては其各様《さまぐ》の苦難《くるしみ》を受《うけ》、かつ軽慢《かろしめ》らるゝ事を書しるされたり。

◎凡そ我名の為に斯のごとき孩提《をさなご》の一人を接《うく》る者は即ち我を接《うく》るなり。又われを接《うく》る者は即ち我を接《うく》るに非ず、我を遣しゝ者を接《うく》るなり。

◎イエス殿《みや》に入《いり》てその中《うち》にをる売買《うりかひ》する者を殿より逐出《おひいだ》し、兌銀者《りやうがへするもの》の案《だい》、鴿《はと》を鬻者《うるもの》の椅子《こしかけ》を倒し、かつ器具《うつはもの》を以て殿《みや》を過《とほ》ることを許さず。

尤も斯うした例は聖書に限るのではない、外の書物も概してさうであつたのだ。我々のやつて居る『明治文化全集』の中にはそんなのはザラにある。風俗篇に収められてゐる『東京開化繁昌誌』(萩原乙彦著、明治七年刊)などはその最もひどいものであらう。刊行の年代が分らぬが、矢張り此頃のもので鈴木猶愛述『真福論』といふ小冊子が、偶然いま私の座側にころがつてゐる。開いて居るうちに次の様な文句が眼についた。仮名がなくてはとても読めるものではない。之が婦女童蒙の啓発開導の刷り物だといふから面白い。是亦明治文化の特色を語る資料たるを失はない。

◎主人の懽喜不俟論《よろこびいへばさらなり》……

◎他日の富貴可知耳《さぞあらん》、亦不然乎《なんとさうではあるまいか》と説き誇れば、満坐《みな〱》雷同《さなり》と称《たゝへ》たり。

◎就幾人《よしやいくたり》あれば雖《とて》……

○必らず該富真理《とむべきはづ》にもせよ……

◎心を潜めて聞き賜へと、三四回粧着咳嗽《しわぶきみつよつうちはらひ》、声朗《ほがら》かに語るを聞けば……

◎苦児須斯(人名)今は忍不住《こらへかね》、勃然《むつとし》たる作色《ありさま》に、蘇倫(人名)は不敢関着《しいてとりあはず》、袖を払て去りしとぞ。

〔『明治文化研究』一九二八年一月〕

維新より国会開設まで

一

日本の歴史に於て明治維新が劃期的大変革である如く、明治史に在て国会の創設は亦劃期的大変革である。何となれば維新の宏謨《こうぼ》の大精神は国会の創設に由て確然不動の制度的実現を観たからである。而して国会創設を以て維新大精神の具現とする所以《ゆえん》は如何、維新の変革に依て日本国民に与へられたる理想は何？　我が国会は如何なる事情の下に開設せられその有する現実の史的背景は本来の理想を謬《あやま》りなく発現し行くに適するものなりや否や等の問題に至ては、不幸にして未だ十分に一般国民の了解する所となつて居ぬ。所謂《いわゆる》憲政有終の美を済《な》すとは言ふに易くして行ふに難しとする所、その最も難しとする所に成功するには是非とも我が「憲政」の由来する実跡に通ずる所なくてはならぬ。是れ本会が本号に於て特に中心論題を「国会」に択《えら》んだ所以である。一度に十分完《まった》きを期し難きは勿論なるも、同人一同は之を端緒として今後読者諸君の協力をも得てこの方面にも格別の力を注ぎたいと念じて居る。

二

維新の大精神は何であるか。一言にして云へば「万機公論に決する」の主義である。万機公論の四字は五ケ条の御誓文以来随分云ひ古された言葉だけに、人動《やや》もすればその包容する豊富多端なる意味を看却し又は少くとも之が維新当時如何に活用されしかを軽視するの嫌がある。併し詮じ詰むれば維新大改革の精神は之に尽き、之に依て始められた新日本の一貫せる国是も亦之に尽くるのである。故にこの意味を十二分に理解することは、啻《ただ》に維新史の正しき認識の為に必要なばかりでなく、又実に今後の日本を正しく指導する上にも必要である。之れが詳細なる理論的討究は別の機会に譲るとして、私は次にこの精神が維新前後の歴史の上に如何に発現せしかの大要を少しく語つて置かうと思ふ。

㈠ 封建制度の破壊　維新変革の前駆を為す尊王討幕の運動はそれ自身必しも封建制度の否定ではない。時勢の必要は徳川政府の為すなきに諦めをつけ茲に政府組織一大変革の避け難き形勢を導きはしたが、それとても徳川幕府を戴く封建組織の崩壊を意味し、必しも之に代るべき制度の封建組織たるべからずとする考はなかつた。所謂公武合体論のうちには多分の封建的臭味あり、維新後と雖《いえど》も廃藩置県の断行を観るまでは数多き各種の建白の中には一種の封建組織を慫慂《しょうよう》するものもないではなかつた。故に維新史の全体を外来勢力の刺戟に依て促された国民的覚醒の発動だとのみ観る立場からは、何故に明治新政府の当局者が断然郡県の制を採るに至りしかを釈《と》くことは出来ない。徳川を戴く封建政治は事実頼むに足らざるの醜状を暴露した、之より更に一歩を進めて封建制度そのものを皆採るべからずとするには、思想的に之を支持する別の根拠がなくてはならぬ。之を私は「公議輿論」の精神に見出すと云ふのである。「公議輿論」と云ふ清新の醱酵素が注入せられてなかつたら、三百余年の永い訓練の下に出来上つた封建的イデオロギーはさう易々と片付けられる道理はない。「万機公論」の思想が如何にして幕末に流行するに至りしかは別の機会に説くとして、この思想の一面の発現が幕勢の頽廃と云ふ事実と一緒になつて遂に封建制度そのものを壊滅せしめたことは争ふべからざる事実である。

㈡ 公会制度の憧憬　封建制度はなぜ悪いか。特殊の固定的階級に生殺与奪の全権を託するからである。之は先頭に立つて号令する人、これは唯々《いい》諾々《だくだく》その命に服従する人と先天的に区切りがついて居れば、天下これ程治め易いことはない。けれども考へて見れば、治者必しも賢ならず時に暴虐の将軍の輩出することもある。我々の生命財産が一から十まで此種特殊階級の左右する所とあつては安心が出来ぬ。真に我々の死命を預け得るに足る賢者を択んで其号令に服する様の仕組みには出来ぬものか。少くとも何人に我々の生命財産を託するかの問題に付ては我々の意見を聞いて貰ひたいものだ。斯う云ふ考が起れば徳川政府が倒れた丈けでは足りぬ、進んで封建制度そのものを排斥するに至るは理の当然であらう。さて斯う云ふ理由で封建制度を倒したとすれば、その廃墟の上に新に如何なる制度を建つべきやは問はずして明である。博く群言を天下に採るの制度即ち公会制度の主張せらるゝ所以である。封建制度の崩壊を以て「万機公論」思想の発現の消極的方面とすれば、公会制度の主張は正にその積極的方面に於ける発現と謂ていゝ。

三

政治上の主義として所謂「公議輿論」は、封建制度の根拠たる精神と正反対の地位に在るものである。後者は政治方針の決定を特殊の固定した階級におくに反し、前者は一般の輿論の嚮《むか》ふ所に依らんとする。政治行動に由て達せんとする目的(或は政治的価値と云てもいゝ)を一人の判断に委《まか》せるか万人の意向に聞くかゞ二者の分るゝ所である。所謂専制政治と立憲政治との利害得失の論はこれまで我々の余りにも聞き古した事柄であるから茲には説くまい。唯我々のこゝで主として問題としたいのは、(一)従来特定の階級に臣とし事《つか》へたものが如何にして俄《にわか》に之に服せざることを得るや、(二)仮令《たとい》少数の先覚者がやがて此点に目醒めたとしても、彼等自身がまだ一般民衆の無知なるに乗じて自ら一種の特権階級に堕せざることを得るや、(三)「公議輿論」が主義として推奨すべきものとしても之が完全に行はるゝには一般民衆の高度の教養を必要とする、従て教養のなほ至らざるの結果として「公議輿論」の方針に立脚する政治も時に大に其運用の枉《ま》げらるゝことなきや等の点である。斯う云ふ実際上の経過如何を問題とすると、専制の政体から立憲の政体に移ると云ふことは爾《しか》く単純な事柄ではない。

就中《なかんずく》我々の最も注意を要するは、封建制度は戦時状態を常態と前提する政治だと云ふことである。放任しておけば互に相戦ふものと云ふ予想の下に我々の生活の規律を立てる制度である。門を出づれば七人の敵ありとか治に居て乱を忘れずとか云て、いつなん時でも出陣の出来る様に用意して居るのが武士の主たる義務とされて居た。そこから如何なる形態の政治組織が生るゝかは問はずして明であらう、之に反して立憲政治は平和なる社会生活を前提とする。人間の本性を如何に観るかの根本論は姑《しばら》くおき、永き社会生活の訓練は我々を促して凡《あら》ゆる性能の発展を欲求せしめ、その発展の継続の上に我々の判断は健全に発達すると観る。是れ出来るだけ多くの人に諮《はか》ることが最高最善の才能を見出し得る所以と為す根拠であつて、立憲政治は深く斯うした人生観に根ざすことに依てのみ本当に正しく運用されるものなのである。故に一面から云へば、専制政治に慣れた気持では立憲政治の運用が出来ず、理論上立憲政治がいゝと分つても専制政治を去ること遠くない間はどうも其運用はうまく行くものではない。西洋料理が身体にいゝと分つたからとて直ぐにフォークやナイフが上手に扱へるものでなく、その扱ひが不手際だと、「だから日本料理の方がいゝ」などゝ妙な理窟を捏《こ》ね廻すものも出来る。為に一時烈しき思想の混乱を見ることが稀《まれ》でない。殊に政治に在ては、制度としての封建の体裁が廃れても、之に基く伝統が相当に永い後までも残つて更に一層混乱を深くするを免れぬものである。

四

以上の様な着眼点からすると、我国の立憲政治は今日猶ほ完成の域に達しない、否、ホンの発展の端緒に入つたばかりだと謂はなければならぬ。之を完全の域に進ましむるには如何すればいゝか。之は我々の将来の政治的活動の上に課せられた大問題であつて、私共も及ばず乍《なが》ら政治評論家として今日現に尽力しつゝある所である。而して私共が政界善導と云ふ観点から政治評論を試むる時に毎《いつ》も感ずることは、㈠過去に於ける特殊の事情に基いて立てられた暫定的(であるべき)方針がその必要の消滅した後までも永く承認せられて居ること、㈡特殊の必要に由て執られた施設の結果が意外な方面に根拠を据ゑて後に至りて容易に之を抜き難いこと、㈢過去の永い教養に依て附けられた精神的傾向は之と反対の教養を必要とし又現にその採用せられる時代となつてもなか〳〵有力に我々の実際生活を支配するものなること等々である。斯くして我々は常に将来を語る前に先づ過去の史実を知るの必要を感ぜしめらるゝ。過去の史実に根拠せざる政治論は空論である。それは固より一つの理論たることを失はないが、併し断じて事実を説明し発展を指導する理論的方針たることを得ないのである。

要するに明治時代の政治思想の発達を研究するとなると、どうしても一般の史実と密接に結び付け豊富なる材料を基礎として之に精細なる検討を加ふるを必要とするのである。本号に於てはその全時代にわたる舞台を取扱ふの遑《いとま》なく先づ以て便宜上国会開設までと限つたのであるが、それは「万機公論」の大方針は之に由て始めて確実なる制度的具現を与へられたからである。譬《たと》へて云ふなら青年が始めて一人前の取扱を受け若干の資金を貰つて一本立になつた様なものだ。それがうまく成功するかどうかは分らぬが、兎に角一人前の取扱をされぬでは土台《どだい》話にならぬ。よくも悪くも国会開設が著しい区切りとなると云ふ所以である。然らば維新より国会開設までの二十三年は謂はば準備時代と云ふべきで、此間の発展の工合がまた後に生るゝ国会の性質に重大の関係あるは言ふまでもない。之を或は胎教時代と謂て可いかも分らぬ。本号の主として取扱はんとするは実にこの時期の史実に関するものである。

之れ丈けを云へば、あとは本文を見て下されば能く分る。否、本文を見て下されば私のこの序言の如きも全く蛇足に過ぎぬのである。たゞ聊《いささ》か懸念されるのは予定した題目がすべて規定の紙数に収まるかどうかの点で、事に依ると他日の機会に割愛せねばならぬ必要が起らぬとも限らぬ。そこで私は一般の読者の為に次に少しく二十三年間の鳥眼瞰を述べておかうと思ふ。

前にも一寸述べた如く、「公議輿論」とか「公会政治」とかいふ観念は早く既に幕末から発達して居つた。幕末の政論家の改革意見にも此種の議論の散見するは珍らしくない。故に維新後いよ〳〵明治政府が如何なる政体を採用すべきやの実際問題に逢著すると、洋学者連の進言と伴つて「公会政治論」は俄然として頭を擡《もた》げた。そしてそれの実行を試みたのが即ち明治二三年頃の公議所及び集議院である。而して中央政府が熱心に奨励したので各藩に於ても之に倣つて議事制を実行せるもの亦尠《すくな》くはなかつた。併し久しく専制の政に慣れたこと、て、官民共に未だ真の公議輿論の精神に徹したのではない。久しからずして有名無実に終つたのも無理はない。故に国会の開設が真面目な政治的要求となつたのは明治七年板垣・江藤・後藤・副島等の建白からと謂はねばならぬ。之を境として民間に於ける反政府熱は頓と勃興したのである。而して最初は腕力を以て政府に当らんとする方の熱は強かつたので、之に刺戟されて廟堂の政治家達の間にも漸《よう》く公会政治の必要を現実に感ずる者の殖へたことは事実である。明治八年を以て三権分立の主義を不完全ながら取り入れたなどはその一つの象徴である。

明治十年の西南戦争後、天下の反政府的感情が直接行動より転回して民権自由運動に力瘤《ちからこぶ》を入れる様になつたことは人の知る所である。その運動の先端には土佐派の推す板垣伯がある。彼の遊説に依て民権自由の風潮はいよ〳〵旺盛を極め、十二三年頃のあの盛んな国会開設の要求となり、遂に十四年十月十二日の大詔渙発を見ることゝなつた。其間学者の代議政体乃至《ないし》国会制度に関する著述も尠からず、又少壮政治家の集りて政論を戦はす団体も沢山出来た。中には自ら憲法私案を発表するものすらあつた。但し此頃行はれた議論は多くその養ひを当時の英国の政論に取り、殊に国会開設後の日本国家は全然英国流のものたるべしと考ふるが多かつた。この特異なる当時の主権論には大に注意を要するものがある。

所が斯う云ふ民間の運動に対して政府は徹頭徹尾弾圧の方針を執つた。言論に対する圧迫は明治八年頃から始まつたが、十二三年頃には建白乃至請願の運動に痛烈な抑圧を加へ、自由党の組織成るに及んで遂に福島事件を手始めとして多くの大規模の官民の衝突を見ることゝなる。之に乗じてロシア系フランス系の革命小説などが大に青年の書斎に這入《はい》つて行つた。啻《ただ》に之ればかりではない、単に優勢なる権力に抵抗したと云ふだけに共鳴して米国独立戦争の話などまでが持てはやされた。自由の為には生命をすてゝも惜しくないと云ふのである。斯くして自由党の末派の壮士は、先輩幹部の迷惑をも顧みず無遠慮に過激兇暴の行動に出る様になる。之が一時民間の運動を衰靡せしめた原因となつたことも争ふべからざる事実である。

此間伊藤博文は陛下の特命を蒙つて頻《しき》りに憲法の調査をやる。為に海を渡つて西洋各国を見学した。彼は早くより英国流の憲法の必しも日本の実状に適しないことを感知し、殊に民間過激の思想に向つては政府部内の少壮俊秀を集めて独逸《ドイツ》流の思想を以て頻りに対抗せしめてゐた。故に西洋見学の旅中に於ても最も多く独逸に学んだのである。無論彼は彼の門下と共に日本固有の歴史を第一に考慮したとは云つて居るが、其実彼の憲法の全然範を普露西《プロシア》に取りしは掩ふことが出来ぬ。而して之は決して当時民間に普《あま》ねく認められし通説ではなかつた。従て彼は後に日本憲法に関する彼れ一流の解釈を流行せしめんが為に特別に苦心する所あつたのも怪むに足らぬ。

たゞ彼は起草中自分の方針をば絶対に秘密にした。故に民間では依然として憲法とは斯んなものと始めから英国流でかたまり、他に移るべき所以を聞かされてない。故にいよ〳〵国会の開設となつても、政府の解釈乃至行動は全然独逸式であるのに、民間政客のそれは徹頭徹尾英国流である。而も双方互に識らずして黒白の見を異にして居るのだから、議論はどうしても同一線上でかち合はない。第一議会以来の官民の衝突はこの点を念頭に入れると始めてよく分る。

以上述べた様な経過を背景として二十三年に帝国最初の国会は開かれたのだ。この国会が如何に延び行く素質を与へられしやを私共はいま読者諸君と共に攻究せんとして居るのである。以下掲ぐる所の諸篇、之を綜合しても固より完全なるものではないが、諸君の協力により漸を以て之を今後に大成せんことは、我々一同の至願とする所である。

〔『明治文化研究』一九二八年七月〕

我国に於ける最初の財政学書

『経済往来』の六月号に於て竹森一則氏は我国に於ける「財政学」書の最初のものは町田忠治訳コッサ原著の『財政学』(明治二十二年九月出版)でなく、飯山正秀訳ビショッフ原著の『財政学』(明治二十年三月出版)であることを説かれて居る。今日の所謂《いわゆる》財政学の書物が理財学若《も》しくは理財論の名で公刊されたことは竹森氏の説かる通り決して新しいものではないが、財政論と云ふ名も亦相当に古いことを看過してはならない。例へばルロア・ボリユーの有名な財政学の一部は、明治十三年故田尻稲次郎博士に依て『財政論』の名の下に出版され、又十五年太政官の翻訳公刊せしものには『列氏財政論』と命名されて居る。更にもつと古いのには、明治十一年四月出版の『財政約説抄訳』と云ふがある、ガルニエの著を日下寿といふ人が訳したのである。ガルニエは当時可なり広く読まれたものと見え、右の外同年大蔵省から出した中山真一訳の『理財論』正続二冊ものもある。この方は理財論としてあるから問題はないが、前者は立派に財政といふ字を使つて居る。殊に同書に於て注目すべきは、緒言に於て「此書ハ仏国経済学士ジヨセフ・ガルニー氏ノ著述ニシテ原名『トレテー・デ・ヒナンス』ト云フ即チ財政学ノ書ナリ云々」と云ひ、其外所々に財政学の文字を使つて居ることである。『列氏財政論』の方になると、之は理財学博士ポール・レロア・ボーリユー氏著す所の理財書だが今財政論と訳して置くなどとことわつてあるが、この日下訳の方は、財政約説と命名はしたが財政学の本だぞと云ふことを繰り返し〳〵力説して居る。して見れば意識して財政学といふ字を使つたのは此人を以て始めとすべきではあるまいか。若し夫れ『財政約説』は「財政学」に非ずと強説して之を財政学書の最初のものと観るべからざるや否やは、読む人の判断にまかして置かう。

又序《ついで》ながら竹森氏に教を乞ひたきは、明治二年福沢諭吉氏に『財政論』の著ありと云ふ一事である。慶応四年発行の『中外新聞』第三十七・八号に淞陽子と云ふ人の訳に成る『理財論』の一篇あり、之と全然同じものが別に福沢諭吉となつて神田孝平・平井元次郎二氏の論文と合せて一冊の単行本になつて居るが、之には刊行の年代が書いてない。而して右の『理財論』も一種の経済政策論であつて今日の所謂財政には何の関係もないやうだ。之等の関係につき竹森氏の教を得ば幸甚の至である。

〔『明治文化研究』一九二八年七月〕

明治初期の新聞雑誌に現れたる政論について

○本全集〔『明治文化全集』〕『雑誌篇』の解題その他にも既に説かれて居る通り、維新前後に在ては新聞と雑誌との分界は至て明白でなかつた。幕末に洋書調所で作つたバタビヤ新聞や海外新聞などは、その内容こそ海外の新聞から取つたものに相違ないが、出版の方法時期並に刊行物の体裁等から観ては最早「新聞」としての性質を失つたものであつた。支那新聞の翻刻たる六合叢談や中外新報やに至ては猶更である。之等は何れも海外の近況を報ずる目的の「雑誌」と観るべきもの。故に最新の出来事を速報すると云ふ性質の本当の「新聞」はといへば、文久頃から横浜・長崎等に於て西洋人の作つた数種の横字新聞を以て嚆矢《こうし》とせねばならない。日本人の手で出来たものとしては、慶応元年彦蔵の海外新聞を以て始めとすべきは能く人の知る所である。

○彦蔵の海外新聞のことは我々同人の機関雑誌『明治文化研究』(旧名新旧時代)に詳しく解説されたことがある。之は西洋の新聞を船便の到着する毎に和訳上木したもので、漸《よう》く新聞紙としての性質を具備するには至つたが、併し西洋の事情の紹介に終始し手近の内地の報道を欠く点が欠点と云へば云へる。蓋《けだ》し当時の社会は専ら西洋の形勢を知らんことを要求し、内地の事などは未だ比較的に重視されなかつたのであらう。それにしても彦蔵自身の記する所に依れば代金を払つて購読すると云ふ程の熱心家は極めて少く、収支償はずして維持頗《すこぶ》る困難であつたといふ。一年余りで廃刊したのは外の原因に依るのだけれども、此点だけでも継続を困難ならしめたるべきことは、彦蔵の横浜を去つた後何人《なんびと》も之を真似る者のなかつた事実に依ても明である。されば邦人の手に成る新聞は慶応元年に始まつたと云ても、之が中絶して跡を嗣《つ》ぐものがなかつたのだから、明治に入つて盛になつた新聞の元祖が之れだと云ふわけには行かない。

○そこで明治時代に入ての新聞の元祖はと云へばどうしても柳川〔河〕春三の中外新聞を挙げなければならない。太政官日誌など云ふ官報の外に在て民間の営業的刊行物としては之を始めとするからである。尤《もつと》も中外新聞は柳川一人の手で出来たのではない。当時の洋学者連が盛に之を助けたことは云ふ迄もない。之等の事は『新聞篇』の解題に詳しい。

○明治以前に於て、開成所関係の洋学者間に一種の新聞の作られて居たことは、同人尾佐竹君や小野君の研究に依て既に明白である。併し之は最初筆写の儘《まま》回覧したのであつて、広く世間に頒布したのではなかつた。新聞が刊行物として成り立つには世間が買つて之を読んで呉れなくてはならぬ。是れ刊行物としての新聞紙が明治元年に至て始めて世に盛行せる所以《ゆえん》である。そは茲処《ここ》で諄々《くどくど》しく云ふ迄もないことだが、東征と云ふ事を中心とする彼方此方の小戦乱が安否を気遣ふ人達をして俄《にわか》にニユースを要求さしたからである。この機運を巧に捉へたのが前述の柳川春三である。中外新聞は『新聞篇』に収められてあるから御覧を願ふとして、茲にはたゞ彼が勝れたる学者だけに、その主宰せる中外新聞をば兼てまた民智開導の具たらしむるの用意をも忘れなかつたことを一言しておく。中外新聞を存続せしめた同じ社会的要求は其後続々と色々の新聞を出現せしめた。中に特色あるは薩長の我は顔に朝廷を擁して跋扈《ばつこ》するを癪にさえ〔障へ〕佐幕的記事を以て民心に投ぜんとした福地源一郎の江湖新聞である。之等の事情は皆既刊『新聞篇』の解題に明なことであるから詳しくは述べぬ。要するに之等の新聞は、戦乱に関する報道を主とし併せて海外の状勢と啓蒙開智の文化的記事と交へたものであつた。而して政論と云ふが如き分子は此頃はまだ殆んど皆無に近いのであつた。若しあれば京都の新政府を無条件に謳歌するものか、否らずんば自暴《やけ》くその佐幕論であり、従て当時の政治的二大勢力の対立を反映すると云へば云へるが、併し決してさう露骨な且深酷なものではなかつた。だから明治初年の新聞は報道を専らとし論評は概して之を顧みなかつたと云つてい丶。

○維新早々の定期継続刊行物は新聞に多く、雑誌としては本集『雑誌篇』に収めた西洋雑誌と新塾月誌位のものに過ぎなかつた。而して此二つが所謂《いわゆる》西洋文化の紹介を唯一の主眼とする純然たる学術雑誌であることは読者の見らるる通りである。斯うした種類の雑誌なら幾らも外に出来さうなものだが、恐らく当時は世間いまだ定期刊行といふことに慣れず、同じ目的が寧《むし》ろ却《かえっ》て単行小冊子の公刊に依てよりよく達せられた為めであらう、雑誌と云ふものは殆んど何等の発達をも見せなかつた。その代り西洋文化の影響に刺戟されて民智開導の単行の書物(無論続きものも含めて)は此頃盛に発刊されたのである。

○其後間もなくして漸く雑誌の発達を見るやうになるのだが、之は次の二つの事情に促されたものと私は考へる。一は段々新聞の発達するに連れて世間が定期刊行と云ふ事に慣れたことで、二は演説講演の流行の影響である。演説講演のことは又別の機会に譲るとして、兎に角之をやつて見て意外の成功を収めた者が、世上の歓迎の並々ならぬ事実を見て取り、更に之を紙上に移して広く世間一般に拡布せしめんと欲するに至るは当然の順序である。それかあらぬか演説を以て始められた啓蒙運動は、殆んど例外なく雑誌の発行を伴つて居るやうだ。尤も斯かる流行を見るに至つたのは夫の有名な明六社が見事な先蹤《せんしょう》を示して呉れた為めもあるらしい。猶ほ明治十二三年代の嚶鳴雑誌・共存雑誌・国友雑誌等の如きは亦皆この亜流であるが、併し此頃になると右述ぶるが如き事情を外にしても、既に雑誌の存立し得る社会的基礎はあつたのである。

○西洋雑誌・新塾月誌の廃刊に依て中絶された雑誌の刊行が明六雑誌に依て再興され、爾後我国の雑誌界は中断さるることなく駸々《しんしん》たる進歩を遂げたことは人の知る所である。而して明六雑誌は現に見らるる通りの純学術雑誌で、中には無論多少時務に触るるの意見も発表されては居るが、併しその態度は飽くまでも学者としての立場を以て終始せるものであつたことは云ふ迄もない。

○明六雑誌の成功に促されてか其後雑誌の発行が急に流行《はや》り出した。従てその取扱ふ方面も文学・芸術・宗教・産業・娯楽と頗る広汎に亙つて居る。が、併し何と云つてもこの時代の事とて拡布の程度の至て微々たるものであつたことは已むを得ない。而して世人が著しく雑誌と云ふものに親しむ様になつたのは、その後暫くして政論雑誌が起つてからだと云はれて居る。詳しく云へば、評論新聞を魁《さきがけ》として専制政府攻撃の元気のいゝ雑誌が生れてから、世人は始めて雑誌を面白いものと争ふて読む様になつたと云ふのである。

○同じ様な事は実は新聞に付ても云へる。之に就ては少しく維新直後に於ける政論の発達と云ふ事を少しばかり語つておく必要がある。

○抑《そもそ》も万機公論に決すると云ふは新政府の高く掲ぐるモットーではあつたが、永く厳しい封建専制に馴致された一般士民は俄に之に応ずるの素養と訓練とを欠き、実際の施政について言ひたいことがあつても如何云つていゝのか頓と手心が分らないと云ふ有様であつた。思ふに大多数のものは矢張り昔ながらに迂闊に政治向きの事などは口にすべきものでないと決めてゐたのであらう。廟堂に立つた者でも旧政府と区別するの標識としては、成程我々は公議輿論を重んずるのだと口癖の様には云つたものの、果して能く其の真意を解して居たかどうかは分らない。身を微賤に起して天下の権を握つた悲しさに、時々昔の藩公などの批議に遇つて悩まされることがある、すると之に対抗するの窮策として之は公議輿論の命ずる所でござるなどとも能く云つたものださうだが、実際に政治をやつて見ると、自分の思ふ通り押して行きたいと冀《ねが》ふのは已むを得ない。尤もあの時勢に乗つて出て来たのだから博く群言を民間に採るべきだと一応は信じて居ただらうと思ふ。さればにや彼等は中央に於ても地方に於ても一種の会議制度を採用し、一時は之に相当の力を入れたやうでもある。併し彼等は公議輿論を重んずる政治といふの結局の帰着の何処に在るやを深く考へたことはあつたらうか。此点甚だ覚束《おぼつか》ない。

○私の観る所では、彼等の理解せる輿論政治とは単に民衆の後援ある政治と云ふに過ぎなかつたのではあるまいか。政治は何処までも自分達が切り盛りする、而して旧幕府は之を独断専行したが、我々は之を国民に理解せしめその納得と支持との上に施行する、之が新政府の旧政治と根本的に異る要点だと彼等は考へたやうだ。併しその民衆なるものは必ず政府を助けて呉れるに決まつたものか。此事に付て彼等は不思議に一毫の疑をも挿まなかつたらしい。初めから我々が誠意を以てやる事に民間の異議のあらう筈はないと決めて掛つたやうだ。若し其処に何等か紛議がありとすれば、そは事情を正しく理解せぬ所から来るのだ、無智曚昧こそ新政府の施政を妨ぐる最大の障碍物だとて、彼等は一生懸命民智の開発にも努めたのである。斯くして私は思ふ、明治のはじめ四五年の間政府自身が率先して民間文化の振興を図つたのは畢竟之が為めであると。否、政府は一種の政論輿起の努力をさへ吝《おし》まなかつたのである。

○明治八九年後から最近に至るまで民間の言論機関を圧迫し通して来た政府が、明治四五年の頃各地方庁を動かして地方新聞(又は雑誌)の刊行を奨励したり、或は又各町村に訓令してその購買拡布に尽力せしめたりしたことは、一見解し難い様であるが又其処に面白い事実が潜んで居ると思ふのである。即ち当時の政府は新政府の有り難き御方針の程を人民に教へ込みさへすれば、それで凡ての人民が皆新政府を謳歌するに至るのであり、乃《すなわ》ち挙国一致君民協力の堅い国家が易々と出来上がるものと安価に考へたのである。而してその方便には新聞の発行が一番いゝ。そこで中央でもさうだが、地方でも県庁が補助金を出して当該地方で新聞雑誌を発行させたり、買つて読む者の少い処では役場で幾枚かを備へ置き、各区長が月に幾回と日をきめ管内の戸主を自宅に集めて新聞雑誌講読会を開かしめたりなどした。政府の新聞雑誌利用策も亦力《つと》めたりと云ふべきである。

○人民を無智と見縊《みくび》つた政府の斯の如き手段に出づるは固より毫も怪むに足らぬが、その蒙を啓いてやつた結果が単に自家の謳歌にとゞまるべしと観たのは大なる誤算であつた。況《いわ》んや当時民間には徳川の残党を始めとし、その他種々の理由から新政府に不平なるものも多々ありしに於てをや。故に若し民間に向つて思ふ存分の事を云へと云つたら、本当の所結局どんな事態になるか分つたものでないのだ。たゞ之等の人が当初鳴りを鎮めて平静を装うて居つたのは、一つには漫《みだ》りに国政を私議すべからずとする封建時代の伝統に知らず〳〵支配されたのと、モ一つには維新当時の政争に於ける失敗者として彼等が特に鋒鋩《ほうぼう》を蔵《おさ》むるの必要を感じて居たからに外ならない。故に之等の人達が何か適当の機会さへあつたら、尤もらしい口実を捉へて猛然として新政府反対の勢力として出現し来るべきは、もとより予想され得ない事柄ではなかつた。

○斯う云ふ際に起つた一の重大な劃期的出来事は征韓論を機縁とする為政階級の分裂であつた。今までの支配者が二つに分れ、それが新に互角の勢を以て朝野に対立することとなつたあの事件である。之が実に種々の意味に於て明治初期の歴史に一大波紋を描くの原因となるのだが、今は之を詳説する場合でないから略する。唯私の現在の問題に大関係を有するは之に関連して且つ之に引き続いて起つた明治七年一月の民選議院設立の建言である。この運動は一方に征韓論に直接係り合のない者も加はつて居り他方に又西郷の如き其大立物を逸して居るのではあるが、大体に於ては征韓論に由て野に下つた勢力が其中心を為して居ると謂てよからう。而してその建言書たるや、固より表面の趣旨は民選議院の速開を求むるに在るが、その理由として挙ぐる所には所謂有司専制の通弊に対する竣烈を極むる攻撃がある。だから之は現政府に対し側面から加ふる一大糺弾《きゅうだん》と見ることも出来る。そこで一面から見ると、之は政府に対し公々然として糺弾の叫びをあげた第一声となり、之が許さるるものなら俺も〱と爾後盛に之に倣ふものを生じたその一つの根本先例を為すものと云ふことになるのだ。
○尤も民選議院設立の建言に依て提出せられたる当時の政界の本当の問題は、専制的中央集権主義に依りて速に鞏固《きょうこ》なる統一国家を築き上げんとする廟堂の考と、民選議院の設立に依りて権力の分散を図り以て藩閥専擅の非難より新治政を救はんとの板垣一派の考との争ひだと観るのが正しいと思ふ。之は後年の憲法制定の時まで続くのであるが、併し之等の争ひを単に表面の皮相に就て見ると、官僚の専横と之に対する民権の反抗と云ふ形になる。外見それに相違ないのだからさう観られても致方がない。而して斯うした露骨な争ひは何時から始まるのかと云へば、前述べたる如く、民選議院設立の建言から始まるのである。それ迄は国家の大政には外間の喙《くちばし》を容る可からざるものと皆遠慮して居つたのを、征韓論を機縁とする為政階級の分裂が、民間の処士を以てして憚る所なく国政を批議するの先蹤を示して呉れたのでそんなら俺もとかねて不平を胸中に鬱積《うっせき》たらしめて居た人達もが、俄に起つて政府攻撃の陣営に参加することとなつたわけである。
○その結果明治七八年頃から新聞の論調が俄に変つた。今までは従順猫の如く唯これ政府の御用を勤むるに過ぎなかつた新聞紙は、急に政府に反噬《はんぜい》し始めたのである。どの新聞にも政府攻撃の論文が満載されるやうになる。又さうせぬと新聞が売れぬ。やがては新聞だけで足りず、専ら政府攻撃の目的を有する雑誌さへ数々公刊される事になる。この当時如何に攻撃の筆鋒の鋭かつたかは、明治八年政府が怺《こら》え切れずして遂に讒謗律《ざんぼうりつ》・新聞紙条例を発布せしに観てもわかる。
○右の事実は歴史的に何を語るか。政府に対抗する恐るべき勢力の民間に伏在するを戒告するものではないか。一体日本に限らず大革新の後には何処でも斯うした反対勢力の出現を見るもので、之が可なり強力であれば反動革命の成功を見、否らざる場合には政府の自衛的弾圧方針の強行に由て反対派を――少くとも一時的には――屏《へい》息《そく》せしむるを常とするものである。普通の順序から云へば、明治政府は仮令《たとい》多少の血を見てもあの場合反対論を何処までも窘迫《きんぱく》すること今日のイタリーの如く又今日のロシアの如くでなければならぬ筈であつた。所が実際さうは行かなかつたのは、一つには明治政府成立の基礎に封建的伝統の未だ抜き難きものあり、又一つには反対勢力の中には西郷の如き内外に声望の隆々たるものが捲き込まれんとするの形勢が見えたからでなからうか。之等の事情はまた後年種々の弾圧を蒙り乍らもよく民権論の発達を促した一原因にもなる。

○併し乍らこの当時の反政府の政論は、此種の初期のものに免れ難き通弊として、感情的の議論が多かつた。反対せんが為めの反対論で、何が為に反対せねばならぬかの事理の究明は頓と高閣に列ねられた形である。思ふに読者の方でも何が為に反対せねばならぬかは全く之を聞くの必要を感ぜず、唯いやな奴の噂を痛烈な辞で聞かさるれば夫れで満足したのであらう。

○『雑誌篇』は明治十年後のものに及ばないから、此方の論評は他日に譲るが、唯筆のついでに一言しておくのは、十年代に入ても評論新聞式の感情的反対もないではないが、流石に社会の状勢も稍《やや》安定の緒に就き、いづれ遠からず立憲政体も採用されるだらうとの見きはめが付いたものか、段々真面目な研究が要求される様になつた。従つて此期の政論は、一方には民権自由を主張する根本論と、他方には立憲制その者の具体的研究論評とに終始して来る。而してその中の民権自由論が、天賦人権を信条とする自然法説と、最大多数の最大幸福を信条とする功利説との間を彷徨するものなることは亦言ふまでもない。

〔『明治文化(第一四号)』(『明治文化全集』付録)一九二八年一二月〕

岩倉大使日米条約談判の顚末

一　岩倉大使一行の使命

明治四年十一月十日東京を出発して欧米巡遊の途に上つて岩倉大使が、米国の首府ワシントンに着いて(明治五年一月二十一日)から急に条約改正の正式談判を開かんと試み、種々の事情でその目的を達せずに了《おわ》つたことは人の能く知る所である。そこから世上には往々、同大使一行の本来の使命を解して条約改正に在りとする説の行はるるを見るのであるが、之は大なる誤りである。大使の使命が全く条約改正の問題に触れぬと云ふのではない。併し彼等の本来の使命は、寧ろ直接改正問題には触れず、それの準備としての諸般の要件を整へると云ふに在つたのだ。故に大使が米国に於て急に改正談判を開始せんと試みたのは、実はその本来の使命に背くことになるのであつた。

岩倉大使の使命が条約の改正と関係ありと云ふは斯う云ふわけだ。即ちかの安政五年に締結した条約は、仮りに十五ケ年を限りその満了(明治五年七月一日—陽暦)後はいつでも一ケ年前の通告に依つて改正を議することが出来ることになつて居た。而してこの安政条約は段々外交上の経験を積むに従て屈辱極まるものなることが明になり、一刻も早く之を改正したいと云ふのが朝野を通じての熱烈なる輿論となつた。そこで始め定めた年限も来たことであるからいよ〳〵改正の談判に取り掛りたいとは思ふが、当時の政府には併し乍《なが》ら我国の要望を諸外国に聴従せしめて改正の目的を確実に達し得るの成算が不幸にして立たなかつた。一つには外国の威力を買ひ被《かぶ》つた点もあるが、主としては対等の権利を要求すべく我国百般の文物の余りに貧弱であることを反省したからである。其上彼等はまた斯うも考へた、安政の条約が斯くも不対等になつたのも其の由来する所を究むれば大半の責任は我方に在ると。そこで条約も固より改正せねばならぬが、その前に必要なことは国内制度文物の改革だ、之を成し遂げずしては改正を提議しても諸外国の容認を得ることは六つかしい、之を急ぐの結果或は却《かえつ》て一難を除かんとしてヨリ大なる厄難を迎へぬとも限らない、して見ると今日直ち〔に〕改正談判に入るのは得策でないかも分らぬと考へた。さりとてこの好機会を逸するのも惜しい。斯くて政府は熟議の結果、遂に(一)税権幷《ならび》に法権の回復に由て絶対平等の条約を結びたいと云ふ希望を機を逸せず今の中に表明しておき、(二)その為には斯く〳〵の改革を国内の制度文物の上に加ふる意図だと云ふ旨趣をも明にしておき、(三)之に基き改正の談判は数年の後にしたいと云ふことに承諾を求めようと云ふことになつたのである。

斯くして岩倉大使一行の特派を見たのだとすれば、大使の使命は深く問はずして自ら明かだ。第一は条約改正の延期を各国に求むることである。第二は欧米各国の実況を視察研究し以て他日の国内改革の参考に供せんことである。数年を期して改正を加ふべしとされた方面は、(一)法律の改正、(二)外国人居住往来の自由の保障、(三)国内教育の振興、(四)宗教自由の保証の四つである。その参考資料を集むる為め大使の一行が更に多勢の理事官を同伴し、彼等をして部門を分つて大袈裟《おおげさ》な調査研究に当らしめたことも、亦普《あま》ねく知れ渡つたことである。

猶ほ岩倉大使の一行には、大久保利通・木戸孝允・伊藤博文・山口尚芳四人を副使とする外、更に多勢の顕官を引率したので、謂はば明治政府の半分が海外に出払つた外観を呈した。以てその意気込みの尋常一様ならざるを想ふべきである。従てまた当時の元勲は彼等の帰朝後の土産に多大の期待をかけ、それまでは一切原状を維持することに申合せ、堅く内訌《ないこう》に由て事端をひらかぬ様にと誓つたのであつた。之がまた実に岩倉大使のやり掛けた改正談判を中止せしむるに与《あずか》つて力あつたことは云ふまでもない。

二　着米後急に条約改正に着手せし事情

そこで問題となるのは、岩倉大使の一行は何故に米国に着いてから急に予定を変じて直に条約改正の談判に取り掛らうとしたかである。之は普通に説かるる如く、主として時の駐米使臣森有礼の勧説によるものの様である。森が木戸及び伊藤に勧説し遂に岩倉に進言して条約改正断行の良策なるを主張し、木戸等はまた森・伊藤の外国通なるに深く信頼し一議に及ばず之に聴従したものらしい。米国国務卿はては大統領までが之を我に勧めたと説く者もあるが、之は怪しい。常識から考へてもそんな機会のあらう道理はない。之は矢張り当方の決心がつきよく〳〵国務卿を訪問して志向を提示したとき、至極御尤もとの挨拶を得た程度のものと解すべきである。国務卿が我方の提議に接して直に之に乗つたのは怪しむに足らぬが、如何に自国で談判を開始するを利とすとは云へ、予《あらかじ》め森を動かして巧に彼を此方面に導いたとまで穿《うが》ち観るのは失当であらう。

大使一行に対する米国官民の異常なる歓待振りが亦大使等をして米国与《くみ》し易しと思はしめたとする説も、念頭に入れて置く必要がある。一行は海上に三週間あまりを費して十二月六日桑港《サンフランシスコ》に着いた。事情あつて此地とソルトレーキとに意外の長逗留をし華盛頓《ワシントン》府に入つたのは翌明治五年一月二十一日であるが、其間各方面の歓迎は大変なものであつた。流石の岩倉・木戸・大久保もすツかり之には酔つたのである。之れ程歓待して呉れるのだから大抵の事は聴いて呉れるに相違ないと思ひ込んだのも無理はない。与《くみ》し易しと云つては多少語弊があるが、少くとも条約の改正と云つた所で思つた程むづかしいものでもあるまいと多寡を括《くく》つたことは想像に余りある。是れ大使の一行が森の進言に接して軽々之に聴従した所以《ゆえん》であらう。

米国官民の熱烈なる歓迎は同時にまた森をして条約改正実行の成功を信ぜしめた一因に相違ない。併し森には大使の一行等と違つたモ一つの立場あることを忘れてはならない。私の考では彼れが早くから深き英米流の教養に錬られて居た丈け、外国に対する我方の要望の点に関しては大使一行程重きを置かず、彼方の我に対する要求に対しては寧ろ大使等とは反対に早く之を彼に許容すべきものと考へて居たのではあるまいか。当時の日本人として彼れが少し飛び離れた進歩思想の持主であつたことは他の点からも証明され得るが、条約問題に付ても同様であつたことは想像に余りある。この事はまた後に述べよう。要するに森が果して右述ぶるが如き立場であつたとすれば、大使一行の思想如何を深く顧みるに及ばずして彼が先づ条約改正の必ずしも難事にあらざるを軽信せしは、亦略《ほ》ぼ之を想像するに難くない。

唯玆に一つ注意すべきは、岩倉大使の一行が出先きで急に目的を換へ而も本国政府に無断で改正断行の試みに指を染めたことである。大使は出発前三条太政大臣以下在朝の高官十八名と連署して十二款より成る誓書を作り「中朝ノ官員派出ノ使員ト内外照応気脈貫通一致勉力」すべきを約して居る。現にその第一款には「御国書並遣使ノ旨趣ヲ奉シ一致勉力シ議論矛盾目的差違ヲ生ス可ラス」とある。この事は前段にも一寸述べて置いた。夫れにも拘《かかわ》らず無断で申合せに外づれたことをやつたのだ。且又其処には木戸・大久保・伊藤と云ふ重臣も附いてゐる。之が岩倉を戴いて一緒に此挙に出でたのだから、今日の眼から観れば、其間何等か重大な理由が伏在しなくてはならぬ筈だが、そこが即ち私をして云はしむれば、当時の政治家の見識の程が窺はれて面白い所だと思ふ。私の考では、外に重大な理由も何もない。一つに全権大使だから何でもやれると一時本国政府のことを忘れたのと、又一つには国内では偉いが外国に出ると勝手が分らず異常の歓待に陶酔して居る所へ、万事を託して居た案内役の森が頻《しき》りに勧めるので、ツヒ浮か〳〵と乗つたものと観るべきであらう。斯う考へることが岩倉大使一行の名誉を傷けるかどうかは知らないが、初めて海外に乗り出した当年の政治家に、今日我々の期待する様な資格を十分備へて居る筈と観るのは、かく観る方が寧ろ無理だ。時代相応に解釈することが却て事の真相をつかむ所以だと私は考へる。

三　談判の模様

第一回談判　岩倉大使の条約改正断行に決意したのは何時であつたか、今之を繹《たず》ぬるに由がない。唯明なるは之を彼国政府に正式に申入れたのが二月三日であることである。二月三日にはわざ〳〵この目的を以て国務省にフィッシュを訪問したものらしい。従て私は之を以て改正談判の第一回正式交渉の日とする。

記録に依ると、此時大使は条約改正に関する我が政府の冀望《きぼう》を披瀝したと云ふ。之に続いて条約改正の具体的交渉に一歩を進め度き旨を申入れたものらしい。之に対してフィッシュは至極結構の御申出と愛想よき合槌を打つた後、それには特別の全権委任状が必要であるがそれは御持参かと質《ただ》して来た。所が不幸にして之は持ち合して居ない。そこで一寸話が面倒になつたのである。

改正交渉の開始を申込み全権委任状がなくてをめ〳〵と引き退がるまでには面白い挿話がある。『尾崎三良自叙略伝』から数行を次に引用して置かう。

此方は大使副使五人に書記官三名通訳官等凡《およ》そ十人、彼れは唯一人、先づ一通りの挨拶済し、我より通弁を以て条約改正に付て相談したき旨申したる処、彼れ曰く、条約改正の御相談とあれば何時でも応答すべきが、夫れに付ては各元首から相当の委任状が必要であるが、日本天皇の御委任状を御持なされたならば先づ其を拝見した上で談判を初めましようと言はれ、いや我々は常に日本天皇の信任を受け居るものであるから、別に委任状は持たずとも之を持たも同様であるから、是非我々を信じて相談を初めて下されと、其内本国から取寄せるからと云ふた所が、先方から中々そうはゆきませぬ、是は万国公法の制限でござるから委任状持たぬ人とは如何なる重大なる人といへども御相談に応ずること出来ぬと確然と云はれて、一同ぎやふんと参り、其場に於て此方十人が国務卿の前にて彼れの日本語を解せざるを幸ひと色々と相談した所が、よい分別もなく、されば迚《とて》も我々大頭大勢が丸で丁稚《でっち》小僧の使のごとく左様でござるかと云ふて立去る訳にもゆかぬではないかと云ふことで数十分間同志中議論する間、彼れは一人徒然の余り鉛筆にて何やら頻りに書居るのを偸視《とうし》すれば、使節一行の面貌姿勢を描写せりと。漸く此方の議を一決し、通弁を以てそれでは此より急ぎ本国より委任状を取寄せるから、其の委任状到着の上更に御相談したしと云ひたれば、彼れ其れでは其の委任状の到着までは先づ中止すべきかとて、其日は国務卿に別るゝ時、彼れの云ふに、例年夏期には皆遠方へ避暑に出掛るから、可《なる》レ成《べく》其の前に再会する方好都合ならんとあり。

尾崎三良は後にも述べる如く留学地の倫敦《ロンドン》からわざ〳〵ワシントンまで出掛けて往つて岩倉・木戸等にも遇つて居るのだから、仮令《たとい》後日の記憶に多少間違ひがあつたとしても、大体親しく当事者から聞いた儘を誌したものと信用してよからう。果して然らば不慣れの事とは云ひ乍ら随分滑稽な醜態を演じたものと云はねばならぬ。同行十人の中に森が加つて居たかどうか分らぬが、列席したにしろせぬにしろ、之は慥《たしか》に案内役の森の一大失態たることに疑ひはない。森に対するの一行の――殊に細心なる木戸の不信は恐らく此頃より始まるのであらう。

兎に角此日は委任状を取寄せた上でと云ふことにして不得要領で辞去したもののやうである。

第二回談判　第二回の談判は二月五日に行はれた。その之に到るまでに注意すべき事が二つある。一は三日夜旅宿に於ての使節会議である。委任状を取寄せると国務卿に約束はしたが、如何にしてこれを取り寄せるかの相談をしたものらしい。大久保・伊藤の帰朝となつたのも其協議の結果であらう。而して書記官位をやつたのでは埒《らち》が明くまい大久保に行つて呉れと評議のきまつた所を見ると、此時漸く事態の容易ならざることが感知されて来たのであらう。

二は翌四日森の国務卿往訪である。巨細の事は分らないが私の想像では之がなか〳〵重要の関係を有《も》つのではなからうかと思ふ。森の往訪の表面の目的は、云ふまでもなく大久保・伊藤の帰朝を報ずることだけであつたらう。併し彼は次手《ついで》に正式の交渉は両使の再来の上の事として此際非公式に条約の内容を相談し合つては如何と云ふ様の提案をしたのではなからうか。或は之をフィッシュの方から提案し森は直に之に賛成したと観てもいゝ。孰《いず》れにしても此際斯かる重要な談合があつたと観なければ、委任状の来るまで談判を中止した筈の岩倉大使が、翌五日再び国務卿を訪問して同じ談判を継続する道理がない。之から先き数回に亙る改正談判の進行はどうしても此辺に新なる端緒を開いたものと観なければならない。

さていよ〳〵二月五日の第二回談判となるが、之に就ても判然たる記録の拠《よ》るべきものがないが、矢張り昨日の森の下相談に基き、委任状の来るまで非公式に相談を進めようと云ふことを確めたに止まるものと観るべきであらう。果して然らば具体的の諸問題に付ての細かい談判は第三回目から始まつたと云ふことになる。

第三回談判　第三回の談判は二月八日である。五日に非公式の談判継続を協定してから、我が使節側の急に緊張してその準備に取掛つたらうことは想像に余りある。たゞ五日夜は大統領から呼ばれる、翌六日には当方から彼国高官を招待してあつたので七日に至つて始めて条約改正問題の討議会を開いた。八日の交渉は蓋《けだ》し七日の準備討議会の議定を基礎とせしものたるべきは云ふまでもない。

八日国務省に行つた我が使臣の顔触れは、五日と同じらしい。詳細の記載がないから分らないが、此日の会合は双方の希望条項を交換した位に止まつたのであらう。但し大久保・伊藤の両人不日東京に向つて出発するにつき、出来るなら、双方意見の一致点を知りたいと我方の焦つたことも亦略ぼ想像することが出来る。大久保・伊藤にした所が丸で米国の意向を知らずして帰るわけには行くまいからである。斯うした態度が彼我の掛引の上に決して有利でなかつたことも亦怪しむを須《もち》ゐない。急ぐ方が概して常に多くの譲歩をさせられるからである。

第四回談判　二月十日第四回の談判を開いた。岩倉は病のために欠席したが、其代り木戸、大久保、伊藤、山口に森を加へて当方の幹部は全員揃つて出た。一日置いて十二日には大久保・伊藤の帰朝となつたのだから、此日の談判は余程重大なものと観なければならぬ。此会商に於ては国務卿の方から提議あり、彼の要求する所に基づきて一つの案が出来たものらしい。それが大久保・伊藤の持ち帰つた案だらうから、そは(一)第一に彼方の要求する所につき我方の認容し得べき限界如何を示し、(二)次に其限内に於ける彼方の要求を先づ容るることに依て徐《おもむ》ろに我方の要求を貫かうと云ふ類のものでなかつたらうか。今残つて居る諸記録に依ると、米国側は或は港数口を新に開けとか、居留地を拡めろとか、外人游歩規程を廃し新に一法規を定めて自由通行を許す様にして欲しいとか、又は法を定めて輸出税を廃せよとかの要求を出し、斯れは亦日本の為めにも得策であると云ふ様なことを力説したらしい。而して国務卿の提議に基いて立案したとあるから、十日の協定の何ものであるかは右に依つても之を察するに難くない。之に就て頗《すこぶ》る参考になるのは三月十一日附井上馨に宛てた木戸孝允の書翰である。之こその時の巨細の事情が語られて居る。改正談判の開始に多少嫌気がさして来たので鋭い皮肉の包み切れぬものも洩されてあるが、実情は併し乍ら正に斯の如きものであつたらうと想はれる。次にその書翰の関係部分の内容を私の言葉にうつして示さう。

一、我方の使臣は国務卿と始めて面会した時から頻りに我国開化の実跡を列挙して得意がつたが、之に乗ぜられて巧に港数口を開き内地の歩行を便にし居留地を廃し雑居を許すなどの譲歩を余儀なくさせられた。国務卿は「誠ニ結構ナル事ニテ奇妙々々ドーゾ御開可レ被レ下、政府モ御心配ニ可レ有レ之ナド甘ク」御世辞を振り蒔《ま》いたが、「自慢モ所ニヨリ候テハ大損」であることに気付かなかつたのは遺憾である。

二、而して彼方は我の要求する所は一つも容れぬのである。彼は口癖のやうに云ふ、貴国の進歩には洵《まこと》に驚き入る、心から感服仕つた、且又独立の権を有すとの御説も固より言を待たぬ所だが、併し二十年前を顧みると、未だ蒸汽船を見たことがないと云ふ人ばかり、天皇陛下は申すに及ばず政府上の事決して疑ふと云ふのではないが、今日まだ全国の人心普く進歩したとは認め難く、生命財産の安全と云ふ事に付ても十分安心の出来ぬ点もある、御希望の趣は誠に御尤もに存ずるも、翻《ひるがえ》つて我が人民の為を思ふと、まだ一々御承諾はいたし兼ねる云々と。

斯くて二月十二日大久保・伊藤は帰国の途に就いた。詳しく云へば伊藤は所用あつて一日おくれて出立したのである。本国に委任状を取りに帰つたと云ふのだから、最早米国政府に対して退《の》ツ引きならぬ関係になつてしまつた。一体斯んな風で本来の使命が完うされるものか、日本帝国の体面を傷けぬ様な立派な条約改正の成功する見込はあるのか。木戸は両使の帰国出立の前後から漸くこの点に煩悶を始めたらしい。木戸の外にも同じ類ひの考の人のあつたかどう〔か〕は今分らぬが兎に角彼の如き地位にあるものが一人でも条約の内容とその交渉の前途とに悲観し始めたといふことは、最も注目に値する点である。

猶ほ木戸は右の点に付き内心頗る森と伊藤とに不快の情を寄せた様だ。条約改正の実行は森の進言に端を発し伊藤の之を支持せるに成つたことは前にも述べた。其後森と伊藤とは事毎に進歩思想を以て同僚を煙に捲いてゐた様である。当時同行せる佐々木高行はその日記の中に、伊藤と森とが進み過ぐると云ふ所からアラビヤ馬と呼ばれて居たと云ふことを伝へて居る。木戸に付ても少々開化急ぎの風あつて困るなどと書いて居るが、その木戸が両名を毛嫌ひし始めたのだから、以て当時の状勢を想ふべきである。

第五回談判　次は二月十九日の第五回談判だ。之に付ての記録も甚だ乏しいので詳しい事は判らないが、暫く私の想像を逞《たくまし》うすれば、(一)米国側の要求は大体話を纏めて大久保・伊藤が本国に持ち帰つたのだから姑《しばら》く問題とせずに置き、此場合は(二)主として日本側の要求が談判の目的となつたのであらう。この意味の談判としては此日が最初であり、而して居留地拡張に対する交換条件としての土地法の支配権が、此日の談判で辛うじて認めさせ得たやうである。

それから三月十五日まで先方との交渉は途切れる。私の考では、二月十九日の会合に於て条目を逐うて談判するの煩を思ひ希望全項目を一括した改正条約案を提出することに話の改まつたものと思ふ。若しさうとすれば、我が使節の一行は其日から三月十五日まで一ケ月足らずの期間を草案の審議制定に費したものと観るべきである。

茲に一つ明にして置かなければならぬことは、使節の一行と森弁務使との間に条約改正の方針に関し著しき見解の相違のあつたことである。此事には先きにも一寸触れて置いた。私は今日の頭で之を新旧思想の扞格《かんかく》と観るけれども、木戸は之を専ら森の不徳に帰して居る。木戸の書き遺したものの中には暗に森の功を急ぐを諷して居る文句を見る。森の態度が木戸等には条約改正が出来さへすればいゝとするものと見えたらしいが、他の一面に於て使節の態度はまた必要もない処に愚図々々文句をつけて甚だ因循に失すると森には見えたかも知れない。森はなか〱岩倉や木戸の戒告にも温順に従はなかつたらしく、会議の席上でも無遠慮の発言を憚らぬばかりでなく、怒ると憤然席を蹴《け》つて去ると云ふ様なこともあつたと云ふから、一体に長老連の嫌忌する所となつて居たかも分らぬ。加之《しかのみならず》森はその進歩思想的立場から条約改正に関しても米国側の要求を支持し幾分また我国の要求を抑へた嫌もあつたやうだ。此点で岩倉・木戸の憤慨を買つたかも知れない。併し森を目して漫然たる外国崇拝病者とするは恐らく正当ではなからう。比較的に彼我の事情に通ずる者が条約改正問題に付いて漫《みだ》りに国内の強硬論に迎合し得ぬのは必ずしも怪むに足らないのである。

第六回談判　此会合に於て長い間掛つて練り上げた我方の草案をば始めて彼方国務卿に提出したのである。之れ以上のことは分つて居ないが、多分単純の授受で終つたものであらう。

第七回談判　第七回は五月三日である。第六回との間に一ケ月半余を隔てゝ居るが之は国務省で慎重に対案を攻究する為めであつたらう。此日彼方国務卿より米国側の対案を提出された。此日も亦単純な授受で会見を終つた事と想像される。

第八回談判　五月十八日から十九日にかけて二日に亙る第八回談判と云ふのが極めて重要の会商であつた。この会合に於ては先づ双方の提案が持ち出されたものらしい。第一に米国案が討議され、談判の結果種々訂正が加へられた。第二には我方の提案が討議され、之もいろ〳〵訂正された。その結果この双方をつきまぜて一つの草案に纏めることになり、之を日本側が引受けたものらしい。その意味の新しい草案は五月廿日に出来た。又その英訳は五月二十九日に出来た。六月五日彼国国務卿に持ち出されたのは即ち之である。

第九回談判　最終の第九回談判は六月五日米国国務卿の避暑先に於て為された。国務尚書フィッシュ氏ウェストポイントの山荘に病を養つてゐたのであるが、岩倉大使は自ら病気見舞を兼ねて彼をその別荘に訪問し、我方の条約本草案を差出したのである。相当長時間に亙る会談であるから、条約問題に就ても会話の交換されたことは疑を容れない。

さて此時我方より提出せる条約案の如何なるものなりやは『明治文化全集』の『外交篇』に収録した「大日本合衆国新

定条約並附録草案」に依て明白である。殊に之は最初の我国の成案を米国の対案に基いて種々修正刪訂《さんてい》した其儘の草稿なので、最終案の出来上るまでの経過変遷が分つて面白い。それ等の細かい点は姑く措いて、私は次に彼我の重大なる争点につき該草案が如何なる規定をなして居たかを略述して置かうと思ふ。詳しくは右草案の原文に就て研究せられたい。

一、開港場の新設　に就ては附録第一款に鹿児島・石ノ巻・敦賀・小樽内・下ノ関の五港を開くことを約して居る。但し之には次の制限がある。(イ)本条約交換の日より起算し二港は一年内、一港は二年内、残りの二港は五年内に開くこと。(ロ)之等諸港の開き終ると共に新潟港は閉ぢること。(ハ)猶ほ協議の上は場所替を妨げざること。

二、領事裁判権　は本条約第六条に於ては之を認めぬ様になつて居るけれども、附録第五款に於て安政条約の規定通り当分引続き之を承認することを約して居る。「日本政府において彼此之便宜を図る為に各地に適当の裁判所を設けて訴訟を聴断する迄」とあるは聊《いささ》か日本の体面を立てたるやうに思はるるも、実質的には一歩も我方の立場が伸びたのではない。

三、税権　に就ては実際に影響する所極めて重大なるだけ、自主的立場を主張することに多分の困難を感じたものと見える、即ち本条約に協定主義の原則を掲げ、更に附録に於て改訂を為すべき場合には六ケ月前に通知すべき旨を定めて居る。

四、居留地の拡張　を条件として我が土地法規の遵奉を承諾せしめたことは二月十九日第五回談判の条下にも述べた。「新定条約並附録草案」に依ると、米国側は土地法規の遵奉の交換条件として居留地の制限の完全なる撤廃則ち内地雑居の自由を要求したらしい。我方は之を容れず外人の「静産を賃借し之を占むる事」

は「外国貿易之為に開きたる歟或は開くべき場所において」しかも「条約規定内および其地より定めたる距離内」に限ることにした。云ふまでもないが茲に静産とは不動産のことである。この原則を本条約第十七条に掲げ、更に附録第二款に於ては次の弁法に依る居留地則ち外人の不動産を賃借並に占有し得べき区域の拡張を約して居る。

(イ) 本条約交換の日より三年の後を期し諸開港場より五里地内まで旧条約の定むる境界を拡張すべきこと。

(ロ) 更に三年を経過せば十里地内まで延長すべきこと。

(ハ) 右の拡充の日より現行居留地規則は廃し、之に代ふるに其地方官の規定する所を以てすべきこと。

(ニ) 右程内に居住する者と雖《いえど》も、外国人が山林を伐し又は産業の資として田畠を所有するには日本政府の特別の允准《いんじゅん》を得べきこと。

五、旅行の自由　は本条約交換後一ケ年を期し次の条件の下に許すことを約した。

(イ) 旅行の道筋・期間・目的等を認めたる書面を以て領事へ願出づること。

(ロ) 領事は願書の記載の真偽を調査し且本人の為人《ひととなり》を確めたる上、奥書をなして日本官憲(地方官吏)に廻送すること。

(ハ) 右の手続故障なく了れば、日本官憲は相当の手数料を徴収して本人に往来切手を下附すべきこと。

六、游歩規程　は居留地が拡張され内地旅行が自由になれば自ら効用を失ふものである。従て之れが拡張のことは別に問題とならなかつたらしい。附録の末款に游歩規程を全く拡充するまでは米人の従来貸借〔賃〕又は占有せる地所につき従来と変つた取扱をしないと云ふことを約したのは、游歩規程に引ツ掛けて既得の利権を保持しようとの魂胆に乗つたものであらう。「合衆国政府の承諾なくしては」の一句を削らしめたのは、同じく従来通りに取扱ふと云ふ拘束を受くるにしても、形式上は自主的立場を貫き得た訳で、日本側としては多少苦心の存する所なのであらう。

四　談判中止の事情

突然の中止　折角こゝまで運んで来たのに我が全権大使は六月十七日に至り突如国務卿を訪ねて改正交渉の中止を申込んだ。米国側に取つては誠に寝耳に水であつたらしい。併し我が全権側に於ては実は決して突如急変したのでない。改正談判の続行について木戸が早くも悲観論をいだき始めたことは先きにも述べた。大久保・伊藤の東京着後の報道が華府に於て大使一行の思想を動揺せしめたるべきことも略ぼ想像される。由て来る所遠いといへば云へるが、六月五日最後の提案を以て国務卿を田舎の別荘に訪ふた頃は、既に多大の不安をいだきつゝも、未だ中止とまでの決心はつかなかつたのである。一つにはやり掛けたものを当方の一存でやめるのは信義に背くと考へたからであらう。岩倉は六月五日フィッシュの別墅《べっしょ》を辞してから途中紐育《ニューヨーク》に滞留して七日朝ワシントンに帰つた。その翌日が大久保・伊藤の桑港に着いた日で、その旨の電報は九日に受取つた。彼等両人が華府に来たのは中止の申込をした当日の十七日で、つまり之が中止決行の直接の原因を為すものであらう。先是《これにさきだち》十一日には倫敦の留学生を代表して尾崎三良の一行が華府に着いた。之も大に木戸岩倉の心を動かした様である。之より次ぎ〳〵に談判中止になるまでの事情を述べることにする。

木戸の態度　木戸がひとり夙《はや》くから談判の成行きを悲観し之に着手したことを飛んだ失敗と苦慮したことは先きに述べた。同じ様な考をいだいた者が外にもあつたか否かは明かでないが、彼れ程の地位の者が一人でもさうした考に悩んだと云ふことは、後日談判中止の勢を作る上に重大の関係あるべきは絮説《じょせつ》するまでもない。たゞ一つ不思議に思はれるのは、夫れ程不利益と考へるなら何故早くから談判中止を主張しなかつたかの点である。一体此事に就ての彼れの煩悶焦慮の甚しきは読むに堪へぬ程その日記に現れて居る。それだけ、彼れが六月の半ばまで談判の続行を傍観して居たかに見ゆるのは、不可解の現象と謂はねばならぬ。之を単純なる怠慢と観る可からざるは木戸の人物よりも推しても当然の事だから私共はこゝに何等か重大の理由ありて彼等を拘束せしを想像せざるを得ない。然らば何が彼等を制して――少くとも木戸を制して忍んで談判の続行に進ましめたのかと云ふに、そは一旦申し出した事を引ツ込めるのは信義に背くと思ひ込んだからである。外交に慣れない生まじめな所に当年の国士の風格が現れて私は寧ろ之を頗る面白いと考へる。今日の頭で軽々に判断し、まさか斯んな下らない事に拘泥する筈はないなどと観るのは却て誤りであらう。

猶ほ此訓電に接して大使の一行は翌日直に会議を尽し、次で返電を本国政府に発した。返電の内容に付ては何の語る所もないが、今更やめられるものか、此儘継続する事にせでは国家の体面にも拘はるぞ、と云ふ様なことであつたと想像しても失当ではあるまい。それでも不安心と観てか、大使一行は東京に帰つて大久保・伊藤に謀らしむる為め二十九日急に田辺太一を立たしめた。斯くして大使の側には未だ談判を中止しようなどの考はないがそれが東京政府の賛成する所でないと云ふことは此頃から深く念頭に刻み込まれた筈である。

東京に於ける廟議　大久保・伊藤の帰京後廟議の模様は何うであつたか。審議の目的たる事項の如何は先にも述べたから再び繰返さぬ。之に対して東京政府は如何の態度を執つたかと云ふに、我が政府に於ては、大使出発前に議定したる旨意に従ひて条約改正は其準備に止《とど》むべしとの論多く、外務卿副島種臣及び大輔寺島宗則等皆かたく之を主張し廟議容易に決せなかつた。

委任状を断じてやらぬとまで確然決議したかどうかは多少の疑あるが、東京に残つた大官連が、岩倉大使出発当時の誓書の手前から云つても、容易に之に賛成せざりしは怪むに足らぬ。やらぬと決議はしないまでも、やるとは容易に云はなかつたのであらう。今日我々の頭から云ふと、岩倉以下の選り抜きの俊傑揃ひが何で斯んな失態を演じたかを解し兼ぬるが、併し兎も角一旦抜いた刀だ、外国の手前理由なく収める訳に行かぬ。大久保・伊藤としては何としても委任状を持たずして帰れぬのである。此辺の事情を明にするため『尾崎三良自叙略伝』の節を引かう。

……さア大変、其れが為めにわざ〳〵帰つた大久保・伊藤は勿論、ワシントン在留の岩倉大使・木戸等の面目は全く破壊せられ、再び米国国務卿等に面すること能はず。又大久保・伊藤両人が東京政府に於て我々の言を用ひず如何しても委任状は貰へぬと云て、徒手にておめ〳〵とワシントンへ帰ることは出来ぬ。さればとて岩倉・木戸其の他一行が只管《ひたすら》両人の帰るのを待ち居るゆへ、此まゝ日本へ留ることもならず、所謂進退維《こ》れ谷《きわま》るとは正に此事なり。そこで両人はどうしても委任状を与へられねば我等生きて居られぬから割腹して米国へ対して申訳を為し、且岩倉初め面目を保存すべしとて、既に決心の色見えければ、或は之を仲裁する者あり。此で彼れ両人を殺したりとて国の為め利益になる訳でもなし、さればとて真の全権委任状を渡すことは出来ぬが、只両人の面目を立てる為に委任状は渡すが、先方に於て之を見せ、斯く委任状は持て来たが未だ十分に熟せぬ箇条ある故此度は其談判を中止して先づ欧洲各国を巡視して後に再び相談すべしと申入れ、其れにて米国を出立すべしとの条件にて、委任状を受取り、再び米国へ渡航することゝ為る。

是に由て観ると、大久保・伊藤は兎も角委任状を貰ふことには成功した。併しそれは使つてはならぬと云ふのだから、談判続行の点に就ては正しく東京政府に屈したわけである。而して副島外務卿等が強く改正談判に反対したのは、急いでやつて碌《ろく》な結果を獲られないと信じた点にもあらうが、主としては内容の吟味はさて措いて当初の誓盟に背くと云ふに最も重きを置いたものらしい。従て大久保・伊藤から提出された具体要件に就き、一々個条に対しての討論はなかつたやうである。

大久保・伊藤の東京に着いたのが三月二十四日で再び米国に向つて横浜を立つたのが五月十七日だから、その日本滞在は五十日にあまる。暑い真盛りの異国の都に岩倉大使の一行を残しての長逗留は、以て交渉の如何に困難であつたかを想はしめる。委任状はやるが断じて談判の続行は許さぬと云ふのだから、謂はば副島側の実質的勝利である。大久保・伊藤の面目は半ば潰れたわけだが、寺島の同行が若し岩倉を始め使節一行の行動を監視する為めなりしとせば、それまた一層の圧迫である。

東京で斯う話がきまると、大久保・伊藤は同伴して来た随員の小松済治を先発として米国へ帰らしめた。彼は後にも説くが如く五月十日頃桑港に着いたらしいから、東京を立つのが四月二十日より遅いことはあり得ない(岩倉大使の一行は航海に二十五日を費した)。果して然らば四月二十日岩倉大使がワシントンで受取つた政府の電訓の内容も略ぼ想像がつく。要するに東京に於ける双方協議の結果は□〔凡〕そ四月の半ば過ぎに纏りがついたもののやうである。大久保・伊藤がいよ〳〵米国に向ふまで夫れから約一ケ月も間を置いて居るが、夫れは何の必要に出でしものか、今は之を尋ねるに由もない。孰れにしても此両人に最早談判続行の念のなかつたことは疑なしと観てよからう。

米国に於ける使節一行の動揺　さて米国に於ては、四月二十日政府の電訓に接して先づその意外なるに驚き、翌日衆議に諮《はか》りて返電を発し、更に二十九日を以て田辺太一を帰国の途に就かしめたことは先きにも述べた。所が田辺は桑港に到りて恰度《ちようど》先発帰米せる小松済治の来着に遇うた。私は前後の事情から推して之を五月十日頃と推定する(当時華府桑港間の旅行には十日以上を要した)。何れにしても田辺は小松から東京表《おもて》の詳しい状態を聞いたので、今更旅を続けるも詮なきことと諦め、ワシントンに引還した。小松は五月二十一日に華府に入つたとあるが、無論田辺と連れ立つて来たのであらう。斯くして岩倉の一行も親しくその報告を受けたが、就中《なかんずく》小松の齎《もた》らした三条公の岩倉宛の書翰は最も重要なものであつたらう。六月五日の国務卿との最後の会見に先つこと二週間あまりの事であるが、使節一行の確信は内実大に動揺し始めたことは疑ふべくもない。

駐日独逸《ドイツ》公使フォン・ブラントの忠言　動揺し始めた大使一行の決意を更に一層不安ならしめたものに、駐日独逸公使フォン・ブラントの忠言と云ふがある。

ホン・ブランドは本国に帰る途中華盛頓府を過ぎ、我が使節が条約改正の談判を開始せんとするを聞き、五月二十一日大使を訪ひて之を懇談し、最恵国条款を説示して各国個別的に談判を行ふの不利なるを勧告したのである。是より使節一同の意見漸く動揺し、爾後数回ホン・ブランドと会合して其所見を叩き、益々其軽挙なるを悟つたと云ふことである。

大久保・伊藤が東京に於て談判を継続すべからざるの訓令を受けたことは、既に岩倉・木戸にも分つて居る筈だし、岩倉も木戸も今となつてはやめられるものならやめた方が国家の為め得策だとは感じて居たらうが、対外信義といふ点に過分の拘泥を見せて、今更退くに退かれぬものと観念し、其為に大に悶々の情に悩んだことは想像に余りある。

英国留学生団代表の来米諫止　斯う悶《もだ》へて居る所に更に又英国留学生団の代表として尾崎三良・河北俊弼の両名がやつて来た。華盛頓府着は六月十七日である。而して木戸も岩倉も喜んで此両人に面会し又熱心に其の説を傾聴した。学生の身を以て国家の利害を心配し遥々忠告にやつて来たのも感心だが岩倉・木戸の地位に在る者が一介の書生の言語に我から喜んで耳傾けたと云ふも美しい話である。国家あるを知りて他に何のわだかまりも無かつた当年の国士の風格が偲ばれて無量の感慨を禁じ得ない。この事の顛末は云ふまでもなく当事者の尾崎三良をして語らしめるのが一番いゝ。

……諸新聞の評論を見るに、日本使節は米国にて条約改正の談判を為し、大使の其委任状なき為め本国へ照会中なり。且曰く、若し米国にて何事か一度譲歩することあれば、欧洲各国は各其最恵国条款に依り労せずして米国の得たる特権を得べし。不馴の外交は実に危しとの論説多し。倫敦に在留する書生中国家のことを憂ふる有志者七八名予が寓所に集り此事を論じ、今若し我使節等が前後の思慮もなく米国に於て我国に不利益の条約を締結するときは、欧洲各国はみな此に均霑《きんてん》し、終《つい》には取返しのならぬ困難に陥るべし。我々平生国家を憂ふる者は坐視傍観すべき時にあらず。今に於て之を未然に中止せしめざるべからずと、衆議一決したれども、其事重大にして郵便電信にては迚《とて》も為し得べき事にあらず。誰か一二人我々の総代として急に米国に渡航し、直接大使に面じ之を諫止することに尽力すべしと決し、さて誰が可ならんと評議したるに、元此事を発議したるは予なれば、是非予に奮発して呉れと慫慂《しょうよう》して已まず。そこで予自ら発議する位なれば敢て難事を避けず、去りながら其目的を達するや甚覚束なし。衆曰く、尽すべきを尽し其上行はれざれば已むを得ざるなり、肯《あえ》て貴公を責めずと。然らば予一人にては甚心元なし、誰か一人同行ありたしと云ひたれば、長州人河北俊弼自ら進で行かんと。且曰我れ木戸孝允とも懇意なれば、我々の説を容るゝに便ならんと。夫れ可ならんと、衆議一決したり。さて米国までの往復旅費は如何すべきやと問ひたる所、多くは貧書生に付誰も之を弁じようと云ふ者なし。勢ひ行く者自ら弁ぜざるを得ず。さりとて予等も亦其用意なき故、已を得ず英一組のマニヤク氏に此事を談じたるに、彼れ快く之を諾し、米国往来及米国滞在二週間と看做《みな》し、英貨百ポンドを貸し呉れたり。(中略)。此金を持ち予等二人倫敦を出来〔立〕したるは七月中旬と覚ゆ(吉野曰く、此両名の華府に着きしは六月十一日即ち陽暦にて七月十六日である)。(中略)。予等ワシントンに着したる頃は、此土地の習慣にて、社会の上流にある人は官吏・外交官・実業家を論ぜず、皆数十百哩《マイル》外の田舎に避暑に出掛け、市街は殆ど空虚にして寂寥たる中に、日本使節一行は此盛夏熱塵の中に為すこともなく徒然として旅館に屛居せられたり。(中略)。

我々両人ワシントンへ着し、其夜先づ河北一人直に木戸の旅館に行き、略々我々は大使の条約談判を危み其れが為めわざ〳〵大西洋を渡り来りたることを知らせたるに木戸は大に歓びたり。予は其晩は已に晩くなり且疲れたるに依り明日緩々会見すべしと伝言せし所其夜直に河北と同伴にて予等の旅宿に来りたり。依て予は木戸に向ひ、此度日本の使節が米国政府と条約の談判を始められたる由、其れは十分調査熟考の上なされる事でもあるべきなれども、我々から見れば甚危険に思ふ。其故は各国の条約には皆最恵国条款あり、若し米国に於て条約改正の際種々談論の末或は交換的に米国人に対し或種の特権を許与したるときは、欧洲各国は皆該約款に依り直に之に均霑するの権利あり。随て我が国は夫れが為め非常の窮地に陥る事にならざるやと憂国の情黙止《もだ》がたく、倫敦在留の有志者相集り此事を大使に建言且諌止せんが為め、我々両人総代となり来りたりと述べたる所、頗る木戸胸中の肯綮《こうけい》に当りしと見え、礚《はた》と膝を打ちて曰く、我れ過てり、実は此間独逸公使より忠告を受けて云々と。既に後悔して我々と同論に傾き居る時なれば、もはや喋々弁ずるの要なし。木戸又曰く、予は元より外交の事は甚不案内なる故に、彼れ等の云ひなりに任せて置いたのが予の過ちなり。全体伊藤等が知つた風になまいきな事をするから、得てこんな失策をするから困る。しかし未だ其談判(吉野曰く無論正式談判の事を意味するものであらう)に取掛らざる前であるから、少し面目を欠く事あるも、そこは目を潰《つぶ》て之を中止するも差支なかるべし。……兎に角同公(岩倉)へ君等の趣旨を篤と話し置くべし。君等も又同公へ直接に意見を述ぶべしと。それでは明日同公の旅館へ出頭すべしとて手を別ち、木戸が我々の旅宿を去られたるは夜半頃なりし。翌朝朝食を為し、頓《やが》て岩倉公の旅館に至らんと用意したれども、余り早く出かけるも却て礼にあらずと少しゆる〳〵して居たる所、午前九時頃岩公より使来り、早く面会したけば速に来るべしとて、馬車にて迎ひに来りたりと云ふ。依て其馬車に同乗して直にホテルに至りたるに、尤も待兼《まちかね》たる容子にて、直に其居室に通り、同公より先づ口を開き、足下等遠方の処態々来訪誠に辱《かたじけ》なし。且足下等愛国の精神委細木戸より聞けり。誠に感心せりとあり。依て予等更に言て曰く、閣下既に我等の説に御同意とあれば再び之を絮説するの必要なし。唯此上は閣下の所信を固く執て動かず、彼の二氏大久保・伊藤の説に御傾聴せられざらんことをと。公曰く、我意中止に決せり、足下等過慮する勿《なか》れと。夫れより米国着以来の諸方巡回、官民の大使等に対する情況談を為し、先づ安心と此を退き、木戸を訪ひ、木戸方にて午餐を共にし、一行船中にての失策談等を聞き、時を移して宿に帰れば時既に黄昏《たそがれ》なり。

談判中止の決定　前段に引用した『尾崎自叙略伝』の所説を真とせば、岩倉は少くとも尾崎等と会見の日即ち六月十一日頃より談判中止の決意をかためたらしい。但し帰朝の途中にある大久保・伊藤の両人は神ならぬ身の此事を感知すべくもない。船中でも恐らくは岩倉大使に説いて方向を転換せしむることの容易ならざるを語り合つたことと想像される。副島は此両人が出先きで何をやるか分らぬと危ぶみ私《ひそ》かに寺島に内意を含め目附役として同行せしめたとはいへ、まさか彼れ程の達識の士が政府の訓令に反して委任状を濫用することもなからう。大久保・伊藤の意は東京出発の際既に定まつ〔て〕居たと観るべきである。是れ彼等がワシントンに着いて岩倉よりの相談を受くるや否や、一も二もなく談判中止に同意した所以であらう。

岩倉の方には大久保・伊藤の意向は疾《と》くに分つて居た。併し之は高等政策の秘密事項であるから、軽々しく外部に周知せしめる訳に行かぬ。是れ岩倉周囲の者が大久保・伊藤を談判中止に同意せしむることを難事と考へて大に心配せし所以である。今更談判を中止することは大使の面目に係はる。従て一番之を苦にするものは大使其人でなければならぬ。然るに大使が国家永遠の利害の上から遂に中止に決心したとすれば最早内部には何等の面倒もないわけだ。面倒なのは之を如何にして米国側に通告するかの点だけに止まる。要するに大使の決意斯の如く、大久保・伊藤の立場斯の如しとせば、両使来着の当日直に一瀉千里の勢を以て協議の纏まりを見たのに何の不思議もないのである。

中止の申出で　大久保・伊藤の華府到着は六月十七日である。多分朝早く着いたものと想像される。然らざればそれから大会議を開いて午後三時に国務卿を訪問するの遑《いとま》はあり得ないからである。尤も評議は事の重大なる割合に長い時間を要せなかつたらうと思ふ。相互の報告を交換する外、結論は初めから一に帰して居た筈だから。若し議論があつたとすれば、そは善後策に付ての議論であつて、談判中止其事を論争したのではないと考へる。やがて一定の方針はきまり、一刻も早いがいゝと云ふのであつたらう、其日午後三時と云ふに国務卿の往訪となつたのである。

此時国務省に赴いた者は正員として岩倉・木戸・山口の三人だけの様である。大久保・伊藤の両副使は或は旅の疲れを息《やす》めんとて列に欠けたのかも知れない。孰れにしても岩倉大使が自ら其衝に当つたことだけは疑を容れぬ様だ。

国務卿に遇つて何と云つて断つたか。此点に付ては林董伯の書いた『後は昔の記』の所載が頗る明了である。

条約改正談判の委任状は携帯して参つたが、十幾個の条約国にて各別に談判すれば時日を費すこと多く、其長時間此使節が各国を巡回する訳にも参らぬ故、欧米の中一個処を定め各国同時に商議を開かんと存ず。

就ては欧羅巴《ヨーロッパ》の方に国々が多いから、倫敦か巴里《パリ》府を選定したいと思ふから、米国政府からも委員を彼地へ派遣してもらいたいと云ふたら、国務大臣は日本にて商議とのことならば委員を出すに差支はないが、日本の条約を欧洲で結ぶのに委員を派遣することは成り兼ねると答へた。其儀ならば致方がない、条約を外国で談判することは出来なくなる訳であると云ふたら、ソレは誠にお気の毒ながら致方がないと云ふやうなことで物別れとなり、直に英国へ渡つた。欧洲へ使節が渡つてから、条約開談の議は無かつた。

右の点は木戸公日記などに記されて居る所も略ぼ同様である。

この突然の意外な申出に接し国務卿は甚だ失望の様子であつたと云ふを余儀なく云ひ切るに如何に悶へたかは、関係者の記録の中に沢山の証拠を見出すに苦まない。『尾崎三良自叙略伝』はもツと露骨に「其時彼れ曰く、条約改正談判のことは元々貴公方より御望とありし故之に応じたるまでなれば貴公方にて之を中止なされたいと云ふことならば何の仔細もなきことなり。是れは貴公の御都合次第なりとて、じろと五人の顔を見ながら、大方そんなことだらうと推察し居たりとて微笑を漏らしたるときは、皆忸怩《じくじ》として流汗背に溢れ仰ぎ見る能はず、穴へも這入《はい》り度《たき》心持してそこ〳〵に握手して別れたりと、後にて一行中の人に聞きたり」と書いて居る。随員の人の話を録したのだらう。国務卿の態度の果して斯くの如くなりしや否やは別問題として、当方使節達の心持は正に此の通りであつたらうと想はるる。

結論　之で条約談判の問題に鳧《けり》が付いた。前途に沢山の用件を控へて居る一行は此上便々《べんべん》と同じ処に滞留するを許されない。それにしても中止の申入れをした翌々日大統領グラントに告別し二十二日華府を立つたのは、形の上では這々《ほうほう》の態《てい》で逃げ出した様にも見える。大使一行は談判の始めに於て味噌をつけ、終りに於て又へマをやつた。是れ啻《ただ》に外交に不慣れな為めばかりではない、事理を判断する照準が違つて居るので、日本の大豪傑も一歩海外に踏み出しては自ら前後左右に迷はざるを得ないのであつたらう。世界の大勢に通ぜざるの故を以て、大きな顔をして居る政界の先輩が一度外交案件の処理に当つて散々の失態を演ずるは今日にも珍しくない。之を往年の岩倉以下にやかましく責むるは無理だ。私は寧ろ彼等がその内部に在つて少しでも日本の将来の為めに善かれと苦心した其の努力に感謝すべきものあるを認める。形式上の権限の詮索は別問題としよう。使節の一行が急に条約の改正を思ひ付いたのも国家の為めだ、東京に居残つた閣臣達が極力之に反対したのも亦同じく国家の為めに外ならぬ。而して此の相容れざる二つの立場が、其間種々の事情ありしとは云へ、内訌の種を将来に残すことなくして遂に一点に帰するを得たのも、畢竟《ひつきよう》国家に奉仕する至誠が先き立つて居たからではないか。不慣れの外交に散々の失態を演じた点は日本の大政治家も台なしだが、内部の苦心を事こまやかに研究して見ると、今日に於て猶ほ私共が大に学ぶ所あるを思はざるを得ない。私が長々とこの一編の記録を作つたのも、単に一場の史譚として軽々に看過し去るに忍びなかつたからである。

本稿はさきに日本評論社の依嘱に依りて執筆し、近く補訂して著書の中に収めらるべきものの抄録である。講座として必ずしも不適当ではないと思ひ、且つは目下の事情新に稿を起すの遑なきを以て、姑く之を寄せて責を塞ぐことにした。記事の内容は従来知られて居る事と可なり相違して居るので、一々典拠を挙げて証明するの必要あるを感ずるが、之は本稿原文に譲り、本講座には繁冗に失するを恐れて一切之を略した。読者の諒恕を乞ふ。

〔『明治文化研究』一九二九年四月〕

スタイン、グナイストと伊藤博文

伊藤博文の欧洲に於ける憲法調査

伊藤博文が憲法取調の詔命を奉じて横浜を出帆したのが明治十五年三月十四日、任を完うして東京に無事帰着したのは翌年の八月四日である。往復の日数を差引くと約一ケ年。この間彼れは一体何処で何を研究したのか。

この事に関し伊藤自身は何と云つて居るか。明治四十二年某処で試みた演説中に斯んな事を云つて居る。「憲法政治計劃の事に就ては　陛下の思召を以て一に爾《なんじ》に委《ゆだ》ぬるとの重大なる御沙汰を蒙り殆んど恐懼《きようく》出づる所を知らなんだ次第であつた。それで平素学問上に於て親近なる人々と謀り日本に適した憲法を研究しようと思つて、また一面には我国の淵源を調査し一面には欧洲に於て君主主義に則つた憲法を調査するの必要を認め、後年文部大臣となつたが今は既に物故した井上毅は漢学の素養深き人であるから彼を日本に残して国体上に憲法政治の適合する研究を依嘱し、自分は命を奉じて研究の為欧洲に出張した次第である。其際一年半有余の歳月を費し独逸《ドイツ》・墺太利《オーストリア》・白耳義《ベルギー》・仏蘭西《フランス》・英吉利《イギリス》諸国を巡廻し或は其の国に有力なる政治家又は大学を主宰する憲法学者等と討論攻究を尽して、欧洲諸国が封建から憲法政治に遷《うつ》つた歴史及び憲法政治の各種の主義を力の及ぶ限り調査して帰朝し、而して日本の国体に適合する丈けの区域に於て漸く憲法の草案を起稿することとなつたのである」（平塚篤編『続伊藤博文秘録』二四六頁以下）。本人がさう云ふ位だから世間が伊藤のまんべんなく欧洲諸大国を巡視し各国の大政治家大学者と華々しく意見をたゝかはしたらうと考ふるも無理はない。漠然と考へるとさうでないとも云へぬのだが、よく調べて見ると事実は大に趣を異にするやうだ。後年になつては大政治家を気取り好んで誇張的の大言壮語を弄したが、当年の伊藤はまるで一介の書生、極めて謙遜な態度でまじめな研究に一身を傾投したやうである。それだけ彼れは憲法取調の仕事に真剣であり又強く責任を感じたのであると思はれる。いづれにしても伊藤の欧洲に於ける行動は後年彼れ自らが一杯機嫌で吹聴するやうなものでなかつたことは明である。

尤も伊藤の欧洲滞在中の勉強振りについては今日正確な事は分つてゐない。本人の逝去後の事とて随員中の存命者に訊くのが一番正確な材料になる。伊藤が随員として帯同した目ぼしいところには山崎直胤・伊東巳代治・河島醇・平田東助・吉田正春・三好退蔵・西園寺公望等の名がある。三好は司法省特派、西園寺は宮内省特派としてそれぐ〵別個独立の調査任務を有《も》つて居た。平田は病気の故で九月維納《ウィーン》から帰朝の途につき、他の随員は必ずしも毎《つね》に伊藤と進止を同じうしたのではなく、常住形影相伴うて機密にも参したのは伊東一人のやうである。その伊東は今日なほ矍鑠《かくしゃく》として居るが、他は西園寺を除き大抵物故した。さるにても唯一の活《いき》証人たる西園寺伊東の人達に対し我々が手軽に物を訊く便宜を有たないのは遺憾な事である。

さうすると末松謙澄が大正元年十二月号の『国家学会雑誌』に発表せる「伊藤公の欧洲に於ける憲法取調顚末」(以下「末松論文」と略称する)といふ小論文は伊藤の滞欧活動を知るべき殆んど唯一の憑拠《ひょうきょ》となる。この論文は岩倉具視の集めて置いた伊藤の書翰集によつたとある。伊藤は滞欧中たえず内閣諸公等に所見を書き送つてゐたが、岩倉は憲法の事に関するものは自分に宛てたものばかりでなく他の人々に寄せたものまでもみな取纏め一括して保存して居つた、それが故あつて今は自分の手許にあるのでこれに依つてこの小篇を作つたと末松はことはつて居る。伊藤の滞欧当時末松は英国ケムブリッヂ大学に留学中で、一度わざ〵〵伯林《ベルリン》に伊藤を訪問したこともあり又伊藤の英国転向後はいろ〳〵周旋したことでもあるから、見聞の上からも伊藤の進退には相当に通じてゐたのであらう。

いま末松論文を経とし『孝子伊藤公』や『伊藤博文秘録』等を緯とし伊藤の旅程を作つて見よう。

伊藤は明治十五年三月十四日横浜を出帆し印度《インド》洋をわたりスヱズを過《よ》ぎり（末松論文）伊太利《イタリア》ナポリに上陸して独逸に直行し五月十六日伯林に入つた（孝子伊藤公）。着いて間もなくグナイスト、モッセ両師の講義を聴く段取りになるのだが、その正確なる日時はいま明かでない。

夏休みには維納に往つてスタインに師事した。八月九日岩倉公にあてた維納発の手紙には、昨日この地に着し即日スタインを訪ねたとある（伊藤博文秘録）。すばらしく行動が敏活である。

それから何時まで維納に滞在したかはつきりしない。伊藤は本国の同僚にあてた手紙に屢々《しばしば》十一月初旬墺都より帰来と書いて居る。十月二十七日維納より夫人に宛てた手紙には来月四五日頃伯林にかへるとある。先づその辺のところであらう。

末松論文には書いてないが、維納滞在中伊藤は一度巴里《パリ》に往つて居る。露国皇帝戴冠式に参列すべく皇室を代表して渡欧せられた有栖川二品親王はこの年八月十九日巴里に着到あらせられた。随員林董の編せる『有栖川二品親王欧米巡回日記』（以下林日記と略称す）の八月三十日の条に「伊藤参議来会ス」とある、無論巴里にである。伊藤は前以て西園寺を先発せしめて居るし（林日記）、戴冠式は延期になつたのだから御公用向の打合せといふやうなこともなかつたらう。有栖川宮の巴里を去られたのは九月九日である。伊藤は方々旅行して九月十一日維納に帰つたとある（孝子伊藤公）から、巴里滞留はほんの三四日に過ぎなかつたものと見へる。従つて憲法に関する調査研究は仏国に於て全然手を染めなかつたことが明白である。十月一日には有栖川宮を維納に迎へた（林日記）。

それを外にして伊藤は八月初旬以来スタイン指導の下に憲法研究に熱中したのである。

伊藤の伯林再来は前述の如く十一月三四日頃とする。それから彼れは毎週日をきめて復《ま》たグナイストの講義の聴問を続けた。

その間伊藤は耶蘇《ヤソ》降誕祭の休暇を利用して南独地方に小旅行を試みた、シーボルトの勧誘によるものらしい(孝子伊藤公)。暮の二十七日に出掛けて新年の五日には帰つて居る(末松論文)。滞欧中の保養と云つてはこれ位のもので、他は徹頭徹尾研究調査に没頭して居る。熱心なのにも敬服するが精力の絶倫な事には驚かされる。

私はさきに伊藤が八月三十日有栖川宮御出迎のため巴里に来たことを述べた。末松論文所収の井上宛書翰によると、その前々日彼れは維納に於て皇帝から陪食仰付けられたことを報じて居る。すると彼れは二十八日までは維納に居つたのだ。斯う遠い間を転々することは飛行機もないあの時代に決して楽な活動ではない。併し伊藤の日程を繰つて行くと斯んな例は外にもまだある。

伊藤は十六年の二月十八日まで伯林にゐた。途中諸所見物し数日をブルツセルに過ごし三月上旬英国倫敦《ロンドン》に入つた(孝子伊藤公)。伊藤は白耳義に於ても研究をやつたといふ人あるがさう云ふ事実はない。倫敦滞在中の伊藤について末松論文は「伯林維納ノ如ク一定ノ師ヲ定メテ勉学セシニハアラザレトモ、知名ノ学者ナドト多少来往シ又予ノ知人ナルスチーブント云ヘル壮年ノ学者ヲ相手ニ憲法ノ政治ノ大体ナド討究シ」たとあるも、無論格別身を入れた研究ではなかつたらしい。既に独墺で素晴しい御馳走を満喫した揚句なので英国の学説何するものぞ位の気持でもあつたらうと考へらる。それに研究したいにもう時間の余裕がない。

伊藤は八月四日に東京に着いて居る、さすればすでに六月早々には倫敦を船出してゐなければならぬ。それに彼れは五月中露国皇帝戴冠式参列の使命をはたして居る。去年の夏その為めに有栖川宮二品宮が来欧されたのだが、急に延期となつたので九月十六日親しく露帝を訪ね、来年まで待ちがたき事情を述べて分れを告げ米国を経て御帰朝になつた。そこで十六年となり日本国代表の全権大使の任はあらためて伊藤に降ることとなつたのである。これにも前後一ケ月位は掛つたらう。さうすると伊藤が倫敦で有ち得た自由な時間は約一ケ月半に過ぎない。ここでも心魂を打込んだ研究の出来なかつたことが想像される。

斯う考へると伊藤は仏に学ばず英に学ばず白を顧みることなく又物見遊山に寸陰を吝《おし》んで滞欧正味一ケ年の大半を伯林と維納とに過ごしたことが明白である。私の推計によると維納でスタインに師事せるは仏国旅行を除き凡《およ》そ二ケ月、また伯林でグナイストの門を叩いたのは夏休前を約二ケ月とし夏休後を三ケ月強とする(冬休みを除外する)、双方通計七ケ月だ。その間わき目もふらずスタイン、グナイスト一点張りで攻究調査をすゝめたところに異色がある。

スタインと河島醇・渡辺廉吉

スタインと最も早く交通してゐた日本人は河島醇であらう。河島は明治七年頃から書記官として欧洲各国の公使館に歴任し、維納には十三年の暮までゐた。その間スタインの門に出入し明敏の才を以て頗《すこぶ》るその敬重するところとなつたらしい。明治二十年頃黒田清隆と往復したスタインの書翰のうちにもその事を思はしむるものが少くはない。伊藤の随員となつたのは恐らく一には独逸語に堪能なると又一には西洋制度文物に通ずるところありと見られたからであらう。

河島が帰朝する一年足らず前から渡辺廉吉が書記生として来任した。これも河島のすゝめに依つたのであらう早速スタインの門人となつた。この人も独逸語に熟達してゐたので墺都滞在中伊藤博文の認むるところとなり、一行よりや﹅遅れて帰朝し伊藤の傘下に投じて新制度調査制定の任に就いた。

河島と渡辺は日本人中最も早くスタインを知れるものであり、伊藤博文のスタインに師事せるも河島の進言によるは後に説くところの如くである。スタインの著書も数々右の二人に依つて邦訳紹介されて居る。煩しいから細かいことは述べぬ。

スタイン（ロレンツ・フォン）は本来は独逸の人だ。一八一五年の生れだから伊藤の会つたときは六十八歳である（死んだのは一八九〇年）。三十歳の頃キール大学の教授となつたが或る政治的陰謀にからんで罷《や》められ、墺国にのがれそれから維納大学の教授となり一八五五年から八八年までその地位を保つた。独逸本国に居つた時代には仏蘭西の社会運動に関する著書が多かつたが、墺国に往つてからは国家学・経済学・財政学・行政学等の著述が多い。

グナイストと村田保

グナイストはジヤアナリスチツクにも知名の人であつたから早くから日本人で彼れを訪ねたものがないとも限らない。文献の徴すべき限り今のところ一番古い訪問者は村田保であらう。『村田水産翁伝』に彼れは自治制行政裁判法及び憲法並に新刑法評論研究のため再度の渡欧を命ぜられ、十三年の夏独逸に向ひ行政裁判法に就いては行政裁判所長グナイストに図つたとある。記述すこしく曖昧にして多少の疑なきを得ざるも、とにかくこの記事の通りとせば村田保は十三年の秋から十四年の春にかけてグナイストの教をうけて居るわけだ（村田の帰朝は十四年七月とある）。猶ほ同伝にはグナイストと一夕水産に関する談話を交換しこれによりて彼れは始めて我国でも水産の振興せしめざるべからざる所以《ゆえん》を知つたとある。グナイストと日本水産業との関係も面白いが問題外だからこゝには触れぬとして、行政裁判法の専門事項につきグナイストがどれだけ村田を感服せしめたかは書いてない。伊藤が日本を立つときグナイストの事など念頭になかつたのだから、村田の師事が一向この碩学と日本とを深く結ぶ端緒とならなかつたことは明である。

グナイスト(ルドルフ・フオン)は生粋の伯林児。一八一六年に生れ一八九五年に死んだ。スタインよりたゞ一つ年下だのに、伊藤がひとり後者の高齢を云々するは(この事後に出る)グナイストの方は年に似合はず元気で若々しかつたからであらう。グナイストは元来サヴイニーの門人で羅馬《ローマ》法の専門家だ。私講師となり(一八三八)員外教授となり(一八四四)更に正教授に進んだのも(一八五八)この専門を看板にしてだ。所が一八五十年代から急に政治に興味を感じ従来兼職のやうにやつてゐた裁判官をやめて普国下院に入り又後には帝国議会にも進出して共に華々しい活動をつゞけた、且つこの頃から研究の興味も公法方面に転じ、英国の憲法と行政法並に憲法史に就いては数部の古典的声価をうたはるる著述をのこしてゐる。遠く日本にまでは鳴りひゞいて居ないにしても欧洲に於て当時第一流の令名を博し居れることは怪しむに足らない。

是れ伊藤の着到後時の公使青木周蔵が取敢へずグナイストを彼れに推挙した所以であらう。

グナイストと伊藤博文

末松論文には公使青木が伊藤にグナイストを推挙したとは明記してない。尾佐竹博士の『日本憲政史』(以下尾佐竹本と略称す)に引用するところの随員吉田正春の談には青木が紹介したと書いてある。いづれにしてもこの時青木が伊藤の最も頼りにする相談対手であつたことは想像にあまりある。末松論文に依れば、多勢の随員も一緒になつて学校生徒の如く講義を聴問するは不体裁であり先方もそれを好まぬやうだから、青木が通訳としてまた伊東巳代治が書記役として陪するだけにとゞめ、伊藤と先方と相対して自由に質問応答することにし、随員は外に在つて行政財政の細目につきそれ〲分担調査を行ふことにきめた、これは青木の発議に基き伊藤が同意してきめたことで、随員中には不満の意をもらすものもあつたが青木が諄々《じゅんじゅん》釈明して納得させたとある。これは多分末松が後に親しく伊藤から聞いた事であらうが、これに依つても青木が相当立入つて伊藤の仕事を助けたことがわかる、同時に伊藤の聴講について親しく与かつたものが伊東巳代治一人であることも明瞭になる。

伯林に於て伊藤はグナイストの外モツセの講義をも聞いた。モツセはグナイストの弟子だ。グナイストの推薦によるや明かである。モツセからは「条文による普通の書物的講義」を聴いたとある（末松論文）。これ恐らくグナイストと伊藤との談合の結果グナイストは専ら憲法政治運用の得失に関する綜合的講説を試みること〻し憲法正文の逐条講義の方は門人中の逸材モツセにまかしたのであらう。モツセは後ち我国政府顧問に傭聘されて二十年春来朝二十四年頃まで居ていろ〱尽すところあつたが、就中《なかんずく》山県有朋を輔《たす》けて自治制の確立に貢献した功績は没しがたい。その頃同じく顧問であつたロエスレルがあまりに偉かつたので幾分光りが消された気味はあるが、モツセの学殖は決して軽んずべきものでなかつたと云はれる。併し独逸に在ては恩師の助手として附随的の仕事にのみ従事させられたので左程伊藤の重んずるところとはならなかつたらしい。猶ほモツセの講義が夏休前からグナイストの議義と相並んで始められたことは八月九日附岩倉宛維納発の書翰に明かである（伊藤博文秘録）。伊藤は夏休前伯林に於けるグナイストとの交渉を略叙したるのち「外一法師ト共ニ一週間三回宛独逸国ノ憲法ヨリ政府百般ノ組織地方自治ノ限界等ニ至ル迄法学上ノ順序ニ拠リ講窮仕」と書いて居る。これは云ふまでもなくモツセの事であらう。

末松論文によればグナイストの講義は隔日モツセのは殆んど毎日だとある。伊藤自身の語るところに依ると少くとも夏休前の講義は双方とも一週三回のやうである（伊藤博文秘録）。
夏休前のグナイストとの交渉につき一異説がある、尾佐竹本に引用された吉田正春談がそれだ。その要領は斯うだ。

……伊藤は伯林到着後一ケ月ばかりホテルで評議を凝らした後、公使青木にすゝめられグナイストを訪うた。一ト通りの用件を話して懇切に教を乞ふたが、グナイストの態度は頗る冷淡で、折角我国を目指して来られたのは光栄の至りだが、併し憲法といふものは法文ではない精神である、深い歴史に根ざすところの魂である。私は欧洲人だから欧羅巴《ヨーロッパ》の事は知つて居るが、東洋の事殊に貴国の事は一向に承知して居ない、折角の御来訪だが何ともお答のしやうがない。尤も貴国の事もこれから研究したら解るであらうし従つて愚見も述べられるだらうが、それが果して適切に貴官の御参考になるやは私に於て自信がない。一体御国には正確な歴史がありますかと云ふやうなわけで、一同憤慨してホテルに帰つた。そこへ河島醇が出て来て維納には旧知の碩学スタインが居る、まさかグナイストのやうな冷淡なこともいふまい……

吉田談引用部分の末句はやゝ曖昧であるけれどもその儘墺都に転学したやうに読まれるのである。
伊藤が夏休みの前後を通じてグナイストと親しく交驩《こうかん》したことは彼れ自身の手書に依つて明白である。吉田正春談には他にも事実と違ふらしい点があるが、随員の一人だからまるで無稽の流説を捏造《ねつぞう》することもあるまい。依つて私は推測を逞《たくまし》うして見る。グナイストと会見の第一日に吉田所報のやうな場面があつたのではあるまいか、若干面目を失し憤慨と銷沈との混ぜ合つた妙な気持でホテルに帰つた光景を彼れは強く印象づけられたのであるまいか。仮りにさうだとしても併しこれには吉田の報ぜぬ別の続編がある筈だ。伊藤も負けじ魂の持主として知られてゐるが、わけても部下に慓悍《ひょうかん》無比の伊東巳代治が居る、何条その儘オメ〳〵と引込むべき。彼れは必ずや日本国史の大要・維新事変の沿革から憲法制定の議の起るまでの概略を手際よくまとめてグナイストに見せたに相違ない。勿論私に斯く推定する何等の根拠あるのではない。たゞその後のグナイストの講説を見るに相当に日本の事を知つて居る。何かの機会にこれを聞いたと観なければならぬ。即ち第二日目より伊藤はグナイストとより打解けた懇談に入り且つ聞き且つ語り漸を以て大に意気の投合を見たものではあるまいか。なほ八月九日岩倉宛の書翰（『伊藤博文秘録』七六条）に依ると夏休み前の講義はグナイストのもモッセのも大要残らず筆記したとある。原本は多分現在伊東伯爵家に秘蔵されて居るのであらう。

維納に於ける伊藤の行動は別の項目で説かう。こゝでは更に伯林に帰つてから翌年春英国にわたるまでの事を語るべき順序であるが、不幸にして文献の徴すべきものがない。たゞこれに関聯して序《ついで》に語つて置きたいのは滞欧延期の願出である。一体当初の予定は往復とも一ケ年といふことであつた（末松論文）。伊藤自身もその位で調査は出来ると考へたらしい。所がグナイストに遇つて見ると、今まで気づくべくして気付かなかつた諸点にいろ〳〵有益なる示唆を受けた。制度条文の蔭に潜む政略論や時代思潮等の検討の必要についても大に啓発さるるところがあつた。彼れは明治三年十月財政金融制度取調の為に米国に往つたことがある。大蔵省や国立諸銀行を歴訪し規則書などを貰ひ集め自分の理解に基いた意見書を附して本国に送りそれで結構用を弁じたのであつた。憲法の取調はさう簡単に行かないことを伊藤はグナイストとの会談に依つてしみ〴〵と感じたものらしい。何よりも私共の注目に価するは、第一に伊藤自身がそれ等の複雑な内面的考察に異常の興味を覚えたことである。そこで彼れはもう一年位滞在を延期したいと希望するに至つたのだ。初めてこの希望の表明を見るのは八月四日伯林より山県井上山田に宛てた書翰であるが、これには一年か半歳か帰朝猶予を取計つて貰ひたいとの意味が述べてあつた。九月二十三日井上宛の書翰には来年の秋帰つてもいゝとあれば結構だと書いてある。そして結局十一月下旬にいたり四月延期の許可を得て六月中に帰朝するといふことになつたのである(それが八月初めの帰朝となつたのは三月にいたり新に露帝戴冠式参列の命を蒙つたためである)。何のための延期かといへば云ふまでもなく続いてグナイストの講義を聴くために外ならない。維納滞在中からこの事を楽みにしてゐたやうだ。十月二十三日維納発井上宛の書簡の一節に伯林帰着後のグナイストの講義に関し「憲法丈ノ事ハ最早充分ト奉存候へ共、アドミニストレーシヨンに到ては却々《なかなか》容易なる事に無之プリンシプル丈にても相心得置度熱心罷在候」と書いてあるが、アドミニストレーシヨンの意義を議会その他民間諸勢力に対する政府の掛引をも含むものとすれば伊藤の乗り気になつた理由も一層よくわかる。夏休み後のプランは或は休み前に既に両人の間に略《ほ》ぼ打合はせられてゐたのかも知れない。それだけまた夏休後の講義の頗る重要であつた事も想像されるのである。

スタインと伊藤博文

スタインと伊藤とを結び付けた者は前にも述べた通り河島醇である。河島は数年前までスタインに親炙《しんしゃ》しその学殖に服して居り、且又私情からしても伊藤と此人とを是非会はせたかつたに相違ない。これは私の推測であるが、伊藤は伯林に於てグナイストに心酔しスタインの名を聞いても耳に入らなかつたのであらう、従つて若し夏休みといふものが無かつたら或は維納に往かずじまひになつたかも知れない。夏休みでグナイストの講義も暫く中絶となつたので、好機逸すべからずと河島が裏面に周旋し、休み中にも拘《かかわ》らず相談に乗らうといふ事に予《あらかじ》め話をきめ、さてこそ伊藤を維納に誘ひ出したものと思はれる。但し伊藤としては河島にすゝめられたから外に為す事もないので漫然と出掛けたといふのではあるまい。やる以上は十二分の精力を傾注する、それには先方がそれ丈けの人物かどうかを精密に調べる、その程度の準備は欠かなかつたと思はれる。彼れが数名の随員を率ゐて維納に入つたのは八月八日である、即日スタインを訪問したのに見ても熱心の程は想ひやられる(『伊藤博文秘録』七六条)。それから隔日に規則正しい講義を聴いたとあるから(末松論文)、河島の事前の周旋も懇切であつたことがわかる。

スタインの講義は英語であつた(末松論文)。相見るまでは左程とも思はなかつたのかも知れないが、初会早々伊藤はスタインにも魅せられてしまつた(『伊藤博文秘録』七六条)。この事はまた後に説く。

スタインから何を聴いたかに付ては詳しいことは分つてゐないが、その一端は次項に説かるるであらう。伊藤博文は曾て斯んなことを語つて居る。……それから墺太利に行けばスタインが居る、地方行政とか言ふ事は外の人にやつて貰ふたが重な事は此人である。其時講釈を聞いたもので国家組織の根本から哲学的に論じたものを、一部の本のやうにして巳代治に整頓させて筆記させたが、何うしたか失つた。それには種々調べたものがあつて外交・経済・法律・海軍・陸軍・教育・司法など云ふものを部類分《わけ》をしてある。……これは明治三十年頃博文館で出した『明治十二傑』中の伊藤博文に関する部分の一節である。伊藤の談話を大橋乙羽の筆記したものだから間違はあるまい。右の書類の紛失は惜しいが講説の範囲は大体これに依つて窺はれる。

伊藤の維納滞在中の一挿話として看過し得ないのはスタインを日本政府の顧問に傭はうとしたことである。一体伊藤のグナイストに心酔したのは、彼れ自身の偉いことにもよるが伊藤の予想と相反し憲法上の主義といふものはそれぐ〜国の歴史に根ざさなければならぬと力説した点に在つた。日本に在つて自由民権論になやまされ学者といふものは空理空論を弄ぶものときめてゐた伊藤に取つてグナイストの態度は意外であつた、其上日本の翻訳書生の唱ふるやうな説を一々列挙して詳細にその淵源沿革を説いて呉れるので彼れの講談は事理頗る明快である、この方針で日本の憲法も作ればいゝと大に自信を得て維納に乗り込むと、スタインに於てこの態度を一層濃厚であるを発見した。歴史の重んずべきことは勿論であるが、教育ことに歴史教育の重大なことを繰り返し〳〵説く。そこで伊藤は学者でも斯ういふ考の人があることを日本に知らしたなら如何に国民思想の涵養統一を資《たす》けるだらうかといふに想到したのである。従つて彼れがスタインを迎へんとしたのは主として文政組織立案の顧問としてであつて、傍ら太政官顧問として一般政務を諮詢《しじゅん》してもよからうと云ふて居る。末松論文所収の九月二十三日附維納発井上宛書面の一節に

小生独逸学問ノ根柢アルヲ見テ益々此等ノ人物ノ今日我国ニ必要ナルヲ覚ヘ申候。此人日本ニ至リ学校ノ創立組織教育ノ方法ヲ実地ニ就テ見込ヲ立テシムルヲ主トシ、現政ノ法度状況ニ就テ政府ノ顧問タラシメバ、只ニ目下ノ便宜ヲ得ル而已《のみ》ナラス百年ノ基礎又随ツテ牢固ナラン。

とあり又翌十月二十三日同じく維納より井上に宛てたる書簡には

同人ノ如キ学者ニシテモナルキツカル、プリンシプルヲ主唱スル者ハ世界ニ多人数ハ無之、大概ハ流行ニ附和シタルデモカラ主義ノ学者多ク、我国ニ輸入シテ寸益モ無之候(中略)。愈々スタイン傭入御許可ノ上ハ、政府ノアドバイセルニシテ学問上ノシステムヲレホルム為致候事モ傍ラ為致従事度、人民ノ精神ヲ直スハ学校ノ本ヨリ改正スルノ外無之候。

とある。後者には教育顧問の方を従として居るも、外の文献には矢張この方を主にしたのが多い。

この出願は十一月下旬を以て許可となり伊藤に交渉の命が下つたが、高年の故を以てスタインから断られた。十一月三十日三条岩倉にその趣を報告した書面には「尚此上他ニ可然《しかるべき》人物見出度《みいだしたき》モノト頻リニ希望仕候」とあるも、外には別に当つて見た人もないやうだ。

こゝに序に森有礼の事を申しておきたい。当時森は英国駐在の公使であつた。巴里で伊藤に遇つたといふから

彼れも有栖川宮御出迎のために出て来たものであらう。この時森は伊藤に対ひ、憲法をつくり国会をひらくもい丶、併しそれの成功する第一の基本要件は国民智徳の程度如何である、民度今日の如くして如何して憲政有終の美を済《な》すことが出来るか、先決の急務として大に教育の振興をはからねばなるまいと熱心に説いたそうである。伊藤は大に感激し、追て同僚にもはかるからとてその意見を詳細文書に認めて提出されんことを求めて分れた。森は約に従ひ帰任後筆を執り一篇の長論文に作りあげて伊藤に送つた。伊藤がこれを入手したのは恰度《ちようど》維納滞在中であつた。斯うした事実も伊藤のスタイン招聘の決意に多少の関係あるらしく思はれる。但し教育の必要といふ点に関する森の狙ひどころと伊藤のそれとは必ずしも一致してゐない。猶ほ伊藤は英国に渡つたとき森に将来日本文教の局面を担任せんことを依嘱したといふも事実である。森はその時の意見書を翌年米国にて印刷し知人間に配つた。The Proposed National Assembly in Japan と題し、by a Japanese とあるのみで著者の本名を書いてないので、看過する人が多い。固より売品でなく流布もまた至つて尠ない。

伊藤は何に感じたか

伊藤はグナイスト、スタイン両師の何処に感激的共鳴を覚へたのか。其のあらましはすでに前項に於ても説いた。末松論文には、グナイストに就ては「対話的に各国カ憲法ノ運用上種々違算ヲ生シタ事実ヤ不備ノ点ヲ指摘シ、政略法政体論ニ渡ツテ頗る有益」であつたとあり、又スタインに就ては「国家ヲ人身視シテ其運用ノ諸条件或ハ必用機関等ニ就テ語リ之レ亦非常ニ利益ヲ得タラシイ」とある。これはいさ丶か不得要領だ。

むしろ直接に伊藤自身の云ふところに聴かう。

末松論文に出てゐる山県井上山田宛の八月四日附の手紙は、細目にわたりて精微な研究を遂げたいから滞欧延期の周旋を頼む旨を認めたものであるが、その中に「国憲取調ノ事務モ追々捗取《はかどり》、大要領ハ呑込ノ心得」と断言して居る。同じ様な文句は後の数々の手紙にも見ゆるが彼れの意気軒昂の状を見るべきである。而してこれがグナイストに吹き込まれた結果であることは云ふまでもない。もう一つグナイストの影響を見るべき書翰は『伊藤博文秘録』に出て居る(三〇七頁)。宛名不明であるが維納へ出立する直前のものらしい。その中の一節を引用する。

国権(憲の誤か)取調ハ追々相捗取、二ケ月半之間ニ大要領ハ呑込候心得ニ御座候処、一片之憲法而已取調候而《て》モ何ノ用ニモ不相立儀ニ御座候ノミナラズ決シテ憲法ヲ了解スル能ハザル事ニ御座候故政治上ノ組織ハ総テ不得不取調事ニ而、トテモ精微ニハ出来不申候得共大要領ハ研究セザル可カラザル事ニ御座候故、随分骨折仕事ニ御座候、乍然《しかしながら》又一方ニ而ハ成程ト感心仕候事モ不少、日本ニ而ヘボクレ書生ガ物質(実状ノ意カ)ノ如何ヲ弁ゼズシテ只書中ノ字義ヲ翻訳シテ是ガ何国ノ憲法ナリ政府ノ組織ナリト衆愚ヲ誤ラシムルガ如キニアラズ、其国ノ沿革ヨリ其事ノ実跡ヲ熟知シ其理否ノ牴触《ていしょく》等ニ付テノ議論ヲモ判別シテ明瞭ニ講説スルヲ聞クヲ得ルハ頗《すこぶる》楽シキコトニ御座候。殊ニ此国ハ百事規律ノナキ者ナク殆ンド一大器械ヲ創置シ百般ノコト此ニ依テ動クガ如ク、故ニ帝王ハ其器械中ノ一部分ノ如ク憲法上ニテハ見エ候得共実ハ決シテ其部中ノ者ニアラズ此器械ヲ運転シテ百事凝滞ナカラシムルノ主宰者ナリ云々。

つぎにスタインに就ては維納着到の翌日岩倉に宛てた手紙が参照されねばならぬ(『伊藤博文秘録』七六条)。はじめの方に「グナイスト、スタイン両氏は当今ノ大学者ニシテ勿論其著述頗浩瀚、各国学者仲間ノ尤賞讃スル所ノ人物ニ御座候。而シテ両氏共其主説ハ守旧ニ傾斜セル者ト被察申候」としるし、次いで着到の即日訪ねたスタインの印象を述べて「昨日スタインニ一面識仕候而モ、既ニ其説ク所英仏独三ケ国ノ国体及ヒ其国ノ学師等ノ主説トスル所ヲ分前シテ以テ小生ノ感格ヲ興起セシメ申候」とある。そしてその初対面の際の講説を大に我意を得たりとして次の如くこれを岩倉に報じて居る。これに由つて我々はスタインの主義を知り又伊藤の根本主義の何処に在るかを知るを得て興味の津々たるを覚へる。

三国何レモ議政体ナレドモ其精神大ニ異ナル者アリ。英人ノ説ク所ハ政府ナルモノハ(行政ヲ指ス)国会ニ於テ衆論ノ多数ヲ占メタル党派ノ首領タルモノ政治ヲ施設スル所ト云、仏人ハ政府ハ国会衆議ノ臣僕ナリト云。独人ハ政府タル者ハ衆議ヲ採ルモ独立行為ノ権アリト云フ。若シ此独立行為ノ権ナケレバ国会若シ其国費ヲ供給セザル時ハ手ヲ束ネテ国政ヲ放擲《ほうてき》セザルヲ得ズ。豈ニ斯ノ如キノ理アランヤ。

況ンヤ君主ハ立法行政ノ大権ヲ親《みずか》ラ掌ドリ、君主ノ認可ヲ得ズシテ一モ法律ト為ル者ナク君主ノ許諾ヲ得ズシテ一モ施設スルコトナキノ主脳タルニ於テヲヤ。由是観之《これによつてこれをみるに》邦国ハ即チ君主ニシテ君主乃チ邦国ト云モ可ナリ。然レドモ擅政《せんせい》ト異ル者アリ。立憲君主ノ国ニ在テハ立法ノ組織(即チ議院ナリ)行政ノ組織(即チ各宰相ノ協同ナリ)及ビ十般ノ政治皆ナ一定ノ組織紀律ニ随テ運用スル是ナリ(『伊藤博文秘録』三〇七頁)。

八月十一日維納から岩倉にあてた手紙が末松論文に出てゐる。スタインにはまだ二回位しか遇つてゐないのに、憲法上の主義に関する伊藤の自信は大したものである。

博文来欧以来取調候廉々《かどかど》は手紙に尽兼候故不申上候処、独逸にて有名なるグナイスト、スタインの両師に就き国家組織の大体を了解する事を得て　皇室の基礎を固定し大権不墜の大眼目は充分相立候間追て御報導可申上候。実に英米仏の自由過激論者の著述のみを金科玉条の如く誤信し殆んど国家を傾けんとするの勢は今日我国の現情に御座候へ共、之を挽回するの道理と手段とを得候は報国の赤心を貫徹するの時機に於て其功験を現はすの大切なる要具と存じ、心私《ひそ》かに死処を得るの心地仕、将来に向ひ相楽み居候事に御座候云々。

『続伊藤博文秘録』十条(四五頁以下)に宛名は不明だが(冒頭に維納にて分袖以来とあるから或は平田東助かも

知れない）維納から伯林に帰つて間もなく内地の友人に書き送つた（又は書き送るつもりであつた）長文の書面が載つて居る。相手が親しい友人と見へて思ふところを腹蔵なく述べてある。まだグナイストの二度目の講義を聴く前であるが、夏休み前の研究調査に依つて既に彼れがこれ丈けの抱負を確持するに至つたことを愉快に思ふのである。要点をぽつ〳〵抄録して見よう。

小子モスタイン師ノ憲法講談完了ニ付当府ニ再転、従前取調ノ事項及行政経済等ノ大要研窮ヲ可仕心得ニ御座候。如御承知憲法ハ大体ノ事而已《のみ》ニ御座候故左程心力ヲ労スル程ノ事モ無之候得共、政治経済ノ両途ハ実ニ国家ノ盛衰興廃ノ関スル所ニシテ、尤我国人ノ深ク注意セサル所ニ御座候故小子浅学不可企及トハ存候ヘ共、聊《いささか》其端倪《たんげい》ナリ共相窺度熱心ニ御座候。縦令《たとい》如何様ノ好憲法ヲ設立スルモ好議会ヲ開設スルモ、施治ノ善良ナラサル時ハ其成迹見ル可キ者ナキハ論ヲ俟《ま》タス。施治ノ善良ナランヲ欲スル時ハ先其組織準縄《じゅんじょう》ヲ確定セサル可カラス。組織準縄中尤不可欠モノハ宰臣ノ職権責任・官衙《かんが》ノ構成・官吏ノ遵奉スヘキ規律進退及其免任、試験ノ方法、退隠後優待ノ定規等ニシテ、独逸各邦政府ノ森厳ニ之ヲ遵奉スルコト他国ノ及フ所ニ無之、之レアルヲ以テ帝室ノ威権ヲ損セス帝権ヲ熾盛《しじょう》ナラシムルト云モ可ナリ。スタインノ講談中ニモ憲法政治ノ必要不可欠モノハ帝家ノ法・政府ノ組織・立法府ノ組織ノ三個ニシテ此一ヲ欠ク立君憲法政治ニアラスト、三個ノ組織定法能ク確立シテ並ヒ行ハレテ相悖《もと》ラサルノ極ヲ結合スル者則憲法ナリト。由之観之政府ノ組織行政ノ準備ヲ確立スル実ニ一大要目ナリ。

見るべし彼れが如何に大権の独立不羈《ふき》とこれに専属奉仕する官僚団の保障を念としたかを。従つて彼れは国家の大本のいまだ確立せざる今日区々たる小事を以て党を樹《た》て人心の分裂をはかるを大に罵倒して居る。「苟《いやし》クモ一旦大臣ノ地位ヲ汚スモノ一朝冠ヲ掛クレバ忽《たちま》チ党ヲ結ヒ節ヲ変シ敵対ノ地位ニ立チ傲然トシテ帝命ニ逆フヲ甘ンス。(中略)。是レ国家ノ始終ヲ謀ルノ赤心不足ナルニ出ルカ抑亦欧洲ノ学問政治風俗人情ヲ誤解スルノ致ス所ニ出ルカ、一世ニ頭角ヲ現ハシ人臣ノ栄ヲ極ムル者既ニ此ノ如シ」とあるのは、その頃恰度欧洲漫遊に来た板垣後藤にあてつけたものであらうが、一面に於てまた彼れの政党観をも窺ふべきである。

貴顕高官の両師往訪

伊藤が帰朝してから両大先生の偉いことを可なり強く吹聴したと見へ、その後貴顕高官の彼地漫游の途次わざ〳〵駕《が》をとゞめて教を乞はれた方が数々ある。中には聴問を主たる目的として渡欧したのもある。今日まで私の眼に触れたものを年代順に列挙すると次の如くである。

(一) 伏見宮貞愛親王

はじめての御洋行で土方久元が供奉した。八月日本を出発、九月末マルセーユに着き一寸巴里に立寄り十月はじめ伯林にお着きになつた(『土方伯伝』)。官命に依り自治制度調査に派遣された大森鍾一も偶然御同船申上げたが、その日記に「傍ラ伏見宮ニ随従シテ博士グナイスト氏並ニモツセ氏等ニ就テ憲法及行政法ノ講義ヲ陪聴シ」たとある(池田宏編纂『大森鍾一』)。

後に出る黒田清隆の『環游日記』下篇の附録のスタイン博士講述筆記の末尾に伏見宮御聴講グナイスト講義の断片が載つて居る。その筆記を見るにスタイン氏の説と互に相発明するに足るものありとて、宗教・地方自治・参事院の三ケ条を抜粋したのだ。所がこれをよく読んで見るとかの西哲夢物語と同じものであることが明瞭にわかる。宗教の条はその第二回目から、地方自治の部は第三回目から参事院は第七回目から抜き書で、文句まで全然同一である。して見ると伏見宮のお聴問になつた講義の全貌は多年謎とされてゐた西哲夢物語、従つてまたその原本と認めらるるグナイスト氏談話に依つて窺ふことが出来るわけだ。

（二）　藤波言忠

この人も十八年夏出発したとあるから着欧の順序は伏見宮とどちらが早いか明かでない。そしてこの人だけ派遣の目的が少し違ふ。尾佐竹本は『明治大帝と憲法制定』から次の一節を引用して居る。伊藤は一日明治天皇に拝謁しいよ〳〵立憲政治を行はせらるるに付ては陛下にも国法学の大綱を了解あそばさるることが肝要である、されど専門の学者を呼んで定日定時に進講させるといふ方法はかたく成り勝ちで本当の御会得は望まれない、寧《むし》ろ日夕近侍し奉る侍従の一人を択んで学ばしめ、而して昼といはず夜といはず陛下御閑暇の折その侍従より自己の学修する所をお移し参らせたら能く目的を達することが出来ませうと申上げた。それは十八年春の事だといふ。陛下はこの建言を尤もと思召され、藤波言忠を簡抜して欧洲留学を命じたまうた。出発はこの年の夏とある。最初維納にいたり伊藤の紹介でスタインに師事し一年ばかり勉強した。黒田の環游日記によると二十年の一月頃にはまだ維納にゐたやうだ。後ち英仏等を巡歴して二十一年十一月帰朝したとある。「爾来日々奥ノ御座所ニ伺候シテスタイン博士ノ講義筆記ニ拠リ平易ヲ旨トシテ章ヲ分チ順次国法学ヲ講ジ参ラセタリ。而シテ多ク御晩餐後等御閑散ノ折ヲ選ヒシニ、皇后陛下モ御同座ニテ之ヲ聞召サレタリト云フ。藤波子カ毎夜ノートヲ携ヘテ御座所ニ伺候スルヤ、陛下ハ又講釈カト宣《のたま》ヒテ乾燥無味ノ法律講釈ヲ倦《う》マス御聴聞遊バサレシ其御熱心ニハ同子モ転《うた》タ感激ニ堪ヘ」なかつたそうである。

（三）　小松宮彰仁親王

小松宮は『スタイングナイスト両師講義筆記』なる小冊子を二十三年に印行されて居る。その年紀元節日付の序文に依ると、十九年欧米列国巡視の命を奉じ、独逸に入るやスタイングナイスト両師の門を叩いて其講説を聴き、随行員をして筆記せしめたのが本書であるといふ。スタインの方は十回に分れて居るが、グナイストの方はその区分けがない、分量はスタインのより遥に多い。

なほ小松宮の東京出発は十月二日である(明治政史)。

(四)　黒田清隆

黒田清隆は十九年六月日本を去つて翌年四月帰朝した。維納に入つたのは二十年元旦の朝で、その午後代理公使棚橋軍次を介してスタインを訪ひ憲法政治に関する連続講義を請うて居る。その結果四日より始めて日曜日を除き殆んど毎日のやうに午後四時から二時間づゝ月の二十日まで通計十五回の講釈を聞いて居る。主席随員小牧昌業が筆記したとあるが、通訳は棚橋を煩はしたのであらう。黒田は帰朝後間もなく報告書ともいふべき『環游日記』を印行して居る(二十年十一月)が、スタイン講義の筆稿は下編附録の筆頭に出て居る。グナイストは訪ねなかつた。その為めか伏見宮の御筆記をかりグナイストの片鱗を示して居ることは先きにも述べた通りである(これに因りて伏見宮も亦スタインを訪はれなかつたことが想像される)。

(五)　海江田信義

海江田も就学したのはスタインだけである。二十年七月二十六日にはじまり翌年一月四日に終り大抵隔日一回約二時間の講義といふから相当に詳しいものである。九月二十六日まで曲木高配通訳し丸山作楽筆記の労をとり、曲木病気となつたので、その以後は有賀長雄が通訳筆記の両役をつとめたとある。少くとも海江田が二十二年七月宮内省版として世に問うた『須多因氏講義』はその時の筆記を有賀長雄が編纂せしものである。時が長いだけに可なり打解けた豁達無礙《かつたつむげ》の談話が交換されたやうである。

猶ほ本書並に黒田の報告書に依ると陸奥宗光・谷干城・乃木希典・浜尾新等もスタインを訪ねたやうである。

固より短期間の立寄りであらう。

（一八）　有栖川〔宮〕威仁親王

明治二十二年秋妃殿下とお揃《そろい》で欧洲に遊ばれた威仁親王は(1)十一月二十三日より二十五日まで三日間主に午後近衛公爵井上書記官を通訳として旅館にグナイストを招じ欧洲平和の有様如何日本の憲法等の事をお聴きあり(2)十二月十六日は維納にてスタインを招ぎいろ〳〵お訊ねがあつた(随員前田侯爵筆宮内省報告書写に依る)。

グナイスト、スタインの教説を知るべき文献

以上の如くグナイスト、スタインの両師はいろ〳〵の人達を通して我国の憲法政治の成立の上に重大な影響を与へて居る、中に最も深甚の関係をもつものはいふまでもなく伊藤博文である。伊藤が何の点に最も感激したか、それがどんな風に我国憲政の発展に現はれたかは大要既に述べたけれども、直接に伊藤の聴問した筆稿に参照し得ぬので甚だ隔靴《かつか》掻痒《そうよう》のうらみがある。そこで両師の教説の正しい輪廓は已むなく外の人の講義筆記で今日比較的手軽に手に入るものに拠《よ》るの外はない。その種類のものとしては差当り次の六つが挙げられる。

第一グナイストの講説

(1) 西哲夢物語　　これは伏見宮の聴講された筆記である。坊間に時々散見する元老院版と称せられる四六版形の『グナイスト氏談話』と題する小冊子及び同題名の大型の蒟蒻《こんにやく》版本がその原本だとされる。当時官庁方面で盛に用ゐられた蒟蒻版が最初に作られ、次いで元老院が活字に附して要路の間に配つたものと想像される。それを自由党系の壮士が発見し政府攻撃の用として名を西哲夢物語と変へ秘密に出版頒布して一時大に世上の物議を醸したことは普《あま》ねく人の知る所である。但しこれが伏見宮家のものだとは従来誰も気がつかなかつた。私自身も

最近までこれを伊藤のものだらうと語り且つ書きもしてゐた。正誤の意味で特につよく此処にこの事をことわつておく。

(2) 黒田環游日記附載伏見宮講義筆記断片　これもグナイストの教説には相違ないが、先きにも述べた通り『グナイスト氏談話』のほんの一部の抜粋だとすれば別にこれを挙ぐるの必要もなからう。

(3) 小松宮彰仁親王『グナイスト師講義筆記』　スタインのとあはせて一冊になつて居る。後半がグナイストのだ。これは流布極めて尠いので一寸手に入りがたいかも知れない。各宮家は申すも畏れ多いが当年の元勲高官の遺族を尋ね廻つたら屹度《きつと》見付かるだらう。

第二スタインの講説

については第一に彰仁親王の『スタイン師講義筆記』をあげ第二に黒田清隆の環游日記附録スタイン博士講述筆記をあげ第三に海江田信義の『須多因氏講義』をあげる。スタインの教説を見るためには少くとも第二と第三とを併せ読むを便とするだらう。

猶ほスタインに就ては昨年の春故渡辺廉吉博士の遺された文書の中から「スタイン氏起草日本憲法草按」(独文)なるものを発見した。いつ如何なる機会に起草したものか今調査中であるがまだ皆目判らない。但だスタインの教説を知るの一材料としては頗る重要視すべきものと思ふのでここに一寸附言しておく。

私は更に続いて両師教説の大要を紹介し、これと日本憲法並に初期憲政思想との関係を比較論評してこの篇を終るつもりであつたが、予定の頁数を余りに多く超過したので、多少竜頭蛇尾の嫌があるがこれを以て擱筆しておく。

〔『改造』一九三三年二月〕

初出及び再録一覧

〔標題の下の数字は本巻収録ページ〕

新井白石とヨワン・シローテ　3

『中央公論』一九二二年二月

のち『主張と閑談〈第一輯〉新井白石とヨワン・シローテ』（文化生活研究会、一九二四年）に収録。そのさい、「宣教師ヨワン・シローテの漂着／新井白石の『西洋紀聞』／白石訊問の受命並に切支丹屋敷／白石とシローテとの対談／白石の伝へた世界地理／ヨワン・シローテの素姓／白石の天主教観／白石の教法政策／白石のシローテ処分案／余説」の小見出しが付され、また、末尾に「追記の一、シローテ異聞／追記の二、鮮血遺書に現れたるシローテ物語抜粋／追記の三、通航一覧とライト師英訳」が追補された。

『朝日文庫16　枢府と内閣他』（朝日新聞社、一九五〇年）にも収録。

泊翁先生を中心として　32

『中央公論』一九二三年五月

桂川甫周のこと　52

『文化生活』一九二二年八月。原題は「書斎より読者へ――桂川甫周のこと――」。

のち『主張と閑談　第二輯　露国帰還の漂流民幸太夫』（文化生活研究会、一九二四年）の同題論文の末尾に、「甫周先生の事」「桂川家の其後」という小見出しで収録。そのさい末尾の部分が若干書き改められた。

新書古書〈東京数学会社雑誌〉　55

『国家学会雑誌』一九二二年九月。原題は「新書古書」で当時同誌に吉野がコラムの形で連載していたもの。

のち『新井白石とヨワン・シローテ』（前掲）に「東京数学会社」の題で収録。

切支丹の殉教者と鮮血遺書　61

『新人』一九二三年一一月。原題は「書斎より読者へ――切支丹の殉教者と鮮血遺書――」。

のち『新井白石とヨワン・シローテ』（前掲）および『閑談の閑談』（書物展望社、一九三三年）に「切支丹の殉教者と鮮血遺書」として収録のさい、次の小見出しが付された。「耶蘇教史書／鮮血遺書／著者ギリオン老師」。

グリッフヰスのこと　65

『新人』一九二二年一二月。原題は「書斎より読者へ――

グリツフォスのこと」。
のち『新井白石とヨワン・シローテ』(前掲)に「グリッフォスのこと」の題で収録。
『奇抜な訳語』集の中より 70
『国家学会雑誌』一九二三年二月
のち『新井白石とヨワン・シローテ』(前掲)に、「変つた訳語」の後半部として収録された。
『英政如何』 72
『国家学会雑誌』一九二四年八月
『律例精義』と『律例精義大意』及び其の訳者 79
『帝国大学新聞』一九二五年一〇月一二日
福沢先生と洋服 87
『新旧時代』一九二五年一〇月二〇日。「病余漫録」の一部として。
のち『主張と閑談　第六(輯)　講学余談』(文化生活研究会、一九二七年)および『閑談の閑談』(前掲)に収録。
神田孝平訳の和蘭探偵小説 90
『中央公論』一九二五年一一月。「漫読漫談」の一部。
のち『講学余談』(前掲)、『閑談の閑談』(前掲)、および『吉野作造博士民主主義論集　第八巻　明治文化研究』(新紀元社、一九四七年)に収録。
我国最初の海外留学と其の齎せる政法書 95
『中央公論』一九二五年一一月。「漫読漫談」のうち。
明治文化の研究に志せし動機 100
『新旧時代』一九二六年四月
のち『講学余談』(前掲)、『閑談の閑談』(前掲)、『古川余影』(非売品、川原次吉郎編、一九三三年)、『吉野作造博士民主主義論集　第八巻　明治文化研究』(前掲)、『枢府と内閣他』(前掲)、『日本の名著48　吉野作造』(中央公論社、一九七二年)、『吉野作造論集』(中公文庫、一九七五年)、『近代日本思想大系17　吉野作造集』(筑摩書房、一九七六年)に収録。
『海外新話』と『漂荒紀事』 106
『書物往来』一九二六年四月一四日
のち『講学余談』(前掲)、『閑談の閑談』(前掲)、『吉野作造博士民主主義論集　第八巻　明治文化研究』(前掲)に収録。
帝国憲法の俗解 112
『新旧時代』一九二六年五月
自由民権時代の主権論 117
『新旧時代』一九二六年九月
のち『吉野作造博士民主主義論集　第八巻　明治文化研究』(前掲)、『日本の名著48　吉野作造』(前掲)に収録。
原敬と天主教 123
『中央公論』一九二六年九月

のち『講学余談』(前掲)に収録。

静岡学校の教師クラーク先生　134

『新旧時代』一九二七年二月

なお、同誌三月号に、この続編「再びクラーク先生に就いて」が掲載されている。

明治啓蒙期文献雑話(一)　143

『社会科学研究』一九二七年二月一七日

同じ標題で同誌にときどき掲載された文献雑話のひとつ。本巻ではうち二編を収録し、便宜上「一」「二」の別を付した。

明治啓蒙期文献雑話(二)　157

『社会科学研究』一九二七年五月二五日

前項参照。

婦人問題に関する文献　169

『新旧時代』一九二七年六月

新旧混沌時代の思想及び生活　172

『経済往来』一九二七年七月

『明治文化全集』は如何にして編纂されたか　183

『経済往来』一九二七年七月

本巻収録本文に続いて「明治文化全集 内容概目」として全二四巻の各巻収載予定書目が付載されているが、本巻では省略した。

日本外交の恩人将軍李仙得　190

『明治文化研究』(『新旧時代』改題)一九二七年七月・八月、二回連載。

なお、本文の前書きによると、これは一度公表されたものの再録とあるが、初出については目下のところ不明である。

明治文化に対する神田孝平先生の貢献　203

『経済往来』一九二七年一一月

明治維新の解釈　216

『婦人公論』一九二七年一二月「今月の問題」欄

我国近代史に於ける政治意識の発生　223

『政治学研究』第二巻、一九二七年一二月二五日刊(岩波書店)

同書は「小野塚喜平次教授在職廿五年紀念」として同教授に献呈されたもの。のち、『吉野作造博士民主主義論集 第八巻 明治文化研究』(前掲)、『枢府と内閣他』(前掲)、『日本の名著48 吉野作造』(前掲)、『吉野作造論集』(前掲)に収録。

なお、この論文の原型は、一九二七年三月と六月に『社会問題講座』(新潮社)に掲載された「明治政治史の一節――維新前後に於ける「公法」の観念」。ただし、その時は章節の区分はなく、小見出しのみで書き流したという体裁であった。それを若干順序を入れかえ、「序」の部分や結論を書き加えて章節を付し、論文体に仕立て上げたのである。

聖書の文体を通して観たる明治文化　291

『明治文化研究』一九二八年一月

のち『吉野作造博士民主主義論集　第八巻　明治文化研究』（前掲）、『日本の名著48　吉野作造』（前掲）に収録。

維新より国会開設まで　300

『明治文化研究』一九二八年七月（特輯「国会」号）

我国に於ける最初の財政学書　308

『明治文化研究』一九二八年七月「新旧往来」欄

明治初期の新聞雑誌に現れたる政論について　310

『明治文化（第一四号）』一九二八年一二月二〇日（『明治文化全集』添付の小冊子）

岩倉大使日米条約談判の顚末　318

『明治文化研究』一九二九年四月

標題の上に「明治文化研究講座第四講」とある。

なお、本文の後記にあるように、本篇は「明治外交史の一節」（『社会経済大系』第二〇巻、日本評論社）の抄録ともいえるものである。

スタイン、グナイストと伊藤博文　342

『改造』一九三三年二月

原題は「スタイン・グナイストと伊藤博文」。

のち『閑談の閑談』（前掲）、『吉野作造博士民主主義論集　第八巻　明治文化研究』（前掲）、『日本の名著48　吉野作造』（前掲）に収録。

〈解説〉吉野作造と明治文化研究

松本三之介

一　学的経歴の一紀元

吉野作造が明治文化の研究に本格的に取り組むようになるのは、一九二一（大正一〇）年夏からのことである。そのことは、吉野の書いたいくつかの文章のなかで、繰り返し回顧風に語られている。例えば、吉野がある古書店の目録に寄せた序文のなかでも、つぎのように述べている。「大正十年の夏からまた不図古い疾ひの古本道楽が燃え出した。尤も今度は明治の文化、殊にその政治的方面、就中それが西洋文化に影響された方面と研究の範囲を限定して掛つた。斯うした方面の資料を集めて置きたいといふことは小野塚法学博士のサゼツシヨンにも因る。どうしたはづみか十年の夏急に思ひ出した様にあさり始めたのであつた。それから遂に東京中の古本屋は固より、名古屋・京都・大阪の本屋とも親しくなつてしまつた」（「本屋との親しみ」『一誠堂古書籍目録』一九二五年一一月、本選集12、四二頁）と。

明治文化研究に向かって精力的に取り組みを開始したことは、学究としての吉野の生涯にあって、やはりひとつの記念すべき飛躍であった。というのは、当時、世人の眼に映じた吉野という存在は、圧倒的に民本主義唱道者としてのそれであり、デモクラシー運動の理論的指導者としてのイメージであった。しかし言うまでもなく、吉野の専門領域は政治史であり、東京帝国大学法科大学でも一九二四(大正一三)年二月朝日新聞入社のため教授の職を辞するまで一貫して政治史講座担任者でありつづけた。彼自身も、当時、高い世評を得ていた彼の論説「憲政の本義を説いて其有終の美を済すの途を論ず」(『中央公論』一九一六年一月)を吉野の「代表作」とし憲政論を彼の最も得意とするところと評した一評者の言葉に対して、「あんな欠点に富んだ論文を代表作と観て居るのは、全然同氏〔評者を指す―引用者〕の誤解である。私自身実は該論文の欠点多きを恥ぢて、本年一月改めて別の憲政論を『中央公論』に公けにした。併し之とても私自身の得意とする壇上ではない」(「評論家としての自分並佐々政一先生のこと」一九一八年三月、本選集12、八頁)と不満をもらしてさえいる。

政治史を専門とする吉野がまず研究の課題としたのは、一つは第一次大戦の勃発をめぐるヨーロッパ諸国の政治情勢の分析であり、もう一つは、それと前後して彼の新しい関心の対象となった辛亥革命につづく中国革命の動向であった。当時の吉野の大学での講義も、ヨーロッパと中国を中心とした「十九世紀政治史」であったようである(蠟山政道「わが師吉野作造先生」、社会思想研究会編『わが師を語る』一三五頁以下)。

このように、吉野の場合、政治史といってもいわば現代政治史であったし、ヨーロッパと中国という広がりをもったこの同時代史的考察も、その深い底流においては、日本政治の改革とその実態の解明という、彼の当面する課題と結び合っていたであろうことは想像に難くない。吉野自身も「早晩日本の事を講義せねばならぬと覚悟して、多少の用意はしたが、……今から考へるとお話にならぬ程貧弱なものであつた」(「資料の蒐集――明治文化研究者として――」『東京朝日新聞』一九三一年六月二四日、本選集12、八七頁)と、後年回顧している。その意味で、近代日本政治形成の歴史的経緯と背景を探る明治文化の研究は、政治史を専門とする吉野にとって最後に残された課題であったし、日本政治の立憲主義化という彼の目指す目標達成のためにも、また避けて通れないものであった。

このように考えると、一九二一年夏から開始された明治文化研究のための資料収集は、学究としての吉野にとっても、また「デモクラシーの使徒」吉野にとっても、一つの重い決断ではなかったか。前引のように吉野自身は、この明治文化研究への始動を「どうしたはづみか十年の夏急に思ひ出した様に」とさりげなく記しているが、これまで研究対象としてはほとんど手のつけられてないこの領域に踏み込むことの重さは、いろいろな意味で吉野自身十分感じていたに違いない。一九二二(大正一一)年一月、吉野は過ぎし一年の出来事を振り返りながら年頭の日記にこう記している。「夏の初めより日本開国史の研究を思ひ立ち資料の蒐集に着手す　半年の間に可なりの新所蔵を加ふ　予の学的経歴に於て之れ正に一紀元を開くものなり」と。この「正に一紀元を開くもの」という言葉には、新しい課題に立ち向かう彼の張りつめた気持ちと、もはや後に引けない決意のほどがにじみ出ている感じさえする。

ここでは「日本開国史の研究」と記されているが、維新の変革と明治国家による西洋文化とりわけ近代立憲制の採用が、どのような歴史的状況の下で進められたかについて、事実にもとづいた学問的な検証が今こそ必要であるとする思いは、じつはその三年ほど前から、ある具体的な体験と結び合って吉野の心を強く捉え始めていた。それは、一九一八年、国家学会創立三十周年の記念事業として『明治憲政経済史論』の編纂計画を進めるなかで遭遇した事件であった。そのいきさつは「明治文化の研究に志せし動機」(一九二六年四月、本巻所収)という彼の文章に詳しく語られている。

ところで国家学会は、一八八七(明治二〇)年に、時の帝国大学法科大学政治学科に属する教授たちによって政治学・理財学を中心とする研究を目的とする団体として設立された。明治二〇年という年は、明治憲法の起草も最終段階に達し、三年後には議会も開設されようという時期にあたっていた。そうしたこともあって、憲法制定事業の中心的存在であった伊藤博文は、立憲制の理解を深め知識を広めるうえに国家学の研究がきわめて有用であるという認識から、この学会の創立に大きな期待を寄せたのであった。

このように国家学会には、明治憲法体制を担う伊藤博文やそれに近い政治家・官僚たちの期待と支援の下で誕生したという経緯があった。そうした歴史をもつこの学会が、節目の時期を迎えて「創立満三十年を記念する為め明治の憲政並に経済財政の基本に直接関係した先輩の談話を集め権威ある一記録を残して置かう」(前掲「明治文化の研究に志せし動機」)と考えたことは十分理由のあるところであった。まして当時は、日本の憲政のあり方が問い直されている最中でもあった。

計画は予定どおり進んだが、明治憲法の起草に深く関与した伊東巳代治からは、たびたびの懇請にもかかわらず、固辞されて談話をとることがついにできなかった。明治憲法の制定をめぐる歴史の隠された部分について伊東が語ることを拒んだのは何故か。その理由について吉野は直接知る機会を得なかったが、それをこう推測した。明治憲法の制定は、当時侮りがたい勢力をもっていた自由民権論との対抗のなかで進められた。周知のように民権運動の側からもいくつかの憲法草案が提示されていたし、政府側の欽定憲法論にたいして国約憲法論や君民共治論つまり「憲法を以て君民協同の公約なりとする」議論も有力であった。こうした与論を抑えて憲法の制定を進めたいきさつがあっただけに、その実情をいま明らかにすることは、現に盛り上がりつつある政府批判のデモクラシー運動をさらに勢いづかせ、今日の思想界の混乱に油を注ぐことになりはしないか。おそらく伊東はこのような危惧を感じて公表を拒んだのであろう、と吉野は考えた。

この種の危惧の根底には、往々にして年寄りが過去の自分の経験にとらわれて安易に今日の問題を判断するという傾向が働いているのではないか。それは吉野自身、デモクラシー運動に身を投ずるなかで、自分の言動にたいする先輩の批判や忠告を通して経験的に感じとったひとつの確信であった。「何とかして斯うした古い人達の迷妄をひらかなければならぬ。夫れにはどうすればい丶か。一番の近道は彼等に時勢の変化を説くことである。政治思想の変遷を基した時勢の背景の新旧自ら異る所以を明にしてやることである。斯くして私は明治政治思想の変遷史を明にすることが、当面の政界開展の実際的目的を達する上にも極めて必要だと考へたのである」(前掲「明治文化の研究に志せし動機」)。こうして吉野は、明治文化の研究に本格的に取り組む決意を固めるにいたるのである。

一九二一年の夏、吉野が「急に思ひ出した様に」古い資料の蒐集に乗り出した事情について、彼自身は前引のように「小野塚法学博士のサゼツシヨンにも因る」と記しているが具体的なことは詳かでない。田中惣五郎『吉野作造』(一九五八年、未来社)では、吉野の明治文化研究について、蠟山政道の「談話」による形で「それは吉野の研究が対社会的にかたむきすぎることを、先輩の小野塚喜平次総長らも懸念し、吉野みずからも反省した結果と思われる」(同書、三〇二頁)と記している。吉野も前記の文章「評論家としての自分並佐々政一先生のこと」のなかで「余り書き過ぎると云ふ所から密かに私の学問上の本分に対して危惧不安の念を抱いてくれる先輩友人の少くないことは亦事実である。且つ斯くの如き危惧不安の相当に理由ある事も私の認むる所である」(本選集12、三頁)と述べているところからすると、彼の周囲にそうした懸念をもらす先輩友人がいたのは事実なのであろう。しかしいずれにせよ、明治文化史という新しい学問分野への彼の挑戦は、吉野の政治史研究のいわば必然的な発展の帰結であり、彼の社会的・実践的な関心のいささかの後退をも意味するものでないことは、言うまでもあるまい。

二　鎖国日本の西洋観

十余年にわたる吉野の明治文化研究は、明治文化の形成過程を、鎖国体制下の徳川中期にまでさかのぼり、それ以後維新の変革を経て明治憲法制定に至るまでの期間について、主に西洋文化との接触・受容のあり方を通して明らかにする、という視点から進められている。この作業は、関連する文献資料がまだほとんど整えられていない当時にあっては、一つ一つの資料の発見・調査・考証といった仕事の積み重ねと並行して行われなければならなかった。日記からもうかがえるように、吉野が忙しい時間を割いて、ほとんど二、三日に一回、時には毎日のように「古本あさり」に足を運んだのはそのためである。したがって明治文化の形成過程を明らかにするといっても、個々の研究主題や対象は、彼がたまたま手に入れた資料に即して選ばれることが多いから、もとより一定の手順や体系の下で進められたわけではない。しかし発表された個々の論説を、その内容や対象に即して整理すると、いくつかの主題に分類できるように思われる。

まず第一は、鎖国体制下の日本の西洋観をめぐる問題である。新井白石の『西洋紀聞』を取り上げた「新井白石とヨワン・シローテ」(一九二一年二月、本巻所収)やロシアから帰還した漂流民幸太夫にかんする一連の論説は、その代表的なものであろう。ことに前者は、キリスト教布教のため、一七〇八(宝永五)年、日本に潜入して捕らえられたイタリアのイエズス会宣教師シドッティ(Giovanni B. Sidotti, 1668-1715)を訊問した白石について論じたものである。この訊問の内容を中心に記述した白石の『西洋紀聞』は、しかし徳川時代を通じて世に公にされることはなかった。それが校訂を加えて広く紹介されるようになったのは、じつに一八八二(明治一五)年、大槻文彦の手によってであった。

大槻文彦は、吉野の中学時代の校長でもあった。吉野が明治文化の本格的な研究に入るにあたって『西洋紀聞』を最初に取り上げた背景には、そうした大槻との縁もあったかもしれないが、それにもまして吉野がこの書物に注目したのは「西洋紀聞を以て徳川時代に於ける西洋関係の文献中最も卓越せるものと断定」(同上論説)したからにほかならない。そして、この書物を素材にして白石を論じたこの論説で吉野が関心を寄せた点は、白石のキリスト教についての態度であった。

白石は、シドッティが博聞強記で、とりわけ天文地理の分野ですぐれた知識の持ち主であることには少なからぬ敬意を払ったが、キリスト教の理解となるとやはり時代の制約は争えなかった。吉野は記している。「只この教に対して白石は如何いふ風に考へたかと云ふに、一言にして云へば、「荒誕浅陋弁ずるにもたらず」と断じ、「蕃語こと〳〵くに通暁すべからずといへども、大約その教の由来る所西天浮図の説に出づ……其浅陋の甚しきに至りては同日の論とはなすべからず」と論じて居る」と。このように白石のキリスト教観を紹介したのち、「流石の白石にも宗教の本当の意味は能く分らなかつた」と結論づけているのである。

白石の西洋文化観については、今日でもしばしば『西洋紀聞』の有名な言葉「こゝに知りぬ、彼方の学のごときは、たゞ其形と器とに精しき事を。所謂形而下なるものゝみを知りて形而上なるものはいまだあづかり聞かず」が引き合いに出される。西洋の文化を内的な道徳や精神の領域から切り離し、外的な科学技術のレベルにおいてのみ長ずるものと見るこの捉え方は、その後、佐久間象山のこれまた有名な言葉「東洋の道徳、西洋の芸術」に見られるように、幕末に至るまでこの時代の西洋文化についての捉え方の基本的枠組みをなしたと言ってよい。そうした意味で吉野もこの言葉に注目し言及しているが、吉野の場合に注目すべきことは、白石のこうした西洋文化の理解に見られた限界にもかかわらず、白石が「教法の伝道が国を奪ふの謀略に出づるとの俗説には断乎として反対した」点に着目し、その勇気と見識とを高く評価していることである。「彼は冷静に教法の説明を聴き教師の人物にも接して、可なり適確な判断をしたものといはなければならぬ。斯んな事は何でもない様だが、能く考へて見ると、普通凡庸の人間の出来ることではない。大正の昭代に於てすらフリー・メーソンは世界を顚覆せんとする猶太人の秘密結社だなどと信じ込んで動かない者がある。況んや白石の頃は、少しでも切支丹に同情ある様な言葉を出せば忽ち首が飛び、只訳もなく罵倒さへして居れば無難だといふ時代だ。先入の偏見から脱するといふは容易な事ではないのである」と。つまり宗教を含めた人間文化の問題を、政治的な意図や意味に引き寄せてしか見ることのできない日本のカルチャーの中にあって、宗教を宗教として、文化の問題を文化の問題として受け止めようとした白石の姿勢に、吉野は共感を示しているのである。だから「外国の事物は正に此の調子で観るべきだ。殊に内面的事物に於て然りとする。此意味に於て白石の遺書は今日の吾人に取りて確に一の貴い修養書と謂つてもいゝ」と言って吉野は、時代の偏見に捉われることのない白石の醒めた異国認識に深い敬意を表した。言うなれば、政治優位の日本にあって、吉野は白石を通して、文化の領域が政治に対して自立性を獲得して行くひとつの道筋を見出そうとしたのであろう。

三 文化の「鎖国」から文化の「開国」へ

鎖国体制下の日本の支配的な西洋像を支えたのは、言うまでもなく儒教思想に基づく夷狄観であった。西洋諸国を儒教的文化圏から疎外された異質で道徳的に劣った存在とする西洋不信と蔑視がその根底をなしていた。このような徳川時代の伝統的西洋観の支配する中で、比較的初期の西洋についての見方は、西洋を「珍談異聞の供給者」とする捉え方であったと吉野は指摘している。その具体的な事例は「昔の人の西洋観」および「再び昔の人の西洋観に就て」(それぞれ『主張と閑談』第一輯・第二輯に収録)に紹介されているが、吉野が自己の明治文化研究の成果を一つの論文に集約した「我国近代史に於ける政治意識の発生」(一九二七年一二月、本巻所収)の中でも、その問題を取り上げて、次のように記している。「ケンプェルの日本志中にある将軍家の外人御覧の記事などを読むと、如何に当時和蘭人が野蛮人扱ひされて居たかが能くわかる。謁見を賜るのではない。御簾の中から将軍家が珍らしい動物を御覧になるのだといふ。将軍の旨をうけた役人から、物を喰べる真似をしろの、寝るときはどうするの、二人途中で行き会うたらどんな風に御辞儀をするのと、いろ〳〵の事をやらされる。丸で我儘な金持が物いふ猿をでも見物するといふ有様である。斯うした西洋観は長い間脱けなかつた」と。

愚劣ではあるが政治性には乏しいこの初期の西洋観が、その後政治的色彩と排外主義的性格を強めるようになるのは、たびかさなる外国船の接近に触発されて、対外問題がしだいに人びとの心を捉え始める状況の中でであった。そしてその動きを加速したものとして、とくに吉野が強調しているのはアヘン戦争の影響であった。「中華」の国として尊重された清国が「英夷」と軽蔑された英国に大敗を喫したアヘン戦争(一八四〇—四二年)の詳報が伝えられると、それを契機に伝統的な西洋軽侮と不信の感情は敵意をあらわに高揚し、西洋諸国の侵略性と「残忍暴虐」な異国の国民性を強調する排外主義的イデオロギーへと成長することとなる。吉野も紹介の筆を執った嶺田楓江『海外新話』(嘉永二年刊)は、斎藤馨の『鴉片始末』などとともに、アヘン戦争の叙述を通してこのような排外主義的西洋観を広く人びとに植えつける役割を果たした書物である。

幕府が「外圧」に屈する形で開国への道を歩み始めるのは、このような西洋観が根強く人びとを支配していた時期である。それゆえ鎖国から開国への幕府の政策転換は、アヘン戦争を機に高まりつつあった攘夷の風潮に油をそそぐ結果となった。しかし攘夷の嵐が吹きすさび、西洋世界への頑なな拒否反応がつづく中で、明治文化の形成に決定的な役割を果たすこととなる西洋文化への接近とその理解および受容が、一体、何時どのような形で進められたのか。この問題が幕末維新期についての吉野の主要な関心の対象を形作ることとなる。この問題を吉野は、一つは西洋近代の人文・社会科学の受容という側面から、もう一つは日本における近代政治意識の成長という側面から取り上げるのである。

前者の西洋近代の人文・社会科学の導入について吉野がしばしば取り上げているのは、一八六三(文久三)年から六五(慶応元)年にわたる津田真一郎(真道)と西周助(周)のオランダ留学である。これは幕府がオランダに軍艦の建造とその間の留学生の受け入れを依頼したことによるのであるが、幕府の留学生に選ばれた津田と西は、ライデン大学のフィッセリング(Vissering)教授のもとで、日本人としては初めて西洋社会科学の基礎を学ぶ機会に恵まれたわけである。それは、法理学・国際公法・国法学・経済財政学・統計学の五科目にわたったが、フィッセリングにより講述された内容の筆記は、その多くが帰国後に翻訳公刊され、それぞれの分野で日本の近代的な学問の基礎を築くうえに大きく貢献した。これらの点については、吉野の「我国最初の海外留学と其の齎せる政法書」(一九二五年一一月)や「明治文化に対する神田孝平先生の貢献」(一九二七年一一月、ともに本巻所収)などの中で詳しい紹介がなされている。

この西洋の新しい学問の受容に関連してひとつ目につくことは、西洋の新しい学問や制度や文物をめぐる訳語について吉野が高い関心を抱いていた点である。例えば「新書古書(東京数学会社雑誌)」(一九二二年九月、本巻所収)の中でも、明治一〇年に創刊されたこの雑誌にかんして、「今なら数学会といふべき所を数学会社と呼んだのも面白い。今日会社といへば殆んど例外なく商事会社を連想するが、当時は必ずしもさうでなかつた」とし、「会社といふ字が何時頃より今日意味する様な限定的術語となつたかは精密に究めて置きたいと思ふ」と述べている。またイギリス政治の概略についての訳書『英政如何』(明治元年刊)を取り上げた「『英政如何』」(一九二四年八月、本巻所収)では、投票を「入札」、年金を「捨扶持」、懲役を「荒仕事附の入牢」など、政治・軍事・法律などにかんする明治初期の苦心の末の訳語の紹介が行われている。翻訳語の問題は、文化接触や異文化理解のあり方を考える場合の重要な手がかりとなるものとして、今日ではその文化史的意義が広く認識され、その研究も進められているが、吉野の仕事はその点でも先駆的な意味をもつものと言うことができる。

このように吉野が訳語に強い関心を寄せたことは、また西洋の観念がどのような日本の既存の観念を受け皿として受け止められたか、という問題への関心につながるものであろう。長い間封建制度の支配下に置かれ、排外主義的西洋観が根強い力を振るっていた日本において、近代政治意識はどのようにして芽生え、そして成長したのか、その実態を検証することは彼の明治文化研究の中心的な課題を形づくっていたが、その課題の追求にあたって、吉野が徳川時代を支配した伝統的な「道」ないし「公道」の観念の果たした役割に注目したのもその表われであろう。例えば、尊王攘夷の旗をかざして倒幕を果たした新政府は、かつて政治的手段とは言え自らもその一翼を担った排外的攘夷熱を、今度は抑える立場に転じ、開国和親の新しい道を進むこととなるが、その方向転換に際して、政府が大いに頼りとしたものに西洋の「万国公法」があった。国際社会を支配する普遍的規範としての「万国公法」の存在は、西洋世界もまた「天地の公道」の支配するところという認識に人びとを導いていった。先述の論文「我国近代史に於ける政治意識の発生」で、吉野はこう述べている。

当時公道公法等の文字は区別されずに使はれた。「公道」と云つても「公法」と云つても同じものを意味するのである。而して「公法」は云ふまでもなく本来は「万国公法」のことなので、政府がこの文字を引ッ張り出したのも固よりこの意味であつたのだらう。けれども世間では斯くは取らなかつた。人間交際の道といふ位に理解したのであつた。法律と道徳との区別もまだはツきりして居ない所から、漠然と、古来云ひ伝への「先王の道」に代るもの位に考へたらしい。

当時の西洋の法学界自体がまだ自然法の影響をかなり残していた時期であったから、こうした受け止め方は、さほど無理を伴うことなく行われ得たと言ってよいのであろう。こうして伝統的な「公道」ないし「道」の観念を媒介として、さまざまな西洋近代の政治の理念や観念が受け入れられることとなる。国際社会を支配する「道理」の存在、諸国家の対等な権利、「万国交際」の必要、個人の平等、自由、民意の尊重、人民参政、立憲主義の原理等々。たしかに幕末の福沢諭吉の手紙の一節にも、福沢のいわゆる「大君のモナルキ」を主張し「大名同盟の説」を「大名同士のカジリヤイ」と批判する文脈の中で、「今日の世に出て大名同盟の説を唱候者は、一国の文明開化を妨げ候者にて、即ち世界中の罪人、万国公法の許さゞる所なり」(福沢英之助宛、慶応二年十一月七日、『福沢諭吉全集』第一七巻、三一頁)というような「万国公法」の使い方の例が見られる。

このように明治文化というのは、新旧二つの観念の対抗と親和の中で形づくられたところに一つの大きな特質がある、とするのが吉野の明治文化についての基本的見方であった。こうして明治文化の特質を、吉野が「聖書の文体を通して観たる明治文化」(一九二八年一月、本巻所収)の中で聖書の翻訳の文体の推移に当てはめ、大正六年に改訳が完成するまで長く明治期を通じて愛読された聖書の文体、すなわちむつかしい漢語を挿入した文語体の聖書こそ、まさに「明治文化を象徴する」ものと述べていることは興味深い。言うなれば明治文化は漢語混じりの西洋文化であったというわけである。

そのことと関連してさらにつけ加えるならば、新旧二つの文化が結び合ったこの明治という時代は、文化発展の過程におけるある過渡的段階と吉野は考えていたようである。例えば彼は日本における政治意識の発達に関してこのように述べている。「抑も永い封建時代の桎梏に押しつけられた国民は、一躍して直に心からの徹底的立憲国民になれるものではない。彼から此に移る途中の段階として、モ一つ政治的規範の意識に目ざめる時代がなければならぬ。而して私の考では、斯うした経過的時代は実に「公法」観念の流行に由て作られたと思ふのである」(前掲「我国近代史に於ける政治意識の発生」)と。明治の文化を上述のような意味で「経過的時代」のそれと捉えることの当否はともかくとして、吉野の指摘する外来と固有という新旧二つの観念の交錯のうちに一国の近代文化の形成が進められる形態は、明治の日本にかぎらず、西洋先進諸国に遅れて近代に向けての離陸を始めた国家、しかも長い歴史と結びつく伝統文化を持った非西欧の国家には、多く見られる共通の特徴と言ってよい。その意味でもこうした吉野の指摘は注目に値しよう。

四　明治初期政治意識の諸相

明治日本の政治意識が、その形成にあたって、新旧二つの観念のいわば二重構造を持ったことは、吉野によれば、同時にまたその時期の政治意識をめぐるいくつかの特徴的な事象や問題とも結びつくこととなる。吉野の指摘するその一つは、王政復古後の天皇を中心とする国家の形成は、のちの人びとが一般に想像するほど平坦な道でも、また容易な仕事でもなかったということである。この点は、一九二四(大正一三)年二月、吉野が朝日新聞に入社した直後に、神戸で開催された朝日新聞主催の講演会で「現代政局の史的背景」と題して講演し、その言説が問題視されて朝日退社のきっかけとなった事件(いわゆる「五箇条の御誓文事件」)があったが、そこで述べられた吉野の明治維新観と基本的にかさなるものと言ってよい。

すなわち吉野の表現を借りれば、「日本人は上下おしなべて皆昔から勤王の志厚く、朝廷尊崇と云ふ信念の下に訳もなく王政維新が出来上つた様に聞え、誠に結構な話であるが、事実は果して其通りであるか。史実の正直なる検討は、必しも如上の説明をその儘には裏書しない様である」(「明治維新の解釈」一九二七年一二月、本巻所収)という見解の上に立つものであった。それは、鎌倉時代いらいの武門支配の歴史、あるいは三百年にわたる徳川幕藩体制の支配を想起すれば、当然のはずであろうとしている。したがって例えば、維新後に新政府が広く諸藩から人材を求めて登用しようとしたが、これまで仕えた主君に対する忠義心という伝統的信念に妨げられて「勤王御免」を願い出る者が続出したという事実が生まれたことも決して不思議ではないとするのである。そして国民の皇室に対する感情という点についても、「私の考では、凡ての人が皇室を見つめて日本国民としての共通の感情を有つ様になるまでには、凡そ二十年の歳月は掛つたと思ふ」とし、「当時の歴史を勤王一点張りで解釈せんとするのは、断じてその当を得ないと考ふるのである」(同上)と述べている。

このような明治維新観を吉野が史実を援用しながら情熱をこめて説いたのは、当時、天皇の権威を政治的に利用することによって、自己の権力的地位を保持しようとする非立憲的風潮が、なお根強く生き続けていることに思いを寄せていたからであろう。一九二八年五月、田中義一内閣の水野錬太郎文相が優諚《ゆうじょう》を理由に留任して問題となった際、吉野は雑誌の「社会時評」欄に筆を執ってこの事件に批判を加えたが、その中でも「所謂天皇中心の政治主義は、明治の初年から真面目な政治家からは排斥されて居たものである。而もそれは専ら皇室の御為に斥けられて居つたといふ点に我々は特に注意するの必要がある」(「天皇中心主義と議会中心主義」『中央公論』一九二八年七月)と述べている。

明治文化が新旧二つの観念の交錯する中で形成されたことは、また新しく導入された制度とその現実の運用との間の乖離という問題につながる。この点も吉野がしばしば指摘したところである。例えば吉野はこのように記している。「新しい原理に基いて制度文物が変つても、その新しい制度文物を正しく運用すべき原理は一朝一夕にして国民多数の理解する所とはなり難い。新しい酒は古い皮嚢に盛る可らざるは云ふまでもないが、皮嚢だけ新しくなつて中に盛らる丶酒の依然として古いと云ふことも珍らしくないのである。我が日本の明治初期は正に右の様な時代であつた」(「新旧混沌時代の思想及び生活」一九二七年七月、本巻所収)と。制度を制度それ自体として論ずるのではなく、その実際の運用と結びつけて問題にするという発想は、じつは吉野の民本主義を支える発想でもあった。なぜなら吉野は、天皇親政論という制度原理(制度的タテマエ論)が、現実の運用においては藩閥官僚勢力による寡頭支配のイデオロギーとしての機能を果たしていることを明らかにし、立憲主義の問題を主権の法的所在の問題や制度的タテマエの問題としてでなく、主権の政治的運用の問題として説いたのが彼の民本主義であったからである。制度を実際の運用と結びつけて論ずるこの発想が、彼の明治文化の研究にもまた活かされたわけである。

ところで、吉野が明治初期の制度化の過程で注目したのは「公議輿論」の尊重という問題であった。この政治理念は、維新の変革のためのいわば嚮導概念とも言うべきものであったから、明治新政府も「万機公論」の目標を掲げてその制度化に多くの力を注いだ。しかしそこでも制度化の試みは、封建制の下で培われた伝統的意識や観念の厚い壁に阻まれることとなる。それは吉野によって具体的には次のような問題として捉えられた。

㈠従来特定の階級に臣とし事へたものが如何にして俄に之に服せざることを得るや、㈡仮令少数の先覚者がやがて此点に目醒めたとしても、彼等自身がまだ一般民衆の無知なるに乗じて自ら一種の特権階級に堕せざることを得るや、㈢「公議輿論」が主義として推奨すべきものとしても之が完全に行はる丶には一般民衆の高度の教養を必要とする、従て教養のなほ至らざるの結果として「公議輿論」の方針に立脚する政治も時に大に其運用の枉げらる丶ことなきや等の点である。斯う云ふ実際上の経過如何を問題とすると、専制の政体から立憲の政体に移ると云ふことは爾く単純な事柄ではない」(「維新より国会開設まで」一九二八年七月、本巻所収)。

言うまでもなく、吉野がこの中で、「公議輿論」の制度化を進めるにあたり予想される問題として列挙している諸点は、じつはそのまま明治政府のリーダーたちが現実に進めた立憲制化の実態についての吉野の認識と二重映しになっていたと考えることができる。もちろんこれは、明治政府によって主導された立憲主義化に対する吉野の批判的立場を伝えるものだが、しかしこの引用の末尾の文章からも察せられるように、この立憲主義化の過程で見られたさまざまの歪みは、前述のような新旧二つの観念の交錯する明治初期という歴史状況の下にあっては、それ自体やむを得ないものと吉野は考えた。

むしろ吉野が問題としたのは、このような特定の歴史状況と結びついて形作られた実態を固定化し、さらには状況を超えて普遍化し原理化しようとする立場にあった。「私共が政界善導と云ふ観点から政治評論を試むる時に毎も感ずることは、㈠過去に於ける特殊の事情に基いて立てられた暫定的(であるべき)方針がその必要の消滅した後までも永く承認せられて居ること、㈡特殊の必要に由て執られた施設の結果が意外な方面に根拠を据ゑて後に至りて容易に之を抜き難いこと、㈢過去の永い教養に依て附けられた精神的傾向は之と反対の教養を必要とし又現にその採用せられる時代となつてもなか〳〵有力に我々の実際生活を支配するものなること等々である。斯くして我々は常に将来を語る前に先づ過去の史実を知るの必要を感ぜしめらる丶」(同上)と述べている。「すべての真の歴史は現代の歴史である」という命題があるが、吉野の明治政治史の研究もまた「現代の歴史」によって裏打ちされていたのである。

「公議輿論」の尊重というような新しい政治理念を日本に導入し受容するに際して、伝統的観念がその受け皿として必要であったこと、そしてそのような役割を果たしたものとして、吉野がとくに注目した観念に「道」あるいは「公道」という観念があったことは先に述べた。吉野の言う「経過的時代」としての明治初期は、上記のように、明治国家の形成にあたって、新旧二つの忠誠観念の相克や、制度の理念と運用の実際との乖離など、さまざまな矛盾を生む要因ともなった。他方ではまた、「道」という伝統的観念が新しい政治原理や政治理念受容の媒体として大きな役割を果たしたことによって、政治の世界に一種の求道者的な雰囲気を導入する結果をもたらしたことに、吉野は注意を向けていた。その点につき吉野はこのように述べている。

殉教的と云つては少しく誇張に失するだらうけれど、明治初期の民間志士の間には、確かに今日の政治家達に見られぬ真面目さがあつた。その行動の外形を見れば、中には随分軽佻浮薄なものもないではないが、概していふに、彼等はその東奔西走の裡に、ともかく一種の道徳的熱情を湛へ、且つ私をすてて公に殉ずるといふ精神的安心をも感得してゐたやうだ。是れ思ふに封建時代に訓練された所の「道」に対する気持を、直に移して自由民権等の新理想に捧げた為めではなからうか。(前掲「我国近代史に於ける政治意識の発生」)

この伝統的な「道」の観念と新しい自由民権の理念とを結びつけたものに「万国公法」の観念があったとする吉野の見解はすでにふれたところであるが、このことは丁韙良訳『万国公法』についての解題(「明治初期政治学関係文献解題(一)」『国家学会雑誌』一九二六年四月)の中でも強調されている。そして自由民権思想につき「世人動もすれば民権自由の要求は其儘の形で英仏米等より輸入されたものだと考ふる様だが、其方の関係は実は比較的に薄いのである。形而上学的規範の観念が国内の関係にも亦政府を拘束する先天的原理あるべきの信念を導き、其処に民権自由の説をきいて容易に之を受け容れる素地が作られたのである」(同前)と、欧米思想の影響よりはむしろ受け皿となった伝統的観念の果たした役割を重視する視点がここでは目立った。

したがって民権思想そのものの内容に関しては、比較的きびしい評価を彼は加えている。例えば、民権派知識人の団体嚶鳴社が「君主ニ特赦権ヲ与フルノ可否」を主題として行った討論会につき論評した「自由民権時代の主権論」(一九二六年九月、本巻所収)で、吉野はまず、君主の権限についてその是非を人民の側で論ずる民権派の姿勢にある種の違和感と時代的隔たりとを感ずるのだが、その姿勢についてもこう述べるのである。「嚶鳴社といへば、先づ其頃の民権者中では、幾分右傾的の集団と観てい丶。而も彼等の国家観は斯の如き極端なる民主主義論である。思想の洗錬せられてゐない為めもあるが、伊藤博文一派の独逸派がその論破撲滅に苦慮したのも、強ち無理ではない様に思ふ」と。そしてその「極端」さについて、「それ程に当時の識者は、自由民権を浅薄に解して居た」としている。

民権論についてのきびしい見方は、吉野が本格的に明治文化研究に取り組む以前から彼の頭の一隅にあったようである。「明治文化の研究に志せし動機」の中でも、「余り能くも知らなかつたが、明治十年代民間にどんな政治思想が流行してゐたかは私も多少聞きかぢつて居た。概念的自由民権論に心酔して一挙に政府を顚覆せんと試みる青年の志士もあつたとか、国力の如何対外関係の如何に顧慮せず実際的検証を経ざる原則を直に実行せんと要求する政客も尠くはなかつたとか、一知半解の共和思想もなか〳〵盛であつたとか、憲法を以て君民協同の公約なりとするは当時の輿論と謂てもい丶程であつたとか、本でも読んだり人にも聞いてゐた」と記しているのが目に留まる。それはほとんどそのまま彼の自由民権観につながっていったと思われる。しかし吉野においては、そのような自由民権論の現実を遊離した「極端」で「概念的」な性格も、「時代が違へば考方も今日と同一には律せられぬ」という、いわば歴史主義的な相対主義の下で受け止められていた。そしてその根底には、自由民権運動の時代と大正デモクラシーの時代とは歴史状況も実態も違うのだという、その違いを明確にしたい思いもあったことであろう。このこともまた同時に注意しておいてよい点である。

五　結びにかえて

吉野の明治文化研究は、その他にも洋学の発達、キリスト教の受容、日本の近代化に貢献した外国人の紹介、福沢諭吉や中村敬宇をはじめとする知識人の役割、憲法制定の過程等々、きわめて広範な分野にわたっていた。しかし、もう一つ吉野について忘れてならない仕事は『明治文化全集』二四巻の編集刊行であろう。それは吉野の明治文化研究が後進に託した最大の遺産と言っても過言ではあるまい。その刊行までの経緯と編集方針は「『明治文化全集』は如何にして編纂されたか」(『経済往来』一九二七年七月、本巻所収)という一文に詳しい。そしてこの『明治文化全集』の刊行を下から支えたのが「明治文化研究会」であった。この会は、「明治初期以来の社会万般の事相を研究し之れを我が国民史の資料として発表すること」(「「明治文化研究会」に就て」『新旧時代』創刊号、一九二五年二月)を目的として、一九二四(大正一三)年一一月に創立された。『新旧時代』(のちに『明治文化研究』と改題)はその機関誌である。

この会には、吉野を中心に石井研堂・尾佐竹猛・小野秀雄・宮武外骨・藤井甚太郎・柳田泉・斎藤昌三・木村毅などが集まり、広く会友を募って次第に失われつつあった関係資料の収集保存にあたるなど、いわば民間史家の活力を結集する方向が打ち出された点にも大きな特色があった。「明治文化会の夕食にはおでんと茶飯に決つてゐた。……兎に角この夕食は僕等には最も楽しい会合の一であつた。集る者は平均十人前後であつたが、飯を食ひながら、乃至は食後の番茶をすゝりながらの一時は、皆な勝手放題の話題をぶちまけて、政界の話も出ればワイ談も出る。それらを手際よくリードして行く先生の気心のおけない態度は、誠に先生ならではといつも思った」（斎藤昌三「崑蒻と猥談」赤松克麿編『故吉野博士を語る』一九八頁）と、この会に参加した斎藤昌三は語っている。肩ひじの張らないこの会の性格と活動は、民衆政治を主唱した吉野にふさわしい民衆的な視点を明治文化の研究に活かしたスタイルと言うことができよう。

このように明治文化の研究は、吉野の晩年に光彩をそえ活力を与えたが、彼を引きつけたその明治文化とは、吉野にとって何であったのだろうか。吉野はある文章の中で次のように述べている。

明治文化は或る意味に於て怪奇を極めた文化である。その歴史的伝統をたづねずしては到底正体の捉めるものではない。而してその中に泳いだ人に取ては、また之れ程自然な居心（地）のいゝ文化はないのである。是れ彼等がその棄てらるべき当然の運命の到来に直面しても、いさぎよく之れに別れを告げ兼ねて何とかしてその頽勢を盛りかへさんと煩悶する所以であらう。之に普遍恒久の価値ありとされると、明治文化ほど厄介なものはないが、その相対的地位を正当に認めて之に接すれば、また之れ程面白いものもない。是れ明治文化の研究が我々に取て実際の必要であると共に、又大に享楽感の満足をも資けて居る所以である。（前掲「聖書の文体を通して観たる明治文化」）

ここには、吉野における明治文化研究のすべてが、きわめて凝縮された形で表現されているように思われる。イギリスの政治学者として知られるE・H・カーは述べている。「事実はみずから語る、という言い慣わしがあります。もちろん、それは嘘です。事実というのは、歴史家が事実に呼びかけた時にだけ語るものなのです」（E・H・カー、清水幾太郎訳『歴史とは何か』岩波新書、八頁）と。いま吉野の明治文化研究を顧みるとき、改めてこの言葉が思い起こされてならない。

■岩波オンデマンドブックス■

吉野作造選集 11　開国と明治文化

1995年11月8日　第1刷発行
2016年6月10日　オンデマンド版発行

著　者　吉野作造《よしのさくぞう》

発行者　岡本　厚

発行所　株式会社　岩波書店
〒101-8002 東京都千代田区一ツ橋2-5-5
電話案内 03-5210-4000
http://www.iwanami.co.jp/

印刷/製本・法令印刷

ISBN 978-4-00-730429-3　Printed in Japan